KB142959

우리
에겐
논쟁
이
필요
하다

우리를 당당하게 만드는

이슈의 모든 쟁점을 말하는 법

우리에겐 { 논쟁 } 이 [필요] 하다

Arguing for
a Better World

아라얀 샤비시
이세진 옮김

교양인
GYOYANGIN

| 일러두기 |

본문의 각주 중 저자 주는 따로 표시했으며 별도로 표시하지 않은 것은 옮긴이와
편집자 주이다. 저자 주를 보충할 필요가 있을 때는 그 아래에 설명을 붙였다.

눈에 든 가시보다 더 좋은 확대경은 없다.

— 테오도어 W. 아도르노, 《미니마 모랄리아》(1951)

억압의 언어는 폭력을 나타내는 것을 넘어, 그 자체가 폭력입니다.

억압의 언어는 지식의 한계를 나타내는 것을 넘어,

그 자체가 지식을 제한합니다. …… 윤리 없는 법의 악의적 언어든,

소수자를 소외하려고 고안된, 인종주의적 약탈을

문학적 분칠로 감춘 언어든,

억압의 언어는 반드시 몰아내고 개조하고 규명해야 합니다.

— 토니 모리슨, '노벨문학상 수상 연설'(1993)

차례

단 일 밀리미터라도
세상을 바꿀 수 있다면

세상은 사람들이 어떻게 보느냐에 따라 변하므로, 개인이나 사람들이 현실을
보는 방식을 단 일 밀리미터라도 바꿀 수 있다면 세상도 바꿀 수 있다.
— 제임스 볼드윈, 〈뉴욕타임스〉(1979)

어릴 적, 비가 와서 놀러 나갈 수 없는 주말에는 재미로 수학 문
제를 풀면서 시간을 보내곤 했다. 이따금 유명한 수학적 추측들, 그
러니까 수학자들이 수백 년을 매달리고도 풀지 못한 문제들에 덤
비기도 했지만 주로 충분히 끼적거리기만 하면 풀린다는 것을 아
는 문제들을 골랐다. 정답을 구했을 때 개운하면서도 짜릿한 기분
은 효능감과 자신감으로 이어졌다. 그런데도 정작 학교에서 수학
시험을 보면 성적이 썩 좋지만은 않았다. 나에게는 풀이 과정을 보
여주지 않는 고약한 습관이 있었기 때문이다. 답만 달랑 적고 내가
머리만 써서 풀었다는 데 흡족해하며 다음 문제로 넘어가곤 했다.
선생님들은 화를 내면서 방법이 제대로 되었음을 보여주면 실수가
오답으로 이어지더라도 소정의 점수를 얻을 수 있거니와 부정행위

없이 시험을 치렀다는 증명도 되니 제발 풀이 과정을 쓰라고 닦달했다. 그분들은 답을 내놓는 것보다 그 답을 구할 줄 안다는 것을 보여주는 게 중요하다고 했다.

'과정을 보여주라'는 말은 나에게 여전히 유효하며 피가 되고 살이 되는 권고다. 내가 연구하는 철학에서는 결론이 추론 과정보다 중요하지 않기 때문이다. 학생들을 가르치는 일 역시 백 번 말하는 것보다 한 번 보여주는 게 효과가 더 낫다.

이 책은 최근 몇 년간 '문화 전쟁'을 지배하고 있는 일련의 논쟁들에 관한 연구 과정을 공유하려는 시도다. 때로 이 논쟁들은 더 '중요한' 사안에 집중하지 못하게 만드는 방해물로 치부되는데, 실제로 반대파로 하여금 엉뚱한 데 힘을 쏟게 만들 목적으로 촉발되기도 한다. 하지만 여기서 나는 이 논쟁들이 우리 공동의 번영을 가로막는 더욱 명백한 위험들과 관련이 있음을 보여주려 한다.

내가 집필에 들어가기 2, 3년 전부터 세계 곳곳에서 파시스트 지도자들이 권력을 잡았다. 대충 몇 군데만 꼽아봐도 미국, 인도, 러시아, 필리핀, 폴란드, 브라질, 헝가리, 터키, 이탈리아가 그러했다. '흑인의 생명도 소중하다(Black Lives Matter)'와 '미투(Me Too)' 운동은 그동안 언급되지 못했던 인종차별적 경찰 진압과 젠더폭력에 대응하여 일어났다. 허다한 이주민이 분쟁, 환경 파괴, 빈곤에서 도망치는 와중에 익사하거나 질식사했다. 미세 플라스틱이 우리의 혈류 속을 떠돌고 대기오염이 우리 뇌에 흔적을 남긴다. 코로나19 팬데믹과 그에 따른 백신 국가주의(자국 우선주의)는 세계적 의료 불평등의 심각성을 폭로했다. 식량 불안정성이 가파르게 상승함에 따라 전 세계 인구 3명 중 1명은 충분한 영양을 섭취하지 못하고 있다. 우리의 병든 행성은 매일같이 8800만 배럴의 원유를 땅에서 뽑아내는 동안 생명을 위협하는 고온 기록을 경신했다.

철학자 메리 미즐리가 이런 글을 쓴 적이 있다. 철학은 "지극히 따분한 특성에도 불구하고 사치재가 아니라 필수재다. 우리가 상황이 어려워질 때마다 사용해야 하기 때문이다."[1] 이 책은 방금 언급한 어려움들에 부응하고자 한다. 우리는 철학의 도구들을 써서 이 사안들을 떠받치고 연결하는 이데올로기를 드러내고 직시할 수 있다. 그러자면 사회적 세계를 연구해야 하고, 우리가 생각하고 말하고 분류하고 저항하는 방식의 기본 요소인 단어와 개념을 살펴볼 필요가 있다.

이 책의 내용은, 특히 소셜미디어를 통해 주로 정치를 실천하는 사람들이 '옳은 것'에 초점을 맞추는 경향을 보며 내가 느낀 실망에서 비롯된 것이기도 하다. 이러한 추세는 사람들이 스스로 옳은 편에 선 사람이라는 **정체성**에 집착하느라 실수—본인의 실수든 타인의 실수든 간에—를 불가피하고 시정할 수 있는 무엇이 아니라 파멸적인 것으로 간주하고 사회 정의에 대하여 배타적이고 징벌적이며 허술하기 짝이 없는 대화를 나누게 만든다. '옳은 것'이 우선시되는 곳에서는 문제를 원점에서부터 해결하는 것보다 남들의 시각을 따르는 편이 대체로 안전할 것이다. 분명히 말하건대, 어떤 시각들은 내가 보기에도 도덕적으로 옳다. 그러나 왜 옳은지 이유를 알고 보여주는 것이 중요한데, 이때 쓰는 도구들이 특히 우리가 언제, 어떻게 오류를 저지르는지 알아차리는 데도 도움을 줄 것이기 때문이다.

과정을 보여준다는 것은 열려 있다는 뜻이고 지적으로 정직하다는 뜻이다. 자신의 가정과 추론을 비판에 노출하는 것이기 때문이다. 이런 식의 개방은 또 다른 우려스러운 경향에 대한 도전이기도 하다. 정치적 사안을 두고 벌어지는 온라인 설전에서 합리적 설명을 마땅히 요구받고서도 "내가 그것까지 가르쳐줘야 합니까?"라는 말만 앵무새처럼 반복하거나 다른 사람들에게도 "빚이라도 졌어요? 당신이 설명할 의무는 없다고요!"라고 재빨리 단언하는 사람들이 있다. 이런 말은 때때로 충분히 이해할 만한 좌절감에서 비롯된다. 주변화된 사람들은 자신의 주변화를 설명하느라 휴식이나 저항에 쏟아야 할 에너지까지 모조리 써버리게 되는 부담을 진다. 페미니스트 학자 오드리 로드가 1984년에 지적했듯이 그것이야말로 "피억압자들을 주인의 관심사에 묶어 두기 위해 모든 억압자가 써먹는 유구하고도 주요한 도구"다.[2] 특정 집단에서 무상 혹은 저비용 노동을 너무 많이 뽑아내다 보니 타인에게 억압에 대해 가르쳐주는 일마저도 대가가 없으면 또 하나의 착취적 노동처럼 보일수 있다.

그러나 주변화를 설명하는 것이 꼭 저항에 방해가 되리라는 법은 없다. 그 설명 자체가 저항의 일환일 수 있다. 누군가가 가르쳐주지 않으면 달리 무슨 수로 배우겠는가? 자기 돌봄도 중요하지만 우리가 서로를 더 잘 돌본다면 그 중요성은 낮아질 것이다. 가르침과 배움은 우리가 서로를 돌보고 공동체를 돌보는 방식의 중요한 일부다. 게다가 나는 대학 교수이니 가르치는 일이 업이다. 나처럼 공부를 하면서 돈도 받는 특권을 누리는 사람이 그 일을 하지 않으면 누가 한단 말인가. 이 책은 그 의무를 다하려는 시도다.

사회 정의의 철학에 대해서 글을 쓰는 방법에는 여러 가지가 있다. 이 책은 특정한 사람들을 종속시키고 착취하는 일을 가능하게 만드는 언어와 개념, 그리고 더불어 살아가는 다른 삶의 방식을 구성하는 데 쓰일 수도 있는 단어와 관념에 초점을 맞춘다. 나의 목표는 오늘날 중요한 몇몇 논쟁을 개괄하고, 문제를 해결하려 들기보다는 조심스럽게 그 기반을 흔들어보는 것이다. 간단해 보이는 주제를 복잡하게 발전시키고, 난해해 보이는 주제는 명쾌하게 만들어보려 한다. '객관적'이거나 '비정치적'인 태도를 취하는 것—그런 것이 가능하기나 한지 모르겠지만—은 나의 목적이 아니지만, 나에게 동의하지 않는 사람들도 최소한 우리가 어느 지점에서 갈라지는지 알아볼 수 있을 만큼 추론을 명확히 하려고 노력했다. 가장 중요하고 확실한 것은 내가 자본주의에 맹렬히 반대한다는 점이고, 이에 관한 나의 주장 몇 가지가 이 책의 여러 지점에 요약돼 있다.

나는 언어와 개념에 집중한다. 우리는 자동차와 콘크리트와 꼬르륵거리는 위장으로 이루어진 물질 세계에서 사는 동안 말과 관념을 통해 그 세계를 이해하기 때문이다. 언어는 우리가 관찰한 것을 이해하고 여러 범주로 정리하는 데 도움을 준다. 물질적 현실은 이러한 언어 사용에서 생겨난다. '테러리즘'이라는 단어의 전략적 사용은 대중 감시, 감금, 살인에 도덕적 명분을 제공했다. '불법'이라는 단어가 타인의 시신이 떠밀려 오는 바로 그 해변을 유유자적 즐기게 한다. '범죄자'라는 꼬리표에는 어떤 이들의 삶이 격렬하게 부정당하는 동안 우리는 자유롭게 삶을 영위할 수 있다는 뜻이 담겨 있다. 젠더와 인종 범주는 특정 집단에 대한 착취에 의존하는 경제를 가능하게 했다. 이 책의 핵심 메시지 중 하나는, 우리가 마음만 먹으면 단어와 개념이 세상에 미치는 영향을 지금까지와는 다른 방향으로 바꿀 수 있다는 것이다. 인류학자 데이비드 그레이버는 이렇게 썼다. "세계의 숨겨진 궁극적 진실은 세계는 우리가 만드는 것이고 바로 그렇기 때문에 다르게 만들기도 쉽다는 것이다."[3]

이 책의 또 다른 중심 주제는 우리의 도덕적, 정치적 삶에서 실수는 불가피한 특징이기 때문에 실수를 배제의 이유로 삼기보다는 배움의 기회로 보아야 한다는 것이다. 독자들은 부디 이러한 마음으로 이 책 자체의 오류와 부주의를 보아주길 바란다. 행여 실수가 있다면 그건 갓난아기를 무릎 위에 재워놓은 채(재우지 못한 때도 많았지만), 혹은 옆방에서 파트너가 육아를 맡아주는 동안 엄마를 찾는 아기 울음소리를 들으면서 집필을 겨우 마무리했기 때문이다. 그러한 상황은 이러한 프로젝트에 주어지는 제한과 프로젝트 자체의 한계를 돌아보게 했고, 모든 해방 운동의 가장 중요하고 근본적인 요소, 즉 타인에 대한 돌봄에 매달리느라 자신의 소중한 견해를 남들에게 들려줄 기회가 없었던 사람들을 떠올리게 했다. 그들의 목소리는 이 책이 누락하고 있는 많은 것 중 하나다. 그러한 이유에서도 이 책은 불의가 어떻게 작용하고 불의에 어떻게 저항할 수 있는지에 대한 철저한 조사라기보다 논의의 자극제로 보아야 한다. 내 주장의 상당수는 그것들이 전개된 맥락 너머로 확장될 수 있다. 아마 다른 사람들이 그렇게 할 방법을 찾을 것이다. 앞으로 이어질 글들이 독자 여러분이 자신을 만들어낸 세상에 대해서 사유하고 장차 어떻게 다른 세상을 타인과 힘을 합쳐 만들지 상상하는 데 도움이 되었으면 한다.

1장

[백인도
인종차별당할 수
있나]

: 역차별 딜레마

여기 있는 여성 중에 자신이 겪는 억압에만 골몰한 나머지
다른 여성의 얼굴에 찍힌 자기 힐 자국을 보지 못하는 분은 없습니까? ……
어느 여성이든 자유롭지 못하다면, 그 여성에게 채워진 족쇄가
제게 채워진 족쇄와 매우 다른 것이라 할지라도, 저 또한 자유롭지 못합니다.
단 한 명의 유색인종 여성이라도 속박 아래 있다면, 저는 자유롭지 않습니다.
여러분 가운데 누구라도 마찬가지입니다.

— 오드리 로드, 〈분노의 활용〉(1981)

2017년에 영국의 전 국가대표 축구 선수 트레버 싱클레어가 음주 운전으로 체포되었다. 그는 경찰관들에게 이의를 제기하며 자신이 흑인이기 때문에 체포하는 것이 아니냐고 물었다. 질문 자체는 타당했다. 영국에 사는 흑인은 차를 세우고 음주 검사에 응하라는 요구를 백인에 비해 아홉 배나 더 많이 받으니까.[1] 경찰서로 연행되는 차 안에서 술에 취해 광분한 싱클레어는 자기를 체포한 경찰관에게 "백인 ○새끼"라는 욕을 했다. 그는 결국 음주 운전 죄목으로 20개월 면허 정지와 150시간의 사회봉사를 선고받았고, '인종차별적(racially aggravated) 공공질서 위반죄'로는 벌금형을 받았다.[2] 싱클레어는 TV 스포츠 중계 해설가 자리에서도 밀려났는데 영국 축구계에서 인종차별을 없애기 위해 노력하는 단체 '킥잇아웃(Kick It Out)'은 다음과 같은 성명을 발표했다. "현재 사회 전반에 인종차별이 만연한데 그러한 풍조에 누구보다 잘 알 법한 사람들이 한몫하는 것은 더욱더 유감스럽고 용납될 수 없다."[3]

재판 과정에서 싱클레어가 체포 당일 저녁에 가족들과 식당에서 식사를 하고 있었는데 낯선 여성이 다가와 그의 머리를 토닥토닥

하면서 "귀여운 초콜릿 사나이"라고 불렀다는 사실이 밝혀졌다. 싱클레어는 가까운 사람들이 지켜보는 상황에서 그런 굴욕을 당했기 때문에 그날 밤 그토록 자기 파괴적이고 위험한 행동을 하게 되었노라 설명했다.

이 사례에는 한 사람이 다른 사람의 인종을 거론하는 두 경우가 포함되어 있지만 그중 한 경우만 인종차별로 불렸다. 싱클레어는 분명히 모욕을 가했다고 볼 수 있다. "백인 ○새끼"라는 욕에는 상대의 인종을 비방하려는 의도가 명백하다. 그런데도 인종차별이라는 개념의 합리적 정의에 따르면 싱클레어는 경찰관에게 인종차별을 한 것이 아니다. 반면에 싱클레어가 식당에서 만난 여성은 비속어를 사용하지 않았어도 빼도 박도 못할 인종차별적 발언을 한 것이다.

이러한 구별을 분명히 하고 유지하는 것은 매우 중요하다. '역차별', 이를테면 백인에 대한 차별(역인종차별)이나 남성에 대한 차별(역성차별)은 때때로 겉으로 보이는 것과 자못 다른 문제다. 백인의 인종이나 남성의 성에 대한 편견이나 모욕이 없다고 말하는 게 아니다. 하지만 그런 경우는 대개 일회적 사건이거나 특권 행사에 따른 부수 효과이므로 인종차별과 성차별의 반복적이고 뿌리 깊은 폐해와는 별개로 봐야 한다. 이렇게 구분하는 것은 권력의 역할을 진지하게 고려하는 데 아주 중요하며, 이를 통해 인종차별과 성차별 그리고 그러한 차별들이 성행하는 시스템을 해결하기 위한 조치들을 고안할 수 있게 한다. 이러한 문제에 대해 생산적 대화를 나누려면 먼저 '특권'과 '억압'의 개념을 알고 그것들이 사회경제적 불평등의 생산과 유지에 어떤 역할을 하는지 이해해야 한다.

특권을 무기로 삼는
사람들

2008년에 애비게일 피셔라는 젊은 백인 여성이 오스틴 소재 텍사스대학을 고소했다. 자신은 마땅히 그 명문 대학에 들어갈 자격이 있건만 대학의 반(反)인종차별적 입학 정책의 결과로 입학을 거부당했다는 것이다. 피셔는 대학의 정책이 학력이 떨어지는 소수집단 지원자를 우대한다고 주장했다. 그러니까 이 주장의 본질은 자신이 백인 지원자였기 때문에 '역인종차별'을 당했다는 것이다. 미국 대학들의 '적극적 우대(affirmative action)' 정책은 지원자들이 처한 상황, 이를테면 인종, 민족, 젠더, 사회 계급을 고려한다. 이러한 정책의 목표는 소수집단 출신들이 고등교육 과정에 진출할 때 부딪히는 유구하고도 끈질긴 장벽을 낮추는 것이다. 사실 원래이 정책의 주요한 수혜자는 (애비게일 피셔 같은) 백인 여성이었다. 적극적 우대 조치는 여성에게 더 많은 교육 기회와 직업 선택의 기회를 제공했고, 그 덕분에 특히 백인 여성—유색인종 여성에 비해더 광범위한 사회적 관계와 물질적 기반을 누리는 경향이 있으므로—이 가장 비약적으로 발전할 수 있었다.[4]

피셔는 소송에서 패했고 '성적이 나쁜 베키'라는 별명을 얻었다. 가수 비욘세의 앨범 〈레모네이드〉에 수록된 곡 '미안(Sorry)'에 나오는 "고운 머리칼의 베키"라는 노랫말을 살짝 비튼 것이다. '베키'는 백인 여성을 가리키는 비속어인데, 작가 마이클 해리엇에 따르면 특히 "자신의 특권을 무기로 사용하거나 (출세의) 수단 혹은 평계로 삼는" 백인 여성을 일컫는다.[5] 그도 그럴 것이, 피셔가 입학

허가를 받지 못한 이유는 백인이어서가 아니라 성적이 그해 다른 지원자들보다 뛰어나게 좋은 편이 아니어서였다.

망신살 뻗친 '베키'는 2020년에 더 나이 든 버전의 멸시 어린 별명 '캐런'에 밀려났다. '캐런'은 무슨 일이 생기면 윗사람을 불러 달라고 요구하는 중년의 중산층 백인 여성을 말한다. 이런 사람들은 규칙을 철두철미하게 따르는데, 그 이유는 규칙이 그들에게 유리하기 때문이다. 그들은 특권을 휘두르면서도 무안해하지 않고, 자기가 부당한 대우를 받았다고 느낄 때, 특히 잘못을 저지른 사람이 유색인종일 때는 일말의 망설임 없이 관련 책임자를 소환한다. 캐런 같은 사람들은 자신이 표적으로 삼은 사람에게 얼마나 가혹한 징계가 떨어질 수 있는지 잘 알고, 그렇기 때문에 배짱 좋게 나온다. 그들은 남에게 본때를 보여줄 때 아예 끝장을 내기 원한다.

악명 높은 캐런 중 한 명은 2020년 뉴욕 센트럴파크에서 개에게 목줄을 채워 달라는 당연한 요구를 거부하고 오히려 상대를 협박한 에이미 쿠퍼라는 백인 여성이다. 공원에서 새를 관찰하고 있던 흑인 남성 크리스천 쿠퍼(공교롭게도 두 사람의 성이 같아서 헷갈릴 수 있다)가 에이미 쿠퍼에게 그런 요구를 한 사람이었는데 다행히 그의 카메라에 쿠퍼가 이렇게 말하는 장면이 고스란히 찍혔다. "경찰을 부르겠어. …… 흑인 남자가 날 죽이려 한다고 말할 거야." 경찰의 인종차별을 이용하겠다는 노골적인 협박 아닌가.

'베키'나 '캐런' 같은 호칭은 '역인종차별'이라는 비난에 직면해 있다. 그러한 비방이 특정 집단에만 적용되기 때문에 그 집단의 구성원, 즉 백인 여성들에 대한 인종차별이라는 것이다. 이 멸시 어린 별명들이 아무 잘못도 없는 수많은 진짜 베키와 캐런에게 부당한 것은 명백하나 이를 역인종차별의 예로 보는 것은 번지수가 틀렸다. 오히려 그러한 호칭은 인종차별이라고 할 수밖에 없는 방식으로 백인의 특권을 이용하는 바로 그 특정인들을 제대로 지칭한다. 어떤 사람을 '캐런'이라고 부르는 것은 그의 인종차별을 지적하기 위해서다. ('캐런'이라는 호칭이 성차별적이라는 비판도 있는데, 이에 대해서는 이 장 뒷부분에서 다루겠다.)

역인종차별이나 역성차별이 의미 있는 개념이 아니라는 것을 이해하려면 인종차별이나 성차별이 무엇인지 이해해야 한다. 인종차별과 성차별은 동성애 혐오, 트랜스젠더 혐오, 장애인 차별, 계급주의 등과 마찬가지로 억압(oppression)의 한 형태다. 억압은 특히 주의를 기울여야 하는 해악의 하나인데, 그 이유는 억압이 심각하고 장기적이며 광범위하고 예측 가능한 고통의 원인이기 때문이다. 결정적으로 억압이 낳는 고통은 예방할 수 있다. 사람을 잃거나 병이 들거나 목표 달성에 실패한다든가 하는 뜻밖의 우연한 일로 겪는 고통은 개인에겐 엄청난 일이지만 정치적 시각에서는 흥미롭지 않다.* 하지만 이러한 고통도 우리가 생각하는 것만큼 우연히 발생하는 것은 아니며, 잘 들여다보면 억압으로 인한 영향을 흔히 발견할 수 있다. 암 발병과 교통사고는 누구에게라도 일어날 수 있는 일이지만, 오염원 배출 산업체나 혼잡한 도로 인근에 거주하는 바람에 그러한 위험에 더 많이 노출되는 사람은 가난한 유색인종일 확률이 높다.[6]

---

* 어떤 정치 체제가 삶의 지속적이고 돌이킬 수 없는 불행에 개인의 대처 능력을 최적화하고 타인의 대처를 돕는지는 중요하지만, 여기서는 이 문제를 넘어선다. (저자 주)

여기서 말하는 억압과 특권은 한 집단이 공통으로 지니는 정체성의 특징 때문에 경험하는 특정 형태의 집단적 피해 혹은 이익을 지칭하는 전문 용어다. 억압은 단지 세상이 혼란하고 복잡해서 생기는 것이 아니다. 억압은 사회 설계의 일부다. 따라서 억압은 그것에 영향받는 사람들이 대체로 피할 수 없다는 뚜렷한 특징이 있다. 억압은 '이중 구속'이 특징인데, 억압의 폐해 중 어느 하나를 피하려 드는 사람은 다른 해를 입게 된다는 뜻이다. 피하면 망하는데 피하지 않아도 망한다. 조국의 제국주의 전쟁을 피해 외국으로 도주하려는 사람들은 공해(公海)에서 익사할 위험에 처한다. 자신의 필요와 선호를 무시당하지 않기 위해서 자기 입장을 조목조목 설명하는 여성은 '잘난 척한다', '까다롭다'는 딱지가 붙는다. 이슬람교를 믿는 청소년은 또래 친구들의 '이슬람 혐오' 발언을 꾹 참아 넘기지 않으면 문제아로 찍히고 만다.

차별을 합리화하는 논리

특권과 억압은 사회의 위계와 관련해 개인 혹은 집단의 지위를 설명한다. 남성은 성과 젠더의 위계 안에서 특혜를 누리고, 유색인종은 인종 위계 안에서 억압을 당한다. 이러한 위계의 일차적 목적은 특정 집단의 종속과 착취를 가능하게 하는 것이다. 인종차별주의와 성차별주의는 자본주의 같은 착취적 체제가 원활하게 작동하는 데 중요한 역할을 한다. 자본주의는 '자본'의 축적을 중심으로 하는 경제 체제다. 여기서 부는 직접적, 간접적 착취를 통하여 더 큰 부를 생산하기 위해 사용된다. 자본의 축적은 사람들이 세상의 자원을 분할해 소유권을 주장함으로써 시작된다. 만인의 생존에 필수적이기 때문에 공유재로 삼고 사람들의 수요에 따라 나눠 가질 수도 있었을 재화를 자본주의 체제에서는 저마다 자기만의 소유로 삼는다. 이렇게 사유화된 자원은 그 후에 다른 사람들이 아무리 필요로 해도 어떤 식으로든 대가를 지불하지 않는 한 사용할 수 없다. 자본주의 국가들은 이러한 소유권 주장을 승인하고 재산법과 국가폭력을 동원해 보호한다. 그리하여 소수의 개인이 세상의 거의 모든 기본재를 쌓아두고 그 재화를 이용하려는 나머지 사람들에게 대금을 부과하는 것이 허용된다. 우리는 우리의 노동력을 팔아서 번 돈을 음식, 주거지, 그 밖의 다른 생필품과 교환하는 수밖에 없다.

어떤 사람이 보유한 자본의 양은 계속 뽑아 쓰지 않는 한 고정적으로 유지될 것이다. 따라서 자본의 축적은 임금을 노동의 가치(그 노동이 고용자에게 창출해주는 부의 측면에서)보다 낮게 유지하고 재화와 서비스의 가격은 가치(재화의 소유자 혹은 서비스 제공자가 그것들을 생산하거나 유지하는 데 드는 비용의 측면에서) 이상으로 요구하는 데 달려 있다. 예를 들어 베트남의 의류 공장에서 일하는 노동자는 시급 35센트를 받지만 그가 한 시간 동안 재봉질한 상품은 35달러에 팔린다. 이 노동자가 기여한 가치와 임금의 격차는 의류 회사가 요구한 것이다. 마찬가지 맥락에서, 런던에서 방 한 칸짜리 집을 빌려서 살려면 1년에 2만 6천 달러가 든다. 소유자도 집의 마모와 손상으로 인한 비용이 든다지만 세입자가 떠나도 부동산은 남고 그는 새로운 세입자를 구해 다시 임대료를 받을 수 있다. 자본주의 국가들은 이처럼 노골적인 착취를 합법적인 것으로 만든다.

자본 축적은 또한 시장의 지속적 성장을 요구한다. 재화와 노동에 대한 수요 증가는 더 많은 가치를 뽑아낼 수 있다는 뜻이기 때문이다. 이것은 추상적 개념이 아니다. 자본주의 체제에서 시장의 성장은 지구에서 물리적인 '것'을 더 많이 뽑아내고 에너지를 더 많이 쓰는 것을 의미하며, 둘 다 환경을 망가뜨린다. 시장의 성장은 꼭 필요하지도 않은 상품이나 서비스를 탐내도록 사람들을 부추긴다. 그것들을 획득하면 착취적인 체제에서 살아가는 고통을 잊을 수 있으리라 약속하면서 말이다. 사회주의 이론가이자 혁명가였던 로자 룩셈부르크가 이미 1913년에 이렇게 썼다.

> [자본주의는] 전 세계를 약탈하고, 지구의 구석구석에서 생산 수단을 구하고, 필요하다면 무력을 써서라도 모든 수준의 문명과 모든 형태의 사회에서 그것을 장악한다. …… 자본은 점차 지구 전체를 마음대로 사용하기를 요구한다.[7]

이처럼 명백히 부당한 체제는 그로부터 폐해를 입는 사람들에게 어느 정도 동의를 얻지 않고는 존속할 수 없다. 그러한 순응은 체제의 지배를 공고히 하기 위해 사람들 사이에서 분열을 조장하고 지속시킴으로써 확보된다. 최소한의 임금을 지불하고 최대한의 노동력을 뽑아낸다는 목표는 젠더 범주가 고착화될 때 더욱 달성하기가 쉽다. 이 문제를 이해하려면 다음과 같은 간단한 질문을 던져보는 것이 좋다. 이 세계에서 어느 집단이 대부분의 무급 노동을 감당하고 있는가? (단지 역사적 노동 분담을 말하는 것이 아니다. 영국과 미국에서 집 밖에서 유급 노동을 하는 여성은 남성과 비교하여 꼬박 하루치 노동에 해당하는 가사 노동을 추가로 한다.[8] 주거 환경을 안전하고 위생적으로 유지하고 식사를 준비하고 아기를 낳고 기르며 옷을 빨고 아이나 노인이나 병자를 돌보는 반복적 노동 없이는, 아무도 밖에 나가 일을 할 수 없고 자본 축적 과정을 지속할 수도 없다. 원활한 노동 공급을 위해서는 눈에 보이는 노동력을 충전해주는 **그림자 노동**이 필요하다. 이 보이지 않는 노동자들에게 임금을 주지 않을 수 있다면 더할 나위 없을 것이다.

여성과 여성의 역할에 대한 평가절하를 뒷받침하기 위해 만들어지고 고착된 신화들이 있다. 집안일은 진짜 일이 아니다, 생물학적 성향 때문에 집안일이 어떤 사람들에게는 '자연스러운' 의무다, 집안일은 중요하지 않다, 집안일은 아무나 할 수 있다. ("그 여자는 일을 하지 않아요!"라는 말이 '집 밖에서 임금을 받고 일하지 않는다'는 뜻으로 쓰이는 것을 생각해보라.) 그리고 이러한 신화들은 어떤 사람들 (남성)에게는 특정한 역할과 강점이 있고 다른 사람들(여성)에게는 그것과는 다른 역할과 강점이 있다는 생각에 힘을 보탠다. 남성과 관련된 지위와 속성은 더 높은 가치로 평가되고 더 큰 힘, 더 큰 특권, 더 높은 급여와 연결되는 경향이 있다. 이것이 '남성 특권'이다. 남자들도 착취당하고 제한적인 사회적 역할에 내몰리기는 마찬가지이지만 그래도 시스템은 대등한 위치에 있는 여자들보다 남자들에게 훨씬 더 관대하다. 그리고 가장 주목해야 할 점은 남성들은 보수 없는 돌봄 노동과 타인에 대한 배려를 덜 요구받는 반면, 그들의 잘못된 행동, 특히 폭력은 더 쉽게 간과되거나 용서받는다는 것이다. 이러한 상대적 이점 때문에 남성들은 공모 의식을 갖고 성별 규범의 전형과 경계를 단속함으로써 자신들의 지위는 지키면서 여성을 기존의 자리에 붙잡아놓는다.

이런 종류의 분석은 미국의 흑인 사회학자 W. E. B. 듀보이스로 거슬러 올라간다. 그는 '백인 특권'이 흑인 노동자와 백인 노동자를 분리하고 강자(백인)의 이익을 보호하는 데 어떻게 이용되는지 설명했다. 1935년에 듀보이스는 이렇게 썼다.

백인 노동자 집단은 낮은 임금을 받지만 일종의 공적이고 심리적인 임금으로 일부 보상을 받았다. 그들은 백인이라는 이유만으로 공적 존중과 전반적인 예우를 누렸다. 아무런 구애 없이 모든 계급의 다른 백인들과 함께 공공 행사와 공원에 갈 수 있고 가장 좋은 학교에도 들어갈 수 있었다. 경찰은 그들 계급 출신이었고 법원 역시 그들의 투표에 의존하고 있었으므로 무법을 장려하는가 싶을 만큼 그들에게는 관대했다.[9]

백인 특권은 '심리적 임금'으로 이해될 수 있다. 이 임금은 (예를 들면 경찰에게 기대할 수 있는) 관용의 여지, 우월감과 상대적 운, 그리고 비난을 전가하고 좌절감을 표출할 대상인 희생양의 공급이라는 형태를 취한다. 백인 노동자의 임금은 흑인 노동자의 임금보다 높긴 하지만 일반적으로 그들이 제공하는 노동의 가치—그 노동의 사회적 가치나 고용자에게 창출해주는 부—에 비해서는 낮다. 그렇지만 비금전적인 추가 보상이 있으니 그게 바로 백인 특권의 '심리적 임금'이다. 그것은 무언의 약속—네가 더 잘났으니 네 삶이 더 나을 거야—으로 다가오며, 백인들은 이 약속의 힘을 믿는 탓에 자기 인종에 신의를 지키느라 자기 계급에 대한 신의를 저버리곤 한다. 이 분할 통치* 시스템은 모든 사람의 실제 임금을 억제하고 사람들이 부스러기를 두고 다투게 한다.

이처럼 특권이 경제적으로 어떻게 이용되는지 파악하는 것은 억압이 어떻게 발생하고 어떻게 작용하는지, 어째서 존속될 수 있는지 이해하는 데 필수적이다. 자본주의 체제에서는 거의 모든 이가 착취를 당한다. 직관적으로 용인하기 어려운 시스템이 오랫동안 안정적으로 유지되려면 몇몇 집단이 특히 표나게 심한 착취를 당해야 한다. 여기에는 두 가지 이유가 있다. 우선 자본주의는 착취에 의존하기 때문에 착취 대상이 충분히 많아야 한다. 다른 이유는 착취에 위계를 두는 것이 훨씬 안정적인 배치이기 때문이다. 균형만 잘 맞는다면, 손바닥만 한 권력과 자유라도 조금 더 누리는 사람들이 자기가 당하는 착취를 더 잘 감내하고 그만큼이라도 조금 더 누리게 해주는 체제를 옹호한다. 이러한 착취의 위계를 수립하려면 사회적 집단들을 쪼개야 하고 그중 일부 집단은 다른 집단에 비해 더 심하게 종속되어야 한다. 다시 말해 특정 집단은 억압당하게 마련이다.

분할 통치(Divide and Rule) 지배 집단이 피지배 집단의 민족, 종교, 사회적 입장, 경제적 이해 등을 이용해 내부 분열을 일으켜 지배하는 방식이며, 제국주의 국가의 식민 통치 전략으로 알려져 있다.

구조로 작용하는
억압

억압에 해당하는 사례는 일련의 특징들로 식별될 수 있다. 억압
이란 어떤 사람이 특정한 **사회 집단**에 속해 있다는 이유로 모종의
정당하지 않은 부정적 대우를 받는 것이다. 그러한 대우는 **역사적**
선례가 있고, 순전히 개인의 행동이라기보다는 그 사회가 조직된
방식에서 비롯되는 패턴의 일부다. 다시 말해 그러한 부당한 대우
는 **구조적인** 것이다.

여성 종속의 역사는 유구하고 실망스럽게도 변함이 없다. 중세
유럽에서는 피임이나 임신 중지(낙태)를 통해 자신의 재생산을 통
제했던 여성들, 고분고분하지 않거나 불쾌감을 주거나 충분히 여
자답지 않다고 여겨진 여성들은 '마녀'로 몰려 살해당했다. 20세기
이전 미국과 영국의 기혼 여성은 법적으로 존재하지 않는 사람들
이었다. '유부녀법(Coverture)'은 그들을 '가려진(covered) 여성들',
다시 말해 남편에게 종속된 존재로 보았기 때문에 남편은 모든 법
적 결정을 아내를 대신해 내릴 수 있었다. 1970년대 이전에는 '성
적 괴롭힘(sexual harassment)'이라는 용어 자체가 없었다. 너무도
일반적인 성차별의 폐해로부터 여성을 보호하는 법이 전혀 만들어
지지 않았다는 얘기다. 1736년에 영국에서 나온 법학 논문은 "아내
가 혼인에 동의했고 그 동의는 철회할 수 없는 것이므로 남편은 자
기 아내에 대하여 사실상 강간죄를 범할 수 없다"고 말한다. 이러
한 법적 견해는 1991년까지도 효력이 있었다. 그러니까 내가 태어
나고 살아온 기간에도 아내를 강간한 영국 남자는 강간죄를 저지

른 것으로 간주되지 않았다는 얘기다.[10]

성차별이 오늘날 취하는 구체적 양상에는 과거의 흔적이 남아 있다. 기혼 여성은 이제 남편의 소유로 여겨지지 않지만 영국에서는 기혼 여성의 90퍼센트가 남편의 성을 따르고, 미국에서 남성이 결혼 후 아내의 성을 따르는 경우는 3퍼센트에 불과하다.[11] 세계 곳곳에서 이제 여성의 신체는 남편이나 아버지의 지배에서 해방된 듯 보이지만 자궁을 지닌 이들은 여전히 재생산의 권리를 위협받고 있다. 임신의 시기, 그리고 임신을 유지할 것인지 중지할 것인지에 관한 결정권은 언제나 바람 앞의 등불처럼 위태위태하다. 이제 더는 '마녀'를 들먹이지 않지만 원치 않는 임신을 중지한 여성들과 의료계 조력자들은 미국의 여러 주 법원을 비롯한 재판정에서 징역형을 받을 수도 있다. 2022년, 로 대 웨이드* 판례를 뒤집고 헌법이 보호하는 임신부의 임신 중지 권리를 폐지한 연방대법원 다수의견서에서 새뮤얼 얼리토 대법관은 17세기 법학자 매슈 헤일을 인용했다. 매슈 헤일이 누구인가. 마녀의 술수에 대한 책을 써 영향력을 떨쳤고 실제로 그 죄목으로 여성들에게 사형 선고를 내렸을 뿐 아니라 부부 강간을 예외로 법제화하는 데 힘쓴 사람 아닌가.

인종차별도 억압의 역사적 기준에 확실히 부합한다. 백인들에게

로 대 웨이드(Roe v. Wade) 미국에서 임신 중지 금지를 위헌으로 판결한 최초의 판례. 1969년 텍사스주 댈러스에서 노마 매코비는 산모가 위독한 상태가 아니라는 이유로 임신 중지 수술을 거부당하자 위헌 소송을 제기했다. 원고 매코비는 신변 보호를 위해 가명인 '제인 로'를 사용했고 피고는 댈러스카운티 지방검사인 헨리 웨이드였기에 이 소송의 명칭이 '로 대 웨이드'가 되었다. 1973년 1월 연방대법원은 7 대 2로 임신 중지를 금지하는 주법은 위헌이라고 보고 임신한 여성은 임신 6개월 전까지는 임신 중지 권리가 있다고 판결했다.

납치되어 고향, 집, 가족을 강제로 떠나야 했고 쇠사슬에 묶여 배의 갑판 아래 갇힌 채 자신의 배설물과 토사물 위에서 뒹굴어야 했던 아프리카인이 1300만 명으로 추산된다. 이동 중에 죽거나 병든 사람은 그냥 바다에 버려졌다. 살아남은 자들은 낯선 세계에 떨어져 등골이 휘도록 일하고도 보수를 받지 못했고, 그들의 자녀는 다른 집에 팔려 가 부모와 마찬가지로 비참한 삶을 살아야 했다. 흑인을 인간 이하의 존재, 야만족으로 보는 과학적 견해가 이러한 포획, 노예화, 종속을 더욱 용이하게 해주었다. 또 그러한 과학적 관점 때문에 백인들은 흑인의 도덕적 가치에 자기 본위의 한계를 설정하여 억압자로서 착취를 자행하면서도 죄책감을 최소화할 수 있었다.

이 역사는 곧잘 아주 먼 과거에 존재했다가 진작에 사라진 도덕 체제에 속하는 것처럼 제시된다(이 글을 쓰는 시점에서 돌아볼 때, 노예 노동은 제도 자체가 폐지된 이후에도 상당히 오랫동안 존속되었고 미국에서 수감자들의 노역은 여전히 헌법으로 승인되고 있는데도 말이다). 그러나 노예 노동이 유럽과 북미의 부를 생산해냈듯이 노예제는 오늘날의 도덕적 조건을 만들어냈고 반(反)흑인 인종주의의 성격과 지속성을 결정했다. 오늘날의 인종차별은 식민주의 때문에 존재하는 것이다. 식민주의는 자본주의의 논리에서 나온다. 인종차별은, 인간 집단들 사이의 차이를 만들어내고 강조할 것을 요구할 만큼 명백히 가증스러운 경제 체제를 정당화하는 방법이었고, 거짓된 과학적 주장은 그 방법에 힘을 실어주었다. 식민주의가 그저 과거인 양 말하는 것은 인종과 인종주의의 기원과 목적을 간과하고 오해하는 것이다. 미국에서 '자유'는 결국 인종차별적(아파르트헤이트) 국가의 모양새로 나타났다. 경찰, 사법부, 교도소 체계가 흑인을 굴복시키는 역할을 이어받은 국가 말이다. 아프리카계 미국인을 연구해 온 학자 사이디야 하트먼은 이렇게 주장한다. "나 역시 노예제 시대를 살고 있다. 내가 사는 현재는 노예제가 만들어 낸 미래라는 뜻이다."[12]

영국에서 노예제는 1833년 노예제폐지법으로 사라졌지만, 흔히들 주장하듯 인도적인 이유가 아니라 노예의 수익성은 떨어지는데 반란을 진압하기가 점점 어려워졌기 때문이다.[13] 영국은 노예 주인들이 더는 합법적으로 소유할 수 없는 '재산'에 대한 보상을 서둘렀다. 그 비용이 이만저만하지 않아서 재무부는 190억 달러 상당의 돈을 빌려야 했는데 2015년에야 이 부채를 다 갚을 수 있었다. 그토록 오랜 세월 동안 영국 노동자들의 세금이 노예 주인들에 대한 '보상'에 쓰였다는 얘기다. 반면에 과거 노예들의 무급 노동은 전혀 보상받지 못했고 그들의 자손 역시 한푼도 받지 못했다. 가족을 잃은 아프리카의 많은 공동체들은 보상을 받지 못한 것은 물론이요, 공공연한 식민주의를 한 세기 이상 경험했으며 지금도 경제적 소외와 자원 수탈에 시달리고 있다. 영국에서든 다른 곳에서든 오늘날 흑인은 자신의 건강, 기대 수명, 교육, 고용 전망에 제한을 두는 반흑인 인종주의가 넘쳐나는 세상과 타협해야 한다.

인종 간에 선천적 차이가 있다는 주장은 이제 사회적으로 거의 용인되지 않지만(나름의 과학적 근거를 내세우는 인종주의의 실체가 밝혀진 게 한두 번이 아니기 때문에) 흑인과 백인의 생물학적 차이라는 신화는 여전히 널리 퍼져 있다. 2016년에 발표된 한 연구에 따르면 백인 의대생과 의사의 절반은 흑인이 백인보다 신경 말단이 덜 민감하다든가, 백인의 뇌가 더 크다든가, 흑인의 피부가 더 두껍다든가 하는 식으로 인종 간 생물학적 차이에 대해서 잘못된 믿음을 품고 있는 것으로 나타났다.[14] 이러한 잘못된 인식은 심각한 결과로 이어진다. 편견 때문에 흑인 환자들의 고통이 근본부터 의심받고 시의적절한 치료를 받지 못할 수 있다. 일례로 맹장염을 앓는 흑인 아이는 백인 아이에 비해 진통제를 더 적게, 더 효력이 떨어지는 약으로 처방받는다는 연구 결과도 있다.[15]

특정 사회 집단이 겪는 부당한 대우는 난데없이 심각한 형태로 나타나지 않는다. 그런 해악에 유구한 역사가 있다는 사실은 곧 그것을 떨쳐버리기 쉽지 않다는 증거다. 하지만 이 말은 역사를 충분히 잘 배워 그 배움을 현재의 실질적이고 유의미한 일부로 삼자는 것이지, 작금의 현실을 불가해하고 불가피하며 변화될 수 없는 것처럼 보자는 뜻이 아니다.

역사는 억압의 폐해를 가중한다는 점에서도 중요하다. 성적 괴롭힘이나 성폭력을 당하는 여성은 수천 년 전으로 거슬러 올라가 똑같은 분노, 수치심, 폭력을 다양한 형태로 경험했던 소녀들과 여성들의 행렬에 합류하는 셈이다. 이 기나긴 그림자가 폭력을 더 심각한 것으로 만들고 피해자를 절망으로 몰아넣는다.

역사적 맥락이 핵심 역할을 하는 해악의 사례도 있다. 백인이 코스튬 파티를 위해 (흑인의 곱슬머리 모양을 본뜬) 아프로 가발을 쓰고 얼굴을 검은색이나 갈색으로 칠한다 치자. 그 백인이 역사를 잘 모르거나 역사의 중요성에 무지하다면 그런 결정의 폐해가 당장 선명하게 드러나지는 않을 것이다. '블랙페이스(Blackface)'는 19~20세기에 성행했던 미국의 코미디 쇼인 〈민스트럴쇼〉의 분장 형식이다. 〈민스트럴쇼〉 무대에서 백인들은 흑인으로 분장하고 극도로 인종차별적인 고정관념을 강화하는 연기를 하면서 자신과 같은 백인 관객들에게 웃음을 주었다. 얼굴을 검게 칠한 백인이 추하고 아둔하며 불성실하고 경박하며 겁이 많고 지나치게 성적이며 게을러빠진 모습으로 흑인을 연기한 것이다. 이러한 역사를 모른다면 블랙페이스 분장이 왜 그토록 모욕적이고 상처가 되는 짓인지 모를 수 있고, 그러한 행위가 인종차별을 영속시키는 역할을 한다고 인식하기도 어려울 것이다. (엘리트 교육 기관의 파티에서 보이는 블랙페이스는 특히 불온하다. 몰라서 그랬다는 변명을 믿기도 어렵고, 그러한 관행이 백인의 지배를 더욱 공고히 하는 그들만의 장난에 더 가까워 보이기 때문이다.) 흑인이 무대 분장의 한 방법으로 (어릿광대로 출연하거나 백인을 연기하기 위해) 얼굴을 하얗게 칠하는 경우는 이러한 역사적 함의가 없으므로 다른 무대 분장과 동일선상에 놓을 수 있다. 역사가 개입하기 때문에, 그렇지 않다면 대등하게 비교할 수도 있을 두 행위의 대칭성이 깨지는 것이다.[16]

블랙페이스, 성폭력, 그 외 모든 형태의 억압은 사과는커녕 충분히 인정조차 받지 못한 고통, 굴욕, 폭정의 더 깊고 오랜 기억을 건드린다. 이것이 억압을 다른 부류의 해악과 별개로 보게 하는 주요한 특징 중 하나다. 사회학자 사라 아메드는 《페미니스트로 살아가기》에서 이렇게 말했다. "나는 아직 끝나지도 않은 역사를 기꺼이 극복할 마음은 없다."[17]

마지막으로 가장 중요한 점인데, 억압은 **구조적**이다. 다시 말해 억압은 개인의 행동보다 훨씬 뿌리 깊고 영향력 있는 원인에서 일어난다. '구조'는 우리 사회에서 가치의 분배를 규제하는 힘이다. 여기서 말하는 가치는 존중(정신)과 자원(물질)을 모두 가리킨다. 중력은 질량을 지닌 물체에서 비롯되지만 그로 인해 질량을 지닌 모든 물체에 작용하는 것처럼 구조 역시 우리의 집단적 행동에서 비롯되지만 그러한 행동을 제약하거나 결정하기도 한다. 우리는 의도적으로 구조에 기여한다기보다 우리가 받는 영향에 반응한다. 행성이 별의 중력에 의해 궤도에 끌려가 그 후 예측 가능한 방식으로 움직이게 되는 것과 마찬가지라고 할까. 억압이 구조적이라면 억압의 작용 방식을 이해하고 억압의 폐해를 저지하기 위해 개인이나 기관의 행위에 초점을 맞추기보다 전체 구조를 연구해야 할 것이다.

예를 들어 영국의 병원에서 백인들은 의사나 경영진처럼 급여가 높은 직위에 몰려 있는 반면, 흑인들은 청소부나 짐꾼처럼 급여가 낮은 직위에 몰려 있다. 처음에는 직원 고용에 책임이 있는 사람들의 인종차별주의가 원인이었을지 모르지만 다른 요소들이 더 중요한 역할을 하고 있음이 분명하다. 교육과 훈련에 대한 접근성의 차이를 분명히 고려해야 하지만 그러한 차이는 결국 영양, 주거, 의료 같은 다른 자원들의 불균등한 분배에 기인한다. (그리고 면밀하게 살펴야 할 더 높은 차원의 것들도 있다. 우리는 존중의 불균등한 분배에 대해서도 성찰하고 재고할 수 있다. 의사나 경영진이 청소부나 짐꾼보다 급여를 더 많이 받는 것이 정당한지, 애초에 급여의 위계가 필요하기는 한지 의문을 품을 수도 있다.)

사람들을 억압하는 구조들은 시스템 그 자체와 같으므로 끊임없이 길을 찾고 협상하고 견뎌내야 한다. 도시를 돌아다니며 길을 찾는다고 상상해보자. 현 지점에서 다른 지점까지 가장 가까운 길을 찾으려니 중간에 다리가 없는 강이 있다. 대중교통을 이용하려고 하는데 당신은 잔돈이 없고 다른 사람들은 모두 버스 승차권을 가지고 있다. 그래서 걸어가기로 작정했는데 보행자를 위한 도로는 없고 배기가스를 들이마시면서 목숨 걸고 고속도로 갓길로 뛰어가야 한다. 억압은 이런 식으로 작용한다. 극복해야 할 방해물이 많은데, 정확히 바로 그 차원에서 억압당하지 않는 한 어떤 것이 방해물로 경험되는지 알지 못하며 방해물을 아예 눈치채지 못하거나 다른 사람들이 왜 힘들어하는지 이해하지 못한다.

이 은유가 완전히 추상적인 것은 아니다. 여성들이 거리에서 성적 괴롭힘을 당하지 않으려고 일부러 길을 돌아가는 것이 당연시되는 것만 봐도 구조적 억압의 영향은 명백하다. 여성들은 최단 거리가 아니거나 경치가 좋지 않거나 보행에 적합하지 않은 길을 어쩔 수 없이 선택한다. 달갑잖은 관심을 차단하기 위해 선글라스와 헤드폰을 착용하거나 통화하는 척하기도 한다. 쓸데없는 말을 듣거나 폭력에 직면하지 않도록 머리 모양이나 옷 색깔에 신경 쓴다 (어떤 여성들은 빨간색 옷은 너무 '튀기' 때문에 절대로 입지 않는다고 한다). 손쉬운 대상처럼 보이지 않기 위해 표정을 단속하고 슬프거나 화가 날 때도 내색하지 않으려 애쓴다. "힘을 내", "좀 웃고 다녀" 소리를 듣고 싶지 않은데도 들어야 하고, 운이 나쁘면 여성의 싹싹한 태도를 누릴 권리를 부정당했다는 이유로 공격적으로 나오는 사람들도 겪어야 한다. 열쇠로 문을 열고 들어가자마자 집에 무사히 도착했다는 확인 문자를 친구와 자매에게 보내야 한다.[18] 인종 차별의 대상이 되는 여성들은 더 큰 위험에 처하기 쉽고, 순응해야 하는 것들의 범위가 더 복잡하고 구체적이며, 폭력으로 이어지는 전개가 훨씬 더 급작스럽다. 그래서 어릴 때부터 생존 전략들을 배우고 공공장소를 드나들면서 평생 그 전략들을 편다. 여성들은 이런 행동이 너무 익숙해서 자동으로 하게 되지만 대부분의 남성은 자신들이 그런 노력을 하거나 불안을 품지 않아도 된다는 것조차 의식하지 못한다.

억압이 구조적이라는 것은 어디에나 존재한다는 뜻이다. 방해물과 모욕이 튀어나올 수 있는 시나리오는 무궁무진하다. 이른바 '역인종차별'과 '역성차별'은 이와 경우가 다르다. "백인 ○새끼"라는 욕설은 전례가 거의 없고 이후에 반복될 확률도 지극히 낮다. 불쾌하고 위협적인 욕설임은 분명하나 개별 사례에 해당하는 모욕을 다루는 것과 연속성이 있는 모욕을 감내하는 것은 엄연히 다르다. 유색인종이 듣는 "네 나라로 꺼져", "집에나 가"라는 말은 그들의 삶 속에서 셀 수 없이 많은 순간 울려 퍼졌던 말이다. 그나마 그런 말은 인종차별의 스펙트럼에서 온건한 축에 든다. 게다가 이러한 모욕은 항상 그 안에 더 직접적이고 심각한 폭력의 위협을 품고 있다. 반면 '역인종차별'이라 주장하는 모욕에는 더 심각한 피해의 위협을 자동으로 불러일으킬 수 있는 지렛목이 존재하지 않는다.

남자도 차별당한다?

남성이 특권을 누린다는 생각에 대한 가장 일반적인 반론 중 하나는 남성의 삶이 험하고 수명도 짧은 경향이 있다는 것이다. 전 세계적으로 남성은 여성보다 평균 수명이 짧고 살인이나 자살로 생을 마감하는 경우도 더 많다. 남성은 가족을 부양하기에 충분한 수

입을 얻기 위해 위험하고 불결하며 품위를 지키기 어려운 직업에 종사하거나 사회적으로 심하게 압박당한다. 약한 모습을 보이면 안 되고 정신적, 신체적 고통을 견뎌야 한다. 행여 전쟁이라도 일어나면 징집당할 가능성도 높다.

남성성(masculinity)은 여성뿐만 아니라 남성에게도 해롭다. 하지만 화학 요법과 비슷하다고나 할까, 유독성과 이런저런 부작용이 있는 걸 알지만 거기서 이득을 얻을 가능성이 농후하기 때문에 포기가 안 되는 것이다. 남성들은 그들에게 권력, 자율성, 사회적 지위를 약속하는 바로 그 행동들로 인해 해를 입는다. 가장은 돈을 벌어야 한다는 압박감이 크지만 그로 인해 더 큰 경제력과 자율성을 갖게 되는 경향이 있다. 자기 삶에 대한 통제권을 갖고 불행한 가정환경을 벗어날 수 있는 능력도 더 키울 수 있다. 이렇듯 남성들이 남성성의 이상을 충족시킬 때의 이점은 일반적으로 부작용을 눈감을 수 있을 만큼 크다. 하지만 여성의 경우에는 오로지 부작용만 있다. 여성성(femininity)의 성취란 육체적으로 매력 있고 상냥하며 온화하고 공감 능력과 배려심이 뛰어나다는 뜻이다. 그것은 곧 타인, 특히 남성의 성적, 정서적, 가정적 필요를 만족시킬 수 있는 존재가 된다는 뜻이다. 그러자면 자신을 지우고 희생하며 자율성을 양도해야 한다. 여성이 이러한 여성성의 이상을 충족하지 못하면 투명 인간 취급받고 외면당하거나 적대감과 폭력에 노출된다.

이제 이러한 차이를 염두에 두면서 남성이 그들의 사회적 역할을 통하여 구조적 · 집단적 · 역사적으로 억압을 당해 왔다는 주장을 몇 가지 구체적 예를 들어 살펴보려 한다. 가령 남성은 일반적으로 남들이 보는 데서 울어서는 안 되고, 돌봄 관련 직업에 종사하거나 무급 돌봄 노동을 하기에 적합하지 않다고 여겨지며, 자녀의 법적 양육권에 대한 청구가 잘 받아들여지지 않는다고들 한다.

남성이 사람들 앞에서 눈물을 보이면 더 가혹한 평가를 받는 것은 사실이다. 이것은 그들 자신과 주위 사람들의 안녕감을 해치는 광범위한 감정 억제 문화의 일부분이다. 하지만 남성보다 여성에게 울음이 좀 더 허용되는 이유는 마치 아기들이 공공장소에서 배변을 해도 아무도 신경 쓰지 않는 것과 같은 것이다. 어차피 아기들의 행동은 크게 중요하지 않고 어쩔 수 없다는 것을 알기 때문에 아기들이 뭘 하든 상관하지 않는 것이다. 여성은 선천적으로 지나치게 감정적이라는 고정관념이 널리 퍼져 있고 그러한 고정관념은 여성은 의사 결정권자나 리더로 부적합하니 권력을 주지 말아야 한다는 주장의 근거가 되곤 한다. 여성은 본래 감정을 자제하지 못하므로 남들이 보는 데서 울 수도 있다는 생각이 퍼져 있으니까 실제로 여성이 그러한 행동을 해도 문제가 되지 않는다. 그러나 남성은 감정적으로 더 강인하고 안정감 있다고 여겨지기 때문에 더 높은 기준을 요구받는다.

게다가 남성의 울음을 단속하는 이들은 주로 남성이다. 약한 모습을 보이지 않는 남성은 그로 인해 사회적 지위를 획득하고 유지한다. 페미니스트 철학자 매릴린 프라이는 1983년에 이렇게 썼다.

남자도 울 수 있는가? 그렇다, 여자와 있을 때는. 남자가 울 수 없다면 그건 다른 남자들이 곁에 있기 때문이다. 자제를 요구하는 건 여자들이 아니라 남자들이다. 남자들은 요구만 하는 게 아니라 보상

도 한다. …… 그러한 자제를 실천하는 것이 남자들에게 유익하기 때문이다.[19]

돌봄 관련 직업에 종사하는 남성 역시 조롱을 당하기 일쑤다. '여자나 하는 일'을 직업으로 선택함으로써 스스로 지위를 떨어뜨렸기 때문이다. 시트콤 〈프렌즈〉에서는 주인공 레이철과 로스가 아기를 봐줄 사람을 구하는 일화가 나온다.[20] 여성도 여러 명 지원했지만 유일한 남성 지원자가 누가 봐도 가장 적임자다. 하지만 로스는 남자에게 아기를 맡기는 것을 불편해하고 그 남자의 감수성이 불안정하다고 생각한다. 결국 로스는 정당한 이유도 없이 그 남자를 해고한다.[21]

밖에 나가 돈을 버는 대신 아이를 양육하는 남성은 드물거니와 대개 '번듯한' 직장을 얻지 못했거나 '기가 센' 파트너에게 '꽉 잡혀 사는' 사람으로 치부된다. 자기 자녀가 아닌 아이들을 돌보는 직업을 가진 남성은 의심의 눈길을 받는다. 비슷한 맥락에서, 남성 간호사들은 곧잘 놀림을 받거나 게이라는 지레짐작에 시달리거나 의사로 오해받는다. 한 남성 간호사는 업계의 성별 고정관념에 대한 글에서 "의사가 될 만큼 머리가 좋지는 않았나 봐요?"라는 질문을 받은 적도 있다고 했다.[22] 이 질문은 암시하는 바가 있다. 여성 간호사들은 그런 질문을 받지 않는데, 두 가지 의문스러운 가정이 개입된 결과다. 하나는 의사가 간호사보다 머리가 좋다는 가정이다. 이 생각의 바탕에는 '치료(curing)'와 '돌봄(caring)'을 분리하고 그 둘 사이에 위계를 둔다는 문제가 있다.* 다른 하나는 남성이 여성보다 '머리 좋은' 직업에 적합하고 여성에게는 양육 관련 직업이 더 알맞다는 가정이다.

앞에서 보았듯이 아이, 노인, 병자를 돌보는 일은, 보수가 주어지지 않는 사적 영역에서는 눈에 잘 띄지 않고 공적 영역에서는 급여 수준이 낮다. 그러한 직업은 '전문 기술이 필요 없고' 대단치 않은 일로 간주되는데, 놀랍지도 않지만 주로 여성이 맡는다. 무급 돌봄 노동은 국내총생산(GDP) 같은 경제 활동 지표에 포함되지 않지만 전 세계적으로 연간 10조 8천억 달러 상당의 가치로 추산되며, 이는 영국 경제 규모의 세 배가 넘는다.[23]

남성이 이러한 일을 하면 조롱받겠지만, 다시 말하지만 그러한 조롱은 돌봄 노동이 남성의 역량보다 한참 아래 있는 일이라고 보기 때문이며, 따라서 비웃음은 부분적으로는 실추나 실패로 인식되는 상태에 대한 반응이다. 반면에 공학, 항공, 외과의 같은 전형적인 '남성'의 직업에 종사하는 여성들은 성별 고정관념을 극복하고 보람 있는 직업을 찾았다고 칭찬받는다. 이러한 반응들은 우리가 정한 남성과 여성의 위계와 그들과 연관 짓는 직업들을 보여준다.

마지막으로 남성은 자녀의 법적 양육권을 가져오기 힘들다고들 한다. 영국에서 그런 얘기는 신화에 불과하다. 2015년에 작성된 한 보고서는 아이가 부모 중 누구와 살아야 하는지 결정하는 데 성 편견이 작용하지 않는다는 것을 보여주었다.[24] 그리고 미국에서 양육권을 법원이 결정하는 경우는 4퍼센트에 불과하다. 이 말인즉슨 압도적인 대다수는 아무런 법적 개입 없이 부모가 알아서 결정을 한

---

* 물론 이 두 직업 사이에는 사회 계급 및 교육 접근성과 관련된 위계도 존재한다. (저자 주)

다는 얘기다.[25] 하지만 당연히 어머니가 양육권을 얻을 것이고 그런 결정이 옳다는 어림짐작이 여전히 널리 퍼져 있다. 이 같은 시각은 자녀의 주 양육자 혹은 파트너와 대등한 양육자가 되기를 원하는 아버지들에게 걸림돌이 된다. (앞에서 살펴본 대로 주 양육자인 남성을 특이한 사람 혹은 실패자로 보는 시각도 마찬가지로 걸림돌이 된다.) 사실 그러한 시각은 여성이 양육에서 편중된 부담을 떠안고 있는 경험적 사실에서 비롯된 것이다. 미국에서 여성은 주당 14시간을 돌봄 노동에 할애하는 반면, 남성은 주당 7시간밖에 할애하지 않는다(그나마 남성이 그러한 노동을 '분담'하는 상황이라면 말이다).[26] 우리는 현실에서 여성이 주 양육자 역할을 하고 있기 때문에 여성을 주 양육자로 생각한다. 이 사실에서 추론할 수 있는 한 가지는 많은 사람이 아이들은 어머니와 함께 지내는 것이 제일 좋다고 믿는다는 것이다. 그리고 또 하나는 여성들이 눈에 띄지도 않는 이 부가적인 노동을 자기 의사와 상관없이 짊어지게 되는 경향이 있다는 것이다. 아버지들은 자신이 양육 노동을 얼마나 제공할 것인지 선택할 수 있는 여지가 많다(아버지가 자녀를 지도하고 관리하는 것을 마치 일회적인 선심 쓰기나 취미 활동처럼 '베이비시터 노릇'이나 '아빠표 데이케어'라고 말하지 않는가). 심지어 남성은 최소한의 돌봄 노동만으로도 크게 주목받고 널리 칭찬받는 경향이 있기 때문에 양육 노동을 조금이라도 한다면 훌륭한 아버지라는 평판을 얻을 수 있다.[27]

남성이 취할 수 있는 역할과 행동의 선택지는 **제한적이지만** 그러한 제한과 그로 인해 일부 남성이 겪는 곤란은 억압의 징후가 아니라 오히려 특권의 징후다. 사회적 지위가 낮은 몇몇 역할들—취약한 존재로서, 돌봄의 제공자로서 하는—이 여성에게만 주어지며 경시되고 저평가되기 때문에 이런 현상이 나타난다. 남성은 그런 일들은 피하라는 경고와 그 나머지 세상을 자기 것으로 생각하라는 격려를 받으면서 자란다. 물론 대부분의 남성에게 세상이 그들의 것이 아님은 명백하지만 남성이라는 사실이 그들을 망가뜨리지는 않는다.

중첩되고 교차하는 정체성

억압의 일방성을 이해하기 힘든 주요한 이유 중 하나는 지나친 단순화를 방지하는 데 중요한 또 다른 이론적 도구를 고려하지 않기 때문이다. 바로 '교차성(intersectionality)'이다.

과학자들 사이에는 이런 농담이 있다. 어떤 농부가 물리학자들을 찾아와 왜 자기가 키우는 소들의 우유 생산량이 낮은지 알고 싶다고 했다. 물리학자들은 연구를 시작했고 빠르게 해결책을 찾았지만 그 해결책은 소가 완전한 구(球) 형태를 이루고 진공 속에 있을 때만 적용될 수 있다고 강조했다. 이 농담은 물리학자들이 어려운 문제를 좀 더 편하게 다루기 위해 세상을 모형화하는 사실에서 나온 것이다. 구는 어느 방향에서나 대칭적이기 때문에 수학적으로 간단하며 진공 상태에서는 마찰이나 난류의 영향을 고려할 필요가 없다. 하지만 실제 소는 구형이 아니며 진공 상태에서 숨을 쉴수 없다. 세상을 단순하게 가정할 때만 통하는 해결책이기 때문에 실제로는 제한적이고 쓸모가 없다.

억압에 대한 논의 역시 이론적으로 단순하지만 실제로는 쓸모없는 공 모양의 소와 비슷한 성격을 띠곤 한다. 우리는 '남성'이나 '흑인'을 지칭하면서 그 범주에 속하는 사람들이 동질적인 계급으로 다루어질 만큼 충분히 서로 유사한 것처럼, 그들의 정체성이 그것만으로 깔끔하게 정리되는 것처럼 말한다. 우리가 세운 선명한 축들의 틈새에 놓인 사람들은 단순화된 추정으로 상황을 요리조리 돌려보는 동안 완전히 지워지고 결국 전혀 고려되지 못할 위험에 처한다.

페미니스트 이론가 오드리 로드는 1982년에 이렇게 썼다. "단일 이슈 투쟁 따위는 없다. 우리는 한 가지 이슈만 있는 삶을 사는 게 아니기 때문이다."[28] 모두가 여러 가지 정체성을 가지고 산다. 특권과 억압은 개인적 경험의 다양한 차원에 공존한다. 나의 아버지는 유색인종이고 이슬람교도지만 남성 이성애자다. 어머니는 백인이지만 노동자 계급 여성이다. 특권과 억압은 두 사람 모두에게 지금까지의 경험을 통해, 나름의 형태로, 풀어내기 어렵게끔 아로새겨져 있다. '남성 특권' 혹은 '백인 특권'을 이야기하면서 그들의 상대적인 경험을 일부 파악할 수 있을지 몰라도 그게 결코 전부는 아니다. 어떤 요소를 그들의 다른 정체성과 완전히 분리해서 다루다가는 자칫 오류에 빠질 수 있다.

사회적 정체성들이 상호작용하여 억압과 특권의 혼합물을 생산하는 방식을 지칭하는 용어가 바로 '교차성'이다. '교차성'은 흑인 페미니스트 이론가 킴벌리 크렌쇼(Kimberlé Crenshaw)가 1989년에 처음으로 이론화했지만[29] 그 개념의 역사는 활동가들의 저작에서 오래전에 시작되었다. 1977년에 흑인 레즈비언 페미니스트 사회주의자 집단 '컴바히강 공동체(Combahee River Collective)'는 공동체

설립 목적을 이렇게 설명했다. "억압의 주요 체계들이 맞물려 있다는 사실을 바탕으로 통합적 분석과 실천을 개발하기 위함이다. 이러한 억압의 종합이 우리 삶의 조건을 만들어낸다."[30]

교차성은 특정한 피억압 집단 안에서 모두가 공유하는 경험을 기반으로 하는 운동은 필연적으로 그 집단에서 가장 특권적인 부류의 이익을 우선시하게 되기 때문에 유의해야 함을 경고한다. 철학자 아미아 스리니바산은 이렇게 말한다. "가부장적 억압의 '순수한' 경우, 즉 카스트, 인종, 계급이라는 요소가 '복잡하게 개입하지 않는' 경우만 다루는 페미니즘은 결국 부유한 백인 여성이나 신분이 높은 여성의 요구에 부응하게 될 것이다."[31] 인종이나 그 밖의 주변화의 축들도 마찬가지다. 이슬람 혐오 문제를 다루면서 이슬람 정체성에 모든 방편을 집중시키기 위해 계급, 인종, 젠더, 국적을 제쳐놓는다 치자. 그렇게 한다면 여성 이슬람교도는 물론이고 가난한 이슬람교도, 흑인 이슬람교도, 불법 체류 이슬람교도의 문제를 제대로 다룰 수 없다. 그냥 이슬람교도이기만 한 이슬람교도는 없으므로 그러한 전략은 가장 도움을 필요로 하는 사람들을 저버리게 된다.

교차성을 고려해야 한다는 주장은 때때로 우리 모두 각자 독특하게 얽히고설킨 억압의 지문을 가지고 있으므로 사회 정의의 문제는 어떤 추정이나 비교 없이 개별적으로 다루어야 한다는 뜻으로 잘못 이해되기도 한다. 기득권 집단들은 이러한 오해와 오용을 환영하는 입장이다. 불의와 싸워야 하는 부담을 개인화하니 평범한 사람들은 자신들이 겪는 문제의 공통점을 보지 못하게 되고, 그로 인해 시스템의 변화를 요구하고 나설 일도 없어지기 때문이다.

교차성을 고려하면 집단의 조직화를 촉진하면서도, 억압의 상호작용적 측면을 인식하고 가장 주변화된 사람들의 요구에서부터 시작하는 운동을 만들어 갈 수 있다. 교차성의 세 가지 특징은 좀 더 자세히 살펴볼 필요가 있는데, 이질성, 비가산성, 상충하는 이해관계가 바로 그것이다.

이질성: 서로 다름

교차성에 대한 논의는 적어도 1851년까지 거슬러 올라간다. 19세기 중반에 미국에서는 중요한 세 가지 운동이 동시에 진행되었다. 당시 활동가들은 노예제 폐지, 여성참정권, 흑인참정권을 위해서 싸웠다.[32] 여성참정권 운동도, 흑인참정권 운동도 억압의 다른 차원들은 충분히 고려하지 않았다. '여성'은 '**중산층 백인 여성**'을 의미했고 '흑인'은 '흑인 **남성**'을 의미했다. 그러한 정체성들의 교차점에 놓인 흑인 여성과 토착민 여성은 다른 사람들이 범주를 나누는 방식에 의해 보이지 않게 되었다.

하지만 이 같은 현상을 지적하고 목소리를 내는 흑인 노예제 폐지론자, 참정권 운동가, 페미니즘 활동가가 있었다. 그중에서도 소저너 트루스는 노예로 태어나 자유를 얻고자 도망쳤고 그 후 전 미국을 순회하며 활동가의 삶을 살았다. 1851년에 열린 오하이오 여성인권대회에서 소저너 트루스는 다른 운동가들에게 그들의 여성성 개념이 트루스 자신의 경험을 수용하지 못한다는 점을 일깨워주었다. 트루스는 '**내가** 여성의 권리다'라는 선언과 함께 자신과 다른 흑인 여성들을 가시화했다.[33] 나아가 당시 여성의 권리를 부정하는 데 쓰인 여성성 개념에도 흑인 여성은 포함되지 않는다고 지적했다.[34] 여성에게 투표권을 주지 않기 위해 동원되던 주장들, 가령 여성은 너무 약해서 누구에게 표를 던져야 할지 엄정하고 혹독하게 숙고할 수 없다는 주장은 흑인 여성에게 적용될 수 없었다. 흑인 여성은 남성만큼 강도 높게 노동을 해야 했고 여성에게 존재한다고 추정되던 섬세함이나 민감성도 인정받지 못했다. 트루스는 그 방에 모인 사람들에게 자신은 육체 노동을 강요당하며 살아왔기 때문에 여느 남성만큼 힘이 세다고 말했다. 트루스의 연설은 도발이었다. '여성'을 얘기하는 사람들은 그들이 '백인 여성'만을 다루고 있음을 인정하든가 아니면 모든 여성을 수용할 수 있는 여성성 개념을 채택해야 했다.

여성들 각자의 삶과 요구는 이질적이며 여성들이 가장 긴급하게 직면하는 해악(예: 가난, 국가폭력)은 주로 인종이나 계급 때문에 발생하고 젠더로 인해 악화된다(예: 착취적 직업에서 겪는 성적 괴롭힘). 오드리 로드는 1980년에 발표한 논문에서 흑인 페미니즘과 백인 페미니즘을 비교하면서 다음과 같이 썼다.

우리는 여성으로서 어떤 문제들은 공유하지만 어떤 문제들은 그러지 못한다. 당신들은 아이들이 자라서 가부장제에 편입하고 당신에게 불리한 증언을 할까 봐 두려워하지만 우리는 아이들이 차에서 강제로 끌려 나가 거리에서 총을 맞고 쓰러질까 봐 두려워한다. 그런데 당신들은 우리 아이들이 죽어 가는 이유를 외면할 것이다.

오늘날의 페미니즘도 여전히 중산층 백인 여성의 관심사에 집중하는 경향이 있다. 기업, 정치권, 방송국에서 지배적 위치에 있거나 부자 명단에 올라 있는 엘리트 여성들의 대표성에 지나치게 초점을 맞추고 노동자 계급 여성, 상당수의 유색인종 여성에게는 거의 신경을 쓰지 않는다는 얘기다. 후자의 여성들에게는 급여, 노동 조건, 주거, 보육의 문제가 훨씬 더 시급하다. 우리가 걸치고 있는 옷의 대부분은 동남아시아 여성들이 열악한 노동 환경에서 최저 급여와 성적 괴롭힘의 위험을 감내하면서 만든 것이다. 이것이야말로 전형적인 페미니즘 이슈가 되어야 하지 않을까?

비가산성: 흑인 여성 차별은 흑인 차별과 여성 차별의 합이 아니다

아버지는 내가 어느 행사에서 인종차별에 대해서 하는 말을 듣고서 딸이 남들 앞에서 그토록 거침없이 분노할 수 있다는 데 놀라워했다. 아버지는 그 일을 자랑스럽게 여겼고 그러한 문제를 적절한 감정적 표현으로 제기하는 것을 좋게 보았지만 정작 본인은 갈색 피부의 이민자로 수십 년을 살면서 사람들 앞에서 화를 낸 적이 없음을 깨닫고 생각에 잠겼다. 아버지 같은 사람의 분노는 걸핏하면 타인의 안전에 대한 잠재적 위협으로 해석되기 때문에 (그로 인해 **실제로** 위협받는 것은 아버지 자신의 안전이지만) 분노 표출은 전적으로 금지되었다. 줄을 서 있다가 새치기를 당해도 혀를 깨물며 참았고, 인종차별적 발언을 듣고도 분노를 속으로 삭였으며, 다른 사람들이 무례하게 구는 상황에서도 깍듯하게 예의를 차렸다. 나는 피부색이 밝아서 가끔 백인으로 오해받기도 하는데, 이는 분노를 표현할 여지가 내게 더 많이 주어졌다는 뜻이다. 화내는 여성은 인기가 없지만 나의 분노는 (내가 백인 여성처럼 보이기에) 두려움보다는 경멸과 조롱에 직면할 가능성이 더 높다.

서양 언론과 정치인들이 세계무역센터 테러를 두려움과 증오를 선동하고 그로 인해 이익을 얻는 기회로 삼으면서 지난 20여 년 동안 이슬람교도(혹은 이슬람교도로 인지되는 사람)들은 전례 없는 수준의 인종차별을 경험했다. 이슬람 복장을 한 사람에게 거리에서 침을 뱉지를 않나, 이슬람 사원이 테러를 당하질 않나, 이슬람 혐오가 불러일으키는 스트레스와 불안이 사람들의 건강을 해치는 수준에 이르러 아랍인이나 이슬람교도로 인지되는 사람들에게서 태어난 신생아 체중까지 감소했다(이슬람교도의 대다수는 아랍인이 아니고 아랍인 중에도 이슬람교를 믿지 않는 사람이 많지만 서양의 상상 속에서 이 둘은 연동되어 있다).[35]

그러나 이슬람교도 남성과 이슬람교도 여성이 인종차별을 경험하는 방식은 각기 다르고 각기 나름의 방식으로 악랄하다.[36] 이슬람교도 남성은 폭력, 교조주의, 분노와 연관되는 반면, 이슬람교도 여성은 수동적이고 순종적이며 아버지와 남편에게 세뇌당하는 존재로 그려지기 일쑤다. 이러한 고정관념들이 인종차별의 성별화된 형태를 낳는다. 남성들은 거리나 공항에서 인종차별적인 검문(인종 프로파일링*)을 당하거나 재판 없이 투옥되기 쉬운 반면, 여성들은 그들을 위해서 그러는 거라고 말하는 사람들에게 복장 단속을 당하거나 직업적 능력을 체계적으로 과소평가당하기 쉽다.

성차별과 반흑인 인종차별이 결합하는 경우에도 이와 비슷한 비가산성(non-additivity)의 사례를 볼 수 있다. 미셸 오바마가 미국의

인종 프로파일링(Racial Profiling) 인종이나 민족, 종교, 피부색 등에 기반한 범죄 수사 기법. 미국에서 주로 흑인을 범죄 용의자로 간주하고 불심검문하거나 체포, 수색하는 관행을 뜻한다. 인종차별적 행위로 비판받고 있다.

영부인이 되고서 당한 모욕은 '흑인'이고 '여성'이라는 가장 두드러지는 두 가지 정체성과 관련된 억압들이 예측 가능한 방식으로 조합된 형태가 아니었다. 그러한 모욕은 (누구에게나 충분하고도 남을 만했지만) 버락 오바마가 부딪혔던 인종차별에 힐러리 클린턴이 부딪혔던 성차별을 합친 것이 아니었다. 오로지 흑인 여성만을 대상으로 하는 이 독특하고도 광적인 증오를 모야 베일리는 '미소지누아르(misogynoir, 흑인여성혐오)'라고 명명했다.[37] 공적 영역에서 활동하는 백인 여성도 옷차림이나 품행에 대해서 부당한 비판을 받지만 미셸 오바마를 겨냥한 성차별과 반흑인 인종차별의 혼합은 그 악랄함의 차원이 달랐다. 미셸 오바마는 역겨운 인간 취급을 당했고, 동물에 비유되었으며, 교묘하게 조작된 사진들이 인터넷에 넘쳐났다. 그가 권력과 영향력을 행사하는 위치에 있다는 것 자체가 말이 안 되고 그러니 계속 극심한 원한을 사도 마땅하다는 듯이 말이다. 미셸이 시카고의 노동자 계급 가정에서 나고 자란 사실과 관련하여 계급주의적인 요소들도 흑인여성혐오와 얽히고설켰다 (이 둘은 이렇게 곧잘 결합한다). 라디오 진행자 태미 브루스는 이런 발언까지 했다. "오바마는 그런 사람하고 결혼을 한 거예요. ……우리가 뭘 갖게 됐는지 압니까? 우리는 백악관에 쓰레기를 들였어요."[38]

비가산성을 고려한다는 것은 백인 여성이 직면하는 성차별주의와 흑인 남성이 직면하는 인종차별주의를 합친다고 해서 흑인 여성의 경험을 이해할 수는 없음을 인정하는 것이다. 백인 중산층 여성이 경험하는 성차별주의를 '정상적'이고 표준적인 성차별주의로 삼고 다른 여성들의 경우는 그 표준에서 조금씩 조정된 것이라면 백인 중산층 여성을 '정상적'이고 표준적인 여성이라고 믿는다는 뜻이다.

이해관계의 상충

1985년에 스티븐 스필버그 감독은 앨리스 워커의 퓰리처상 수상작 《컬러 퍼플》을 영화화했다. 영화는 원작 소설과 마찬가지로 흑인 공동체 안의 가정폭력을 다루었다. 주인공 셀리는 아버지와 남편의 폭력에 시달리며 살아왔지만 다른 여성들과의 관계에서 위로와 연대를 발견한다. 영화 〈컬러 퍼플〉은 불굴의 주인공 셀리의 투쟁과 궁극적 승리를 비교적 잘 그려냈다는 호평을 받았고 흥행도 성공적이었다.[39] 그러나 다른 한편으로 이 영화는 격렬한 논쟁을 불러일으켰고 일부 상영관 앞에서는 피켓 시위가 벌어지기도 했다. 시위의 주도자들은 흑인 남성이 지나치게 야만적이고 폭력적으로 묘사되었다고 불만을 품은 흑인 남성들이었다. 이에 대해 상당수 흑인 여성들은 폭력적이고 야만적인 남성에 대한 그들의 경험이 흑인 여성의 문학 작품을 각색한 이런 영화가 아니면 어디서 상세히 기술될 수 있겠느냐고 반문했다. 영화가 개봉하고 반응이 오던 때, 〈뉴욕타임스〉에서 취재를 나온 기자가 전화국에서 일하는 어티스 토머스라는 흑인 여성을 인터뷰했다. 이 여성은 자기 엄마와 이모들도 남편의 폭력을 참고 살아왔노라 말하며 영화가 그러한 문제를 알아봐준 것이 얼마나 '짐을 덜어주었는지' 설명했다. 그러고는 마지막에 이렇게 말했다. "흑인 여성이 흑인 남성의 자부심을 지켜주기 위해 희생해서는 안 됩니다. 그 영화는 상영되어야만 해요." 극 중에서 셀리의 폭력적인 남편 역할을 연기한 흑인 배우대니 글러버도 "우리는 흑인의 역사와 흑인 남성을 수호한다는 명분으로 우리 자신이 안고 있는 문제들을 은폐하고 회피하기에 급급할 때가 너무 많습니다"라고 했다.[40]

흑인 남성을 유별나게 폭력적인 모습으로 묘사하는 것은 뉴스 매체, 영화, 텔레비전이 널리 확산하는 인종차별적 사고에 기여한다. 흑인 남성은 인간 이하의 괴물 같은 존재, 자신의 충동을 조절하지 못하기 때문에 감독관, 경찰관, 교도관의 훈육이 필요한 존재로 그려지기 일쑤다. 흑인 남성을 원래 공격적인 존재로 묘사하면 결국 그들에게 압도적으로 사용되는 폭력을 정당화하는 경향이 있다. 하지만 〈컬러 퍼플〉은 결코 흑인 남성이 유별나게 폭력적이라고 암시하지 않고 오히려 흑인 남성이 폭력적으로 사회화된다는 사실을 직시한다. 그리고 그렇게 사회화된 이유는 그들이 흑인이라서가 아니라 남성이라서다. 흑인 남성에 대한 인종차별적 일반화에 가세하지 않기 위해서 그러한 폭력을 묘사하거나 논의하는 것을 금지한다면 사실상 흑인 여성과 흑인 아이의 희생을 감수하면서까지 흑인 남성을 보호하는 것밖에 되지 않는다. 그렇게 되면 흑인 여성과 아이가 경험한 폭력은 지워지는 셈이고 도움을 받고자 하는 그들의 시도는 무산된다. (내가 여기서 흑인 여성과 아이에게 초점을 맞추는 이유는 흑인 남성이 흑인 아닌 사람들, 특히 백인에게 해를 입힐 때는 흑인 남성의 폭력성이나 피해자가 보호받을 자격이 있다는 사실이 지체 없이 지적되기 때문이다.)

하지만 흑인 남성을 비인간적으로 보이지 않게 묘사해야 하는 한편 흑인 여성이 흑인 남성에게 당하는 폭력을 못 본 척해서는 안 된다는 도덕적 압박의 상충은 애초에 흑인 남성이 심하게 왜곡된 모습으로 그려지지 않았다면 일어나지도 않았을 것이다. 흑인 여성은 흑인 남성에 대한 인종차별이 더 악화되는 것을 막기 위해 젠더 기반 폭력에 희생되고 있다. 킴벌리 크렌쇼가 말한 대로다.

물론 흑인의 폭력에 대한 재현—통계적인 것이든 허구적인 것이든—이 흑인과 다른 소수집단을 병적으로 폭력적인 것처럼 일관되게 묘사하는 더 큰 각본에 쓰이는 것은 사실이다. 그러나 문제는 폭력 그 자체의 묘사가 아니라 흑인의 경험을 더 폭넓게 그려내는 다른 서사, 다른 이미지의 부재다.[41]

사실 여기에는 상충하는 이해관계가 없다. 흑인 남성들이 유별나게 폭력적인 것처럼 묘사되어서는 안 되며 흑인 여성들이 그들이 직면하는 폭력에 대해서 말하는 것을 막아서도 안 된다. 충돌은 단지 긍정적이거나 중립적인 표현의 결여로 나타나는 인종차별의 산물이다. 인종차별이 연쇄적으로 일으키는 폐해가 결국 이러한 균열을 만들어내는 것이다.

소수자가 소수자를 차별할 때

교차성은 '캐런'이 성차별적 비방인가라는 앞선 질문으로 돌아오는 데 도움을 준다. 앞에서 보았듯이 캐런은 특히 유색인종과의 상호작용에서 자신의 특권을 무기로 삼는 백인 여성을 가리킨다. 캐런이라는 꼬리표의 목적은 일반적으로 인종차별의 사례들과 그러한 사례들을 구현하는 사람들을 확인하는 것이므로 인종차별적 비방은 될 수 없다. 그러나 캐런은 그저 '인종차별을 하는 백인'을 의미하는 것이 아니라 '인종차별을 하는 백인 **여성**'을 의미한다. 그렇기 때문에 성차별적이라는 혐의를 받는 것이다.[42] 교차성이라는 개념을 장착하면 이러한 비판이 왜 잘못되었는지 좀 더 쉽게 알 수 있다.

캐런에 상응하는 남성 버전으로 몇 가지 이름(예: 켄)이 제안되기도 했지만 실제로 널리 쓰이지는 못했다. 이것이 캐런이 성차별적 비방이라고 주장하는 사람들이 내세우는 핵심 근거다. 캐런이라는 명칭이 여성들의 특정 행동을 비난하는 방식으로 사용되고 있다는 것이다. 하지만 사실은 그렇지 않다. 이 용어는 백인 여성을 겨냥하지만 아무 백인 여성이나 가리키는 것이 아니다. 캐런은 자신의 특권에 충분한 확신이 있고 그러한 특권을 행사해서 다른 특정 집단에게 불이익을 주더라도 자신은 완전히 무사하다는 것을 잘 아는 백인 여성을 가리킨다. 그런 일이 처음도 아닌데 왜 모르겠는가. 캐런은 세상이 자기 편이라는 것을 안다. 백인이라고 해도 성매매 여성이나 트랜스젠더나 고정 거주지가 없는 여성은 보통 경찰을 부르지 않는다. 자기들에게 좋지 않은 쪽으로 결말이 날 수 있다는 것을 알기 때문이다. 우리가 말하는 '캐런'은 중산층 시스젠더 이성애자이며 건강한 백인 여성으로서 자기보다 형편이 딱한 사람을 궁지에 모는 사람이다.

교차성과 관련하여 캐런을 정당한 모욕으로 볼 수 있는 또 다른 이유가 있다. 여성은 남성보다 인종차별을 덜 한다는 오해가 널리 퍼져 있지만 실제로는 인종차별적 태도에 남녀 차이는 없다.[43] (백인 여성의 절반 이상이 트럼프에게 표를 던졌다. 여성으로서 이권보다 백인으로서 이권을 먼저 생각한 것이다.) 여성이 인종차별을 덜 한다는 속설은 부분적으로 여성의 인종차별 방식이 다르다는 점에서 기인한다. 백인 여성이 경험하는 성차별이 유색인종 여성이 경험하는 성차별과 다른 것처럼 인종차별적인 행동 역시 백인 여성과 백인 남성이 다른 경향이 있다. 교차성은 우리가 경험하는 억압뿐만 아니라 우리가 누리는 특권도 조정한다.

인종차별이 어떤 모습인지에 대한 우리의 이해는 (매사에 남성이 기준이 되듯이) 남성이 일반적으로 인종차별을 표현하는 방식에 기반한다. 백인 남성의 인종차별은 더 직접적이고 공격적이며 대놓고 이루어지는 경향이 있다. 그들이 여성을 구실 삼아 유색인종 남성에 대한 자신들의 폭력을 정당화한 것은 어제오늘 일이 아니다. 흑인 남성에 대한 무차별 폭행은 으레 백인 여성과 소녀를 보호한다는 명목으로 이루어진다. 1955년 열네 살밖에 안 된 흑인 소년 에밋 틸은 (그가 백인 여성에게 휘파람을 불었는지 그러지 않았는지도 확실치 않건만) '공격적으로' 행동했다는 이유로 흠씬 두들겨 맞고 강물에 던져졌다. 미국의 저널리스트 찰스 M. 블로가 〈뉴욕타임스〉에서 지적한 대로 "흑인에 대한 백인들의 테러는 백인 여성과 백인의 순수성을 지킨다는 명분을 앞세워 폭력을 용맹으로 포장했다. 대학살이 기사도로 둔갑했다."[44] 유색인종 여성도 어마어마한 폭력을 정당화하려는 목적에 이용당했다. 조지 W. 부시와 그의 아내 로라 부시는 '테러와의 전쟁'이 "여성의 권리와 존엄을 위한 싸움."이라고 주장했다.[45] ('테러와의 전쟁'을 지지한 정치인들이 이후 그러한 폭력으로 피해를 입은 여성들의 재정착에는 반대표를 던졌다.[46])

그렇지만 백인 여성들의 인종차별—좀 더 성 고정관념에 기대는 방식이긴 하지만—도 위협당하는 여성의 이미지를 활용하는 경향이 있다. 인종차별로 고발당한 백인 여성들이 으레 구사하는 전술은 피해자 코스프레, 즉 울음을 터뜨리면서 고발자가 공격적이거나 '무례'했노라 주장함으로써 고발을 무산시키는 것이다. 백인 여성들이 자주 구사하는 또 다른 성 고정관념적 인종차별의 형태는 백인 남성들이 행하는 것 같은 직접적 폭력을 지양하는 대신 경찰, 경비원, 공항 직원, '관리자' 같은 당국자를 통하여 폭력을 가하는 것이다. 백인 여성이 자기 손을 더럽히면서 인종차별을 할 확률은 낮지만 그 대신에 유색인종인 상대방을 제3자에게 넘겨서 좀 더 심각하고 직접적인 해를 끼칠 확률은 높다.

이 같은 이유들을 보건대, '캐런'은 성차별적 비방이 아니다. 단지 성별 특징적인 인종차별의 사례에 대한 성별 특징적인 고발일 뿐이다. 그러므로 사태에 알맞은 표현이다. 하지만 주의하자. 백인 여성이 인종차별을 하지도 않았는데(트랜스젠더 혐오도 아니고 다른 식으로 공격을 하지도 않았는데) 캐런 운운한다면 그렇게 말하는 인간이 성차별주의자다.

캐런 현상과 그에 따른 반발은 2019년의 '오케이 부머(OK Boomer)' 논란의 전개와 비슷한 면이 있다. '부머'는 베이비붐 세대를 가리키는데, 통상적으로 제2차 세계대전 종전 이후 20년 사이에 태어난 사람들을 말한다. 이들이 사회 정의와 환경 정의와 관련된 가치관이나 실천을 말하는 젊은이나, 기성세대에게 익숙한 규범에서 벗어난 젊은이를 비난하거나 무시할 때 부딪히게 마련인 의도적인 멸시 반응이 '오케이 부머'다. 나이 든 사람이 요즘 젊은 것들은 이상주의에 젖어 있고 미성숙하며 버릇없는 '예민 덩어리'라고 무시하는 말을 했다가는 "오케이 부머"라는 대꾸가 돌아올 것이다. '오케이 부머'는 특정 연령대에 속하며 웬만큼 부를 이룩한 사람, 척박한 삶의 위험에 지면해서도 그럭저럭 괜찮은 삶과 희망어린 정치적 비전을 만들어보려는 젊은이들을 비웃는 사람에게 던지는 조롱이다.

당사자인 부머들은 당연히 이 말을 좋아하지 않는다. 미국의 라디오 프로그램 진행자 밥 론스베리는 나중에 삭제한 신파조 트윗에서 '오케이 부머'는 "노인 차별적인 금기어"라고 했다. 노인 차별은 매우 현실적인 억압의 한 형태로, 경제적 '생산성'이 떨어진다는 이유로 평가절하되는 노인들에 대한 체계적 무시다. '오케이 부머'는 노인 차별은 아니지만 '캐런'과 마찬가지로 이 말을 생각 없이 허술하게 써서는 안 된다. 나이는 이 표현과 분명히 **상관**이 있다. 점점 더 커지는 경제적 불평등과 계속되는 기후 위기라는 난제 앞에서 일부 노인들이 자기들도 그러한 문제에 책임이 있음을 인정하지 않으니 화가 날 수는 있다. 하지만 나이 든 사람이 단지 우리가 동의하지 않는 말을 한다고 해서 '오케이 부머'라는 조롱을 들어서는 안 된다.

지난 세기에 급진적인 정치 변화를 위해 치열하게 싸웠던 이들도 베이비붐 세대였다. 그들은 민권운동을 주도했고 여성들이 임신 중지의 권리로 나아갈 수 있도록 노력했다. 그렇지만 베이비붐 세대는 통계상으로는 몇 번이고 봐도, 정치적 보수일 가능성이 높긴 하다. 영국에서 18~24세의 4분의 3은 유럽연합 잔류에 투표한 반면, 65~74세 중 3분의 2는 유럽연합 탈퇴에 표를 던졌다. (당시 상황에서 탈퇴에 표를 던진다는 것은 일반적으로 반反이민 정책을 지지한다는 것을 의미했다.) 2016년 미국 대선에서 18~29세의 37퍼센트가 트럼프에게 표를 던진 반면, 65세 이상에서 트럼프에게 투표한 사람은 53퍼센트나 되었다. 그렇지만 교차성이 중요하다. 부머라고 해서 다 같지 않다는 것은 분명하다. 이 데이터를 인종별로 쪼개어 살펴보면 얘기가 완전히 달라진다. 백인의 53퍼센트는 브렉시트(유럽연합 탈퇴)에 찬성했지만 흑인은 불과 27퍼센트만 찬성했다. 백인의 58퍼센트는 트럼프에게 표를 주었지만 흑인 중에서 트럼프를 지지한 사람은 8퍼센트밖에 되지 않았다. 노년층의 대부분은 자기 세대가 상대적으로 누렸던 경제적 행운의 수혜자가 아니다. 또 노년층에서도 상당수는 그들이 젊었을 때는 더 주변적이고 위험하게 여겨졌던 사회적 정체성(여성, 유색인종, 트랜스젠더, 동성애자 등)을 지니고 있다. '오케이 부머'는 그런 사람들에게 할 말이 아니다. '오케이 부머'는 단순히 나이를 암호화한 것이 아니라 현 상태에 대하여 어떤 입장을 취하느냐에 대한 것이다.

'캐런'은 인종차별적인 백인 여성을 가리키고 '오케이 부머'는 보수적 노년층에 대한 반응이다. 이러한 용어들은 말한다. "당신이 이기적인 겁니다. 당신이 권력을 남용하고 있다고요." 이 두 비방은 사회의 주변부에서 작동하는 작은 정치적 저항 행위다. 둘 다 도발하고 창피를 주고 선동하기는 하지만 어느 쪽도 실제로 해를 끼칠 힘은 없다. 권력과 물질적 자원이 계속 이런 식으로 분배되는 한 '역억압(reverse-oppression)' 같은 것은 있을 수 없다.

2장

[차별과 배제를
선동하는
은밀한 말]

: 도그휘슬

참으로 오랫동안 우리는 관용적인 사회에서 사는 척했다.

인종차별이 억압의 시스템이 아니고 무례한 사람들의 미미한 집착에

불과한 것처럼 생각하고 살아온 것이다. 아니다, 우리는 우리의 편견에

대해서 좀 더 치밀하고 정교해졌을 뿐이다. 인종차별주의가 만연한데도

인종차별주의자는 거의 없는 것처럼 보인다.

— 게리 연지, 〈가디언〉(2018년 1월 26일자)

2020년 10월에 영국의 스카이 히스토리 채널은 〈더 촙(The Chop)〉이라는 신규 프로그램 예고를 내보냈다. 목수들이 '영국 최고의 목공 전문가'로 인정받기 위해 일련의 목공 과제에 도전하는 리얼리티 프로그램이었다. 그런데 예고 영상에 자칭 '나무꾼'인 대런 럼스덴이라는 건장한 백인 남성이 등장했다. 그의 얼굴, 두피, 목은 문신으로 뒤덮여 있었는데 그중 특히 세 가지가 예고편을 본 사람들의 눈에 들어왔다. 그의 뺨에는 독일어 캘리그래피 서체로 88이라는 숫자가 있었고, 이마에는 23/16이, 두피에는 14가 새겨져 있었다. 이 숫자들은 모두 백인우월주의의 기표다. 88은 라틴 문자의 여덟째 문자 H의 반복으로 '하일 히틀러(Heil Hitler, 히틀러 만세)'를 의미한다. 23/16은 '백인 권력(White Power)'의 약자 W/P를 뜻하고, 14는 백인우월주의의 열네 단어 "We must secure the existence of our people and a future for white children(우리는 우리의 삶과 백인 아이들의 미래를 확보해야 한다)"을 암시한다.[1]

눈 밝은 시청자들이 방송사에 항의하고 우려의 목소리를 냈다. 스카이가 럼스덴에게 직접 해명을 요구하자 럼스덴은 연관성을 부인하고 1988년은 자기 아버지가 돌아가신 해일 뿐이라고 주장했다. 일주일 후 한 신문에서 럼스덴의 아버지가 버젓이 살아 있고 언론의 접촉을 반가워하더라는 기사를 냈다. 스카이는 럼스덴의 편을 들었던 트윗을 삭제하고 프로그램 자체를 취소했다.[2]

'나무꾼' 럼스덴은 (적어도 그 문신을 새기던 시기에는) 네오나치였다. 그는 인종차별적 신념에 얼마나 진심이었던지 그것들을 세상 모두가 볼 수 있도록 두피에 영구적으로 새겨서 늘 몸에 지니고 다녔다. 스와스티카(卍)와 달리, 이 영숫자 상징들은 워낙 애매해서 특별히 예리한 식견을 갖추지 않은 이상 인종차별적 구호로 인식하기 어렵다. 비슷한 신념을 지닌 소수만 알아볼 수 있는 것이다.

인종차별은 해로운 박테리아와 마찬가지로 음습한 구석을 찾아내어 그곳에서 번성한다. 여러 맥락에서 혐오 표현은 법으로 규제되며, 노골적 인종차별은 사회적 외면으로 이어질 수 있다. 그런 사람이 TV 목공 프로그램에 출연해서는 안 된다는 의견이 쏟아질 만큼 개인의 평판이 떨어질 수 있다는 의미다. 공공연한 인종차별주의자들은 너무 많은 사람에게 들키지 않으면서 자신의 신념을 실질적 혹은 잠재적 우군에게 전달할 방법이 필요하다(혹은 증오의 표적을 위협하기 위해 이따금 그 상징들을 과시할지도 모른다). 인종차별적 구호를 숫자에 숨기면 그 의미를 부정하고 빠져나갈 구멍이 생긴다.

정치적으로 올바른 언어는 억압의 표현과 맞서 싸우는 데 도움이 되지만 대부분의 인종차별적 표현은 만화처럼 과장되고 명백한 단어가 아니고, 우리가 한눈에 알아보고 비판할 수 있는 문장도 아니다. 암묵적 형태의 인종차별적 발언이 훨씬 더 흔하다. 시간이 흐르면서 인종차별에 대한 의식이 확대되자 인종차별주의자들은 진짜 의미를 얄팍하게 숨기고 "조용한 부분을 크게 말하는" 다양한 전략을 통하여 자기 견해를 간접적으로 표현하기 시작했다.[3] 노골적 인종차별에만 초점을 맞추는 것은 잡초를 뽑는다면서 겉으로 자란 부분만 뜯어내는 것과 같다. 간접적 인종차별을 폭로하는 것이야말로 잡초를 뿌리까지 통째로 뽑아 햇빛에 말라비틀어질 때까지 지켜보는 것이다.

중립적인 듯
배제하는 말

그럴듯한 부인(Plausible Deniability)은 의미를 부인하기 쉬운 방식으로 암호화하는 것을 가리키는 기술적 용어다. 이것은 자신들이 전달하는 메시지가 도덕적으로 혐오스러워 보일 가능성이 있는 사람들이 구사하는 전략이다. 화자는 비난에 대비하여 회피 조항을 넣어 둔다.

그럴듯한 부인의 일반적 버전이 바로 "웃자고 한 얘기였어"라는 자기 방어다. 좌중의 동의와 승인을 얻으려고 억압적인 발언을 했지만 화자가 청중들을 잘못 판단한 것이어서 분위기가 차가워질 때 부인 전략이 발동한다. 이 경우 화자는 자기 발언이 억압적이고 잘못됐다는 것을 부인하는 게 아니라 자신의 **의도**를 부인하고 단지 농담이었노라 주장한다. 이 전략의 영리한 효과는 청자가 졸지에 유머 감각이 부족한 사람, 농담에 죽자고 달려드는 사람이 된다는 점이다. 내 동료 중 한 명은 이런 전략을 쓰는 사람을 '슈뢰딩거의 편견쟁이'라고 부른다.[4] 머리에 새긴 영숫자들도 (스와스티카나 남부연합기와는 달리) 같은 방식으로 작용한다. 아무도 그 숫자들이 인종차별적이라고 **증명**할 수 없다. 그런 문신을 한 사람은 나치와 연관성이 없노라 딱 잡아뗄 수 있고 발화와 표현이 직접 연결되기 어렵기 때문에 시청자나 목격자가 잘못 해석한 것이라고 책임을 떠넘길 수 있다. 이것은 **그럴듯한 부인**이다. 그쪽을 잘 아는 사람은 이러한 부인을 간파하겠지만 그렇더라도 다른 사람들에게까지 그 상징의 유해성을 설득하기는 어려울 수 있다.

신념이나 정체성을 암호화하는 것이 늘 사악하지는 않다. 주변화된 집단들은 적대적일 수도 있는 외부인의 시선을 피해 서로를 알아보고 소통하는 방법을 종종 개발하곤 한다. 1892년 연극 〈윈더미어 부인의 부채〉 초연이 있던 밤에 오스카 와일드는 동성애자 친구들에게 초록 카네이션을 옷깃에 꽂고 와 달라고 했고, 그 후 이 꽃은 동성애자 남성들이 서로를 알아보는 표시가 되었다(당시 영국에서 동성애는 최대 10년형까지 받을 수 있는 범죄였다).[5] 1970년대 미국의 동성애자 남성들이 사용했던 '행커치프 암호'도 생각해보자. 그들의 오른쪽 혹은 왼쪽 가슴 주머니에 꽂힌 행커치프 색상은 아는 사람만 아는 방식으로 자신의 성적 취향을 표시한 것이었다.[6]

인종차별을 표현하면서도 직접적으로 드러내지 않는 다양한 방식을 이해하려면 간접 표현이 얼마나 일반적이고 유용하며 사회적으로 수용 가능한지 인정하는 것이 중요하다. 우리는 액면 그대로의 의미와 의도하는 의미가 다른 말들을 일상적으로 사용한다. 예를 들어, 데이트를 마치고 헤어지면서 "(집에 들어가) 커피 마시고 갈래요?"라고 하는 말은 성관계의 여지를 두는 표현일 때가 많다. 낯선 도시에서 행인을 붙잡고 "이 근처에 약국이 있나요?"라고 묻는 것은 "약국으로 가는 길을 가르쳐주세요"라는 뜻이다. 혹은 술집에서 누군가에게 "이따가 남자친구가 이리로 오기로 했어요"라고 말하는 것은 "저리 가, 관심 없어"라는 뜻이다.[7]

간접 표현을 이해하려면 그 말이 나오는 특정한 맥락을 잘 알아야 하는데, 대부분은 그러한 맥락을 힘들이지 않고 정확하게 포착할 수 있다. 하지만 문화적으로나 언어적으로 친숙하지 않거나, 특정 발화가 어떻게 받아들여지는지 이해하는 대화 능력이 부족한 사람은 발화를 문자 그대로의 의미로만 들을 것이다. 그래서 "이 근처에 약국이 있나요?"라고 물어봤는데 이 질문을 액면 그대로 받아들이느라 핵심을 놓친 대답이 돌아올 수도 있다. "네, 여러 군데 있어요. 이 도시는 의료 인프라가 아주 좋아요." 혹은 데이트를 끝내고 헤어지면서 "커피 마시고 갈래요?"라고 물었는데 "난 사실 커피를 별로 좋아하지 않아요"라는 대답을 들었다 치자. 두 경우 모두 질문을 던진 사람은 상대가 농담을 하거나 질문의 의미를 잘못 받아들였다고 추측할 것이다.*

간접 표현에 도덕적 문제가 없다고 볼 만한 이유는 차고도 넘친다. 공손함과 사교 능력은 간접 표현의 핵심 동기다. 여러 문화권에서 저속하거나 강압적으로 보이지 않기 위해 간접 표현을 선호한다. 내 아버지의 조국 이란은 까다로운 예의범절로 유명하다. 특히 이란은 '타로프(taarof)'라는 극도의 간접적 표현을 요구한다. 타로

---

* 물론 후자의 경우 커피 제안과 거절에 어떤 숨은 의미가 있는지 알면서도 작정하고 무뚝뚝한 거절을 의도하고 그렇게 받아들인 것일 수도 있다. (저자 주)

프는 환대 어린 제안을 일단 사양해야 할 것으로 본다. 그렇지만 제안 혹은 초대를 한 사람은 이 거절을 정중함의 표현으로 생각하고 계속 권해야 한다. 이렇게 몇 차례 제안과 사양이 오가는 가운데 초대하는 이와 초대받는 이는 회피의 미묘한 특성들을 통하여 진심을 추측할 수 있게 된다. 진심으로 음식을 대접하고 싶은 사람은 상대의 거듭된 거절에 모욕감을 느낄 것이다. 초대받은 사람은 실은 배가 고파서 사양하고 싶지 않을지도 모른다. 다른 문화권에서도 간접 표현은 어색함이나 민망함을 피하는 수단이다. 커피 마시고 가라는 말은 애매하기 때문에 거절하기가 덜 껄끄럽고, 오늘 밤 잠자리를 함께하자는 노골적 제안을 거절하는 것보다 덜 불쾌하다. 간접적으로 표현하면 그럴듯한 부인의 여지가 생긴다는 이점도 있다. 커피 마시고 가라는 제안에 "당신하고 그럴 마음 없어요"라는 대답이 돌아온다면 제안한 사람은 (진심이든 아니든 간에) 이렇게 받아치면 된다. "그런 거 아니에요! 그냥 대화를 좀 더 나누고 싶어서 그래요."

공적 영역에서 억압적 견해를 드러내는 사람들에게 간접 표현은 점점 더 중요해지고 있다. 노골적인 억압의 표현은 엄청난 비난, 법적 이의 제기, 평판의 실추를 불러오기 때문이다. 인종차별로 고발당하면 사회적으로 낙인찍힌다. 심지어 누가 봐도 명백한 인종차별주의자조차 자기에게 붙은 낙인을 억울해한다.

현재 미국과 영국에는 인종 간 평등은 이미 이루어졌고 대부분의 사람이 인종차별적 믿음을 버린 지 오래라는 생각이 팽배해 있다(4장 참조). '피부색을 따지지 않는다'고 말하는 사람들은 많다. '흑인의 생명도 소중하다' 운동에 대한 일반적 반응이 '모든 생명은 소중하다'로 나타난 이유도 일부는 여기에 있을 것이다. 우리가 집단 차원에서 이미 인종차별을 극복했다고 생각하기 때문에 튀어나온 어설픈 이의 제기라고나 할까. 인종 간 평등이 이루어진 것으로 추정되는 이 새로운 세계에서 대부분의 사람은 기본적으로 타인에게 인종차별주의자로 보이거나 그렇게 묘사되지 않으려고 신경을 쓴다. 이 창피한 표시를 피하는 것이 인종차별을 하지 않는 것보다 더 중요하게 여겨질 때도 종종 있다. 그 최종 결과가 게리 연지가 말한 대로 "인종차별주의가 만연한데도 인종차별주의자는 거의 없는 것처럼 보이는" 사회다.[8]

일반적으로 몇 가지 기본적인 휴리스틱*에 기대면 인종차별주의의 혐의를 피할 수 있다. **명백히 인종차별적인 비방을 쓰면 안 된다. 명백히 인종차별적인 고정관념을 반복해선 안 된다. 명백히 인종차별적인 정책을 지지해선 안 된다. 백인이 다른 인구 집단보다 우월하다고 해서는 안 된다. 노예제, 대학살(제노사이드), 분리와 차별 대우 같은 역사적 차별 정책들을 지지하는 표시를 내서는 안 된다.**[9] 이 참담할 정도로 낮은 기준을 충족하기는 그리 어렵지 않다. 인종차별주의자로 공공연하게 낙인찍히는 경우 치러야 하는 비용이 증가했지만 사람들은 언어적 위장을 더욱 발전시켜 그러한 환경 변화에 잘만 적응해 왔다. 그들은 인종차별주의자라는 낙인이 찍힐 가능성을 최소화하면서 인종차별을 하는 법을 배웠다. 언어를 신중하게 선택하고 좌중에 면밀하게 주의를 쏟는 것이 그 방법의 일부다. 록

휴리스틱(Heuristic) 복잡하고 불확실한 상황에서 의사 결정을 할 때 빠르고 쉽게 판단을 내리는 방법이나 기술. 체계적이고 합리적인 판단을 할 필요가 없는 상황에서 사람들이 사용하는 편의적이고 단순화된 의사 결정 방법을 일컫는다.

산 게이는 《나쁜 페미니스트》에서 이렇게 썼다.

언제 인종차별주의자가 되어도 괜찮은지, 누구와 있을 때는 그래
도 되는지에 대해서 복잡한 행렬이 존재한다. 공적인 행동 방식과 사
적인 행동 방식이 따로 있다. 친구들끼리만 말할 수 있는 것, 다른 데
서는 감히 입에 올릴 수도 없고 자신의 사적인 생각으로 묻어 두어야
하는 것이 있다. …… 사람들은 대개 이러한 규칙에 친숙하다.[10]

2017년 영국에서 실시한 조사에 따르면, 응답자의 74퍼센트가
자신이 다른 인종에 대해서 "아무런 편견도 없다"고 답했다. 이 비
율은 지난 35년간 거의 변동 없이 유지되었다.[11] 그렇지만 이 설문
조사의 세부 항목은 중요한 통찰을 제공한다. "어떤 인종이나 민족
은 지능이 다소 낮게 태어나는가?"라는 질문에는 응답자의 14퍼센
트만이 '그렇다'고 답했다. 그러나 질문을 살짝 틀어 "어떤 인종이
나 민족은 더 열심히 일하게끔 태어나는가?"라고 물었을 때는 '그
렇다'라는 응답이 44퍼센트까지 올라갔다. 두 질문 모두 응답자의
인종차별주의를 대리한다. 밀접하게 관련된 질문들인데도 응답이
달리 나오는 이유는 쉽게 설명할 수 있다. 인종차별적 담론에서 지
능은 오랫동안 치열하고 가시적인 논박을 불러일으켜 왔기 때문에
이제 누구나 특정 인구 집단의 인지 능력을 두고 이러쿵저러쿵하
면 사람 취급 못 받는다는 정도는 안다. 대부분의 응답자가 지능에
대한 질문이 인종차별적 태도를 측정하기 위한 것임을 눈치채고
자신은 인종차별주의자가 아니라는 인식에 입각해 답변한 것이다.
반면 '더 열심히 일하기'는 인종차별과 명백한 연관성이 없어 보이

기 때문에 응답자들은 태어날 때부터 이러한 특징과 관련된 차이, 즉 **유전적** 차이가 있다는 생각에 더 편하게 동의할 수 있었다. 질문의 표현을 바꾸면 사람들이 믿어야 한다고 **생각하는** 것과 그들이 실제로 믿는 것을 비교하여 볼 수 있다.

간접적으로 말하는 경향은 메시지를 암호화할 기회를 낳는다. 숨겨진 메시지가 어떤 사람에게는 명백하겠지만 다른 사람들에게는 그렇지 않을 것이고, 행여 사달이 나도 부인하면 그만이다. 또한 그러한 경향은 혐오 콘텐츠를 감춰서 전달하기에 그 내용을 듣는 이들의 편견을 자극하면서도 인정할 필요는 없애준다. 간접 표현은 어느 정도 도덕적 여지를 허용한다. 이 여지는 이전 세대의 인종 차별적 정책에 대한 광범위한 지지를 활용하려는 정치인들에게 특히 유용하다. 그들은 인종차별적 콘텐츠를 유포하지만, 대중의 반감을 유발하거나 유권자의 자아상을 훼손할 만큼 노골적으로 인종차별과 연관되지 않으면서도 듣는 이들이 특정한 위계를 유지하려는 의도를 의심하지 않게끔 메시지를 작성해야 한다.

도그휘슬, 혐오를 퍼뜨리는 암호

나이가 들면 우리를 둘러싼 세상의 소리가 덜 들린다. 피부는 탄력을 잃고 늘어지고, 신진대사는 느려지고, 뼈는 닳고 약해지며, 청력이 떨어지면서 고주파수 영역의 소리부터 서서히 못 듣게 된다. 이것을 노인성 난청이라고 한다. 청력 손실은 일찍부터 시작된다. 25세만 되어도 어릴 때는 들을 수 있던 최고 주파수대의 소리를 들

을 수 없다. 이 때문에 청소년들의 출입을 눈엣가시로 여기던 공간
이나 상점이 청소년들의 귀에만 거슬리는 소리를 내는 디스토피아
적 장치를 설치하기도 했다. 한편 청소년들은 교사가 그들이 수업
시간에 휴대폰을 사용할 때 신호음을 듣고 압수하는 일이 없도록
이 기술을 이용하여 휴대폰에 고주파수에 해당하는 신호음을 설정
하기도 했다.[12]

개는 어린이나 청소년보다 고주파대 소리를 잘 듣는다. 개들이
불꽃놀이에 그렇게 동요하는 이유도 일부분 여기에 있다. 불꽃이
터지는 펑 소리 전에 씽 하고 하늘을 가르는 듯한 고주파음도 개들
에게는 귀청이 떨어질 것처럼 과격한 소리다. 1876년에 영국의 과
학자 프랜시스 골턴은 중심 주파수대가 39킬로헤르츠인 호루라기
를 발명했다. 개와 고양이에게는 이 호루라기 소리가 들리지만 인
간에게는 들리지 않는다. 인간이 들을 수 있는 주파수대는 17킬로
헤르츠가 상한선이다. 따라서 이 호루라기는 인간의 귀를 괴롭히
지 않으면서 가축을 훈련시키거나 길들이는 데 사용할 수 있었다.
('골턴의 호루라기'라고 알려져 있는) '도그휘슬(Dog Whistle, 개호루라
기)'은 여전히 개 주인이나 양치기에게 인기 있는 저렴한 용품이다.

골턴과 도그휘슬은 썩 잘 어울린다. 이후로 도그휘슬은 인종차
별적 발언의 동의어가 되었고 프랜시스 골턴은 종종 우생학의 아
버지로 통하니 말이다. 우생학은 '열등한' 인간을 제거함으로써 인
간 유전자풀을 '개선'하고자 하는 연구다. 골턴은 지능이 전적으로
유전으로 결정된다고 믿었다. 그는 지난 4백 년 동안 영향력 있는
저술을 남긴 6백여 명의 '위인'을 연구하고서 그중 상당수가 서로
연관되어 있음을 발견하고 이러한 추론을 끌어냈다. (이 엉성한 과

학자는 그 '위인'들이 대부분 같은 사회 계급 출신이라는 훨씬 더 명백한 사실은 보지 못했다. 자신과 자기 사촌이자 '위인'인 찰스 다윈은 모두 부유하고 저명한 가문에서 성장했다는 사실이 그의 머리에는 떠오르지 않았던 모양이다.) 골턴은 누구는 후손에게 유전자를 남기는 게 좋고 누구는 그러지 않는 편이 좋은지 판별할 목적으로 인간을 측정했다. 그의 사상은 인종적 순수성 개념에 결정적이었다. 이 개념이 근간이 되어 독일에서는 나치즘이 번성했고 미국에서는 인종 간 결혼과 성관계를 금지하는 법이 나왔다.

지금도 도그휘슬을 반려동물 용품점에서 살 수 있지만 정치적 표현과 관련하여 이 용어를 접할 확률이 더 높다. 정치적 도그휘슬은 골턴의 발명품의 상징적 버전이다. 고주파대 소리를 내는 호루라기처럼 선택적으로 들리는 것이다. 도그휘슬은 언뜻 일반적 진술처럼 들리지만 의미를 특수하게 해석할 준비가 된 사람들만 알아듣게끔 특정한 정치적 신호를 암호화하고 있다. 따라서 도그휘슬은 다채로운 간접적 표현이다.

도그휘슬 개념이 정치적 담론에 처음 등장한 때는 1980년대다. 〈워싱턴 포스트〉의 여론조사 책임자는 이렇게 말했다. 응답자들의 표심을 파악하기 위해 설문을 돌릴 때 "때때로 질문의 미묘한 변화가 현저히 다른 결과를 낳는다. …… 연구자들은 이것을 '도그휘슬 효과'라고 불렀다. 응답자들은 질문에서 연구자들은 듣지 못하는 무엇인가를 듣는다."[13] 도그휘슬을 듣는 데 특수한 계책이나 암호첩이 필요한 것은 아니다. 도그휘슬은 기존의 연상 관계를 자극하는데, 일부는 명시적이고 또 다른 일부는 암묵적이다. 그래서 도그휘슬을 노리고 발언하는 사람들은 일반적으로 자기가 무엇을 하는지 알고 자기 말을 듣는 사람들을 조종하려 든다. 그런 발언을 듣는 사람들은 특정 연상이 자극받는다는 것을 모를 때가 많지만 어떤 때는 간접적 의미를 알아차리고 의식적으로 반응한다. 반면 연관성을 전혀 모르는 사람은 숨겨진 메시지를 짐작조차 못할 수도 있다.

정치적 표현에서 가장 흔한 도그휘슬 중 하나는 '열심히 일하는 가정(hardworking families)' 운운하는 것이다.[14] 특히 보수 유권자의 마음을 얻고자 하는 정치인이 이 표현을 자주 써먹는다.[15] 어떤 정치인이 '열심히 일하는 가정'을 언급할 때 전달되는 메시지는 여러 가지다. 첫째, '가정/가족'이라는 단어는 이 정치인이 전통적이고 '자연스러운' 사회적 단위로서 이성애 중심 가족 제도에 관심이 있음을 청중에게 알려주는 데 상당한 역할을 한다. 이 단어는 동성결혼, 임신 중지, 전형적 성 역할의 붕괴를 못마땅해하는 사회적 보수층 유권자에게 잘 통한다. '가족의 가치'라는 말도 비그리스도교인을 소외시키지 않으면서 그리스도교적 가치를 드러내는 표시로 사용될 수 있다.

둘째, '열심히 일하는'이라는 말은 복지 혜택을 받는 사람들에 대한 거부를 나타낸다. 수급자들은 무책임하고 일하기 싫어하는 사람으로 묘사된다. 게다가 복지와 유색인종 사이에는 광범위한 연관성이 있다. 인종차별적인 고정관념 때문에 미국에서 '복지 여왕'*은 으레 흑인일 것이라 여겨진다. 영국에도 (유색인종) 이민자들이 불법적으로 국가에 의존하고 있다는 생각이 팽배해 있다. (두 경우 모두 그럴만한 이유가 있는데, 다시 말해 구조적 인종차별의 효과 때문에 유색인종이 복지 수당을 청구할 확률이 높은 것이다.) '열심히 일하

는 가정'에 대한 충성을 거듭 다짐하는 것은 정치인들이 복지 수혜
자들, 특히 유색인종에게 강경책을 펼치겠다는 신호다. 유색인종
은 그러한 원조를 누릴 자격이 없고 그 몫은 백인, 즉 자생 가능한
이들이 차지하는 것이 마땅하다고 말하는 것이다. 이렇게 복지에
반대하고 인종차별적이며 외국인 혐오가 깔린 보수적 견해를 정치
인은 기존의 연상에 기대어 나쁘게 들리지 않을 뿐 아니라 얼핏 듣
기에는 긍정적이기까지 한 표현으로 둔갑시킬 수 있다.

　정부가 '열심히 일하는 가정'을 공정하게 대우해야 한다는 생각
을 누가 걸고넘어질 수 있겠는가. 표현의 의도가 겉으로 드러나지
않기 때문에 그 말을 한 사람이 '진짜로' 의도한 바를 밝히기는 어
렵다. 이게 도그휘슬이다. 액면 그대로의 의미가 있지만, 맥락을 충
분히 알기에 다른 소리를 들을 수 있는 사람들에게는 다른 의미로
다가온다. 그리고 표면적 의미와 진짜 의미가 다르기 때문에 도그
휘슬에는 그럴듯한 부인이 확실하게 장착되어 있다. 어떤 사람들
이 인종차별적 저의를 알아차린다 해도 그런 뜻이 아니라고 잡아
뗄 수 있다. "지나치게 의미를 부여해서 그런 거다", "남의 말을 곡
해했다", "피해망상 아니냐"라고 받아치면 그만이다.

　2014년에 공화당 정치인 폴 라이언은 라디오 방송 〈모닝 인 아
메리카(Morning in America)〉에서 빈곤에 대한 새로운 보고서를 두
고 토론했다. 라이언은 복지 수당을 받는 사람들에게 노동 요건을

＊ '복지 여왕(welfare queen)'은 부정 수급으로 호의호식하는 빈곤층 흑인 여성이
있다는 로널드 레이건의 연설에서 비롯된 표현이다. 나중에 이 발언은 유언비어로
밝혀졌지만 이후로도 일하지 않고 납세자들의 돈으로 쉽게 살기 위해 정부의 복지
제도를 악용하는 사람을 지칭하는 표현으로 굳어졌다.

도입하는 것이 "도심지" 사람들을 괴롭히는 "현실의 문화 문제"를 해결하는 데 도움이 될 것이라고 했다.[16] 라이언은 인종차별로 (매우 타당한) 고발을 당했다. 도심지를 뜻하는 'inner city'는 출판물에서는 이미 아주 오래된 인종차별적 노그휘슬이다. 동의어 'urban'과 마찬가지로 흑인 빈곤층을 넌지시 가리키는 말인데, 매체나 정치적 표현에서 특히 흑인 남성과 반복적으로 결부되는 위험, 폭력, 범죄를 떠올리게 한다. "바이든은 급진적 글로벌리스트의 종"이라는 트럼프의 주장도 마찬가지다.[17] 트럼프는 반유대주의자들이 시도 때도 없이 들먹이는 세계 경제 음모가 실제로 존재하고 바이든이 그 음모의 앞잡이라고 말하는 것이다.

도그휘슬을 식별하는 것은 그것을 구사하는 자들의 의제를 파악하고 우리의 정치적 견해와 의사 결정을 조종하려는 그들의 의도를 물리치는 데 대단히 중요하다. 이미 익숙한 도그휘슬 중 하나는 버락 오바마를 그의 전체 성명인 '버락 후세인 오바마'로 부르는 것이다.[18] 표면적으로는 아무 문제도 없다. 어쨌든 그의 실제 이름이니까. 하지만 보통은 본인이 자기를 지칭하면서 가운데 이름(미들네임)까지 쓰는 경우가 아니면 아무도 그렇게 부르지 않는다. 그리고 그 가운데 이름이 '존'이나 '워커'였어도 과연 그렇게 부를까. 후세인은 시아파 이슬람교에서 가장 흔한 남자 이름이다. 그러니까 이것은 이슬람 혐오의 도그휘슬이다. 대다수 미국인에게 후세인 하면 자동으로 떠오르는 인물은 사담 후세인이기 때문에 이 이름과 '악의 축' 국가의 냉혹한 독재자와의 연관성이 활성화된다. 이 도그휘슬은 (종교색 없는 가정에서 자랐고 본인은 그리스도교인인) 오바마가 이슬람과 연관이 있는 것처럼 생각하게 하려는 의도가 있다. 사람들이 이슬람을 인종차별적 고정관념과 연결하고 위험, 범죄, 소외, 테러를 떠올리기 원하는 세력이 이러한 도그휘슬을 구사한다.

도그휘슬은 암호화된 메시지를 **명시적으로** 설명하지 않는다. 사용 맥락에 익숙한 독자나 청자가 그 연상 관계를 완성한다. 우리는 행간을 읽고 귀에 들리지 않는 단어를 듣는다. 예를 들어 내가 국제 은행들이 세계자본주의 체제의 일부라고 주장한다면, 이는 전혀 반유대주의적인 발언이 아니다. 하지만 유대인 후보와 경쟁 중인 정치인이 상대 후보의 주요 정책에 은행업과 관련된 것이 전혀 없는데도 "국제 은행들의 지배를 받으시겠습니까? 아니면 보통 사람을 위한 정치를 원하십니까?"라고 부르짖는다면, 이는 유대인이 세계 금융 체제를 은밀히 지배하고 있다는 인종차별적 생각을 넌지시 전하는 반유대주의 도그휘슬로 볼 만하다. 마찬가지로 '자녀 없음'은 거의 모든 맥락에서 단순히 가족 관계를 나타내는 말이다. 그러나 게이 후보나 여성 후보에 대해서 상대편 후보가 '아이 없음 (childless)'*을 들먹인다면 동성애 혐오나 성차별을 자극할 의도가 있는 도그휘슬일 것이다.

도그휘슬은 소셜미디어에서 여러 기능을 수행하며 중요한 역할을 한다. 첫째, 콘텐츠 관리자에 의해 게시물이 삭제당하는 것을 막을 수 있다. 대놓고 무례한 표현 대신 도그휘슬을 구사하면 명백히 해로운 내용을 찾아서 삭제하게끔 설계된 알고리즘을 빠져나가기가 용이하다. 둘째, 도그휘슬은 '유유상종'을 가능케 한다. 특

---

* 일부는 그나마 긍정적인 표현인 'child-free'를 선호한다. (저자 주)

히 소셜미디어 사용의 주요 목적이 자기와 생각이 비슷한 사람들과 인종차별, 성차별, 트랜스젠더 혐오, 그 외 억압적인 대화에 참여하는 것이라면 더욱 그렇다. 트위터 사용자들은 종종 잠재적 팔로어들에게 가장 잘 보이는 '자기소개(바이오)'에 도그휘슬을 배치한다. 트위터 자기소개에 '젠더 크리티컬(gender critical)'이라고 쓰여 있다면 대개 트랜스젠더 혐오 콘텐츠 생산과 공유에 그 계정을 사용하는 사람들이다. 민족주의 형태의 인종차별을 일삼는 사람들은 자기소개란에 특정 깃발을 게시한다.[19] 국제 스포츠 경기가 생중계되고 있는 상황도 아닌데 사용자 이름이나 자기소개란에 세인트 조지 깃발*을 게시한 계정은 민족주의 콘텐츠를 지지하는 경향이 있다. (물론 모든 국기를 이렇게 볼 수는 없다. 단어와 마찬가지로 이 상징도 광범위한 정치적 맥락 속에서 이해해야 한다.)

정치학자 탈리 멘델버그는 도그휘슬이 정치적 신념에 끼치는 효과를 연구하기 위해 실험을 진행했다.[20] 그가 정치 선전이 피험자들의 정치 성향과 인종차별에 끼치는 영향력을 살펴보고서 알아낸 바로는, 노골적으로 인종차별적인 선전은 피험자들이 그러한 메시지를 바로 파악하고 멀리하기 때문에 오히려 영향력이 차단되었다. 반면, 암묵적으로 인종차별적인 선전은 피험자들의 견해를 좀 더 인종차별적으로 만들고 우파의 정책을 선호하게 하는 효과가 있었다. 암묵적 인종차별은 수용자의 기존 편견을 자극하되 자신은 인종차별주의자가 아니라는 믿음을 깨지 않는 방식으로 작용한다.

---

* 흰 바탕에 빨간 십자가(세인트 조지의 십자가)가 그려진 잉글랜드 지역을 상징하는 깃발.

다른 연구자들도 재현한 바 있는 이 실험 결과는 정치적 도그휘슬의 조종 효과를 막으려는 사람들에게 특히 소중하다.[21] 그러한 도그휘슬은 그럴듯한 부인을 장착하고 있기 때문에 도덕적으로 다루기 까다롭지만, 여기에 노출된 사람들이 도그휘슬과 명시적 인종차별의 관련성, 도그휘슬이 정치 담론에 은근히 영향을 끼치려는 의도를 확실히 안다면 오히려 그 인종차별적 도그휘슬을 완전히 들을 수 있는 주파수대로 끌고 와 공식적으로 지탄할 수 있다는 희망이 있다.

적당히 가리고 드러내는 '무화과잎'

간접적 형태의 인종차별이 강력할 수도 있지만 때로는 노골적인 인종차별 표현이 정치적으로 통용되기도 한다. 이 경우에는 인종차별주의자로 찍힐 위험을 무릅쓰지 않고도 인종차별적 발화를 자유로이 할 수 있는 다른 전략이 필요하다. 그 전략은 철학자 제니퍼 솔(Jennifer Saul)이 인종주의적 '무화과잎'이라고 지칭했던 기법을 통해 실현된다.[22] 무화과잎이란 노골적인 인종차별적 발언에 **덧붙이는** 말인데, 그 발언의 공격적 내용에서 관심을 다른 곳으로 돌리거나 독기를 **빼기** 위해서다. 성경의 에덴동산에 대한 묘사에서 아담과 하와가 금단의 열매를 먹은 후 알몸에 부끄러움을 느끼고 성기를 무화과잎으로 가렸던 것을 생각해보라. 무화과잎의 목적은 인종차별적 발언을 부인하거나 누그러뜨리거나 난해하게 꼬아서 일반적인 추론을 방해하고 듣는 사람을 혼란에 빠뜨려 반박하기 어렵게 하는 것이다. 성기를 가리는 무화과잎과 마찬가지로, 대화의 무화과잎은 많은 것을 덮지는 못하지만 사회적으로 눈감아줄 정도의 은폐력은 있다. 그리고 성기를 가리는 무화과잎이 시선을 끄는 것처럼 대화의 무화과잎도 그것이 감추고자 하는 유해한 발언에 주목하게 한다. 그래서 찾는 방법만 알면 놀랄 만큼 쉽게 무화과잎을 짚어낼 수 있다.

인종차별을 무화과잎으로 가리는 행동은 너무나 흔해서 일상 대화에서 정치 연설까지 세세하고 다양하게 나타난다. 제니퍼 솔이 설명한 가장 기본적이고 친숙한 형태는 '부인의 무화과잎'이다. 이것은 인종차별적 발언을 하기 전에 "나는 인종차별주의자는 아니지만……"이라고 운을 떼우는 것이다. 십 대 시절 한 친구가 생각난다. 그 친구는 자기 상사에 대해서 불평을 늘어놓으면서 이렇게 말했다. "넌 날 알잖아. 난 인종차별 하는 사람은 아니지만 중국인들은 도무지 믿을 수가 없어." 나는 말문이 막혔고 그 친구가 자기는 아니라고 하면서도 인종차별적인 말을 했다는 점을 어떻게 지적해야 할지 몰랐다. 무화과잎이 제대로 작동한 것이다.

흔히 접하는 또 다른 종류의 무화과잎은 '우정 주장'이다. 이 무화과잎은 특정 인종에 해당하는 친구가 있는 사람은 그 인종의 다른 사람들도 차별하지 않을 것이라는 허울 좋은 생각에 의존한다. "나는 흑인/이슬람/유대인 친구가 많아……"라는 말은 인종차별이라는 비난을 근거 없는 것으로 만들려는 수작이다. 2019년 버지니아 주지사 랠프 노덤은 그의 의과대학 연보에서 찾은 사진 속에서 블랙페이스를 하고 있었고 그의 옆에는 KKK단 분장을 한 인물이 서 있었다. 이 사진에 대한 분노가 확산되자 노덤의 어릴 적 친구가 등장해서 옹호했다. "이 세상에 그 친구만큼 인종차별과 거리가 먼 사람은 없다. 우리 친구 중에는 백인 못지않게 흑인도 많았다."[23] 노덤의 친구는 부인의 무화과잎과 우정 주장의 무화과잎, 두 종류를 함께 사용한 것이다.

수십 년간 교직에 있었던 내 아버지는 우정 주장의 무화과잎이 작동하는 상황에 종종 말려 들어가곤 했다. 교무실에서 아버지의 동료 교사들은 유색인종과 이민자에 대해 (정중하다고 볼 수 없는 표현을 써서) 대놓고 인종차별적인 발언을 했다. 아버지는 당황스러운 침묵 속에서 차만 홀짝거렸다. 그러면 동료들은 이따금 아버지를 안심시키듯 말했다. "오, 맷*, 당신 얘기 아닌 거 알죠? 당신은 그런 사람들과는 다르죠. 당신은 정말 괜찮은 사람이에요." 그들은 내 아버지에게 반감을 느끼지 않았기 때문에 '그런 사람들'에 대한 인종차별적 혐의를 어쨌든 면할 수 있다고 생각한 것 같다. 이러한 판에 박힌 수법은 흔해서 자신들이 예외로 여기는 유색인종 사람까지 인종차별주의 공모에 가담시키는 경향이 있다. (때로는 이 공모가 너무 유혹적이어서 그 유색인종 사람이 자신은 예외가 될 자격이 있고 다른 사람들은 차별을 받아도 마땅하다고 납득하기에 이른다.) 나의 아버지는 자신과 다른 사람들을 위해 항변하면서도 예민하거나 우스운 사람으로 보이지 않을 자신이 없었다. 그보다는 동료 교사들에게 친절하고 호의적인 사람으로 보여야 할 필요성이 더 컸다. 굳이 마찰을 일으키지 않아도 교사 일만으로도 힘들었고, 그러한 맥

---

* 내 아버지의 진짜 이름은 마수드(Masud)다. 하지만 아버지는 그 이름을 잘못 발음하는 사람들과 이름을 밝히고 나면 으레 이어지는 "어디 출신이에요?" 같은 대화에 질린 나머지 '맷(Matt)'이라는 이름에 정착했다. (저자 주)

락에서 유색인종이 불만을 토로해봤자 진지하게 받아들일 것 같지 않았다. 아버지는 본인의 의도가 아니었고 선택의 여지도 별로 없었지만 결과적으로 아버지가 침묵했기 때문에 동료들은 마음 편하게 인종차별적인 발언을 했다. 만약 다른 사람이 그들에게 뭐라고 했다면 그들은 틀림없이 이렇게 변명했을 것이다. "음, 맷도 그 자리에 있었는데, 아무렇지도 않아 했어요."

인종차별적 제도를 유색인종이 앞세우게 하는 전략도 우정 주장의 무화과잎과 상관되어 있다. 영국 정부는 이 전술을 자유자재로 구사한다. 최근 몇 년간 가혹하기 그지없는 망명 정책들은 내무장관 사지드 자비드, 프리티 파텔, 수엘라 브래버먼에 의해 공표되었다. 그들은 모두 유색인종이고 이민자들의 자녀다. 사지드 자비드는 망명을 원하는 사람들이 "종종 성공하지 못하게끔 우리가 할 수 있는 모든 것을 하겠다"라고 맹세했다.[24] 파텔은 바다에서 곤경에 처한 망명 신청자들을 구하려는 시도를 범죄시하는 정책을 주도했고 영국 해안에 상륙하는 난민에게 전자 발찌를 채우는 방안을 내놓았다. 브래버먼은 망명 희망자들이 영국 남부 해안을 '침략'하고 있다면서 그들을 르완다로 추방하는 것이 "나의 꿈이요, 내가 집착하는 것"이라고 했다.[25] 2020년 흑인 하원의원 케미 베이드녹은 영국 학교에서 백인 특권을 논란의 여지 없는 사실처럼 가르치는 것은 불법이고 '흑인의 생명도 소중하다' 운동을 지지하거나 경찰에 대한 예산 집행 중단을 논하는 것도 불법이라고 발표했다.[26] 정부의 전략은 유색인종 정치인을 가장 차별적인 정책의 얼굴로 내세워서 인종차별 혐의에서 벗어나는 것이었다. 여기서는 사람이 무화과잎의 역할을 한다. 그 사람들이 단순히 정책의 대변인에 불과하다는 말이 아니다. (앞에서 거론한 인물들은 모두 정책의 열렬한 옹호자이자 설계자로 보인다.) 하지만 그들은 백인 정치인들에게 널리 퍼져 있는 정치적 견해를 공표하는 역할로 선택되었다.

셋째 종류의 무화과잎은 사용과 언급의 구분에 기반한다.* 대부분의 인종차별적 진술은 **사용**이다. '언급의 무화과잎'을 구사하는 사람은 사용보다는 **언급**을 통해 인종차별적인 발화를 한다. 그럼으로써 그 자신의 견해와 인종차별적 견해 사이에 어느 정도 거리를 둘 수 있다. 도널드 트럼프는 "많은 이가 말하고 있듯이……", "모두가 그 얘기를 하고 있습니다", "내가 듣기로는……", "사람들이 나에게 말해줬는데……" 같은 표현을 써서 자신의 인종차별을 불특정 다수에게 전가하는 경향이 있다.[27]

언급의 무화과잎은 대단히 강력하다. 발언자가 자신이 언급한 인종차별을 명시적으로 지지하지 않더라도, 특히 많은 사람이 접하는 플랫폼을 통하여, 그것을 반복하고 확산시키기 때문이다. 인종차별을 지지했을 때와 거의 같은 방식이지만 부인의 여지만 둔 것이다. ("내가 그렇게 생각한다는 게 아니야! 다른 사람들이 한 말을 언급한 것뿐이라고!") 언급의 무화과잎은 일상 대화에서 흔하다. 화자가 신문에서 읽은 내용, 텔레비전이나 라디오에서 들은 내용, 소셜 미디어에서 본 것이나 유명 인사의 발언을 인용하여 화자 자신의 견해를 은폐하는 경우가 그렇다. 가령 이런 식이다. "이민자들이

---

* '사용(use)'은 단어를 실제로 쓰는 것이고 '언급(mention)'은 그 단어 자체에 대해 말하는 것이다. 예를 들어 '게으르다'의 경우 "흑인은 게으르다"라고 말한다면 사용된 것이고, "어떤 사람들은 흑인을 '게으르다'고 말해"라고 말한다면 언급된 것이다. 이에 관해서는 7장에서 더 자세히 설명된다.

보트를 타고 몰려온다는데 어떻게 생각해? 저번에 (영국의 보수 정치인) 나이절 패라지가 아침 방송에 나와서 하는 말이, 그 사람들은 모두 망명이 필요한 척하는 거라고 하더라."

무화과잎이 그토록 잘 통하는 이유 중 하나는 우리가 억압에 대해서 생각할 때, 표현이 사람들에게 끼치는 결과보다 표현의 **의도**에 초점을 맞추는 경향이 있기 때문이다. 인종차별을 극소수 악인들의 전유물로 본다면, 그래서 누군가가 자신이 인종차별적인 발언을 하긴 했지만 나쁜 사람이 아니라든가 나쁜 **의도**는 없었다고 우리를 설득한다면, 그들을 인종차별주의자라고 부르는 건 지나쳐 보인다. 게다가 의도는 사적인 것이다. 다른 사람들이 내 의도를 추측하거나 나에게 전가할 수는 있지만 나는 매번 그들의 의심을 부정하고 나를 비난하는 그 사람에게 문제가 있는 거라고 말할 수 있다. 따라서 인종차별을 덮는 무화과잎은 혼란과 불확실성을 야기한다. 듣는 이를 자기 의심에 빠뜨리기 때문에 인종차별적 발화를 식별하는 데 또 하나의 장벽이 생긴다.

무화과잎이 만들어내는 불확실성은 인종차별주의를 짚어낼 때 겪는 어려움에서 벗어나게 해주기도 한다. 솔의 주장에 따르면 무화과잎이 있으면 당장 인종차별을 비판해야 한다는 불편한 의무를 느끼지 않는다.[28] 상황이 애매하면 아무도 당신의 침묵을 비난하지 않고, 그래서 침묵은 쉬이 양해받는다. 이것이 무화과잎의 가장 위험한 특징이다. 도그휘슬과 달리 무화과잎은 인종차별의 사례를 공개적으로 남기면서도 비교적 덜 공격당한다. 그리고 일단 인종차별적 발언에 관한 장벽이 깨지면 대중의 대화 분위기도 바뀌게 된다. 우리가 망설이거나 반박하지 못하고 넘어가면 그 발언의 수용 가능성이 조금 더 커진다.[29] 그러면 어떤 사람들은 대담해져서 더는 간접적으로 말할 필요조차 느끼지 않는다. 그렇게 인종차별은 점점 더 수용할 만한 것처럼 여겨지게 된다.

"다른 사람들도 다 그렇게 생각해"

도그휘슬과 무화과잎은 현대 정치 담론의 중요한 부분이지만 노골적 인종차별 역시 무서운 복귀를 꾀하고 있다. 최근 몇 년간 도널드 트럼프(미국), 보리스 존슨(영국), 나렌드라 모디(인도), 레제프 타이이프 에르도안(튀르키예), 로드리고 두테르테(필리핀), 자이르 보우소나루(브라질), 블라디미르 푸틴(러시아), 빅토르 오르반(헝가리), 노르베르트 호퍼(오스트리아), 베냐민 네타냐후(이스라엘) 같은 정치 지도자들이 이른바 '솔직한 말'이랍시고 하는 발언들이 이 복귀에 활력을 불어넣고 가속화한다. 이 두 경향은 서로 연결되어 있다. 이 인물들은 집권한 후 명백히 차별적인 정책을 펼치기 위해 간접적인 인종차별을 관문으로 삼는다. 도그휘슬과 무화과잎은 수치스럽지 않게 억압적 정치 결정을 내릴 방도를 터준다. 그러므로 도그휘슬과 무화과잎을 발견하고 차단할 수 있다면 억압적 정치 결정을 저지할 가능성도 커질 것이다. 법학자 이언 헤이니로페스가 말한 대로다. "성난 편견쟁이의 침 튀기는 욕설에서 인종차별을 보는 법은 이미 배웠다. 이제 우리는 선동가들이 다 계산해서 퍼뜨리는 암호화된 인종차별적 호소에서도 인종차별을 보는 법을 배워야 한다."[30]

노골적으로 인종차별적인 지도자들이 먼저인가, 그들의 견해에 그토록 호감을 느끼는 유권자들이 먼저인가? 어느 정도는 둘 다 먼저라고 할 수 있다. 그리고 뉴스 매체의 기만적인 행각이 두 세력의 결탁에 일조한다. 뻔뻔스러운 인종차별이 수용되고 있는 최근의 변화는, 혐오 시각이 저절로 소멸하기는커녕 잠복 중이며 정치적 책사와 양심 없는 언론인의 선동을 위해 준비되어 있음을 알려준다. 지난 몇 년간 앞에서 언급한 정치 지도자뿐만 아니라 조던 피터슨과 나이절 패러지 같은 인물에 대해 사람들이 이렇게 말하는 것을 한두 번 들은 게 아니다. **그들은 다른 사람들이 생각하고 있는 걸 말하는 것뿐이야.**

우리가 공적으로는 부인하지만 사적 공간에서는 인종차별이 여전히 번성하는 이 세계에서는 공식 석상에서 인종차별적인 말을 대놓고 하든가 무화과잎으로 가리든가 도그휘슬로 암호화해서 전달하는 정치인이 천하에 둘도 없이 정직한 말을 하는 사람처럼 보일 수 있다. 그는 '정치적 올바름(Political Correctness)'의 족쇄를 벗어던지고 다른 사람들은 후환이 두려워서 못 하는 말을 과감하게 내뱉은 용감한 사람으로 비친다. 반면에 명료하고 세련된 언어―대부분의 잘 훈련된 공인이 구사하는―로 인종차별을 거부하는 정치인은 이미지를 관리하려고 평등이라는 허울을 제시하거나 (유색인종이라면) '인종 카드를 쓰는' 것으로 여겨진다.

인종차별을 하는 유명 인사들은 우리 사회 저변에 깔려 있는 인종차별주의를 이용하지만 보통은 좀 더 품위 있는 표현 형식으로 위장한다. 그들은 인종차별을 점차 공개적으로 드러냄으로써 수치심을 어느 정도 덜어준다. 또한 그들은 인종차별을 정상화하고 합법화하고 합리화하여 수용 가능한 범위를 넓힌다.

한 사회가 수용할 수 있는 정치적 견해의 범위는 때때로 '오버턴 창(Overtone Window)' 혹은 '담론의 창(Window of Discourse)'으로 부른다.[31] 어떤 입장이 정치적으로 살아남을 수 있으려면 차츰 담론의 창으로 들어와야만 한다. 정치평론가 조슈아 트레비뇨는 어떤 생각이 단계를 거치면서 주류가 되는 과정을 이론화했다. 처음에는 생각도 할 수 없던 것이 급진적인 것이 된다. 그다음엔 민감하지만 수용 가능한 것이 되고 나중에는 충분히 대중적인 것이 되어 정책에까지 반영된다.[32] 지난 10년 사이에 생각도 할 수 없던 새로운 형태의 인종차별이 대중에게까지 진출했고 앞서 언급한 몇몇 지도자의 주도로 정책화되었다. (트럼프의 국경 장벽과 이슬람 여행 금지가 그 명백한 사례다.)

인종차별에 반대하는 사람들이 어떻게 이 조작된 승률과 싸워 이길 수 있을까? 우리가 상대보다 더 직설적으로 나가야만 자기 입맛에 맞게 "난 그냥 솔직히 말하는 거야"라고 대응하는 족속을 물리칠 수 있다. 우리는 도그휘슬을 듣고 추적하고, 무화과잎을 찾아내며, 상황을 있는 그대로 드러내 보일 수 있어야 한다. '신선할 정도로 솔직한' 그들의 발언이 완전한 인종차별임을 선언하고 그 자리에 정말로 솔직한 진실을 제시해야 한다. 경제적 억압에 대하여, 분열과 지배에 대하여, 현 상태를 고착화하는 언론에 대하여 진실을 제시해야 한다.

이 장의 앞부분에서 보았듯이 도그휘슬은 일단 폭로되면 효과가 없다는 실험 결과가 있다. 무화과잎도 마찬가지다. 무화과잎은 듣는 이의 발목을 잡고 혼란에 빠뜨려 명백한 인종차별 사례에 이의를 제기하지 못하게 할 때 가장 효과적이다. 일단 도그휘슬과 무화과잎이 어떤 것인지 알려지면 그것들은 정치적 견해를 조종하는 힘을 잃는다. 그렇다면 우리가 할 일은 가능한 한 목소리를 내어 그러한 전략의 사례들을 들춰내는 것이다.

3장

남자는
쓰레기다?

: 총칭적 일반화

"남자들이 여자에게 위협을 느끼는 이유가 뭐야?" 남자인 친구에게 물어봤다. …… "여자들이 자기를 비웃을까 봐 두려워하지. 자기네들의 세계관을 약화시킬까 봐." 그 친구가 말했다. 나는 나중에 여학생들에게 물어봤다. "여자들이 남자에게 위협을 느끼는 이유가 뭐야?" "살해당할지도 모르니까 두렵죠." 그들이 말했다.

— 마거릿 애트우드, 《두 번째 말》(2011)

2019년 6월 브라질의 게임 인플루언서 가브리엘라 카투조는 성적 괴롭힘에 "이러니까 남자들을 쓰레기라고 하지"라는 트윗으로 대응했다가 후원사를 잃었다.[1] 많은 팔로어가 지지를 표명하기는 했지만 카투조의 단어 선택은 맹렬한 비난에서 더 나아가 살해 협박까지 받았다. 거의 비슷한 시기에 페이스북은 '남자는 쓰레기다(Men Are Trash)' 같은 게시물을 혐오 표현으로 보고 정기적으로 삭제했다.[2] 카투조의 발언이 있고서 몇 달이 지난 후, 페이스북(메타)의 CEO 마크 저커버그는 회사 정책을 다음과 같이 설명했다.

젠더는 보호가 필요한 범주입니다. 그러니 마음속으로 바꾸어 생각해보세요. "이슬람교도들은 쓰레기야"라는 게시물이 올라와도 괜찮습니까? 그런 걸 우리 서비스에서 보고 싶진 않겠죠. …… 그러면 반대로 이런 질문이 나올 수 있습니다. "그래, 좋아, 그렇지만 역사적으로 불이익이나 억압을 겪은 집단에 대해서는 다른 정책을 펼 수도 있잖아?" 어쩌면 여러분은 그건 괜찮다고 말하고 싶을지도 모릅니다. "여자들은 쓰레기야"라고 말하는 것은 안 되지만 "남자들은 쓰레기야"라고 말하는 건 괜찮다고 생각할지도 몰라요.

우리의 정책은, 어떤 집단이 불이익을 당하고 억압을 받았는지 평가하는 일은 나라마다 경우가 매우 다를 수 있기 때문에 우리의 소관으로 삼아서는 안 된다는 것입니다.[3]

아무도 "어떤 집단이 불이익을 당하고 억압을 받았는지 평가하는 일"이 페이스북의 소관이어야 한다고 말하지 않았다(그런 일은 어림도 없다!). 하지만 1장에서 보았듯이 어떤 사회적 정체성이 역사적으로 억압을 당했고 어떤 정체성이 특권을 누렸는지 아는 것은 전혀 어렵지 않다. 사실 남자들의 쓰레기 같은 행각은 어느 나라나 다르지 않은 몇 안 되는 것 중 하나다. 그러한 행각은 다른 사회적 정체성(성별, 계급, 인종, 국적 등)과의 상호작용에 따라 수정되므로 정확한 성격과 정도는 다양하게 나타날 수 있다. 하지만 살해당할까 봐 두려워하는 집단과 비웃음 당하는 데 분개하는 집단은 언제나 동일하다.

그렇더라도 '남자는 쓰레기다'가 일반화임은 분명하고, 통념상 사람에 대한 일반화는 부당하다. 저커버그가 지적했듯이 "이슬람교도들은 쓰레기야"라는 발언은 용납될 수 없다. 따라서 "여자들은 운전을 못 해"나 "가난한 사람들은 게을러"라는 발언도 용납될 수 없다. 품위 있는 사람이라면 누구나 반박할 만한 일반화들은 분명히 있다. 하지만 어느 일반화가 합리적으로 납득할 만하고 어느 것은 그렇지 않은지 어떻게 분별할 수 있을까?

해시태그
'남자는 쓰레기다'

가브리엘라 카투조의 선동적 트윗은 이미 여러 번 나왔던 항의를 한 번 더 인용한 것뿐이다. 그보다 2, 3년 전 남아프리카공화국 여성들이 소셜미디어에서 남성들의 폭력을 고발하면서부터 '남자는 쓰레기다'는 대중적 표현으로 자리를 잡았다. 특히 두 건의 사례가 쐐기를 박았다. 2017년 4월 샌딜 맨트소라는 남성이 자신의 전 여자친구 카라보 모코에나를 칼로 찌르고 자신의 범죄를 은폐하기 위해 피해자의 몸에 불을 붙였다. 그는 법정에서 자신의 살인을 다음과 같이 진술했다. "모코에나의 몸에 타이어를 끼우고 불을 질렀습니다. …… 그리고 휘발유를 뿌리고 도망쳤습니다."[4] 이 사건이 있은 지 몇 달 만에, 모티머 손더스라는 남성이 코트니 피터스라는 세 살 먹은 여자아이에게 약을 먹여 강간하고 살해하는 사건이 일어났다.[5] 4년 전 수도 프리토리아에서 국가대표 육상선수 오스카 피스토리우스가 여자친구 리바 스틴캠프를 총으로 쏘아 죽였을 때와 마찬가지로, 온 국민의 관심이 이 잔혹한 범죄들에 집중되었다. 대중도 이미 알고 있는 부끄러운 통계가 차고 넘치지만 그중 하나만 들자면, 남아프리카공화국에서는 네 시간에 한 명꼴로 여성이 살해당하고 그중 절반은 남편이나 애인 같은 친밀한 파트너가 저지르는 범죄다.[6]

모코에나 사건이 보도되고 한 달 만에, 해시태그 '남자는 쓰레기다'(#MenAreTrash)가 남아공에서 가장 인기 있는 트위터 해시태그가 되었다.[7] 얼마 지나지 않아 이 해시태그는 전 세계로 퍼졌고, 트위터에는 몇 분에 한 번꼴로 남성의 몰지각하고 잔혹한 폭력을 상세히 고발하는 글과 함께 이 해시태그가 올라오곤 했다. 규범적 남성성에 저항하지 않을 수 없는 사례들이 이 해시태그로 인해 온라인 연대를 이룰 수 있었다. 이 문구는 피해자들을 위로했고, 비슷한 경험을 한 사람들을 서로 연결했으며, 작은 저항의 역할을 했다. '남자는 쓰레기다'는 종종 가볍게 내뱉는 조롱 같은 욕설이지만 도덕적 비난의 진술이기도 하다.*

이 해시태그는 지지자만큼 반대자도 많이 모았다. 반발은 해시태그를 흥미로운 분석 대상으로 만드는 중요한 부분이다.[8] 어떤 지역에서는 이 해시태그가 분열을 일으킨다는 이유로 품는 적의가 이 해시태그를 정당하게 만드는 악행들에 대한 분노를 능가한다. 따라서 신중한 정당화가 필요하다. 남성들에게 문제가 있다는 건 부정하기 어렵지만 우리는 그 문제의 본질을 명확히 밝혀야 한다.

쓰레기다움의
증거들

지난 38년간 미국에서는 117건의 총기 난사 사건이 있었으니 1년에 평균 3건이 일어난 셈이다.[9] 그중 113건, 다시 말해 전체 통계의 97퍼센트는 남성 단독범의 소행이었다. (여성 단독범의 소행은 딱 3건 있었다.) 남성 총격범의 86퍼센트는 파트너나 아이를 학

---

* 'trash'는 미국식 표현이다. 영국에서는 '쓰레기'를 가리키는 단어로 'rubbish'를 쓰는데, 이 단어가 술어로 쓰일 때는 'trash'만큼 강한 비난의 의미를 담아내지 못한다. (저자 주)

대한 전적이 있었으며 총격 범죄의 대상이 여성으로 특정되는 경우가 절반 이상이었다.[10] 이 통계 수치는 정신이 번쩍 들게 하지만 어떤 면에서 미국은 총기 관련 법과 총기 문화가 대량 살상을 소름 끼칠 정도로 일상적인 범죄로 만든다는 점에서 세계적으로 이례적인 경우다. (페미니스트 학자 우마 나라얀이 지적한 대로, 미국인들은 종종 인도의 지참금 문제 때문에 발생하는 살인을 인도 문화로 인한 젠더폭력의 극단적 사례로 지적하면서도 미국의 가정폭력이 인도의 지참금 살인보다 더 많은 사상자를 낳을 뿐 아니라 그 또한 '문화적 살인'으로 보아야 한다는 점은 인정하지 않는다.[11]) 하지만 총기 수가 인구 수보다 많지 않은 나라들이라고 해도 통계를 살펴보면 맥이 빠지기는 마찬가지다.[12]

영국에서 살해당한 전체 여성의 절반은 파트너 혹은 전 파트너의 손에 죽었고(남성의 경우 이 비율은 3퍼센트에 불과하다) 매주 두 명의 여성이 이런 식으로 목숨을 잃고 있다.[13] 내가 이 책을 쓰고 편집하는 데 2년이 걸렸는데 그동안 영국에서는 3백 명 넘는 여성이 살해당했고 그중 92퍼센트는 남성의 범죄였으며, 특히 절반가량은 파트너나 전 파트너가 범인이었다. 우리는 모두 어느 정도 살해당할 위험에 노출되어 있지만 통계적으로 봤을 때 여성은 자신이 연인으로 사귀었던 남성을 가장 경계해야 한다. 여성은 연인을 잠재적인 살인자로 생각해야 하는 인지부조화를 피할 수 없는 것이다. 게다가 폭력적인 파트너와 헤어지려고 하면 인생의 그 어느 때보다 살해당할 위험에 취약해진다.[14] 도망치는 것도 종종 겉으로 보이는 것만큼 간단하지가 않다.

해시태그 운동이 시작된 남아프리카공화국으로 돌아가 살펴보면 그런 남자들이 소수의 '암적 존재'라는 생각은 지지하기 어렵다. 2015년의 조사에 따르면 남아프리카공화국 남성 2600명 가운데 56퍼센트가 지난 1년 사이에 한 번 이상 여성을 구타하거나 강간한 적이 있다고 답했다.[15] 남성들의 태도 연구는 이러한 행동이 어떻게 인식되는가에 대한 단서를 던져준다. 최근 오스트레일리아에서 실시한 설문조사에서 젊은 남성의 3분의 1이 강간 혐의는 여성이 섹스를 후회하는 것에 불과하다고 답했고, 5명 중 1명은 가정폭력이 스트레스에 대한 정상적 반응이라고 믿었으며, 약 3분의 1은 남성이 성적 욕구를 통제할 수 없어서 강간이 발생한다고 생각했다.[16]

해를 끼치는 행위는 살인과 강간에 국한되지 않는다. 그만큼 극단적이지 않을 뿐이지 독특하고 제한적인 관행은 다양하게 존재한다. 몇 년 전 내 친구 맷에게 가톨릭 학교의 희한한 관습에 대해 들었다. 그 학교에서는 매일 아침 교사가 설교를 하고 기도를 이끌었다. 교사와 여학생들은 고개를 숙이고 두 눈을 감았다. 남학생들의 입장은 그렇게 간단하지 않았다. 그들은 믿음이 독실한 집안 출신이었다. 성당에 다니지 않는 학생은 입학 자체가 불가능했다. 하지만 그들은 눈을 감고 기도하는 남자는 약해 빠졌다든가 동성애자일 가능성이 있다고 생각했다. 이러지도 못하고 저러지도 못하는 이 상황에서 어떻게 균형을 맞출 것인가? 결국 남학생들은 **한쪽 눈은 감고 다른 눈은 뜨고** 기도했다. 모든 남학생이, 매일 아침 그렇게 했다. 그들의 한쪽 눈만 뜬 기도는 (말 그대로) 서로를 감시할 수 있다는 장점이 있었다. 두 눈을 다 감고 기도한 남학생들에게 무슨 일이 생겼을까 상상해보면 그냥 재미있다고 웃고 넘어갈 일만은 아니다.

남성성은 힘과 지배력을 과시하고 약점이나 취약성을 억압하는 것이 특징이다. 남성성은 신봉자들에게 용기, 자기주장, 독립성, 체력을 단련하고 발휘할 것을 요구하고 종종 공격성, 폭력, 과장된 (이성애적) 성욕 과시에는 보상을 한다. 시스젠더, 이성애적 규범에서 벗어나는 것을 적대시하고 남성 지배를 위협하거나 남성의 신체적, 정서적 욕구를 우선시하지 않는 여성은 응징한다. 영국에서 남성에 대해 친절과 배려를 연상하는 사람은 성인의 3퍼센트에 불과했고 존중, 지지, 정직을 연상하는 사람은 단 1퍼센트였다.[17] 정서적 지원이 절박하게 필요한 상황에서도 젊은 남성의 절반 이상이 그런 것을 요청해서는 안 된다고 생각했으며 3분의 2는 더욱더 남자답게 행동해야 한다는 압박감을 느낀다고 했다.

남성성의 이상에 순응해야 한다는 압력은 한쪽 눈을 뜨고 하는 기도보다 훨씬 더 일찍부터 시작된다. 남자아이들은 여전히 슬픔, 고통, 연민, 사랑을 드러내지 말라는 말을 직접적으로나 간접적으로 듣고 자란다. 그러한 메시지는 모든 방향에서 날아온다. 2012년에 어느 부모가 트위터에 이런 글을 올렸다. "어제 아들이 교문에 들어가기 전에 나를 돌아보고 손을 흔들었는데 어떤 남자 선생님이 그 모습을 보고서 대놓고 조롱했다. 오늘 아들이 이제 손 흔드는 인사는 하지 않겠다고 선언했다. 이렇게 시작되는 거다."[18]

남자들은 잘 울지 않고 행여 눈물을 보였다가는 더 혹독하게 비판받는다. 최근의 한 실험은 직장에서 비난받은 직원의 반응을 촬영한 동영상을 보여주고 그 직원의 능력과 리더십을 평가하게 했다. 여성 직원이 눈물을 보일 때는 평가에 별다른 영향을 끼치지 않았지만* 눈물을 보인 남성 직원은 그렇지 않은 남성 직원에 비해

리더십이 약하고 능력이 떨어진다는 평가를 받았다.[19] 남성이 덜 우는 이유는 눈물을 보이면 응징을 당하는 데다가 감정을 겉으로 드러내지 않는 법을 배우기 때문이다. 요즘 남성들이 그들의 아버지 세대보다 두 배 더 눈물이 많다는 사실만 봐도 여기에는 생물학적 제한보다 사회적 제한이 작용한다는 것을 알 수 있다. 이제 남성성은 서서히 남성의 감정 표현을 허용하고 있다.[20]

남성성에 도전하는 것만으로도 쓰레기 짓의 피해자가 될 수 있으므로 이 유해한 규범을 저지하기는 매우 어려울 수 있다. 남녀 관계에서 여성이 남성보다 돈을 많이 벌기 시작하면 남성은 자신의 지배적 지위에서 남아 있는 것을 지키기 위해 오히려 바람을 피우거나 집안일을 등한시할 가능성이 높다고 한다.[21] 마찬가지로 모든 사회경제적 집단에서 실업자 남성은 직업이 있는 남성에 비해 여성 파트너를 폭행할 확률이 더 높은 것으로 나타났다.[22] 또 다른 연구에서는 피험자에게 본인의 성격을 가장 잘 나타내는 (예를 들자면 '경쟁적인'이나 '친절한' 같은) 단어를 목록에서 고르라고 했다. 그 후 피험자들은 그들의 답변에 대한 피드백을 받았는데, 다른 사람들보다 성격이 '남성적이다' 혹은 '여성적이다'라는 내용이었다. 그런데 사실 이 '피드백'은 완전히 무작위로 정해진 것이었다. 성 정체성에 위협적인 피드백을 받은 남성들, 다시 말해 남성성보다 여성성이 두드러진다는 결과를 받은 남성들은 그 후에 실시된 다른 설문조사에서 전쟁, 남성 지배, 동성애 혐오를 지지하는 입장을 드러

---

* 직장 내 여성의 역량에 대한 평가는 처음부터 부당하게 낮은 경향이 있고(5장 참조), 눈물을 보여도 사회적 불이익이 없는 이유는 더 전반적이고 불리한 사회적 불이익이 이미 존재하기 때문이다(1장 참조). (저자 주)

냈다.[23] 그렇지만 여성성보다 남성성이 두드러진다는 피드백을 받은 여성들은 후속 조사에서 딱히 태도의 변화를 보이지 않았다.

남성들이 남성성의 요구를 충족시키지 못할 때 관련된 모든 이들이 재앙과도 같은 결과를 맞을 수 있다. 마흔두 살의 스티븐 수펠의 사례를 생각해보자. 2008년 3월 당시 수펠은 자신이 일하던 아이오와 은행에서 50만 달러를 훔쳐 횡령과 자금 세탁 혐의로 재판을 앞두고 있었다. 은행에서는 이미 5개월 전에 해고당했고 이제 무거운 징역을 살게 될 터였다. 그의 아내 셰릴은 남편과 네 아이를 부양하기 위해 교직으로 복귀했다. 수펠은 재판에 출석하지 않았다. 3월 23일 오전 6시 31분, 그는 911에 직접 전화를 걸어 경찰에게 즉시 자기 집으로 와 달라고 짧게 말했다. 5분 후 그는 운전석에 앉아 가속 페달을 밟고 자택 근처 고속도로의 콘크리트 기둥으로 돌진했다. 차는 화염에 휩싸였고 수펠은 불에 타 죽었다.

경찰은 그 집에 도착해서 머리와 상체를 야구방망이로 가격당한 셰릴과 네 자녀의 시신을 발견했다.[24] 수펠은 유서에서 자신의 범죄 혐의에 대한 당혹감과 자기가 없는 동안 혼자 아이들을 부양하게 될 셰릴에 대한 걱정을 드러냈다(당시 셰릴은 이미 몇 달째 가장 노릇을 하고 있었는데 말이다). 그리고 "이상의 이유로 이것이 나와 내 가족을 위한 최선의 선택임을 분명히 알 수 있을 겁니다"라고 썼다. 수펠은 유서를 읽는 사람들이 자기 아내와 아이들이 둔기에 맞아 죽는 편이 '분명히' 낫다는 데 동의하고, 그들의 죽음이 자신의 '선택'이라는 데 동의하기를 기대한 것이다.

이 사례가 너무 극단적으로 보일지 모르지만 수펠은 가족을 살해하고 스스로 목숨을 끊은 남성이라는, 그 수가 결코 적지 않은 부류에 속한다. 범죄학자들은 이 부류를 '가족 학살범(family annihilator)'이라고 부르고 그들의 범죄를 '가족 살해(패밀리사이드)'로 칭한다. 미국에서는 평균 일주일에 한 번꼴로 가족 살해가 일어난다.[25] 가족 학살범은 거의 항상 성공적인 커리어를 쌓아 오다가 최근에 커다란 스트레스 요인에 부딪힌 중년의 백인 남성이다.[26] 그들은 정신건강 관련 종사자들에게 늘 알려지지 않은 존재이고 곧잘 아내와 자녀에게 정이 깊은 사람으로 묘사된다.[27] (그렇지만 그중 3분의 2는 가정폭력 전력이 있다는 점을 주목하라.[28]) 철학자 케이트 맨은 가족 학살범의 행동을 '특권적 수치심(entitled shame)'이라고 말한다.[29] 이 남자들은 불륜, 파산, 범죄 수사—요컨대 누가 봐도 험난한 인생의 풍파—를 경험하고서 두려움과 굴욕감을 느낀다. 그 수치심을 가족 학살로 해소하는 것은 뚜렷이 성별화된 자격 의식(entitlement, "나는 더 나은 권리를 누릴 자격이 있어")을 행사하는 것이다. 작가 캐서린 스킵은 가족 학살범들이 '나르시시즘적 기사도'를 지니고 있다고 지적한다. 그들은 자기가 자비롭게 행동하고 있고, '가족 부양자'로서 부양을 할 수 없게 되면 가족을 살해함으로써 그 이상의 자기 실패를 사전에 차단하는 것까지도 성별화된 '가족 부양자' 역할의 확장이라고 믿어 의심치 않는다.

유해한 남성성의 스펙트럼 한쪽 끝에 자신에게 소중한 사람들을 살해하는 남자들이 있다면, 다른 쪽 끝에는 비합리적이고 난폭하며 비협조적인 태도와 행동을 보이는 남자들이 있다. 남자들은 재활용, 장바구니 사용, 그 외 환경을 의식하는 행동을 여성성이나 동성애와 연관 짓는 경향이 있고, 따라서 그러한 행동에 참여할 가능성이 낮은 것으로 나타났다.[30] 이와 비슷하게 공간을 어지럽히거나, 도보 이동이나 대중교통을 피하고 운전을 하거나, 붉은색 고기를 많이 먹는 방식으로 자신의 남성성을 보호한다는 것을 보여주는 연구들이 있다.[31] 남자들은 남성성이 위협받는다고 느낄 때 육식을 주문하고 소비하는 방어적 반응을 보인다.[32] 남성과 육류의 연관성은 문화와 언어를 막론하고 유효하다. 일본에서는 남성성이 부족하다고 여겨지는 남자를 '초식계(草食系)' 혹은 '초식남'이라고 부른다. 2012년에 한 연구는 명사에 성 구분이 있는 언어(프랑스어, 태국어, 힌디어 등) 20개를 분석해 육류와 관련된 단어가 '남성'(이를테면 프랑스어에서 정관사 'le'를 쓰는 명사)일 확률이 단연 높다는 것을 보여주었다.[33] 흔히 '유독하다'고 비판받는 남성성은 말 그대로 환경에 유독하다.

남성성 앞에 붙었을 때 전형적으로 부정적 어감을 띠게 되는 또 다른 단어는 '허약한'이다. 남성성은 그것이 그렇게나 공격적으로 회피하는 불안, 두려움, 취약성으로 가득 차 있다. 남성성은 침해나 도전을 꿋꿋이 참아내지 못하고 아주 사소한 위반에도 적대적이거나 폭력적인 반응을 보이곤 한다. 벨 훅스가 쓴 대로다.

가부장제는 모든 남성에게 정신적인 자해 행위를 요구한다. 자신의 감정적인 부분을 죽일 것을 요구하는 것이다. 만일 개인이 감정을 무력화하지 못하면 가부장적인 남성들이 의례적으로 그의 자존감을 공격하는 권력 행사를 할 것이라 예상하게 된다.[34]

남성은 여성을 죽이고 해칠 뿐 아니라 다른 남성들과 자신까지 다치게 하고 죽이곤 한다. 전 세계적으로 살인사건 피해자의 80퍼센트는 남성이고 살인자의 95퍼센트는 남성이다.[35] 자살자의 75퍼센트도 남성이다.[36] 이 모든 고통, 폭력, 살인이 심각한 도덕적 사안이 아니라면 도대체 뭐란 말인가. 우리는 총기 난사 사건이 문제라고 말할 수 있고, 친밀한 파트너를 살해하는 것이 문제라고 말할 수 있다. 강간 문화, 가정폭력, 자살에 대해서도 그렇게 말할 수 있다. 혹은 한 발짝 물러서서 남성성에 심각한 문제가 있다고 인정할 수도 있겠다.

젠더와 남성성

사람들이 '남자는 쓰레기다'라는 말에 화를 내는 이유 중 하나는 '남자'를 '성'을 가리키는 말로 해석하기 때문이다. 성을 고정된 것으로 간주하여 남자들을 영원히 쓰레기 같은 존재로 낙인 찍는다는 것이다. 이 구호는 젠더에 대한 일반화로 이해할 때 더욱더 힘을 발휘한다.

'성(sex)'은 사회적으로 구성된 범주다. 이 범주는 염색체, 호르몬, 생식선, 생식기의 차이와 사춘기에 시작되는 이차성징, 이를테면 엉덩이가 커지거나 수염이 나거나 어깨가 벌어지거나 유선이 발달하는 등의 광범위한 차이를 가리킨다. 하지만 이 중 어느 것도 성의 확고한 기반은 아니다. 대부분의 사람은 타인의 염색체는 고사하고 자기 염색체에 대해서도 알아야 할 이유가 없다. 생식기 역시 사적으로 엮이지 않은 한 순전히 당사자의 문제다. 게다가 생식기는 이분법적이지 않고 일종의 스펙트럼에 놓여 있다. 그래서 우리는 체지방 분포, 골격 구조, 체모를 기준 삼아 성을 판단하는데, 이 모든 것은 젠더에 영향받는 식단, 운동, 미용에 따라 매우 다양하고 수정 가능하다. 달리 말하자면 사람들은 으레 성을 성-젠더 시스템에서 쉽게 알아볼 수 있는 요소로 여기지만 실제로는 굉장히 복잡하고 젠더의 영향에 따라 굴절되는 경우가 많다는 것이다.

젠더(gender)는 역할, 행동, 자기 표현 양식을 두 범주로 구분하고 한쪽 범주에 지정한 것을 다른 쪽에는 금지하는 것이다. 성과 마찬가지로 젠더 역시 사회적 구성물이다. 다시 말해 젠더는 한 사회를 살아가는 사람들에 의해 집단적으로 구성된다. 그렇다고 해서 젠더가 실제가 아니라는 말은 아니다. (임대차 계약은 사람들이 구성한 것이지만 임대료를 내야 하는 건 현실이다!) 단지 우리 신체의 생물학이나 더 깊은 자연법칙에서 비롯되지 않았다는 뜻이다. 젠더는 두 종류의 대본이 있는, 평생 하는 연기라고 생각하면 이해하기 쉽다. 어떤 성기를 가지고 태어났느냐에 따라 대본이 부여되고, 노련한 연기자들의 지도를 받아 연습하다 보면 아이들은 어느새 그 대본을 파악하고 자기가 뭘 하는지 모르면서도 규칙을 따르기 시작한다. 이것이 각 세대가 이미 그 문화에 적응한 사람들에게 배우는 행위다.

'남자는 쓰레기다'라는 말은 남성으로 **젠더화된** 사람들, 다시 말해 남성성의 대본을 따르는 사람들을 두고 하는 말이다. 특정한 유전자, 생식선, 호르몬, 생식기, 이차성징을 지닌 사람들을 쓰레기라고 하는 게 아니다. 복잡다단한 사회에서 우리가 서로에게 하는 행동이 생물학으로 정해진다는 증거는 없으므로—우리 신체의 기본 기능 중 일부는 그렇더라도—그러한 판단은 불공평하고 우스꽝스럽다.[37] 그보다는 사람들이 따르고 고착화하고 단속하는 문화에 대해서 말하는 것이다.

이것은 두 가지 중요한 경고와 어려움으로 이어진다. 첫째, 만약 남성들이 그렇게 행동하지 않으면 처벌받는 엄격한 문화 속에서 자랐기 때문에 그렇게 행동하는 것이라면 우리는 어떤 의미에서 그들을 비판할 수 있을까? 만일 그 대안이 문화가 조장한 개인의 폭력과 이기심은 용서하고 문화 자체를 비난하는 것이라면 그것은 만족스럽지도 않고 변화를 불러올 수 있을 것 같지도 않다. 남성성을 연구하는 사회학자 앤드리아 웨일링은 '유독한' 남성성이 남성들이 집단적으로 재생산하는 일련의 관행이 아니라 그들이 부지불식간에 종속되는 해로운 힘으로 의미화되는 방식을 비판한다.[38] (중국에서 '남성우월주의에 젖은 이성애자 남성'을 가리키는 용어인 '직남암直男癌'에도 동일한 비판을 적용할 수 있다.) 또한 유독한 남성성은 불가능하거나 모순적인 것처럼 보이는 '건강한' 남성성이 존재함을 의미하기도 한다. 젠더는 그 자체로 분리와 위계의 시스템이다. 그 시스템을 좀 더 구미에 맞게 만드는 데 집중하다 보면 더 깊은 도덕적 문제를 놓치게 된다. (여기서 여성성도 해악을 끼치는 문화라는 결론을 끌어낼 수 있다. 하지만 내가 여기에 주의를 덜 쏟는 이유는, 여성성은 여성에게만 해를 끼치는 경우가 압도적으로 많지만 남성성은 우리 모두에게 해를 끼치기 때문이다.)

남성성은 집단적이면서 개인적이다. 어느 한 남성이 혼자 힘으로 남성성의 폐해를 만들어낸다는 주장은 옳지 않다. 하지만 개인으로서 남성은 비난할 점이 없다거나 유의미한 변화를 불러올 힘이 없다고 말하는 것도 옳지 않다. 어쨌든 집이라는 사적 공간에서 파트너를 때리고 괴롭히고 강간하고 죽이는 것은 개인 남성이다. 아들에게 남자는 울면 안 된다고 가르치고, 여성뿐만 아니라 남성에게서 위로와 애정을 받을 수도 있다는 것을 보여줄 중대한 기회를 포기하는 것도 개인 남성이다. 감정을 드러내거나 자기관리를 하는 친구들을 조롱하는 것도 개인으로서 남성이다. 사적인 공간에서 다른 남성들이 여성이나 다른 주변화된 집단을 인간으로서 존중하지 않는 막말을 주고받을 때, 입을 다물고 참는 것도 개인 남성이다. 작은 저항 행위 하나하나가 남성성의 해로운 요구에 이의를 제기할 수 있는 가능성을 남겨준다.

둘째, 남성들은 결코 '그저' 남성들이 아니다. 남성성에는 문화권을 막론하고 공통점이 있지만 맥락에 따른 차이도 있다. 그리고 남성성은 다른 정체성, 이를테면 트랜스, 게이, 인종, 장애, 빈곤 같은 정체성에 의해 누그러진다. 일례로 남성의 성폭력이 그토록 쉽게 일어나는 이유는 대부분의 사회가 여성을 애초에 신뢰하지 않고 남성은 이의 제기나 책임 추궁을 좀체 당하지 않기 때문이다. 하지만 남성을 너그럽게 봐주는 정도는 자못 다르다. 사회는 부유한 백인 남성이나 소년에게 훨씬 더 너그럽다. 차별당하는 인종의 남성과 소년은, 특히 (실제든 추정에 불과하든) 피해자가 백인 여성이나 소녀일 경우 걸핏하면 폭력 혐의를 뒤집어쓴다.

백인이라는 사실이 소수의 백인에게만 물질적으로 유리한 약속을 하듯이 남성성의 원대한 약속—**존중, 존경, 여성의 돌봄을 누리게 되리라는**—은 일부 남성들에게서만 실현될 가능성이 높다. 대다수 남성은 힘없고 가난하기에 그들의 남성 '특권'은 여타의 억압적 정체성이나 불운으로 인해 사용 가치가 없는 화폐나 다름없다.

그들은 약속이 좌절된 삶을 살아가고 실망을 관리할 준비도 되어 있지 않기에 종종 여성에게 부당한 지배를 드러내곤 한다. 여기서 더 넓게 보아야 할 점이 있다. 젠더 기반 특권은 단순히 남자냐 여자냐의 문제가 아니라 남성성 혹은 여성성의 이상에 얼마나 성공적으로 부합하느냐의 문제다. 게이와 트랜스젠더를 비롯해 논바이너리*와 젠더비순응*은 이 기준에 부합하지 않기 때문에 자동으로 처벌을 받지만 충분히 '남성적'이지 않은 시스젠더 남성이나 충분히 '여성적'이지 않은 시스젠더 여성도 괴롭기는 마찬가지다. 또한 그러한 이상이 인종차별을 구현하여 유색인종에게 으레 특정한 불이익을 부여하는 경우도 적지 않다.

논점 이탈과
주의 흐리기

당연히 **모든** 남자는 쓰레기가 아니다. 가족 학살범과 총기 난사범은 소수 중에서도 극소수다. 그 밖의 해로운 행동들이 더 널리 퍼져 있지만 그러한 행동에 저항하는 남자들도 분명히 있다. 그러한 태도가 다른 남자들에게 본보기가 되기 위해서라도 그들의 노력은 인정받아 마땅하다. 게다가 '남자는 쓰레기다'라는 표현은 한 사회 집단에 대한 경멸적인 일반화다. 그렇다면 '남자는 쓰레기다'는 여

논바이너리(Non-Binary) 남성과 여성이라는 젠더 이분법에서 벗어난 성 정체성을 지칭하는 용어.
젠더비순응(Gender Non-Conforming) 전통적인 젠더 체계나 범주에서 자신의 젠더를 일치시킬 수 없는 없는 성 정체성을 지칭하는 용어.

러 소셜미디어 관리자가 주장하는 대로 '혐오 표현'이 분명한가?

혐오 표현을 금지하는 도덕적 근거는 그러한 표현이 폐해를 끼친다는 것이다. 하지만 가부장제에서 어떻게 '남자는 쓰레기다'라는 표현이 남자들에게 폐해를 끼칠 정도의 힘이나 침투력을 갖는지 의심스럽다. 그뿐 아니라 이 표현은 오히려 혐오와 **싸우기 위한** 의도에서 나온 발언이다. 싸우는 상대는 남성성 문화이고 그 문화의 폐해는 (남성들 자신이 입는 것까지 포함해) 심각하고 구조적이다. 남성성을 공개적으로 비판하고 뒤흔드는 것이, 남성성의 압력과 처벌을 피하고 저항하기 원하는 남성들에게는 해방이 될 수도 있다.

게다가 이 표현이 비판하는 행동들―자격 의식, 강압성, 공감의 결여 등―은 남자들에게 불리하게 작용하지 않고 오히려 그들의 이익을 촉진한다. '여자는 이성적이지 않다'라는 표현과는 경우가 다르다. 이 근거 없는 고정관념은 실제로 여성의 삶을 제한한다. 최근에 〈포춘〉에서 실시한 한 연구는 수백 건의 직장 내 의견을 분석해 여성이 남성보다 부정적 평가를 많이 받는다는 것을 보여주었다. 특히 여성에 대한 평가에서 자주 나타나는 '비이성적이다' '잘난 척한다' '까칠하다' 같은 단어들은 남성에 대한 의견에 등장하지 않았다.[39] (남성에 대한 평가 중 가장 비슷한 단어는 '공격적이다'였지만 다들 남성은 더 공격적인 편이 **좋다**고 말한다.) 여성이 비이성적이라는 고정관념은 직장에서 실제로 여성의 발목을 잡을뿐더러 여성이 하는 말을 의사, 경찰관, 논쟁 상대가 덜 진지하게 받아들이게 만든다. '남자는 쓰레기다'라는 발언이 그런 식으로 남성의 이익 추구를 제한하는 경우는 상상하기 힘들다.

'모든 남자가 그렇지는 않다'는 말은 '남자는 쓰레기다'라는 주장과 일반적인 성차별에 대한 보고에 맞서는 가장 일반적인 대답이다. (사람들은 '남자는 쓰레기가 **아니다**'라고 항의하기보다는 '모든 남자가 쓰레기는 아니다'라고 응수하는 경향이 있다. 쓰레기 같은 남자가 많다는 생각을 이미 상당히 받아들이고 있는 것이다.) '모든 남자가 그렇지는 않다'는 이의 제기는 초점을 문제 있는 남자들이 아니라 문제가 **없는** 남자들로 옮긴다. 이 대답은 논점 이탈이고 애초의 불만을 사소한 것으로 만드는데, 정확히 이러한 효과를 노리고 그런 말을 하기도 한다. 페미니즘 웹사이트 '리덕트리스(Reductress)'의 기고자 케이트 자소스키의 트윗은 '모든' 남자가 그렇지는 않다는 대응이 무용하다는 것을 보여주는, 내가 아주 좋아하는 예다. "어젯밤에 내가 집으로 걸어가고 있는데 어떤 남자가 차에서 내리더니 소리를 지르면서 나를 따라왔다. …… 하지만 '모든 남자가 그렇지는 않다'를 기억하자 평화롭고 안전한 기분이 들었다.^^"[40]

논점 이탈이라는 면도 가정폭력의 예를 통해서 살펴보자. 나는 가정폭력 관련 행사에 참석할 때마다 남성 피해자도 있다고 주장하는 남자를 으레 보게 된다. 그 말은 맞다. 그리고 남자들은 남성성을 지키려고 자기 경험을 축소해서 말하기 때문에 이 문제는 우리가 짐작하는 것보다 심각할 것이다. (가정폭력 피해자는 젠더를 막론하고 보복에 대한 두려움, 대안 부재, 가해자에 대한 감정적 갈등, 불안한 경제력, 자신의 증언을 믿어주지 않을지 모른다는 걱정 때문에 자신이 겪은 일을 축소해서 말하는 경향이 있다.) 하지만 그런 점을 고려하더라도, 가정폭력은 압도적으로 젠더화된 현상이다. 가정폭력의 피해자는 거의 항상 여성이고 가해자는 거의 항상 남성이다.[41] 남성과 남자아이가 가정폭력 피해자일 때도 가해자는 남성인 경우가 더 일반적이다. 남성과 남자아이에 대한 가정폭력을 심각하게 보지 말자는 얘기가 아니다. 하지만 남자들이 여성과 여자아이에 대한 폭력을 논할 때만 이 문제를 제기한다면, 이는 다른 남성과 남자아이를 보호하거나 두 부류의 우려를 한데 모아 공통적인 문제점을 찾아내려는 움직임이라기보다는, 그냥 주의를 흐트러뜨리려는 시도로 보인다.

'어떤 남자는 쓰레기다'라는 표현을 선택함으로써 모든 남자가 쓰레기가 아니라는 사실을 인정하려고 노력할 수도 있다. 그러나 실제로 그러한 진술은 제 역할을 하지 못할 것이다. 첫째, '남자는 쓰레기다'의 의미와 의도가 유지되지 않기 때문이다. 물론 어떤 사람은 젠더와 무관하게 쓰레기다. 이건 말할 필요도 없다. 핵심은 **남성성**에는 쓰레기스러울 개연성을 높이는 뭔가 특별한 것이 있다는 것이다. '남자는 쓰레기다'는 그 특정성을 살리는 진술이다. 이 진술은 남성성과 쓰레기스러움의 상관관계를 짚어준다. 둘째, '남자는 쓰레기다'는 그저 남성에 대한 진술이 아니다. 이것은 일종의 행위인 화행(speech act)이기도 하다(7장 참조). 다른 배출구가 거의 없는 분노와 좌절을 표현하는 행위인 것이다. 이 발언을 한다는 것은 앞서 이 발언을 했던 사람들과의 연대를 나타내고, 성차별주의의 사례들을 모아 그 사례들이 얼마나 빈번한지 강조한다. 성적 괴롭힘과 성폭력에 이 발언으로 대응하면, 피해자에게 책임을 묻는 문화 속에서 잘못을 남자에게 분명히 돌림으로써 피해자가 비난받을 가능성을 물리칠 수 있다. 이 문구는 불만, 비난, 그리고 남성들이 더 나은 행동을 하게끔 몰아세우고 말겠다는 결의를 구체화한다.

'남자는 쓰레기다'를 순화하려는 시도는 그 의도적인 교활함 때문에 안타깝기 그지없다. 이 장의 서두에 언급한 가브리엘라 카투조의 사례로 돌아가보자면 이 말은 때때로 그들을 비웃는 방법이기도 하다. 남성이 얼마나 많은 권력을 쥐고 있는지를 고려한다면, 우리가 그들을 비웃을 방법을 찾는 것은 매우 중요하다. 게다가 정의는 도발을 요구한다. 미국의 노예제 폐지론자 프레더릭 더글러스의 말을 빌리자면, "권력은 요구하지 않으면 아무것도 양보하지 않는다. 그런 적은 한 번도 없었고, 앞으로도 절대 없을 것이다. …… 폭군의 한계는 그에게 억압당하는 자의 인내심이 정하는 것이다."[42] '남자는 쓰레기다'는 남성성에 피해 입는 사람들의 인내심의 한계를 나타낸 것이며, 단순한 발화가 아니라 정의에 대한 요구로 보아야 한다. 가브리엘라 카투조의 발언은 그가 당한 성적 괴롭힘에 대한 분노와 좌절에서 비롯되었다. 이것을 혐오 표현이라고 주장하거나 '모든 남자가 그렇지는 않다'고 반박하는 사람들은 핵심을 놓쳤다. 누군가가 '남자는 쓰레기다'라고 했다면 그는 성적 괴롭힘과 남성성을 연결 지은 것이다. 이것은 혐오 행위가 아니라 규명 행위다. (반면에 '여자는 쓰레기다'는 필연적으로 혐오 표현이다. 여성은 실제로 **여성으로서** 억압당하고 있기 때문이다.)

'남자는 쓰레기다'라고 말하면서 우리는 남성들이 남성성의 위험한 요구를 고착화하고 단속하지만 그러한 요구를 지지하는 여성들도 많다는 사실을 인정해야 한다. 문화는 집단적으로 생산된다. 남성이 규범적 남성성이라는 해로운 이상에 부합하기를 기대하고, 그러한 이상에 미치지 못하는 남성의 행동을 감찰하고 벌주는 데 한몫하는 여성들이 있다. 심지어 드물지도 않다. 백인 여성의

53퍼센트가 유색인종의 이익뿐만 아니라 자신과 다른 백인 여성의 이익에 반해, 자칭 '여성의 성기를 움켜쥐는 자(pussy-grabber)'인 트럼프에게 표를 던진 것을 생각해보라.[43] 젠더 배신으로 보일 수도 있는 행위의 심리는 복잡하다. 가부장제를 응원하는 여성들은 주변화된 사람들이 으레 사용하는 대응 기제*를 채택한다. 그들은 억압에 직면했을 때 자기들에게 해가 되는 시스템의 요구에 맞추기 위해 자신의 선호를 조절한다. 그편이 단기적으로 더 안전하고 덜 실망스러운 전략이기 때문이다. 때로는 강등된 위치를 받아들이고 그것이 최선이라고 주장하는 편이 더 쉽고 더욱 합의된 것처럼 느껴진다. 하지만 어떤 여성이 남성성과 그것을 가능케 하는 시스템을 지지하더라도 여전히 그 여성은 남성들보다 시스템에 피해를 볼 가능성이 높다. 철학자 로나 핀레이슨이 주장한 대로다. "남성과 여성 모두 가부장제 아래서는, 가부장제 이후의 세계에 사는 사람들에 비해 삶이 고달프다." 그렇지만 "남성보다는 여성이 가부장제 아래서 더 고달프다."[44] 이러한 비대칭성으로 인해 삶이 너무 제한되어 결국 자신의 종속을 조장하게 된 여성들보다는 이기적인 행동으로 가부장제를 유지해 온 남성들에게 변화를 요구하는 것이 더 공정해 보인다.

하지만 '남자는 쓰레기다'라는 표현이 용인될 수 있는 또 다른 중요한 이유가 있다. 이 이유는 언어의 작동 방식과 관계가 있다. 이것을 이해하려면 일반화에 관해 철학적으로 좀 더 깊이 들어갈 필요가 있다.

대응 기제(Coping Mechanism) 비정상적인 스트레스 상황에 대처하거나 그 상황을 피하기 위해 하는 의식적 또는 무의식적 대응 행위.

언어철학에서
배운다

일반화는 인간의 의사소통에 매우 중요한 언어적 지름길이다. 세상에 대한 개인의 관찰을 다양한 경우에 적용할 수 있는 좀 더 일반적인 진술로 바꾼 것이 바로 일반화다. 일반화는 일상 대화에서 대단히 중요하기 때문에 우리는 항상 그러한 진술을 만들고 사용한다. 어릴 적 어느 시점에 나는 잎이 초록색이라는 것을 알게 됐다. 사실은 아마 부모님이 식물의 이파리나 나뭇잎을 가리키면서 하는 말을 듣다가 시각적 단서와 청각적 표상을 연결하고 '초록색'의 개념을 깨닫게 되었을 것이다. 나는 '모든 잎은 초록색이다'라는 일반화를 구성한 것이다.

그렇지만 가을이 오면서 나는 이 일반화가 잘못됐음을 알아차렸을 것이다. 보라색으로 변한 너도밤나무잎과 불그스름한 단풍잎은 **모든** 잎이 초록색이라는 나의 믿음에 찬물을 끼얹었다. 그래도 대부분의 잎이 초록색이라는 점은 잎의 의미에서 여전히 중요한 부분이다. 따라서 초록은 식물에 중요한 속성이고, '모든'까지는 아니어도 그보다 약한 일반화('잎은 초록색이다')는 가능하다.

이 두 가지 일반화는 잎의 동일한 속성을 설명하지만 전자('모든 잎은 초록색이다')는 얼마나 많은 잎—여기서는 '모든' 잎—이 초록색인지를 말하기 때문에 '정량적 진술'이다. ('잎의 98퍼센트는 초록색이다', '어떤 잎도 초록색은 아니다', '잎의 대다수는 초록색이다' 등도 정량적 진술에 해당한다.) 반면에 후자('잎은 초록색이다')는 얼마나 많은 잎이 초록색이어야 하는지 전혀 알려주지 않고 우리가 주목해야 할 속성으로서 초록에 주목하기 때문에 '총칭적 일반화(generic generalisation)'에 해당한다.

일반적 언어 사용에서 '남자는 쓰레기다'는 '**모든** 남자는 쓰레기다'를 뜻하지 않는다. 그 둘은 다른 종류의 진술이다. '모든 남자는 쓰레기다'는 얼마나 많은 남자—모든 남자—가 그러한 속성을 지니는지 알려주기 때문에 정량적 진술이다. 단 한 명의 남자라도 쓰레기가 아니라고 밝혀지면 이 진술은 거짓이다. 하지만 '남자는 쓰레기다'가 참이 되려면 얼마나 많은 남자가 쓰레기여야 하는지는 명확하지 않다. 수치가 특정되지 않기 때문이다. 이 진술은 '총칭적 일반화'다. 이 일반화는 항상 적용되지는 않지만 화자와 청자에게 특히 중요한 패턴에 주목하기 위해 사용된다.

참을 충족하기 위해 필요한 사례의 수가 명시되지 않은 '총칭적 일반화'는 진술이 표현하는 상관관계가 중요하다. 가령 위험하거나 주목할 필요가 있는 것을 기술할 때는, 그 발생 비율이 낮더라도 참으로 받아들인다.[45] "진드기는 라임병을 옮긴다." 이 진술은 논란의 여지가 없다. 대부분은 참으로 받아들일 것이다. 사실 진드기의 약 1퍼센트만이 라임병을 옮기지만 진드기를 조심하라고 떠올리게 하는 데 도움이 되기 때문에 우리는 이 일반화를 받아들인다. (여기서 "모든 진드기가 그렇지는 않아"라고 딴지를 걸면 우스워지는 거다.) 총칭적 일반화는 이렇게 **경고**의 역할을 할 수 있다. '남자는 쓰레기다'는 내가 한밤중에 동네를 홀로 걸어가거나 으슥한 숲에서 조깅을 할 때 떠올리는 경고다. 진드기의 경우가 그렇듯, 남자도 누구를 조심해야 할지 모르는 것이다. 영국의 코미디언 조 웰스는 트위터에서 이 점을 간결하고 유쾌하게 꼬집었다. "'모든 남자가 그렇지는 않다'고 말하는 남자들을 다양한 뱀을 풀어놓은 곳에 집어 넣자. 모든 뱀이 독이 있는 것은 아니니까."[46]

그러므로 '모든(all)'이나 '아무(none)'를 포함하는 보편적이고 정량적인 진술과 달리 총칭적 일반화의 진리 조건은 전달하고자 하는 메시지와 맥락에 민감하다. 총칭적 일반화는 사회 세계를 탐색하기 위한 간결하고 기억할 만한 지침을 제공하기 때문에 편하게 잘 쓰이지만, 정량적 진술은 훨씬 더 정교해야 하고 정확한 수치도 알아야 하기 때문에 쓰기 까다로울 수 있다. 실제로 두 살배기 아이도 몇몇 총칭적 진술은 이해할 수 있다. 아이들에게 직접적인 패턴이나 연관성을 가르칠 때 이런 종류의 진술('개는 짖어', '길은 위험해', '잎은 초록색이야')이 자주 쓰인다.[47]

총칭적 일반화는 문맥 의존성을 중시하는 모종의 특이성이 있다. 다행히 사람들은 "오리는 알을 낳는다"라고 말해도 찰떡같이 알아듣는다. 생각해보면 수오리는 알을 낳지 않는데 말이다. 반면 알을 낳을 수 있는 오리는 바로 그 암오리인데도 사람들은 "오리는 암컷이다"라는 진술이 참이라고 생각하지 않는다.[48] 전자는 맞는 말로 보이고 유익한 정보를 포함한다. 후자는 거짓이고 도움이 되지 않는다. 하지만 두 진술 모두 전체 오리의 절반에 적용된다는 점은 마찬가지다. 여기서 우리는 맥락의 중요성을 깨닫는다. 첫째 진술은 **다른 여러 동물과 비교해** 오리의 중요한 점을 알려준다. 우리는 경험이 풍부한 언어 사용자이기 때문에 이 진술이 무엇을 전달하는지 직감적으로 알아듣는다. 둘째 진술은 그렇게 더 넓은 맥락을 겨냥하고 있지 않기 때문에 오해를 일으키거나 거짓으로 여겨진다.

총칭적 일반화는 비할 데 없이 귀한 도구다. 이 일반화는 세계의 실제 패턴을 알려주면서도 그 패턴에 예외를 둘 여지를 남긴다. 덕분에 우리는 "흑인은 경찰의 폭력에 직면해 있다"라든가 "트랜스 여성의 건강 요구는 제대로 충족되지 않고 있다"라고 말할 수 있다. '모든' 흑인 얘기가 아니고 '모든' 트랜스 여성 얘기가 아니어도 총칭적 일반화로 감당할 수 있는 것이다. 철학자 캐서린 리치는 총칭적 일반화의 이러한 속성 때문에 세계의 구조적 특징을 설명하기에 특히 알맞다고 주장한다.

인종, 젠더, 그 외 사회에 대한 총칭은 불의의 체계적 패턴을 정확히 설명하기 때문에 유용하다. 구조적 억압을 제대로 설명하려면 그 억압이 광범위하고 일반적이며 체계적이라는 점을 포착해야 한다. 총칭은 명백한 정량적 진술이 할 수 없는 방식으로 전반적인 구조적 패턴을 파악한다.[49]

'남자는 쓰레기다'는 총칭적 일반화다. 이 진술은 **모든** 남자가 쓰레기라는 뜻이 아니라 쓰레기스러운 특성과 남성이라는 특성 사이에 우리가 주목하고 깊이 생각해볼 만한 상관관계가 있다는 뜻이다. 앞에서 보았듯이 그 상관관계의 증거는 넘쳐나고, 이는 남자들을 조심해야 할 이유가 된다. 또한 이 문구는 일종의 도발이자 도덕적 비난과 저항의 진술로서 기능한다.

총칭적 일반화는 언어적 도구일 뿐이고 여느 도구가 그렇듯 자칫 오용될 수 있다. 그러한 오용은 짚고 넘어갈 필요가 있는데, 그 이유는 다른 일반화보다 총칭적 일반화가 오용에 더 취약하기 때

문이다. 일단 총칭적 일반화는 반증하기가 어렵거니와 그 진술의
의미가 (앞에서 보았던 오리에 대한 진술처럼) 직관에 반하고 포착하
기 어려울 수 있다. 즉 조작 혹은 오해를 부르는 진술을 작성하는
데 이 도구가 쓰일 수도 있다는 의미다. 총칭적 일반화는 경우의 수
가 (진드기처럼) 적거나 (남성처럼) 특정되지 않더라도 참으로 받아
들여질 수 있다. 그래서 '남자아이는 인형 놀이를 하지 않는다', '흑
인 남자는 범죄자다'처럼 문제 있는 고정관념을 일반화해도 논박
하기 어려울 수 있다.* 미국에서 흑인 남성의 수감률이 백인 남성
에 비해 여섯 배나 높은 것은 사실이고 남자아이들이 인형 놀이를
하는 경우가 드물기는 하지만 총칭적 일반화는 사용 맥락을 고려
하지 않고는 제대로 평가될 수 없다. 두 가지 질문을 던져봐야 한
다. 첫째 질문, 왜 이런 총칭적 일반화가 나왔는가? 달리 표현하자
면, 화자가 목표로 하는 화행은 무엇인가? '흑인 남자는 범죄자다'
는 반흑인 인종차별을 부추기는 말이고, '남자아이는 인형 놀이를
하지 않는다'는 인형 놀이를 하는 남자아이를 훈계하고 굴욕감을
주려는 말이다. 둘째 질문, 일반화에 모종의 진실이 있다면 왜 그
패턴이 유지되는가? 흑인 남성이 압도적으로 수감률이 높은 이유
는 경제, 입법, 사법 체계의 주도면밀한 인종차별 때문이다. 남자아
이들이 인형 놀이를 하지 않는 이유는 그 놀이를 창피하게 생각하
기 때문이다. 우리는 그러한 말이 나오는 틀에 의문을 던지면서 이
런 종류의 일반화에 저항해야 한다.

---

* 또 다른 예로 '여성은 자궁이 있다'를 들 수 있다. 대다수 여성은 자궁을 가지고
있지만 어떤 여성은 그렇지 않다. 이 총칭적 일반화는 트랜스 여성을 배제하는 데
이용되기 쉽다. (저자 주)

흥미롭게도 '남자는 쓰레기다'에 가장 화를 내는 사람들이 비슷한 종류의 총칭적 일반화를 자주 사용하는 경향이 있다. 남자아이나 성인 남성은 어리석고 이기적이고 위험한 행동을 해도 "남자(아이)들이 그렇지 뭐(Boys will be boys)"라고 넘어간다. 이 진술은 액면 그대로 봤을 때 동어반복적이고 의미가 없다. 하지만 이 또한 화행이다. 이런 말은 거의 항상 변명 혹은 핑계의 의도로 사용된다. '남자(아이)들은 늘 어리석고 이기적이고 위험하게 행동할 거야. 그들은 어쩔 수 없이 그런 존재야.' 이것은 그러한 행동이 생물학적으로 결정된 소년과 남성의 속성이라는 의미를 함축한다. 이 같은 비과학적 주장을 결연히 거부하고 쓰레기 같은 행동이 생물학적 진화보다는 사회적 압력의 산물임을 인정하는 것이 중요하다. 남성성이 우연하고 가변적인 특성임을 인정하면 상황이 달라질 수 있음을 깨달을 것이다.

남자들이 할 수 있는 일이 있다

저커버그가 '남자는 쓰레기다' 해시태그 관련 정책을 밝힌 지 1년 만에 페이스북은 생각을 바꾸어 모든 형태의 모욕적 발언을 똑같이 나쁜 것으로 볼 수 없다고 인정했다. 그에 따라 페이스북 알고리즘도 멸시적 발언이 불러일으킬 수 있는 해악의 경중을 고려하여 재설계되었다.[50] '남자는 쓰레기다'는 이제 '게이는 토 나온다', '여자는 걸레다'만큼 심각한 혐오 표현으로 간주되지 않는다. 페이스북은 이 후자의 진술들을 비롯해 그 비슷한 억압적 진술들을 '최악중의 최악(Worst of Worst)' 범주로 분류해 따로 관리한다. (그냥 '억압적' 범주라고 해도 됐을 텐데 그쪽 업계 사람들은 혁신하는 기분을 내고 싶었던 것 같다.) 스펙트럼의 반대쪽에는 실제로 폐해를 끼칠 확률이 낮고 문제 삼는 사람도 일부에 지나지 않아 우선순위에서 밀려난 진술들이 있다. 이것들이 속하는 범주의 이름은? '남자는 쓰레기'다. 어쩌면 세상이 제대로 돌아가고 있는가 보다.

모두가 이 장의 논증을 받아들이지는 않을 것이다. 하지만 자신은 쓰레기가 아니라고 하면서 이러한 일반화에 분개하는 남자들에게 묻고 싶다. 당신의 평판을 쓰레기통에 처넣는 다른 남자들을 저지하기 위해 무엇을 하고 있는가? 당신의 아들들을 타인의 요구에 민감한 사람으로 키우고 있는가? (아니, 자녀를 양육하고는 있는가?) 당신의 삶에서 만나는 다른 남자들에게 연민을 느끼는가? 다들 여성을 비하하는 발언에 신나게 웃고는 남자들끼리의 무해한 대화일 뿐이라고 변명하더라도 그 발언은 잘못됐다고 말할 수 있는가?

페미니즘 이론가이자 활동가 앤드리아 드워킨은 1983년 연설에서 남성들은 다른 남성의 잘못에 맞서고 도전하기 위해서 하는 일이 거의 없다고 한탄했다. 남성들은 그저 페미니스트들이 자기들을 이상한 사람으로 만든다고 지겹도록 불평할 뿐이다.

그래서 나는 말한다. 이봐, 나한테 그런 말 하지 마. 포르노 제작자들한테 가서 말해. 포주들한테 가서 말해. 전쟁 도발자에게나 말해. 강간을 옹호하고 축하하는 인간들, 강간에 호의적인 사상가들이나 붙잡고 말하라고 …… 나에게 말해봤자 소용없다고. 난 여자일뿐이야. 내가 어떻게 할 수 있는 일은 없어. 그 남자들이 당신을 대변한다고 생각하는 거지. 그들이 공적인 무대에서 당신을 대표한다고 말하고 있어. 그들이 당신을 대표하는 게 아니라면 그들한테 가서 말을 해야지.[51]

남성성의 폐해에 대한 쉬운 해답은 없지만 지나치게 자주 거론되는 '교도소' 같은 '해결책'은 사태를 더욱 악화시킬 것이 확실하다. 타인에게 피해를 끼친 사람에게 해를 입히는 것은 피해를 확대할 뿐이다. 감금은 남성성의 규칙서에서 나온 해결책이다. 누가 선을 넘는다면 그러한 행동이 시정될 때까지 괴롭히는 걸로 해결을 보는 방식 말이다. 또한 남자들에게 그냥 "치료나 받으러 가라"는 식으로 반응하는 것도 적절하거나 도움이 된다고 생각하지 않는다. 인터넷 밈 중에는 이 기묘한 반응의 다양한 버전이 있고("치료를 받으러 가야 할 남자들이 대통령을 하겠다고 나선다." "치료를 받으러 가야 할 남자들이 화장실에 세 시간을 죽치고 앉아 똥을 싼다."[52]) 그에 대한 오만 가지 신문 논평도 있다.[53] 그러한 기사와 게시물은 치료 비용을 감당할 수 있는 사람이 소수에 불과하고, 이는 젠더보다 더 높은 장벽이라는 사실을 망각하고 있다. 게다가 치료는 개인적 어려움을 관리하는 데는 도움이 되지만 대규모 사회적 문제에는 거의 영향을 끼치지 못한다. 가장 중요하게는 남성성 문제를 개인화하면 더 강력한 해결책으로부터 멀어지게 된다는 것이다. 그 해결책이란 남성들—심리치료사나 여성이 아니라—이 일상적으로 자기 삶 속의 타인과 서로를 돌보는 것이다.

나는 남성들의 노력으로 그들의 문화가 내부에서부터 바뀌기를 희망한다. 그리고 남성들이 준비가 된다면 우리 나머지 사람들은 그들과 협력해 폐해를 복구하고자 힘쓸 것이다. 벨 훅스가 말한 것처럼 우리는 "가부장제가 남성과 여성이 다 같이 떠받치고 있는 시스템이라는 것을 인정해야 한다. 비록 남성이 그 시스템에서 더 큰 보상을 받고 있더라도 말이다. 가부장적 문화를 해체하고 변화시키는 것은 남성과 여성이 함께 해야만 하는 일이다."[54]

폭력과 과시적 행위로 모두를 위협하는 '강성(스트롱맨)' 지도자들이 부상하고 있는 이 시점에 '남자는 쓰레기다'라는 표현은 우리에게 감히 좀 더 유익한 것을 상상하게 하는 도발이다. 쓰레기스러움은 남성의 생물학적 운명이 아니며, 그것의 우연성을 알아볼 때 낙관적인 시선이 가능하다. 사내아이들이 꼭 그렇게 크라는 법은 없다.

4장

'모든 생명은 소중하다'

: 가짜 논리

인종차별의 심각한 기능은 …… 집중을 방해한다는 것입니다. 인종차별은 일을 못 하게 합니다. 당신이 존재하는 이유를 설명하고 또 설명하게 합니다. 누군가 당신에게 언어가 없다고 말하고 당신은 그렇지 않다는 증명을 하려고 20년을 보냅니다. 누군가 당신의 머리는 제대로 형성되지 못했다고 말하고 당신은 과학자들에게 그 점을 연구해보라고 합니다. 누군가 당신은 예술을 할 수 없다고 하니 그 점을 훑어보기 바쁩니다. 누군가 당신에겐 왕국이 없다고 하니 그것도 살펴봐야 합니다. 그중 어떤 것도 필요하지 않습니다. 언제나 뭔가가 더 있을 테니까요.

— 토니 모리슨, '인문주의적 견해'(1975년 강연)[1]

2020년 6월 어느 백인 커플이 사진작가 샤키라 로셀의 소셜미디어 계정에서 '흑인의 생명도 소중하다(Black Lives Matter)' 운동에 연대를 나타낸 게시물을 보고서 그 작가와 체결했던 결혼사진 촬영 계약을 취소했다. 그 커플은 이렇게 말했다.

우리는 '모든' 생명이 소중하다고 생각하지 않는 사람뿐 아니라 자신과 상관도 없는 문제에 그처럼 거침없이 말하는 사람은 지지할 수 없습니다. …… 당신이 우리 행사에 참여하는 것이 무척 당혹스럽고 우리가 필요로 하는 일을 완수할 만큼 안정적이지 않다고 생각합니다.[2]

사진작가는 그들에게 계약금은 환불되지 않고 '흑인의 생명도 소중하다' 운동 단체에 기부될 것이라고 알렸다. "당신들이 평생 성장하기를 바라며 기부에 감사드립니다."

비슷한 시기에 도널드 트럼프는 '흑인의 생명도 소중하다'라는 말을 '증오의 상징'이라고 했다.[3] 영국 프리미어리그 축구 팀은 운동복 셔츠 등판에 자신들의 이름 대신 '흑인의 생명도 소중하다'를 달았는데 보수당 하원의원 벤 브래들리는 이렇게 평했다.

그들이 성취하고자 하는 것은 대단히 긍정적이고 칭찬할 만하지만 '흑인의 생명도 소중하다' 운동을 지지하는 선택은 사실 분열을 더욱 키우고 강화할 뿐이다. 모든 사람이 피부색으로 자기 정체성을 확인하도록 부추기는데 그게 좋은 일일 리가![4]

'흑인의 생명도 소중하다'라는 말은 정확히 어떤 의미인가? '모든 생명은 소중하다'라는 응수가 그토록 잘못된 인식과 폐해를 낳는 이유는 무엇인가? 얼마나 많은 반발이 무지에서 비롯되고 얼마나 많은 반발이 반흑인 인종차별에 대한 저항을 무너뜨리려는 시도에서 파생되는가? '흑인의 생명도 소중하다'처럼 명백하고 기본적인 도덕적 주장마저 정당화해야 하다니, 이 또한 토니 모리슨이 경고했던 항복 비슷하게 보일지 모르겠다. 그렇지만 이 구호를 비롯해 그 비슷한 다른 구호들을 둘러싼 오해가 많은 것은 사실이다. 그러한 혼란의 상당 부분은 만들어진 것이라지만 바로잡지 않고 그냥 넘어가기에는 너무 중요한 쟁점들이 달려 있다. 이 장에서는 이를 둘러싼 논의를 명쾌히 하고 그 너머를 사유하는 데 도움이 될 법한 논증을 제시해보겠다.

피부색을
따지지 말자고?

'흑인의 생명도 소중하다' 운동은 2013년 조지 짐머맨이 살인 혐의 무죄 판결을 받은 데서 시작된 '우리의 생명은 소중하다(Our Lives Matter)' 해시태그에서 비롯되었다. 당시 짐머맨은 플로리다의 동네 상점에서 군것질거리를 사서 집으로 걸어가던 트레이번 마틴이라는 17세 흑인 소년을 총으로 쐈다. 그로부터 1년 후 대학 입학을 이틀 앞두고 있던 18세의 마이클 브라운이 거리를 걷다가 경찰이 쏜 총에 맞아 사망하는 일이 일어났다. 그 구호는 '흑인의 생명도 소중하다'로 바뀌어 다시 한번 널리 퍼졌다. 그 후 '흑인의 생명도 소중하다'는 패트리스 컬러스, 앨리시아 가자, 아요 토메티라는 세 흑인 여성이 설립한 탈위계적이고 탈중심적인 대규모 활동가 네트워크의 기표가 되었다. 그리고 6년이 지나는 동안 이 문구 자체가 그 이름으로 이루어진 어떤 활동보다도 더 많은 논쟁을 불러왔다. '흑인의 생명도 소중하다'는 정치적으로 중시되지 못한 채 영영 주변부에 머물 듯 보였다.

2020년에 '흑인의 생명도 소중하다' 운동은 정치적 요구의 주류로 부상했다. 켄터키주에서 세 명의 경찰이 자기 집 침대에서 잠을 자고 있던 흑인 여성 브리오나 테일러를 총으로 쏘아 죽였고, 불과 두 달 후에는 미네소타주에서 데릭 쇼빈이라는 경찰이 조지 플로이드라는 흑인의 기도를 자기 무릎으로 압박하여 질식사에 이르게 했다. 코로나19 팬데믹으로 우리 모두의 삶이 정상에서 벗어난 때였다. 집에 틀어박혀 뉴스에 귀 기울이며 고요한 가운데 동시적으로 이 사건들에 주목하면서 '흑인의 생명도 소중하다' 운동의 비옥한 토양이 마련되었고 예전에는 무관심하거나 적대적이었던 사람들까지 이 운동을 지지하기에 이르렀다. 코로나19 바이러스 감염과 사망의 인종적 불균형은 인종차별이 직업에 따른 질병 위험 노출이나 주거와 건강에 끼치는 영향을 도저히 무시할 수 없게 했다. 그해 여름 사회적 거리두기 지침이 무색하게 주요 도시와 거리에서 시위가 일어났다. 여론조사 결과를 보면 흑인의 86퍼센트, 백인의 60퍼센트를 포함하는 대다수 미국인이 '흑인의 생명도 소중하다'는 선언을 지지하는 것으로 나타났다.[5] 개인, 기관, 기업이 앞다투어 역사의 바른 편에 서면서 이 선언이 갑자기 모든 곳에 존재하게 되었다.

이 구호가 퍼지자 오해들이 쏟아져 나왔다. 하지만 어디까지가 자연스러운 진짜 혼란이었는지는 알 수 없는데, 백인우월주의자들이 이 운동의 신뢰성을 깎아내리기 위해 치밀한 물밑 작업을 벌였기 때문이다. '흑인의 생명도 소중하다' 해시태그와 함께 '백인은 보이는 대로 죽인다', '백인은 전부 나치다'라는 구호를 단 소셜미디어 게시물과 스티커가 사방으로 공유되고 배포되었다.[6] '트럼프를 위한 학생들(Students for Trump)'을 설립한 라이언 푸르니에와 보수 변호 단체 '터닝포인트 USA(Turning Point USA)'의 캔디스 오언스 같은 우파 인사들은 '흑인의 생명도 소중하다' 운동 기부금이 민주당으로 흘러 들어가고 있다는 헛소문을 퍼뜨렸다.[7] 이 모든 연막 작전은 '흑인의 생명도 소중하다' 운동에 의혹의 그림자를 드리웠다. 마치 기업에서 연구비를 지원받는 과학자들이 인간 활동으로 인한 지구 온난화에 불신과 불확실성의 그물을 드리우는 것과 비슷하다고나 할까. (이 과학자들은 '의심을 판다'는 혐의로 고발당했다.[8]) 지구 온난화에는 확실한 증거가 있고 (기업 지원금을 받지 않는) 과학자들은 이미 의견의 일치를 보았는데 말이다. 2020년 9월 미국의 성인 중 흑인은 87퍼센트가 '흑인의 생명도 소중하다' 운동을 지지한다고 했지만 백인의 지지율은 과반수에 못 미치는 45퍼센트까지 떨어졌다.[9]

'흑인의 생명도 소중하다'에는 다음과 같은 주장들이 포함되어 있다. (a) 흑인의 생명은 체계적으로 평가절하되어 왔다. (b) 흑인의 생명은 소중하게 여겨져야 한다. (a)는 철학자들이 기술적(descriptive) 진술이라고 일컫는 것이다. 기술적 진술은 세계를 설명하므로 세계를 관찰하고 진술이 정확한 묘사인지 확인함으로써 그 진위를 알 수 있다. 반면 (b)는 규범적(normative) 진술이다. 이 진술은 가치 판단을 한다. 즉, 그 경우가 무엇인지를 말하는 것이 아니라 **무엇이어야 하는지**를 말한다. 그러니까 (b)는 흑인의 생명이 평가절하되는 것이 옳지 않다는 도덕적 선언이다. 도덕적 진술은 관찰을 통해 진위를 알 수 없고 논증을 통해 따져봐야 한다.

'흑인의 생명도 소중하다'가 기술적 진술과 규범적 진술을 동시에 대표하는 것이 혼란스럽고, 이러한 혼란이 낳은 오해에서 반발이 비롯된다고 주장할 수도 있다. 하지만 그건 말이 안 된다. 어차피 우리는 언어를 늘 이런 식으로 사용한다. 영국에는 "강아지는 크리스마스가 아니라 평생을 위한 거예요"라는 구호를 중심으로 삼은 유명한 광고가 있었다. 이 구호는 1978년에 국립개보호연맹(현재 '독스 트러스트Dogs Trust')이 크리스마스 시즌에 충동적으로 강아지를 들였다가 신선함이 사라지면 유기하거나 방임하는 악습을 막기 위해 처음 도입했던 것이다.* 이 구호는 널리 알려져 있고 충분히 이해되고 있으며 논란의 여지도 없다. 이 구호도 기술적 진술과 규범적 진술을 모두 나타내기는 마찬가지인데 말이다. 강아지가 일회성 크리스마스 선물처럼 취급되고 있다(기술적 진술). 개들은 오랜 동반자로서 보살핌을 받아야 한다(규범적 진술). 구호의 의미가 통하기 위해서는 이 두 진술 모두 참이어야 한다. 아무도 이 구호에 대해서 "고양이는?"이라거나 "쉽게 취하고 쉽게 버리는 우리 문화가 더 일반적인 문제 아닐까?"라고 걸고넘어지지 않는다.

생명이 '소중하다'는 건 무슨 뜻인가? 이 질문에 대답할 수 있는 방식은 여러 가지가 있지만 기본적인 몇 가지 기준은 명백해 보인다. 생명이 소중한 사람은 **자유로워야** 한다. 그런 사람이 노예가 되거나, 투옥되거나, 사랑하는 이들의 삶이나 목숨을 두고 마음 졸이거나, 끔찍한 가난에 시달리거나, 자기 운명을 다스릴 수 없을 만큼 위태롭게 살아서는 안 된다. 둘째, 식량과 식수, 위생 설비, 적절한 주거, 의료, 교육, 공동체 같은 삶의 **필수 요건**을 제대로 누릴 수 있어야 한다. 셋째, 다른 사람들에게 **공정하게** 대우받아야 한다. 부당하게 대변되거나 거짓에 피해를 입지 않아야 한다. 착취당해서는 안 되며, 소속 집단에 대한 고정관념의 일례가 아닌 독자적 개인으로서 대우받아야 한다. 또한 자신이 살아가는 사회 안에서 자기 이익을 대변할 수 있어야 한다.

이 모든 요소에 정도의 차이가 있을 수 있지만, 현실에서 어떤

---

* 코로나19 팬데믹 이후로 반려견 입양이 급증하면서 이 구호를 "개는 평생을 위한 것이지 팬데믹 봉쇄를 위한 것이 아닙니다"로 바꿔야 한다고 지적하는 평론가들도 있다. (저자 주)

사람의 생명은 다른 사람의 생명보다 소중히 여겨지고 어떤 사람의 생명에 대한 가치평가는 대부분이 용인할 만한 기준에 못 미친다는 게 분명하다. 벨 훅스가 관찰한 바에 따르면 이 점은 매우 분명하다.

나는 강의실에서 이제 더는 인종주의가 우리 삶의 윤곽을 결정하지 않는다거나 인종에 따른 차이 같은 것은 없다거나 "우리는 그저 다 같은 사람이다"라고 말하는 학생 무리를 종종 본다. 그러면 나는 몇 분 후에 그들에게 문제를 하나 내준다. 잠시 후 죽고 나서 다시 태어날 텐데 백인 남성, 백인 여성, 흑인 남성, 흑인 여성 중에서 어떤 정체성으로 다시 태어날지 골라보라고 하는 것이다. 내가 이 문제를 던질 때마다 실제 인종과 성별을 막론하고 대부분은 백인으로 다시 태어나겠다고 말하고, 특히 백인 남성을 선호한다. 흑인 여성을 선택하는 사람이 가장 적다. 내가 그들의 선택에 대하여 설명해보라고 하면 학생들은 비로소 인종에 기반한 특권을 (젠더와 계급까지 고려한 시각으로) 정교하게 분석하기 시작한다.[10]

흑인으로서 존재한다는 것은 그의 생명이 저평가되고 있다는 강력하고 확고한 지표다. 흑인의 생명이 중시되지 않았다는 것은 반박할 수 없는 역사적 사실이다. 흑인을 인간 이하의 존재로 생각했던 유럽인들은 식민화를 촉진했다. 이른바 계몽주의 시대였던 18세기에 새로운 평등 사상이 유럽 전역으로 퍼졌지만 경제적 동기로 촉발된 식민 사업은 자원을 수탈당하는 지역 토착민을 종속시켜야만 했다. 토착민을 유럽인과 동등한 존재로 간주하면 그들을 납치하고 노예로 삼고 고문해서 복종시키기가 어려워진다. 식민화는 노동의 무상 공급을 보장하기 위해 이윤 동기가 요구한 것이었다. 그래서 유럽의 백인들은 인종의 위계 이론을 수립했다. 자기들을 그 위계의 최상위에 올려놓고 아프리카인들을 맨 밑에 놓음으로써 자원을 수탈하고 사람들을 납치해서 노예로 삼으면서도 스스로 도덕적으로 괜찮은 사람이라고 생각할 수 있었다. 인종은 어떤 사람들을 덜 중요하게 만드는 방식이다. 흑인 물리학자 찬다 프레스코드와인스타인은 《나의 사랑스럽고 불평등한 코스모스》에서 다음과 같이 썼다.

> [인종은] (백인) 유럽인의 우월성, 자신과 달라 보이는 사람들에 대한 두려움, 자신이 믿는 신이 아시아 대륙에 붙어 있는 작은 반도의 멜라닌 없는 무자비한 인간들보다 더 포용력 있는 세계관을 가질 수 있다는 것을 인정하는 두려움을 정당화하기 위해 고안된 완전한 속임수다.[11]

민권운동 시대 이후에도 인종차별은 태도와 제도에 남아 있을 뿐 아니라 인종 관련 법과 정책 속에 더욱 은밀하게 간접적으로 살아 있다. 미셸 알렉산더는 《새로운 짐크로법(The New Jim Crow)》에서 인종차별은 사라지지 않았으며 전과는 다르지만 여전히 해로운 형태로 표현된다는 것을 보여주었다.*

> 우리는 이제 인종에 의지하기보다는 형사사법제도를 이용하여 유색인종에게 '범죄자'라는 꼬리표를 달고, 우리가 아마도 남겨 두었

을 모든 관행에 관여시킨다. 한때 아프리카계 미국인을 차별하는 것이 합법이었던 모든 방식과 마찬가지로 오늘날 범죄자를 차별하는 것은 완전히 합법이다. 일단 흉악범이라는 딱지를 붙이면 모든 오래된 형태의 차별―고용 차별, 주거 차별, 투표권 부정, 교육의 기회 부정, 식량 배급권이나 기타 공적 혜택의 부정, 배심원 의무의 배제―이 대번에 합법적인 것이 된다.[12]

역사적인 반흑인 인종차별의 사회적, 경제적, 심리적 영향은 현재진행형이며, 인종차별의 새로운 형태들과 보조를 맞추어 작동하고 있다. 그래서 억압의 유산이 끼치는 폐해와 오늘날의 차별 양상에서 비롯되는 폐해를 따로 떼어 보기가 어렵다. 여하튼 인종 간 불균형은 뚜렷하고 문제가 심각하다. 영국에서 흑인은 출산 중 사망할 확률이 백인보다 네 배나 높고,[13] 흑인의 영아 사망률도 백인의 두 배나 된다.[14] 흑인의 실업률 역시 백인의 두 배이고,[15] 흑인 가구의 거의 절반은 빈곤에 시달린다.[16] 흑인이 불심검문을 당할 확률은 백인의 열 배에 이르고,[17] 실제로 체포되는 경우도 백인의 네 배나 된다.[18] 흑인은 인구의 3퍼센트에 불과하지만 경찰 구금 중 사망자의 8퍼센트를 차지한다.[19]

미국에서도 흑인은 이유 없이 체포될 가능성이 백인보다 다섯 배 높고 구금당하는 비율도 백인의 다섯 배에 달한다.[20] 실험에 따

---

* 여기서 짐크로법(Jim Crow law)은 1870년대 말 미국의 재건 시대 이후부터 1950년대까지 미국 남부에서 제정된 인종차별적 법률을 가리킨다. '짐 크로(Jim Crow)'는 백인이 흑인처럼 분장해 흑인을 희화한 〈민스트럴쇼〉 등장인물의 이름에서 유래했으며, 아프리카계 미국인을 경멸하는 말로 쓰였다.

르면 경찰과 민간인 모두 무기를 소지한 백인보다 무기를 소지하지 않은 흑인에게 총을 쏠 확률이 높게 나타난다.[21] 실제 데이터를 보더라도 경찰에게 총격당한 흑인이 무기를 소지하지 않고 있던 경우가 백인의 두 배다.[22] 백인 경찰은 흑인 경찰보다 총기를 더 자주 사용하고, 흑인 주민 비율이 높은 동네일수록 경찰이 실제로 총기를 사용하는 비율이 높다.[23]

반흑인 인종차별의 범위와 깊이를 이해하려면 북반구 선진국(글로벌 노스)의 맥락 너머까지 보아야 한다. 아프리카의 3억 8300만 인구가 하루 1달러 90센트 미만의 돈으로 근근이 살아가는 (혹은 그나마도 살지 못하는) '극빈층'이다.[24] 극빈층은 앞으로 수십 년 안에 사하라 이남 아프리카에서 더욱 늘어날 것으로 예상된다.[25] 지금도 예방과 치료가 가능한 질병으로 인해 사망하는 사람이 전 세계 사망 인구의 90퍼센트를 차지하지만 이 문제를 해결하는 데는 의료 연구 자원의 단 10퍼센트만 쓰인다. 그리고 그 사망자들은 대부분 사하라 이남 아프리카 사람들이다. 이러한 현실은 오랜 종속의 역사에서 비롯된 결과다. 식민 시대에 시작된 불균형이 아프리카를 비롯한 남반구 인구를 희생시키면서까지 북반구 선진국과 제도의 이익을 도모하는 글로벌 경제 체제에서 화석화된 것이다.

이러한 불균형을 감안한다면 매년 분쟁, 갈등, 생활환경 파괴에서 탈출하려다가 사망하는 5천여 명의 이민자 중 거의 절반이 아프리카인이라는 사실은 놀랍지도 않다.[26] 영국에 망명을 신청하는 사람의 40퍼센트가 남반구 출신 흑인인데 그중 상당수는 결국 구금되었다가 추방당한다.[27] 흑인이라는 정체성은 이런 잔인한 현실을 겪는 데 결정적이다. 극심한 가난은 인종화되어 있다. 4억의 백인 인구가 대대손손 밥을 굶을 정도로 가난한데 유의미한 조치조차 이루어지지 않는다는 것은 생각도 할 수 없는 일이다.

요컨대 흑인의 생명은 소중하지 않다. 한 번 쓰면 그만이고 무시해도 괜찮은 싸구려 취급을 받는다. 흑인의 고통과 죽음은 유감스럽기는 하지만 어쩔 수 없는 일로 여겨진다. 이것이 수감자, 경찰 총격 피살자, 굶주림이나 예방과 치료가 가능한 병 때문에 단명하는 사람 가운데 흑인의 비율이 압도적으로 높은 이유다. 흑인은 자유, 생필품에 대한 접근성, 공정한 대우를 부정당할 가능성이 세계 어느 집단보다도 높다. 주디스 버틀러가 쓴 대로 "'흑인의 생명도 소중하다'라는 구호가 그토록 중요한 이유는 명백한 얘기를 하고 있는데도 그 명백한 것이 아직 역사적으로 실현되지 않았기 때문이다."[28]

반대 논리는 논리적인가

'흑인의 생명도 소중하다' 운동은 혼란에 빠진 자유주의자에서부터 뻔뻔할 정도로 편협한 사람들에 이르기까지 광범위한 갖가지 부류의 우려 섞인 반응을 불러일으켰다. 이러한 반응 중 일부는 진짜 오해에서 나온 것이지만, 다른 일부는 일부러 다른 곳으로 주의를 돌리려는 시도였다. '흑인의 생명도 소중하다'를 거부하는 사람들은 이 문구를 구성하는 진술들 중 적어도 하나에 반대하는 것이다. (a) 흑인의 생명은 체계적으로 평가절하되어 왔다. (b) 흑인의 생명은 소중하게 여겨져야 한다.

용어에 이의를 제기하는 사람과 어떻게 논쟁할 것인지, 아니 실질적으로는 논쟁할 것인지 말 것인지 결정할 때는 먼저 양측이 어떤 부분을 문제 삼는지, 그 이유가 무엇인지 아는 것이 중요하다. 몇 가지 공통적인 대답이 있는데 요약해보면 다음과 같다.

'피부색을 따지지 말자(컬러블라인드)' 반응. 인종이라는 범주에서 벗어나야 한다. 인종차별은 나쁘지만 지금은 거의 사라졌다. 이제는 과거와 상황이 다르다. 그러니 조금 덜 혼란스러운 구호를 내세운다면 우리를 분열시키는 정체성에서 벗어나 다른 쪽에 초점을 맞추는 데 도움이 될 것이다.

'너희야말로' 반응. 다른 생명들은 소중하지 않다는 거야? 백인의 생명은 소중하지 않아? 경찰관의 목숨은 위험에 노출되어도 돼?

'백인우월주의' 반응. 이제 사방팔방에서 흑인의 생명은 소중하다고 난리다. 이것은 백인이 위협받는 세상이 되었다는 신호다.

	A. 흑인의 생명은 소중한가? (기술적 질문)	B. 흑인의 생명은 소중하게 여겨져야 하는가? (규범적 질문)
반인종주의	✗	✓
피부색을 따지지 말자	✓	✓
너희야말로	?	?
백인우월주의	?	✗

'흑인의 생명도 소중하다'를 구성하는 진술들과 각 반응이 연결되는 방식

위의 표는 각각의 반응이 '흑인의 생명도 소중하다'라는 반인종주의 구호를 구성하는 진술들과 어떻게 연결되는지 보여준다. '피부색을 따지지 말자'는 사람들은 모든 인간이 평등하게 대우받아야 한다는 데 동의하지만 이미 그 목표는 거의 달성되었다고 주장한다. '너희야말로' 반응은 온갖 다른 이슈를 끌고 들어와 애매성의 베일로 여타의 다양한 관점들을 뒤덮어버린다. 백인우월주의는 흑인의 생명도 소중한 세계를 원치 않는다. '모든 생명은 소중하다'라는 반응은 이 가운데 아무 입장이나 전달할 수 있다는 점을 알아차리는 것이 중요하다.

피부색을 따지지 말자

인종차별에 반대하는 사람이라면 누구나 1963년 8월에 마틴 루서 킹 주니어가 워싱턴 D.C. 링컨 기념관에서 소망했던 세상이 오기를 바란다. "나에게는 꿈이 있습니다. 내 아이들이 피부색이 아니라 인격으로 평가받는 나라에서 살아가는 것이 그 꿈입니다."[29] 현 상태에서 인종은 문제가 되고 있다. 기이하고 근거 없는 범주 체계일지는 몰라도 현대 사회의 구조와 글로벌 경제 체제의 작동에 개입하고 있다. 인종 문제는 아직 해결되지 않았고, 이 문제를 부정하는 태도는 해결을 앞당기지 못한다.

그렇지만 많은 이가 인종차별이 **이미** 극복되었고 우리가 '탈인종주의' 시대를 살아가고 있다고 믿는다. '피부색을 따지지 말자'는 인종이 더는 개인의 삶의 선택이나 경험을 결정하는 요소가 아니기 때문에 사회적 범주로서 유의미하지 않다는 생각을 담고 있다. 인종차별 문제가 여전히 불거지기는 하지만 그런 문제는 의도적 악의가 개입된 불쾌한 사건에 국한되어 있다는 것이다. 이렇게 생각하는 사람들은 도널드 트럼프가 인종차별주의자라는 사실은 순순히 인정하면서도 그들의 친구 캐런이 인종차별주의자라고 생각하지는 않는다. 그들은 인종을 여전히 개인의 삶을 결정하는 요소로 보기 때문에 인종적 분열이 영속화하고 마틴 루서 킹의 꿈이 요원하다고 주장한다. 보수적인 미국 대법원장 존 로버츠는 "인종에 기초한 차별을 중단하는 방법은 인종을 기초로 차별하지 않는 것이다"라고 했다.[30] 이 말은 그럴듯하게 들린다. 다만 사람들을 똑같이 대우하려면 자원의 분배를 근본적으로 재고해야 하고 유색인종은 역사적 불의를 물려받은 입장에서 출발했으므로 이 점을 감안해야 할 것이다.

피부색을 따지지 말자는 주장은 우리가 개입하지 않고 각자가 자기 방식대로 성공하도록 내버려 두어야 한다고 강조하며 때때로 '인종차별 자유방임'으로 표현된다. 이것은 성공하는 사람은 수완이 좋아서 성공하고 실패하는 사람은 게으르고 멍청해서 실패한다는 생각이다. '인종 카드'를 쓸 필요가 없다! 만약 특정한 사회 집단이 다른 집단보다 반복해서 더 뛰어난 성과를 낸다면 결국 과학과 문화적 위계질서에 의미 있는 무엇인가가 있다는 얘기다.

어떤 이들은 시민권법이 생기면서 탈인종주의 시대로 넘어왔다고 생각한다. 또 어떤 이들에게는 미국에서 처음으로 흑인 대통령이 탄생한 것이 결정적 순간이었다. 인종차별주의 국가에서 어떻게 흑인이 최고위직에 오를 수 있단 말인가? 영국에는 그런 '획기적인 사건'에 해당하는 순간이 없지만 우리가 탈인종주의 시대를 살고 있다는 믿음은 결코 덜하지 않다. 영국은 반흑인 인종차별이 미국만큼 심하지 않다는 생각도 널리 퍼져 있다. 영국 사람들은 반흑인 인종차별에 대해서 말할 때 농장형 노예제라든가 짐크로법 같은 미국의 예를 자주 들고 영국 경찰에게 사살당한 사람의 이름—라샨 찰스, 마크 더건, 올라세니 루이스—보다 머나먼 미국에서 경찰에게 사살당한 사람의 이름—마이클 브라운, 브리오나 테일러, 조지 플로이드—을 더 많이 들먹인다.

미국은 어디에나 총기가 있기 때문에 인종차별에 따른 위험이 높은 게 사실이지만 영국(일반적으로는 유럽)이 인종차별이 덜하다는 생각은 믿을 만하지 않다. 일단 반흑인 인종차별은 그 자체가 유럽의 발명품이다. 영국이 자국 내 대도시가 아니라 식민지의 농장에서 노예를 부려 부를 축적했다는 사실은 일부 사람들이 생각하는 것 같은 도덕적 차이를 만들지 않는다. 게리 연지는 영국의 독자들에게 "우리의 민권운동은 자메이카, 가나, 인도 같은 곳에 있었다"고 상기시킨다.[31] 게다가 사망자가 가장 많이 발생하는 국경이 지중해고 그 희생자들이 모두 흑인이거나 갈색 피부라는 사실을 감안하면 유럽의 인종차별이 덜하다는 주장은 터무니없다.

백인 사이에는 우리가 탈인종주의 시대를 살고 있는데 가끔 질 나쁜 경우가 있을 뿐이라는 견해가 흔하다. 2015년 미국에서 실시한 여론조사에서 백인 응답자의 거의 절반이 인종에 관계없이 모든 사람이 동등하게 사법적 대우를 받는다고 말한 반면, 흑인 응답자가 이렇게 대답한 비율은 10퍼센트밖에 되지 않았다.[32] 2016년 미국의 여론조사 기관 '퓨리서치센터(Pew Research Center)'의 조사 결과를 보면 "미국은 흑인에게 백인과 동등한 권리를 부여하기 위해 필요한 변화를 만들었다"라는 진술에 백인의 38퍼센트, 흑인의 8퍼센트가 동의했다. 반면 "미국은 흑인에게 백인과 동등한 권리를 부여하기 위해 필요한 변화를 만들지 않을 것이다"라는 진술에는 흑인의 43퍼센트, 백인의 11퍼센트가 동의했다.[33] 영국에서 자국에 인종차별이 '별로' 없거나 전혀 없다고 믿는 백인은 흑인에 비해 세 배나 더 많고,[34] 경찰이 제도적으로 인종차별을 한다고 생각하는 흑인은 백인의 두 배다.[35]

'흑인의 생명도 소중하다' 운동에 문제를 제기하는 사람 중에는 피부색을 따지지 않아야 하기 때문이라고 말하는 사람들이 많다. 그러한 비판은 때때로 전략에 대한 우려로 재구성된다. 그러한 우려는 이 운동이 폭력적이거나 극단적이거나 환영받지 못해서 그 자체로는 아무것도 이룰 수 없다는 생각을 바탕에 깔고 있다. 실제로 2020년에 일어난 '흑인의 생명도 소중하다' 시위의 93퍼센트는 인명 혹은 재산에 아무런 피해도 입히지 않았는데 말이다. 시위 참여자의 수, 행동의 분산이라는 특성을 고려할 때 이 통계 수치는 놀랍다.[36] (미국에서 이러한 시위를 관리하기 위해 경찰과 함께 배치한 군인만 해도 4만 명이었다. 6개월 후 백인우월주의자들이 연방 의회를 습격했을 때 배치된 경찰 인력은 그와 대조적으로 빈약했다.)

나는 저항이 반드시 비폭력적이어야 한다고는 생각하지 않는다. 그리고 역사는 다양한 전술을 구사할 때 성공 가능성이 높음을 우리에게 가르쳐준다. 프란츠 파농이 주장했듯이 폭력은 사람을 "절망과 무기력"에서 해방하는 "정화의 힘"이 될 수 있다. 폭력은 사람을 "두렵지 않게" 만들고 그의 "자아"를 회복시킨다.[37] 나는 또한 사유재산에 손상을 입히는 것을 반드시 '폭력'이나 도덕적으로 잘못된 것이라 인식하지도 않는다. 폭력이 매우 효과적이고 상징적 위력을 발휘하는 경우는 많다. 환경운동가 안드레아스 말름이 《파이프라인을 폭파하는 법(How to Blow Up a Pipeline)》에서 지적했듯이 민권운동이 비폭력 전술 덕에 성공했다는 생각은 신화에 불과하다. 오히려 미국 정부가 비폭력 시위자들의 요구에 굴복한 이유는 그러지 않을 경우 당시 동시에 진행되고 있던 더 급진적이고 더 과격한 운동들이 세력을 얻을 수도 있었기 때문이다.[38] 그러나 많은 사람들, 특히 현상 유지에 가장 많이 투자한 사람들은 최소한의 파괴적인 전술을 지양하고 로비나 탄원서 작성 같은 기존 절차의 사용을 장려한다. 그들은 권력과 물질 자원이 현재 분배되는 방식에 덜 적대적인 구호와 방법을 선호하고, 흑인 한 사람이 거리를 걷기만 해도 위협을 떠올리는 것과 거의 같은 인종차별적 방식으로 흑인들의 가두시위를 불안해한다.

그런 사람들은 자신이 피부색을 따지지 않는다고 생각할지 모르지만 마틴 루서 킹 주니어가 '백인 온건파'라고 일컬었던 더 넓은 범주에 속할 것이다. 1963년에 킹은 흑인 시위대가 사용한 방법을 비판하는 사람들에게 이렇게 맞받아쳤다.

검둥이(Negro)의 자유를 향한 행보에 가장 큰 걸림돌은 '백인시민위원회(White Citizens Councillor)'나 'KKK단(Ku Klux Klan)'이 아니라 백인 온건파라는 유감스러운 결론에 도달했습니다. 이들은 정의보다 '질서'를, 정의로운 적극적 평화보다 갈등이 없는 소극적 평화를 따르고 있습니다. 백인 온건파는 항상 이렇게 말합니다. "나는 당신이 추구하는 목표에 동의합니다. 하지만 직접 행동이라는 방법에는 동의할 수 없습니다." 이들은 온정주의적인 태도로 자기들이 타인의 자유에 일정표를 정할 수 있다고 생각합니다.[39]

너희야말로

'너희야말로(whataboutery)'는 논의되고 있는 주제에 관여하기 싫거나 앞서 나온 주장을 반박하려 할 때 "하지만 X는 어떻고?(But what about X?)"라고 묻는 것이다. 여기서 X는 직관적으로 관련이 있는 다른 주제다. 이는 대답이나 반론이 떠오르지 않을 때 화제를 쉽게 전환할 수 있는 방법이기 때문에 불편한 주제나 비판에 쏠리는 관심을 다른 방향으로 돌리기 위해 전략적으로 쓰이곤 한다.

'너희야말로'와 관련된 두 가지 형태는 흔히 접할 수 있다. **포괄적인** '너희야말로'는 어떤 문제에 관심을 보일 때 그렇다면 이러저러한 다른 문제들도 관심사에 포함해야 하지 않느냐고 따질 목적으로 도덕적으로 반감이 드는 주제들을 있는 대로 끌고 들어오는 것이다. 이런 반응을 접하면 어느 한 문제에 집중하려던 사람은 결국 지치고 만다. 소셜미디어를 사용하는 사람들은 이 전략에 친숙하다. 누군가가 "간호사들의 급여를 그들이 마땅히 받아야 할 수준으로 올려야 하지 않을까?"라는 글을 올리면 "구급대원들은 어떻고? 그리고 교사 중에도 간호사보다 연봉이 낮은 사람도 있는걸." 같은 댓글들이 쏟아진다.

배타적인 '너희야말로'는 상대가 다른 문제를 동시에 비판하지 않는다면 현재 다루고 있는 문제도 합리적으로 비판할 수 없는 상황임을 암시한다. 해당 문제만 따지는 사람은 위선자라는 생각을 은근히 알리는 것이다. 언급되거나 다뤄지지 않는 문제들이 있으면 현재 관심을 둔 문제 역시 배제해도 괜찮은 것이 된다. 이 전략은 그냥 두 손을 놓아버리게끔, 세상은 고약한 일투성이라서 바꾸려 해봐야 소용없다고 인정하도록 몰고 간다.

이 두 형태 모두 사회 정의를 위한 노력을 갉아먹는다. 표면적으로 '너희야말로'는 어떤 정치적 입장과도 관련이 없는 듯 보이지만 현 상태를 바꾸어보려는 노력을 엇나가게 하고 지배적 정치 이데올로기를 강화하는 데 특히 효과적이다. 특정한 불의를 비판하면 그 대신에, 혹은 그에 덧붙여 다른 잘못도 고려하거나 모든 불의를 용인하라는 말을 듣는다. 그러면 처음에 제기된 관심은 시스템에 아무 타격을 입히지 못한 채 공중에 붕 떠버리고 논쟁 상대는 세상의 병폐를 더 폭넓게 바라보는 사람으로 미화될 수 있다.

'흑인의 생명도 소중하다'에 대한 반응은 종종 잘못된 '너희야말로' 논리를 따른다. '모든 생명은 소중하다'라는 반응은 포괄적 형태의 '너희야말로'다. 반면 세상에는 다른 불의도 무수히 많다는 이유로 '흑인의 생명도 소중하다'를 거부하는 것은 배타적 형태의 '너희야말로'를 행사하는 셈이다. 여기에 숨어 있는 의미는 '그것 아니어도 고약한 일들이 차고 넘치는데 그런 걱정이 무슨 소용 있어'다.

'너희야말로'는 사실 논리적 오류는 아니고 모종의 의미가 있기도 하다. 그렇기 때문에 다른 도덕적 문제를 끌고 들어오는 사람의 의도가 중요하다. 예를 들어 내가 영국이 망명 신청자들을 끔찍하게 대하며 그러한 방식은 시정되어야 한다고 말했는데 누군가가 그리스와 이탈리아도 망명 신청자들에게 잔인하게 굴기는 마찬가지라고 했다 치자. 이때 그 사람의 지적이 더 얘기가 나오지 않게 하려는 의도인지, 아니면 영국의 비인도주의가 특별한 것이 아니라 더 광범위한 21세기형 유럽 식민주의의 하나임을 보여주려는 의도인지 파악하는 것은 대단히 중요하다. 비슷한 맥락에서, 내가 어떤 반인종주의적 대의를 지지한다면 그에 대한 책임을 져야 하지만 다른 형태의 반인종주의를 비난하라는 요구를 받으면 그 요구는 거절할 것이다. 연대는 중요하고 우리는 도덕적 일관성을 지니기 위해 노력해야 한다. 하지만 특정한 문제를 논의하거나 다루고 있는데 끝이 안 보이는 다른 문제들, 심지어 굳이 언급하기에는 그리 조예가 깊지도 않은 문제들에까지 관심과 노력을 분산시키는 게 현실적으로 옳은 일일까? 그래서는 어떤 행동도 나오지 않는다.

'흑인의 생명도 소중하다'와 같은 도덕적 진술은 '이것이 유일하게 중요한 문제다'라고 말하는 게 아니라 '이 문제는 특히 이러한 맥락에서 도덕적으로 문제가 된다'고 말하는 것이다. 맥락에 따른 도덕적 문제의 위계를 파악하는 것이 중요하다. 그러지 않고서는 그때그때 상황의 틀 안에서 사안들을 처리할 수 없기 때문이다. 가령 내가 해변에서 반인종주의 관련 논문을 읽고 있는데 누군가가 익사 위기에 처했다 치자. 나의 도덕 공부도 중요하지만 그때는 구조를 돕는 것이 우선이다. 물에 빠진 사람이 안전하게 해변으로 구조될 수 있도록 돕는 것과 다른 사안에 대한 나의 열의는 별개다.

백인우월주의

조지 플로이드가 살해당한 지 두 달 후, 경기장에서 무릎을 꿇고 '흑인의 생명도 소중하다' 운동에 연대를 표현한 선수들에 대한 반발로 일부 축구 팬들이 돈을 모아 '백인의 생명도 소중하다(White Lives Matter)'라는 현수막을 맨체스터 경기장 상공에 띄웠다.[40] 그보다 3년 전 버지니아주 샬러츠빌에서 열린 '우파 단결(Unite the Right)' 집회에서 백인우월주의자들은 "너희는 우리를 대체하지 못한다!" "유대인은 우리를 대체하지 못한다!"라는 구호를 외쳤다.

위에서 말했듯 '흑인의 생명도 소중하다'가 흑인의 생명**만** 소중
하다는 뜻이 아니라면 '백인의 생명도 소중하다' 역시 마찬가지로
이해할 수 있으니 문제가 없지 않느냐고 할지도 모르겠다. 하지만
정말로 중요한 것은 진술의 맥락이다. 우리는 흑인의 생명이 중시
되지 않는다는 경험적 증거들에 둘러싸여 있다. 그것이 바로 '흑인
의 생명도 소중하다'가 가리키는 맥락이고 그 맥락에서 의미가 파
생된다. 반면에 백인의 생명은 이미 백인이라는 이유만으로 가치
있게 여겨진다. 백인은 평균 소득이 더 높고,[41] 실업률은 낮고,[42] 영
국의 경우 체포당할 확률이 흑인의 6분의 1밖에 되지 않는다.[43] 구
직 지원서의 내용이 동일하더라도 유색인종이 아니라 '백인 영국
인'이 작성한 것으로 되어 있으면 고용자들의 전화를 받을 가능성
이 더 높다.[44] 당사자의 삶이 다른 이유로 힘들 수 있더라도 백인이
라는 사실은 유리하게 작동한다.[45]

반흑인 인종차별을 다스리려는 노력이 지나친 나머지 증거가 없
는데도 백인이 역차별을 당한다고 생각하는 사람들이 너무 많다.
미국의 심리학자 마이클 노턴과 새뮤얼 소머스가 2011년에 실시한
연구 결과를 보면 백인들은 반흑인 편향이 감소하면서 오히려 반
(反)백인 편향이 증가했다고 믿는 경향이 있다.[46] 흑인과 백인 모두
1950년대에서 2000년대 사이에 반흑인 편향이 감소했다고 보았지
만 백인이 생각하는 감소 폭이 훨씬 더 컸다. 흑인들은 반백인 편향
이 지난 수십 년간 미미한 수준에 머물러 왔다고 생각하지만 백인
들은 반흑인 편향이 감소한 만큼 반백인 편향은 늘어났다고 생각
했다. 노턴과 소머스는 이 두 경향을 살펴보고서 통계적으로는 실
제로 음의 상관관계가 있음을 알아냈다. 설문 응답자들이 실제로

반흑인 편향 감소가 반백인 편향의 증가로 이어진다고 생각했기 때문이다. 연구자들은 백인들이 인종차별을 일종의 제로섬 게임으로 보는 것 같다는 결론을 내렸다.

세상이 결국 제로섬 게임이라는 사고방식은 현 체제를 지탱하는 '중립적'이고 '비정치적'인 접근을 선호한다. 미국의 전 법무장관 제프 세션스는 임신 중지 권리, 총기 규제, 사형제 폐지를 지지하는 소니아 소토마요르 대법관 후보를 비판하는 과정에서 이런 말을 했다. "어느 한쪽에 대한 공감은 항상 다른 쪽에 대해서는 편견이다."[47] 이 같은 환원적 세계관은 놀랄 만큼 흔하다. 인종차별과 싸우려는 노력을 백인의 것을 빼앗으려는 시도로 보는 경우가 얼마나 많은지! 물론 그러한 우려는 지나치게 부풀려져 있긴 하지만 완전히 어긋난 것은 아니다. 정의는 재분배를 요구하고, 재분배란 결국 누군가가 쌓아놓은 것을 빼앗아 다른 사람에게 주는 것이기 때문이다. 우리는 구직 활동에서 백인들이 노력 없이 이점을 누리고 유색인종보다 채용될 가능성이 높다는 것을 보았다.[48] 그런데 인종 할당제를 도입하거나 지원서에 인종을 표시할 수 없게 되면 백인이 누리는 이점은 줄어들고 유색인종은 그만큼 유리해진다.[49] 결국 일자리는 인종과 (혹은 그 밖의 사회적 정체성과) 무관하게 가장 적임인 지원자에게 돌아갈 것이다. 이것은 모두에게 좋은 소식이다. 모두가 자기 역할을 잘 해내는 것이 우리에게 이익으로 돌아오기 때문이다. 이러한 조치가 실시되면 백인 지원자가 고용될 가능성이 다소 줄어들기에 불이익으로 느낄 수 있지만 그 이점은 애초에 정당한 자격 없이 누렸던 것이다. 친구가 튀김 가게에서 일한 덕분에 튀김을 살 때마다 양을 넉넉히 받았던 사람은 다른 사람에게 튀김을 주문하고서 '보통' 양을 받으면 실망할 것이다. 하지만 이건 부당한 일이 아니다. 오히려 줄어든 양이 이전의 특혜를 드러내준다. (그리고 다른 사람들이 그렇게 적은 양의 튀김에 만족해야 하는가라는 질문을 제기하게 한다.)

미국에서 할당제와 적극적 우대 같은 조치는 그러한 조치의 호의를 누리지 못하는 자들을 화나게 한다. 사실 그러한 조치 자체가 부당하게 혜택을 누리는 사람들이 있다는 경험적 사실을 해결하기 위해 고안되었는데 말이다. 반인종차별 조치는 차별을 **의도한다**. 그 이유는 어떤 종류의 차별은 도덕적으로 적절하기 때문이다. 이브람 X. 켄디는 《안티레이시즘》에서 이렇게 지적한다.

> 본질적인 의미를 규정하는 질문은 차별이 형평성을 빚어내느냐, 불평등을 빚어내느냐다. 차별이 오히려 형평성을 빚어낸다면 그 차별은 반인종주의적이다. 과도하게 대표된 인종 집단에 부와 권력을 영구적으로 지원함으로써 불평등을 재생산하는 사람과 과소 대표된 인종 집단에 상대적인 부와 권력을 일시 지원함으로써 형평성을 꾀하는 사람은 완전히 다르다.[50]

앞에서 보았듯이 '너희야말로'는 지배적인 정치적 입장을 공고히 할 수 있다. 백인우월주의 주장을 퍼뜨리는 사람들은 주로 '백인 노동자 계급은 어떠한가?'라는 질문을 다루어야 한다고 요구하며 이 전략을 자유로이 구사한다. 경제적 주변화를 논할 때 '노동자 계급'이라는 범주에 '백인'을 굳이 추가할 이유는 없다. 어차피 노동자 계급 사람들은 모두 주변화되어 있고 유색인종은 그러한 주변화가 더욱 심각하다. 여기에 '백인'을 붙인다는 것은 또 다른 의제를 암시한다.

정치인들은 종종 노동자 계급의 열악함을 빈곤보다는 백인성 (whiteness)이나 남성성과 연관시키려는 의도에서 '백인 노동자 계급 사람들' 혹은 '백인 노동자 계급 남성들'을 들먹인다. 그들의 목적은 백인들의 불만을 계급 아닌 다른 정체성으로 유도하고 백인이라는 사실을 더 나은 무언가에 대한 약속의 표시로 보게끔 격려하는 것이다. 백인 남성들을 묶고 있는 근거 없고 편의주의적인 연대는 가난한 백인 남성들에게 그들이 마땅히 누려야 할 자격을 불완전하게 누리고 있다는 느낌을 남긴다. 그들은 인종차별이나 성차별 걱정 없이 거리를 돌아다닐 수 있지만(이것만 해도 어디인가) 주머니와 위장까지 채울 수는 없다. 유색인종이나 백인 여성 노동자보다는 사정이 낫지만 더 나은 것을 약속받았기 때문에 좌절된 기대는 쉽사리 분노로 바뀐다.

'흑인의 생명도 소중하다'는 백인은 남들보다 좋은 것을 누릴 자격이 있다는 생각과 노동자 계급 사람들이 획득하고자 애쓰는 한정된 자원에 대한 위협으로 여겨진다. 백인성과 남성성에 유리한 방향으로 분노하게 할 수 있다면 현 상태가 공고해질 뿐이다. 만약 그들이 계급을 중심으로 분노를 키운다면 그들을 가난하게 만든 시스템은 직접적으로 위협받을 것이다.

축구 경기장에 뜬 '백인의 생명도 소중하다' 현수막을 지지했던 사람은 '흑인의 생명도 소중하다'를 흑인의 생명**만** 소중하다는 의미라고 주장했다. 그들의 논리를 따르자면 '백인의 생명도 소중하다' 역시 백인의 생명**만** 소중하다는 뜻이라고 가정해야 한다. 그것은 백인우월주의 지지 성명이나 다름없다. '백인의 생명도 소중하다'라는 현수막을 공중에 내거는 것은 무지보다 훨씬 더 나쁜 것을 가리킨다.

'백인의 생명도 소중하다'와 '화이트파워'를 '흑인의 생명도 소중하다'와 '블랙파워'*와 비교할 수는 없다. 이중 기준이 아니라 두 진술의 맥락이 터무니없이 차이가 난다는 것을 인정할 수밖에 없기 때문이다. ('걸파워'와 '맨파워'의 즉각적이고 뚜렷한 차이를 생각해보라.) 백인이라는 것 자체가 권력이다. 권력은 너무 자주 백인의 것이다. '백인의 생명도 소중하다'는 '백인'이라는 단어 자체가 이미 '중요함'을 포함하고 있기 때문에 일종의 동어반복일 뿐이다.

'모든 생명은 소중하다'가
어때서?

'모든 생명은 소중하다'라는 반응을 지지하는 사람의 상당수는 '흑인의 생명도 소중하다'가 지나치게 분열을 초래하고, 심지어 인종차별적이라고 생각한다. (이 점에서는 지난 반세기 동안 바뀐 게 별로 없다. 1960년대와 1970년대의 '블랙파워' 운동 역시 거의 동일한 혐의에 시달렸다.) 심리학자 키언 웨스트가 이끄는 연구진은 '모든 생명은 소중하다'를 지지하는 사람들이 일반적으로 정치적 우파가 아니고 뚜렷하게 인종차별적인 신념을 품고 있지도 않다는 것을 보여주었다. 오히려 그들은 암묵적으로 인종차별적인 신념을 품고

---

* '블랙파워(Black Power)'는 미국의 민권운동 시대에 급진파에서 내세웠던 구호다.

있고 무엇이 차별인지에 대해 좁은 개념을 가지고 있을 가능성이 더 높다. 다시 말해, 그들은 다음과 같은 진술에 동의할 공산이 크다. "반흑인 인종차별의 핵심은 악의성이다. 악의를 품고 한 행동이 아니라면 인종차별이라고 할 수 없다."[51]

때로는 '모든 생명은 소중하다'가 '흑인의 생명도 소중하다'의 포괄적 버전으로 제시되기도 하지만 이 구호의 발화는 공허할 뿐만 아니라 폐해도 만만치 않다. '모든 생명은 소중하다'는 기술적 진술로 보면 거짓이고 규범적 진술로 보면 진부하다. 당연히 모든 생명이 중요하지 않겠는가. 그렇지만 2013년 이전에는 아무도 이 구호를 외치지 않았다. 이 구호는 명백히 '흑인의 생명도 소중하다'에 대응해서 나온 것이며, 이 맥락 밖에서는 의미가 없다. '흑인의 생명도 소중하다'가 반흑인 인종차별의 야만과 폭력성을 저지하겠다는 의지의 표현인 이상, '모든 생명은 소중하다'는 잘 봐줘야 겉다리 같은 말이고 나쁘게는 고의적인 필리버스터일 뿐이다. 또한 이 말은 '너희야말로' 논리의 본보기이기도 하다. '모든 생명은 소중하다'는 본래의 항변이 지닌 특수성을 해체하고 그 운동이 가장 중요하게 내세우고자 하는 문제를 모호하게 만든다. 그 결과 흑인의 생명이 경시되고 있다는 이 시급한 문제를 해결하는 데 가용할 수 있는 대역폭을 줄인다. 주디스 버틀러는 또 다른 방식으로 설명한다. "'모든 생명은 소중하다'라는 보편 명제로 성급히 비약해버리면 흑인들이 사실상 '모든 생명'에 포함되어 있지 않다는 사실을 놓치게 된다."[52]

이러한 '오해' 가운데 적어도 일부는 의도적인 것으로 볼 이유가 충분하다. 언어철학자들은 대화가 원활하게 오가기 위해서는 대화 참여자들이 목적을 인식하는 데 **협조적이고** 그러한 인식에 걸맞게 대화에 기여하며 **너그러운** 자세, 다시 말해 자신의 발언에 다른 사람들이 가장 합리적인 해석을 할 수 있다는 믿음을 지녀야 한다고 지적한다. 그렇다면 '흑인의 생명도 소중하다'는 발언을 들은 사람은 다음과 같은 질문을 생각해봐야 한다. '나는 이 사회를 살아가는 흑인에 대해서, 흑인의 생명이 소중하게 여겨지는 정도에 대해서 무엇을 아는가?' '왜 하필이면 흑인의 생명을 **콕 집어** 말하는가?' 나아가 '내가 지금 모든 생명을 소중히 생각한다고 피력한다면 어떻게 여겨질까?' '흑인의 생명도 소중하다'에 대해서만 이러한 대화 규칙이 자주 흔들린다는 것은 이 구호에 딴지를 걸려는 의도가 있거나 언어적 혼란이 널리 퍼져 있음을 암시한다.

어떤 사람들은 이 구호가 '다른 어떤 생명은 중요하지 않다'와 등가적이라고 잘못 생각하고 있다. 오히려 '흑인의 생명도 소중하다'는 '모든 생명은 소중하다'와 등가적이라고 보는 것이 **옳다.**[53] 철학자 제시카 케이저는 이러한 오해를 이해할 수 있는 대안적 혹은 부가적 방법을 제안했다. 케이저는 이러한 혼동이 부분적으로는 '흑인의 생명도 소중하다'가 어떤 '물음'에 대한 답변으로 여겨질 때 발생한다고 주장한다.[54] 일부 철학자들은 모든 대화가 일련의 암묵적인 목표들을 중심으로 구조화되며, 그 목표들은 질문으로 표현될 수 있다고 보았다.[55]

논의되고 있다고 가정된 질문이 답변의 방식을 결정한다. 만약 현재 논의되는 중대한 질문이 '흑인의 생명은 소중한가?'라고 가정한다면 '흑인의 생명도 소중하다'는 매우 합리적인 대답이고 다른 생명들이 소중하지 않다는 의미가 결코 아니다. 이때는 '흑인의 생명도 소중하다'를 **포괄적** 의미로 알아듣는 것이다. 하지만 논의되는 질문이 '어떤 생명이 소중한가?'라고 가정한다면 '모든 생명은 소중하다'가 더 합리적인 대답이기 때문에 거리에 울려 퍼지는 '흑인의 생명도 소중하다'가 혼란스럽고 불편할 수 있다. 그렇게 느낀 사람들은 '흑인의 생명도 소중하다'를 흑인의 생명을 다른 이들의 생명보다 우위에 놓는 **배타적** 진술로 이해한 것이다. 이렇게 오해하는 사람들은 기존의 인종적 정의를 당연한 것으로 상정하는 경향이 있기 때문에 이 구호의 발화가 현재 작동 중인 시스템을 공연히 교란하거나 상황을 개선하기보다는 악화시킬 위험을 안고 있다고 본다.

'흑인의 생명도 소중하다'가 배타적이라는 가정은 시간과 자원의 희소성을 이유로 삼아 빈곤이나 열악한 주거 같은 다른 심각한 문제들을 우선시해야 한다는 우려에서도 나올 수 있다. 지나치게 너그러운 독해일지도 모르지만 불의의 서로 연관된 측면을 상호 이질적이고 배타적이라고 생각하는 사람들이 많은 것은 분명한 사실이며, 이는 심각한 문제다. 반흑인 인종차별에 맞서는 투쟁은 필연적으로 결핍, 감금, 국경, 의료 불평등을 비롯한 여러 문제를 다루는 것까지 포함한다. 이러한 불의는 흑인과 그 외 인종차별을 당하는 집단에 가장 큰 영향을 끼치지만 서로 광범위하게 얽히고설켜 있으므로 상호 연결의 중요성이나 범위를 더욱 효과적으로 전달해야 한다. 특히 파편화에서 이익을 보는 이들의 메시지에 넘어가지 않기 위해서라도 그럴 필요가 있다.

마지막으로 '모든 생명은 소중하다'는 주장이 전복될 수 있는 한 가지 방식을 고려해볼 만하다. '흑인의 생명도 소중하다'에 '모든 생명은 소중하다'로 맞받아치는 사람들—이 진술이 더 포괄적이기 때문에 그래도 된다고 생각하는 사람들—은 그토록 인정해주고 싶어 안달 난 다른 생명들이 도대체 **무엇인지** 추궁당해야 한다. 그들에게 불법 이민자, 수감자, 노숙자의 생명도 소중하다는 뜻이냐고 물어보라. 그들이 진짜로 하고 싶은 말을 스스로 인정하게끔 몰아세워라(이 전략에 대해서는 6장에서 다시 다룬다).

백인은 그들의 죄를 알고 있다

'흑인의 생명도 소중하다'를 '흑인의 생명**만** 소중하다'로 해석하는 사람들은 반흑인 인종차별과 싸우는 운동에 대한 그들의 추정을 은근히 드러내는 셈이다. 철학자 애슐리 앳킨스는 이렇게 주장한다.

진실은 '흑인의 생명도 소중하다'에서 이미 폭력의 위협을 감지하는 사람들이 있다는 것이다. 그들은 이 구호의 의미를 명확히 이해하기도 전에, 그리고 이해해야 한다는 생각조차 없이 그 구호가 분열과 인종 간 적대성을 부추긴다고 느낀다. 그들의 불안한 예감이 이 구호의 의미 혹은 의미일 수 있는 것을 애초에 제한하기 때문이다.[56]

인종차별 반대 운동은 대개 보복적이지 않다. 그러한 운동이 추구하는 것은 복수가 아니라 정의다. 하지만 백인들은 자신들의 특권이 폭력 위에 세워졌음을 어느 정도 자각하고 있기 때문에 폭력적인 보복을 두려워한다. 인종차별 사회에서 이루어지는 사회화의 결과 중 하나는 두려움, 박탈감, 비가시성에 시달리는 집단 없이 더불어 살아가는 법을 상상조차 할 수 없다는 것이다. 그러므로 백인들은 현 체제가 무너지면 결과적으로 과거에 흑인들이 당했던 끔찍한 대우가 자기들에게 돌아올 것이라 생각한다. 죄의식과 피해망상은 자신이 차지해야 할 몫 이상을 누리고 잘못된 행동을 일삼았기에 치러야만 할 심리적 비용이다. (직장에서 지나치게 높은 급여를 받는 사람들이 고용자가 돈값을 하라고 요구할 그날을 두려워하는 것과 비슷하다고나 할까.) 정반대의 증거가 많은데도 '흑인의 생명도 소중하다' 운동을 폭력적으로 보는 사람들이 있는 이유는 아마도 이 억눌린 불편함 때문이었을 것이다. 제임스 볼드윈이 1961년에 쓴 글대로다.

> 남부 사람들, 그리고 다른 지역의 백인들이 아무리 부인하고 그 어떤 종류의 합리화로 위장하더라도, 그들은 자기네가 흑인들에게 저지른 죄를 알고 있다. 그리고 그 죄가 역으로 자기들에게 돌아올까 봐 두려워한다. …… 그 사람들을 거리로 뛰쳐나가게 하는 것은 증오가 아니다. 그것은 순수한 공포다.[57]

'흑인의 생명도 소중하다'에 필연적으로 포함된 '모든 생명은 소중하다'를 듣지 못하는 이유도 그러한 두려움에 있다. 이 문구가 명쾌하게 다가오지 않는 사회는 흑인을 위한 정의에 대한 입장이 명쾌하지 않은 사회다. 1966년에 민권운동가 스토클리 카마이클은 〈뉴욕 리뷰 오브 북스〉에서 백인들이 '블랙파워'라는 구호를 난해한 것으로 만들고 두려워하는 양상을 논하며 이렇게 지적했다.

블랙파워는 백인 미국의 두려움을 개입시키지 않고 그것이 무엇인지 묻는 사람들에게는 명쾌하게 정의된다. 우리는 흑인 미국인들이 두 가지 문제를 안고 있다는 기본 사실에서 출발해야 한다. 그들은 가난이 문제고, 흑인이라는 것이 문제다.[58]

'흑인의 생명도 소중하다' 운동이 자기들을 겨냥한 것이라는 백인들의 의심도 어떤 면에서는 맞다. 인종차별은 언제나 백인의 차지였기 때문이다. 흑인의 생명도 소중해지려면 지금까지 그렇게 되지 못하도록 인종차별을 수립하고 유지해 왔던 구조들이 해체되어야만 한다. 그게 백인이 해야 할 일이다. 백인들은 자신들이 한 일을 되돌리거나 되돌려지는 모습을 지켜봐야 한다. 카마이클의 폐부를 찌르는 표현을 보라.

나는 이 나라의 모든 민권 법안이 백인들을 위해서 통과된 것이지, 흑인들을 위한 것은 아니라고 주장한다. 예를 들어보자. 나는 흑인이다. 나는 그 사실을 안다. 그리고 내가 흑인이면서 인간이라는 것도 안다. 따라서 나는 공공장소에 출입할 권리가 있다. 백인들은 그걸 모르고 있었다. 내가 공공장소에 들어가려고 할 때마다 백인들은 나를 저지했다. 그래서 어떤 사내들이 '그는 인간입니다. 그를 막지 마세요.'라고 말하는 법안을 작성해야만 했다. 그 법안은 백인들이 따르라고 만들어진 것이지, 내가 따르고 말고 할 것이 아니다.[59]

그러므로 '흑인의 생명도 소중하다' 운동은 사람들의 안전에는 위협이 되지 않을지언정 그들에게 유리한 제도의 안정성에는 위협이 된다. 흑인과 유색인종은 이 제도에 존엄한 방식으로 포함되지 못한다. 경찰 폭력을 줄이고 흑인 아이들을 엘리트 대학과 권력 요직에 더 많이 진출시키는 것만으로는 부족하다. 착취 가능한 특정 집단을 전제로 하는 체제는 버려야 한다.

인종 자본주의를 넘어서

'흑인의 생명도 소중하다' 운동이 식민주의와 인종차별에 강력한 도전을 제기하려면 세계적 비전이 있어야 한다. 빈곤, 불안정, 환경 파괴에서 도망친 이민자들을 포함하는 남반구 사람들의 목소리가 중심을 차지해야 한다는 말이다. 인종차별은 적극적 우대 정책, 암묵적 편향 훈련*, 선한 의도 등을 통해 개별적으로 타개할 수 있는 운 나쁘고 독립적인 주변화 양태가 아니다. 인종차별은 자본주의의 토대를 강화한다. 이 두 악은 서로 독립적이지 않고 오래전부터 죽이 척척 맞는 사이다. 1983년에 흑인 철학자 세드릭 로빈슨(Cedric Robinson)은 우리가 살고 있는 체제를 '인종 자본주의'로 설명했다.[60]

'흑인의 생명도 소중하다' 운동은 인종 자본주의와 이를 생산하

암묵적 편향 훈련(Implicit Bias Training) 개인이 지닌 암묵적 편향을 인식하고 그 편향의 영향을 제한할 수 있도록 훈련하는 프로그램. 반대되는 고정관념 제시, 고정관념 부정, 공감대 형성 같은 훈련 기술로 구성되어 있다.

고 보호하는 권력 구조에 도전해야 한다. 여기서 말하는 권력 구조로는 글로벌 금융 기관, 정부, 언론 매체, 군대, (국경 수비대를 포함하는) 경찰, 사법제도를 꼽을 수 있다. 그런 세상에서 흑인의 생명은 소중할 수 없다. 그러한 구조들의 헌신적 개입이 부유한 국가에 사는 일부 흑인의 삶을 개선할 수는 있어도 어려움에 처한 흑인 이민자나 남반구의 가난한 흑인을 위해서는 아무것도 하지 않을 것이기 때문이다. 우리의 인종차별 반대 운동은 단순히 과거의 식민주의만 비판해서는 안 되고 여전히 진행 중인 현재의 식민주의도 비판해야 한다. 이 식민주의는 세계 인구의 3분의 2에 해당하는 유색인종이 빈곤, 질병, 조기 사망, 기후 위기의 영향에 더 많이 노출되어 있는 현실에서 명백히 드러난다.

반흑인 인종차별에 대한 대화에 남반구 흑인들이 자주 거론되지 않는다는 점은 실망스럽다. 유럽 국경에서 사망하는 인구의 약 40퍼센트가 아프리카 국가들에서 건너오는 흑인이다. 유럽에서 고용, 의료, 주거를 제대로 누리지 못하는 불법 체류자의 대다수는 흑인이다. 또한 극빈층의 절대다수 역시 사하라 이남 국가에서 건너온 흑인이다. 사람들은 '흑인의 생명도 소중하다' 운동이 경찰의 야만 때문에 일어났고 거기에 초점을 맞춘다고들 한다. 하지만 국경 수비대도 경찰이다. 굶주림, 의료 부족, 환경 파괴로 인해 사람들은 죽음을 무릅쓰고 위험한 국경으로 내몰리고 있다.

또한 '흑인의 생명도 소중하다' 운동은 흑인의 생명에서 멈춰서는 안 된다. 이 운동이 인종차별과 식민주의가 부당하며 이에 도전해야 한다는 생각에 기초를 두고 있다면, 그와 관련된 불의에 대한 투쟁과도 분명히 연결된다. 그러나 이 연결이 항상 충분히 강하게 맺어지는 것은 아니다. '흑인의 생명도 소중하다' 운동을 주류 대화에 끌어들인 자들도 그러한 기회를 활용해 관련된 대의들과 연대를 보여주지는 못했다.

2020년에 영국 전역의 대학들은 다음과 같은 성명을 발표했다. "우리는 지금 정의를 위해 싸우는 자들과 연대한다. 우리는 흑인의 생명도 소중하다고 주장한다."[61] 일부 기관은 흑인 교직원과 흑인 학생에게 물질적 지원을 약속하고 이행했지만 대다수 성명은 그저 민감한 시기에 비판에 대응하거나 비판을 피하려는 형식적 제스처에 불과했다. 그 후 2021년 5월, 이스라엘은 팔레스타인 사람들을 동예루살렘에서 추방하려다가 봉기가 발생하자 가자 지구를 폭격하기 시작했다. 내가 가르치는 학생들은 이스라엘 국가의 행동을 비난하고 팔레스타인의 정의를 위한 투쟁을 지지하는 성명을 발표해 달라고 대학 당국에 청원서를 보냈다. 학생들은 특히 이 '분쟁'의 비대칭성을 지적했다. 이스라엘 군대는 세상 그 어느 군대보다 강력하고 자금줄이 탄탄하다. 이스라엘 정부는 가자 지구를 폭격하기 전에도 팔레스타인 땅을 점령하고 이스라엘, 요르단강 서안, 가자 지구에 사는 팔레스타인인들을 무력으로 복속시키는 인종차별적 분리 정책(아파르트헤이트)을 썼다.[62] 학생들은 인종차별에 맞서겠다고 했던 대학 측의 '흑인의 생명도 소중하다' 성명을 상기시켰다. ('너희야말로'는 도덕적 일관성이 없음을 짚어내는 데 유용할 수 있다.) 부총장은 대학은 '정치 활동이나 캠페인'에 관여할 수 없으며 '중립'을 지켜야 한다고 답했다. 이 답변이 특히 황당한 것은, 그렇다면 '흑인의 생명도 소중하다' 운동을 지지하겠다는 제도적 약속은 정치적 성명으로 의도된 것이 아니라 '중립적'이라는 얘기인데,

이게 도대체 무슨 뜻인지 의문만 남기 때문이다. 아마도 그들은 뮤리얼 바우저 워싱턴 D.C. 시장이 백악관으로 향하는 길에 거대한 노란색 글자로 '흑인의 생명도 소중하다'라고 쓰면서 무슨 생각을 했는지는 모르지만 그 후 시의 치안 예산을 대폭 늘렸다는 사실을 염두에 두었을 것이다.[63]

'흑인의 생명도 소중하다'에 그토록 많은 권력자가 동요했다는 사실 자체가 이 구호가 효력이 있음을 보여주는 증거다. 하지만 그저 구호를 어떻게 받아들이냐에 대한 논의에 지지부진하게 머물러서는 안 된다. 흑인의 생명이 소중해지려면 물질적 세계가 어떻게 변화해야 하는지 질문해야 한다. 그리고 이 질문을 진지하게 여기는 사람들은 역사를 되돌아보고, 국경을 넘어 경제의 중심을 되돌아보게 될 것이다.

5장

우리는
누구를
믿어야 하는가

: 권력, 고정관념, 신뢰

때때로 백인 남성은 짠맛 나는 눈물을 흘리면서 흑인 소년에게 뭐든지,
전부 다 털어놓는다. 그는 그 소년이 결코 자기를 배신하지 못한다는
것을 안다. 아무도 흑인 소년의 증언은 믿어주지 않기 때문이다.

— 제임스 볼드윈, '괴물과 미국 남성성의 이상'(1985)

인체의 모든 세포는 데옥시리보핵산의 미세 구조를 포함하고 있다. DNA라는 이름으로 더 잘 알려진 나선형 분자가 바로 그것이다.* 이 길고 꼬불꼬불한 실뭉치 같은 것에 특정 신체의 체질이 기록되어 있다. 인간의 경우에는 이 정보가 23쌍으로 배열된 46개 염색체에 들어 있다. 성능이 충분히 뛰어난 현미경만 있으면 인간의 세포를 관찰할 수 있고 특정 조건이 충족되면 염색체 개수를 헤아리는 것도 가능한데, 텍사스 출신의 생물학자 티오필러스 페인터는 처음으로 그러한 시도를 했던 사람 중 하나다. 페인터는 1921년에 인체 세포에 24쌍, 다시 말해 도합 48개 염색체가 있다고 발표하기도 했다.[1]

염색체의 개수를 파악하는 것은 (마치 스파게티가 펄펄 끓어오르는 냄비를 들여다보면서 몇 가닥인지 세는 것처럼) 힘들고 까다로운 작업이니 그 정도 근접한 것만 해도 칭찬할 만하다. 하지만 매우 많은 과학자가 이 실험을 재현하고도 페인터와 마찬가지로 염색체 개수

---

* 성인의 적혈구 세포와 피부, 모발, 손톱의 각질 세포는 예외다. (저자 주)

를 잘못 파악했다는 사실은 매우 놀랍다. 페인터는 존경받는 생물학자였으므로 누군가는 염색체 개수를 다르게 파악했더라도 페인터와 동일한 결과를 얻을 때까지 실험을 반복했을 확률이 높다. 페인터의 오류는 1921년부터 1956년까지 정정되지 않았다. 이 말인즉슨, '재현 가능성(replicability)'에 자부심을 갖고 방법론과 기술을 꾸준히 개선하는 과학 분야에서조차 백인 남성 위인의 오류는 35년간 문제시되지 않았다는 얘기다. 희한하게도 이 시기에 출판된 교재에 실린 현미경 사진을 보면 염색체 개수가 **맞게** 23쌍인데 그 사진에 달린 설명은 **틀린** 개수(24쌍)로 쓰여 있다. 사람들은 페인터처럼 대단한 과학자가 틀렸을 거라고 생각하지 못했다.

앨리스 캐서린 에번스(Alice Catherine Evans)는 정반대의 문제에 부딪혔다. 1881년에 펜실베이니아주의 어느 농장에서 나고 자란 에번스는 원래 교사가 되려 했다. 당시 교직은 여성에게 열려 있는 소수의 직업 중 하나였다. 에번스는 교사 생활을 하면서 무료로 들을 수 있는 생물학 강좌를 듣고 세균학으로 학위를 취득했다. 그 후 미국 농무부 소속 과학자로 일하면서 가축에게 질병과 유산을 일으키는 브루셀라아보르투스(Bacillus abortus)라는 세균을 연구했다. 에번스는 이 세균이 인간에게 '파상열'*을 일으키는 원인일 수도 있다고 생각했고 그 병을 옮기는 것이 감염된 젖소의 우유가 아닐까 의심했다. 그는 파상열을 일으키는 세균이 브루셀라아보르투스임을 확인하고 파상열을 예방하기 위해 우유를 끓여서 사용할 것을 제안했다.

---

* 현재는 브루셀라증이라고 한다. (저자 주)

에번스는 회고록에서 이 발견에 학계의 반발이 얼마나 심했는지 묘사한다. "내 논문에 거의 모두가 회의적인 반응을 보였고 그 미생물들이 그토록 밀접하게 연관되어 있다면 다른 세균학자가 발견하지 못했을 리 없다고들 했다."[2] 그렇게 중요한 발견이 옳다면 진즉에 다른 남성 과학자들이 알아냈겠지, 이 소리다. (위키피디아에 "미국 최초의 국제적 명성을 지닌 의학 연구자"로 소개된) 시어벌드 스미스라는 저명한 과학자는 에번스의 연구에 떠들썩하게 반대했다. 에번스는 이렇게 썼다.

> 과학자는 연구자들 중에서도 가장 객관적인 축에 들 것이다. 안타깝게도 과학자 역시 사회적 체계에 영향을 받는다. 나는 그가 권위자로 인정받는 분야에서 신참일 뿐이었고 …… 그는 여성이 제안하는 학문적 아이디어를 고려하는 데 익숙지 않았다.[3]

3년 후 신뢰할 수 있는 과학자(즉, 남성)로 이루어진 몇몇 집단이 에번스의 발견을 확증해주었다. 그 시기에 에번스는 파상열에 걸렸다. 파상열은 당시 불치병이나 다름없었다. 그 후 20여 년간 에번스는 통증, 열, 발한 증상으로 고생했다.[4] 그러한 증상은 심각하게 여겨지지 않았고 에번스는 상상병 환자 취급을 당했다(여성의 질병에 대한 불신 문제는 뒤에서 다시 다루겠다). "병에 걸렸는데 사기꾼 취급을 당하다니, 참는다는 것이 거의 불가능한 상황이다."[5] 1930년에 우유의 저온살균을 요구하는 법이 통과되면서 파상열은 미국에서 사실상 사라졌다.

에번스는 숙련된 세균학자로서 신중하게 과학적 연구를 수행했고 대단히 납득할 만한 결론에 도달했다. 그러나 그의 발견은 불신과 의혹에 직면했다. 페인터의 동시대인들이 그의 오류를 보지 못했던 것과 마찬가지로, 에번스의 학계 동료들은 그가 옳다고 생각하지 못했다. 우리는 어떤 사람들은 지나치게 믿으면서 또 어떤 사람들은 좀체 믿지 못한다. 그리고 이 신뢰의 방식은 결코 우연히 정해지지 않는다.

누가 신뢰받고 누가 불신받는가

귀네스 팰트로는 본인의 라이프스타일 브랜드 고객들에게 "질의 근긴장, 호르몬 균형, 전반적인 여성 에너지 향상"에 도움이 된다면서 달걀 모양의 돌을 질 속에 삽입할 것을 권했다. 산부인과 전문의들은 이에 우려를 표했다.[6] 미시간주 플린트시의 주민들은 수돗물의 냄새와 색이 이상하다고 시 관계자들에게 불만을 제기했다. 미시간주 환경품질부는 그 물이 식수로 적합하다고 판정했다. 브라질의 자이르 보우소나루 대통령 정부에서 외교부 장관을 맡은 에르네스투 아라우주는 기후 변화가 "자본주의 민주 국가들의 경제 성장을 짓누르려는" 좌파의 음모라고 했다.[7] 기후를 연구하는 과학자의 97퍼센트는 지난 세기 동안 지구 온난화가 인간의 활동에서 비롯되었다고 본다.[8] 때로는 누구를 믿어야 하는지 명백하긴 하지만 무엇이 그들을 믿을 만하게 하는 것인가?

타인의 말을 믿고 말고는 그의 '신뢰도'를 어떻게 추정하느냐에 달렸다. 신뢰는 인간의 삶에서 필수적인 부분이다. 신뢰를 얻으려면 지식이 있어야 하고 믿을 수 있는 사람이어야 한다. 능력이 있어도 정직하지 않은 사람은 신뢰할 만하지 않다. 빌 클린턴은 모니카 르윈스키와 성관계를 한 적 없다고 세상에 큰소리쳤다. 그가 영리하고 지식이 풍부한 사람이라는 증거는 많지만 르윈스키의 옷에서 검출된 정액은 그가 거짓말쟁이임을 보여준다. 진실하지만 무능한 사람 역시 신뢰할 만하지 않다. 존 스타인벡의 소설 《생쥐와 인간》의 등장인물 레니는 본인이 거짓말을 하지는 않지만 친구인 조지가 안심시키려고 하는 거짓말을 무턱대고 믿는다.

신뢰는 부족하거나 경쟁적일 때가 많은데, 특히 우리가 의견 차이를 해결할 수 있어야 하기 때문이다. 과학자와 의료 종사자는 예방접종이 중병의 위험을 줄이고 집단면역에 기여한다고 주장하지만 유튜브에 넘쳐나는 백신 반대론자들은 정부가 우리 몸에 마이크로칩을 이식하려는 속셈이라고 주장한다. 나라면 의료 전문가들을 믿겠다. 그들이 지식이 더 풍부하고 그 업계에는 불성실을 방지하기 위한 조치들(동료 심사, 임상 기록 등)이 있기 때문이다. 법정은 동일한 사건을 다루는 서로 다른 보고 사이에서 결정을 내려야 하는 가장 명백한 경우다. 만약 두 증인이 상반된 진술을 한다면 적어도 둘 중 한 명은 위증을 하고 있다고 추론할 수 있다. 이때는 그들의 신뢰도를 파악함으로써 둘 중 누구를 믿어야 할지 결정할 것이다. 우리는 과거에 올바르고 정직하다고 입증되었거나, 식견이 높고 진실하다는 인상을 주는 사람들을 신뢰하는 경향이 있다.

사람들 사이의 소통은 대부분 지식의 교환으로 이루어지기 때문에 신뢰는 중요하다. 지금이 몇 시냐, 혹은 어느 회사가 제일 탄소 배출량이 많으냐, 이런 질문들은 모두 지식을 묻는 것이다. 개러지와 그라임*의 차이를 설명하거나 성폭행 경험을 털어놓을 때도 화자는 자기가 아는 것을 말하는 것이다. 나는 상대가 신뢰할 만하다고 생각하면 그가 하는 말을 믿고 나의 지식 창고에 집어넣는다. 하지만 상대가 신뢰할 만하다고 생각하지 않으면 고개만 끄덕이고 그의 말을 무시하든가 이의를 제기할 것이다. 이런 식으로 우리는 끊임없이 지식을 교환한다. 대학 교수로서 내가 할 일, 즉 학생들을 가르치고 참신한 아이디어를 개발하는 일을 잘 해내는 능력 또한 사람들이 나를 내 영역에서 믿을 만한 사람으로 봐주느냐에 달려 있다.

신뢰할 만하다고 인지되는 것이 얼마나 중요한지는 아무리 과장해도 지나치지 않다. 신뢰할 만하게 보이는 사람들은 삶에서 더 많은 것을 얻는다. 그들은 취업을 하고, 직장에서 존경받고, 논쟁에서 이기고, 소셜미디어에서 팔로어를 얻고, 다른 사람들의 생각에 영향을 끼치고, 경찰과 법원에서 진지하게 존중받고, 정치나 언론 같은 공적 영역에서 성공할 가능성이 더 크다. 중요한 것은 그들이 부당한 대우를 받았다고 말하면 그 말을 믿는 사람이 더 많다는 것이다.

어떤 사람이 얼마나 신뢰할 만한지 확실히 알기는 어렵다. 그래서 우리는 늘 타인이 얼마나 신뢰할 만하게 **보이는지** 추정한다. 그러한 평가를 내릴 때 우리는 지름길을 선택한다. 온라인에서 읽는 모든 글이 사실인지 확인할 수는 없기 때문에 나는 출판물이나 저

---

* 개러지(garage)는 일렉트로닉 음악의 한 장르를 가리키며 1990년대 영국 대중음악의 주류였던 UK 개러지가 유명하다. 그라임(grime)은 UK 개러지에 힙합, 레게 등의 여러 요소를 혼합한 장르이며 2000년대부터 유행하기 시작했다.

자가 얼마나 믿을 만한지 보고 글의 신뢰도를 추정한다. 사람에 대해서도 비슷한 지름길이 있다. 말벌에 쏘였을 때 무슨 연고를 발라야 하는지 말하는 약사를 믿고, 내가 좋아하는 작가들의 책 추천을 믿고, 옷 잘 입는 언니들이 내 외모에 대해서 해주는 조언을 진지하게 받아들인다. 그렇게 해서 낭패를 보는 경우도 있지만—어떤 사람들의 증언은 과대평가하고 어떤 사람들의 증언은 과소평가하면서—한 사람 한 사람의 실제 신뢰도를 평가할 시간과 에너지가 없거니와 늘 그렇게 할 수 있는 것도 아니다.

누가 무엇을 아는지, 누가 정직한지 알아내기란 어려운 일이고 우리는 자주 오류를 저지른다. 게다가 스스로 자신의 신뢰를 말아먹을 때도 많다. 1907년에 나온 교훈시의 주인공 마틸다를 생각해 보자.** 마틸다는 자기 집에 불이 났다고 런던 소방대에 장난 전화를 걸었다. 몇 주 후에 **진짜로** 집에 불이 났을 때 마틸다는 살려 달라고 외쳤지만 이웃들은 그 말을 믿지 않았기에 아무도 도와주지 않았다. 마틸다는 과거 전적 때문에 화재 신고에 관한 한 믿을 수 없는 사람이 되어버린 것이다.[9] 마틸다를 믿어주지 않았던 사람들이 비난받을 일만은 아니다. 하지만 과거 전적이 나쁘지 않은데도 그들이 속한 사회 집단과 관련된 고정관념 때문에 신뢰를 얻지 못하는 사람들이 제법 많다.

** 영국의 사회사상가이자 작가인 힐레어 벨록(Hilaire Belloc)이 1907년에 출간한 《어린이를 위한 교훈적인 이야기(Cautionary Tales for Children)》에 수록된 시 〈거짓말하고 불에 타 죽은 마틸다〉를 말한다.

신뢰 과잉과
신뢰 결여

1993년 4월 런던 동남부 지역에서 버스를 기다리고 있던 십 대 흑인 소년 스티븐 로런스는 인종차별 폭력 전과가 있는 백인 여섯 명에게 폭행을 당하고 어깨와 쇄골을 칼에 찔렸다. 로런스는 폐가 쪼그라들고 주요 혈관 네 개가 파열된 상태로 친구 듀웨인 브룩스와 함께 도망쳤다. 그러나 불과 120미터 정도 벗어난 지점에서 쓰러졌고 구급차가 도착하기 전에 과다 출혈로 사망했다. 그 후 진행된 사건 수사는 엉망이었다. 1999년에 발표된 한 연구는 (놀랍지도 않지만) 런던 경찰청(MPS)이 총체적으로 인종차별적이라는 역사적 결론을 내놓았다. 2012년, 그러니까 로런스가 사망한 지 거의 20년이 지나서야 그 백인 무리 중 두 명이 최종적으로 살인에 대한 유죄 판결을 받았다.

경찰의 실책과 고의적 과실은 셀 수도 없지만 특히 현장에 있었던 유일한 목격자이자 인종차별 폭행의 또 다른 피해자이기도 했던 듀웨인 브룩스의 증언을 진지하게 받아들이지 않은 것은 큰 잘못이었다. 경찰은 그 흑인 청년을 즉각 불신과 의심의 대상으로 여겼다. 또한 가해자들의 인상착의와 행동을 가장 잘 아는 사람이 브룩스였는데도 현장 조사 때 그의 도움을 요청하지 않았다. 경찰관들은 서로 싸우다가 상해를 입은 것으로 잘못 생각해서 브룩스가 그 일방적 폭행의 피해자이자 친구의 사망을 목격한 증인이라는 사실을 간과했다. 현장에 출동한 그 누구도 브룩스에게 무슨 일이 일어났는지, 그가 괜찮은지 묻지 않았다. 브룩스는 불신당하고 방치되었을 뿐 아니라 의도적이고 대대적인 비방의 대상이 되었다. 경찰은 그를 감시하고 그의 신뢰를 떨어뜨릴 수 있는 '오점' 찾기에 혈안이 되었다.[10] 최종 조사 결과 브룩스가 불의한 폭력을 당했고 경찰의 잘못된 판단 때문에 사건 수사가 수렁에 빠졌다는 결론이 났다.

우리는 흑인 청년이 불온한 적개심과 동요를 드러낸다는 고정관념 때문에 브룩스 씨가 도움이 될 수 없고 그의 여건과 상태를 더 조사하거나 이해할 필요가 없다는 결론으로 치닫고 말았다. 우리는 브룩스 씨의 피부색과 그에 대한 고정관념 때문에 그를 적절하게 대우하고 그에게 필요한 조치를 취하는 데 총체적으로 실패했다고 생각한다.[11]

철학자 미란다 프리커(Miranda Fricker)는 듀웨인 브룩스의 사례가 주변화된 집단에 속한 사람들의 신뢰가 곧잘 자동으로 추락하는 방식을 보여준다고 지적한다.[12] **실제로** 아무리 아는 것이 많고 진실한 사람일지라도 주변화된 집단에 속해 있으면 그에 대한 신뢰가 부당하게 낮은 경향이 있다. 앞서 살펴보았듯이 신뢰도를 추정하면서 지름길을 택하는 것은 이해할 만하다. 문제는 이 손쉬운 방법이 자주 고정관념에 편승한다는 것이다. 그리고 주변화된 집단에 대한 고정관념은 그 구성원들은 무식하고, 불성실하고, 지나치게 감정적이고, 객관적이지 않다는 것 혹은 그러한 생각들의 조합이다. 달리 말하자면 주변화된 사람들을 판단하는 손쉬운 방법은 그들의 신뢰도를 떨어뜨리는 경향이 있다.

프리커는 신뢰를 체계적으로 떨어뜨리는 이 특정한 불의를 가리켜 **증언적 불의**(testimonial injustice)라고 부른다. 어떤 사람들은 세상에 대한 자신의 이야기 ― 증언 ― 를 전달하고도 부당하게 불신당하거나 진지하게 받아들여지지 못한다. 결과적으로 그들은 자신들이 살아가는 인식 주체들의 공동체에 온전한 구성원으로 편입되기가 어렵다.

듀웨인 브룩스는 흑인 십 대 소년이라는 이유로 증언적 불의를 겪었다. 피해자의 가장 친한 친구이자 현장 목격자라는 지위는 무시되었고 폭력적이고 공격적인 흑인 남성이라는 판에 박힌 이미지로 인식되었기 때문에 지원이 필요한 피해자나 수사관들을 도울 수 있는 핵심 증인으로 여겨질 수 없었다. 경찰은 고정관념에 따라 행동했고 듀웨인 브룩스는 프리커가 말하는 **신뢰 결여**(credibility deficit)의 대상이 되었다. 실제보다 훨씬 믿을 만하지 않은 사람 취급을 받은 것이다.

특히 공인들을 대하는 방식에서 인종과 성별에 따른 신뢰 결여는 뚜렷하다. 1987년 처음으로 유색인종 정치인들이 선거를 거쳐 영국 의회에 진출했다. 그중에 단 한 명이지만 다이앤 애벗(Diane Abbott)이라는 여성도 있었다. 애벗은 자신이 다녔던 그래머스쿨에서 유일한 흑인이었고, 케임브리지대학 역사학과의 유일한 흑인이었으며, 이제 최초이자 유일무이한 흑인 여성 하원의원이 되었다.[13] 애벗은 런던에서 해크니노스와 스토크뉴잉턴 주민들의 표를 얻었지만 다른 정치인들의 지지를 얻기가 힘들어 무척 고생했다. 애벗의 얼굴은 반대편이 뿌리는 전단지에 눈에 띄게 자주 등장했고(저쪽에 투표하면 흑인 여자가 너희를 대표하게 될 거라는 메시지) 소속 정당인 노동당조차 애벗의 출마를 민망해하고 부담스러워하는 듯 쉬쉬했다. 당선이 되고 나서도 애벗은 정책 브리핑이나 미디어 코칭을 전혀 받지 못했다. 애벗이 말했듯이 '저 여자가 신뢰를 얻느니 차라리 망했으면 좋겠어'라는 생각이 당내에도 지배적이었기 때문이다. 당선 직후 마련된 TV 토론에서 사회자는 노동당이 선거에서 이기려야 이길 수 없었던 이유가 "다이앤 애벗이나 그 비슷한 사람들 때문"이라고 했다.[14] 인종차별의 도그휘슬(2장 참조)이 우렁차게도 울려 퍼진 셈이다.

처음부터 정계, 언론, 대중은 애벗에게 실수 한 번만 해봐라는 식으로 벼르고 있었고 그가 권력에 적합지 않다는 자기네들의 생각을 확인하고 싶어 했다. 그들은 애벗의 실패를 앞당기고 실수를 저지르게 만들려고 이미 확립되어 있는 미소지누아르 정서를 이용하여 애벗을 성욕 과잉에 화가 많은 사람으로 보이게 했다.[15] 그의 모습은 끊임없이 심문당했다. 강간과 살해 위협도 한두 번이 아니었다. 애벗은 결코 업무량이 적지 않았지만—주어진 업무 외에도 인종차별 관련 복지 업무를 처리하고 있었으므로—게으르고 무능하다는 평가를 받았다. 〈선데이 텔레그래프〉의 특집 기사는 다음과 같이 꼬집었다. "가십 칼럼니스트들이 애벗의 엉덩이에 대해서 희한한 소리를 해댔다. …… 사실 애벗의 진짜 유일한 특성은 크나큰 분노다."[16] 이 기사는 애벗이 '인종 카드'를 써서 지금의 지위를 확보했다는 공통적인 의혹을 언급했는데, 애벗은 이미 '창녀(bitch)' '검둥이(n×××××)'가 난무하는 메일들을 처리하면서 그러한 비난을 신물 나도록 접했다.

애벗은 지지를 얻지 못하고 끊임없이 비하당하다 보니 자신의 직업 선택에 의문이 들었노라 인정했다. 그는 자신이 받은 메시지들을 공유했다. "한심할 정도로 쓸모없는 뚱보 흑인 똥덩어리 애벗, (이 뚱보 창녀의 몸무게를 지탱할 만한 나무가 있다면) 목을 매달아도 시원찮은 더러운 돼지 똥덩어리."[17] 토리당 의원 앨런 피어메인은 립스틱을 바른 유인원 사진과 "런던 스타일은 잊어버려. 이제 다이앤 애벗 스타일이지."라는 문구를 공유하고 "입술은 괜찮은데 립스틱을 너무 많이 칠했네"라는 댓글을 달아 징계를 받았다. (점입가경으로 나중에 "그게 왜 특별히 모욕적이라는 건지? 이렇게 가다가는 이거나 저거나 다 불쾌하다고 하지 않을까?"라고 발언하기도 했다.[18])

다이앤 애벗은 정계에 어울리지 않는 성난 흑인 여성으로 묘사되었다. 당내 동료들도 도움이 되기는커녕 이러한 인식에 기여했다. 2015년 본인의(백인 중심의) 페미니즘을 떠들썩하게 과시하는 정치인 제스 필립스는 〈인디펜던트〉와 한 인터뷰에서 다이앤 애벗과 의견이 충돌했을 때 "당신이 뭐라도 된다고 생각하는 거예요?"라고 말하고 "꺼져요"라고 일침을 놓았노라 자랑했다. 필립스는 한술 더 떠서 이렇게 말했다. "자기도 똑같이 말하고 싶었는데 속이 시원했다는 사람들이 많더라고요. 매 순간 기회가 있는데 왜 그런 말을 못 하는지 모르겠어요."[19] 애벗은 이 이야기에 당황해하면서 말했다. "나는 제스 필립스 하원의원에게 꺼지라는 말을 들은 적이 없습니다. 희한한 노릇은, 필립스가 사람들에게 있지도 않은 일을 얘기하며 호들갑을 떨었다는 거죠."[20]

의원에 선출된 지 30년이 지난 2017년, 애벗은 어느 라디오 방송에서 치안 예산에 대한 질문을 받고서 예산액을 착각해서 그 사안을 터무니없이 과소평가했으나 자신이 적어놓은 정확한 금액을 확인한 후에 본인의 실수를 정정했다. 인종차별주의자들이 그토록 오랫동안 기다려 왔던 증거가 드디어 나타난 것이다. 이 거리낌 없고 타협을 모르는 흑인 여성이 능력도 달리는 주제에 분수를 모르고 설친다는 증거 말이다. 소셜미디어와 언론은 이때다 싶어 애벗을 두들겨 패면서 희희낙락했다. 그를 원래 싫어했던 사람들은 그 말실수가 그날 공복 상태에서 여섯 번째인지 일곱 번째인지도 모를 연속 인터뷰에서 나왔다는 사실도 모른 척하고, 애벗이 당뇨병을 앓고 있어서 혈당 수치를 잡느라 고생하고 있었다는 사실도 감안하지 않았다. 당시 선거 운동 기간에 여성 하원의원들에 대한 욕설과 혐오 게시물의 45퍼센트가 다이앤 애벗을 겨냥한 것이었다. 그러한 게시물은 대부분 애벗의 성별과 인종을 들먹거렸고 성폭력 위협도 다수 포함되어 있었다.[21]

그러한 상황에서도 애벗은 2017년 선거에서 75퍼센트라는 압도적인 지지로 의석을 차지했다. (2위와 표 차이가 당시 총리였던 테레사 메이의 득표수를 능가한다.) 애벗은 영국에서 가장 오랫동안 하원의원직을 지켜 온 정치인이고 득표율에서 상위 3퍼센트 안에 든다. 영국에서 가장 성공적으로 정치 이력을 쌓아 온 사람으로 꼽힐 만하다. 그런데도 그를 그 자리에 어울리지 않는 사람으로 보는 시선이 여전히 많다.

진지하게 인정받기 위한 다이앤 애벗의 고군분투는 성별과 인종이 신뢰에 영향을 끼치는 방식을 보여주는 전형적인 사례다. (미국의 정치인 일한 오마Ilhan Omar와 러시다 털리브Rashida Tlaib도 비슷한 고충을 겪었다.) 이제 우리는 티오필러스 페인터는 **신뢰 과잉**에 놓여 있었고 앨리스 캐서린 에번스는 그 반대로 **신뢰 결여**에 내몰렸다는 것을 알 수 있다.

기본적으로 믿음과 신뢰를 얻어야 하는 상황에서 그러지 못하고 불신당하면 분통이 터지게 마련이다. 하지만 그 정도로 끝나면 그나마 낫다. 신뢰 결여는 한 사람의 인생을 망칠 수 있다. 국경을 관리하는 공무원들은 망명 신청자들이 하는 말을 일단 거짓말로 간주하는 훈련이 되어 있다. 여기에 언어 장벽과 트라우마로 남은 기억이 억압으로 작용하면 말의 앞뒤가 안 맞는 경우가 생기고, 그러한 불일치는 금세 그들의 주장이 거짓이라는 증거로 포착되어 구금과 추방이라는 결과를 낳곤 한다. 마찬가지로 범죄 혐의가 있는 사람들의 석방과 감금, 형량, 심지어 생사까지도 신뢰가 좌우할 수 있다.

철저히 불신당한다는 것은 지식의 생산과 교환이라는 인간의 핵심 활동에 원활히 참여할 수 없다는 뜻이다. 불신당하는 사람의 앎은 평가절하되고, 그 앎을 공유하거나 전달하거나 가르치거나 논의하거나 정정하려는 시도는 방해받는다. 그런 사람은 점점 더 주변부로 밀려날 수밖에 없다.

과학이라는 이름의
고정관념

내가 믿을 만한 사람으로 보이기 위해 타인, 특히 내 방식대로 세상을 설명하는 데 위협이 되는 사람들의 신용을 깎아내리는 방법이 있다. 지난 몇 세기 동안 주변화된 사람들을 지능이 떨어지거나 믿을 만하지 않은 존재로 몰아가려는 시도는 끊이지 않았다. 인종과 성별은 정확히 특정 인구를 비방하여 더 쉽게 착취하려는 목적으로 구성되었다고 말할 수 있다.

근대 생물 분류학의 아버지로 알려져 있는 칼 폰 린네―종, 속, 과, 목, 강, 문, 계로 나뉘는 린네 체계에 그의 이름이 남아 있다*―는 1768년에 유럽인을 "온화하고" "창의적이며" "법치적이라고" 보는 인간 분류 체계를 고안했다. 그는 유럽인과 달리 아프리카인은 "교활하고 음흉하며, 게으르고 간사하며, 정욕이 강하고 부주의하며 …… 변덕에 휘둘리기 쉬운데" 특히 아프리카 여성은 "수치심이 부족하다"고 했다.[22]

19세기에 과학자들은 인종에 기반을 둔 행동양식을 두개골의 크기와 모양과 연결하려 했다. 그러한 골상학이 유행에서 밀려나자 그때부터는 지능검사에 주목하고 서로 다른 인종 집단의 지능지수 차이를 지적했다. 20세기 중반에 이르자 대부분의 과학자가 인종 간 차이는 사회적·경제적 요인으로 설명된다는 결론을 내렸다. 그렇지만 20년에 한 번꼴로 백인우월주의의 성배―흑인의 지능이 유전적으로 떨어진다는 증거―를 발견했다는 글을 발표하는 백인 남성이 등장하곤 한다.[23] (영국에서 백인 아이들이 학업성취도가 낮으면 백인들의 교육 욕구가 무시되고 있거나 가난에 원인이 있을 거라는 추정으로 곧바로 넘어간다는 점에 주목하라.[24]) 그러한 글들은 종종 불만에 찬 우파 이데올로기에서 비롯되고 논박하기가 그리 어렵지 않지만―질적으로 떨어지고 편향된 연구들을 주로 인용하거나 맥락

---

* 인간의 경우 동물계(animalia), 척삭동물문(chordata), 포유강(mammalia), 영장목(primates), 사람과(hominidae), 사람속(homo), 사람(사피엔스sapiens)으로 분류된다. (저자 주)

요인을 고려하지 않거나 전략적으로 잘못된 해석을 포함하기 때문에—지능 차이에 대한 인종차별적 신화의 불씨는 결코 완전히 꺼지지 않고 있다.

과학자들은 또한 여성이 남성에 비해 뇌 크기가 작고 기능이 떨어지며 여성의 뇌가 거짓말이나 과장된 표현을 더 많이 한다는 것을 증명하려고 필사적이었다. 아리스토텔레스는 일찍이 그러한 견해를 피력한 인물인데, 이미 기원전 350년에 "여성은 [남성에 비해] 수치심이나 자존감이 떨어지고 말에 거짓이 많으며 기만적이다"라고 했다.[25] 이 진술은 향후 2500년 동안 대세로 굳어졌다. 1886년에 영국의사회 회장은 여성의 지능만 우려하는 걸로 그치지 않고 여성을 교육하면 성생활과 가임 능력, 혼인 가능성이 떨어지는 일종의 질병 '아노렉시아 스콜라스티카(anorexia scholastica)'에 걸릴 수 있다고 주장했다.[26]

프랑스의 인류학자이자 심리학자인 귀스타브 르봉(Gustave Le Bon)은 여성이 남성보다 뇌가 작고 인지적으로 열등함을 발견하려고 작정한 여러 과학자 중 한 사람이다. 1879년에 그는 이렇게 썼다. "상당수의 여성은 뇌 크기가 잘 발달한 남성의 뇌보다 고릴라의 뇌에 더 가깝다. …… 이러한 열세는 너무나 명백하기에 누구도 반박할 수 없다."[27]

이러한 추측들은 결국 수학자이자 런던대학을 졸업한 최초의 여성 중 한 사람인 앨리스 리(Alice Lee)에 의해 반박되었다. 리는 당시에 지능을 대리하는 것으로 여겨졌던 두개골의 용량을 산출하는 공식을 고안했다. 그리고 여학생 집단, 남성 교직원 집단, 35명의 명석한 해부학자 집단을 대상으로 자신의 공식을 적용해보았다.

가장 걸출하고 저명한 해부학자가 두개골 용량이 가장 작았고, 여학생 중에서 유명한 과학자보다 두개골 용량이 큰 경우도 제법 있었다. 두뇌 능력이 두개골 크기에 비례한다는 가설을 지지하던 많은 이들이 조용히 그 이론을 포기했고 리의 멘토였던 우생학자 칼 피어슨도 8년 후 인간의 지능과 두개골 크기의 상관관계를 단호하게 부정하는 논문을 썼다.[28]

월경도 여성이 인지적으로 열등한 이유로 오랫동안 언급되어 왔다. 제2차 세계대전 기간에 의사들은 여성 항공기 조종사들에게 월경 주기의 '기능 장애'를 겪는 동안 비행을 삼가라고 했다. (상당수 여성 조종사들이 월경 주기가 매우 불규칙하다고 말하며 이 규칙을 피해 갔다.[29]) 신병 역시 35세 이하로 제한되어 있었는데, 그 이유는 "갱년기 여성의 비합리적인 판단이나 행동을 피하기" 위해서였다. 내분비의학자 브리기테 리너스의 연구는 월경이 인지 기능에 아무 영향도 끼치지 않는다는 것을 보여주는 수두룩한 연구 중 가장 최근 것이다.[30] 하지만 불신은 끈질기게 남아 있다. 2013년에 실시한 조사에 따르면 영국인의 51퍼센트는 여성 조종사를 신뢰할 수 없다고 생각하는 듯하다.[31]

여성은 감정적이고 남성은 이성적이라는 생각도 여전히 널리 퍼져 있다. 2019년 한 연구진은 피험자들이 화면에 뜨는 성별화된 단어들(삼촌, 형 대 고모, 언니)에 감정의 단어들(정서적인, 직관적인)과 이성의 단어들(합리적인, 논리적인)로 반응하게 했다. 연구진은 '이성' 개념은 남성과 더 쉽게 연결되고 '감정' 개념은 여성과 더 쉽게 연결된다는 것을 확인했다.[32]

그렇게 우수하다는 남성의 이성과 능력이 편리하게도 가정이라는 영역에서만은 통하지 않는다. 남성은 가정에서만큼은 가사 노동이든 돌봄 노동이든 젬병이고 섹스에 대해서만은 저돌적이고 비이성적이다. 인간의 이성조차 '통제할 수 없는' 남성의 성욕에는 휘둘릴 수 있다고, 남성은 'ㅇ대로 생각하는' 존재라고들 하지 않는가. 남성의 능력은 육아나 가사 노동의 요구에 적합하지 않다. (코미디 영화나 TV 풍속극에서 남자들이 아이를 돌보고 기본적인 집안일을 하는 장면은 그들이 얼마나 허둥대고 미숙하게 구는지 보여주는 데 집중한다.)

남성들은 특정 영역에서만 무능하다는 이 신화에 기대어, 다른 영역에서 지니는 권력과 책임감이 적합한지와는 무관한 채로 성적 책임, 돌봄 노동, 가사 노동에서 해방되었다. 그 결과 남성은 여분의 시간을 여가 활동이나 보수가 더 좋은 노동에 쓸 수 있는 반면, 여성은 부가적인 무급 노동과 책임을 짊어지게 된다.

유색인종에 대해서도 비슷한 관찰을 할 수 있다. 가정부로 일하는 레바논 이주민 여성은 자기가 일하는 집 가족이 자기를 믿어 아이들을 맡기고 식사 준비를 시키면서도 자기 여권을 받아 둔다는 사실을 믿을 수 없다고 나에게 말한 적이 있다. 내가 그들을 모두 독살할지 어떻게 알아요, 그는 웃으면서 농담했다. 우리는 신뢰의 상대나 신뢰의 영역에서 일관성이 없다.

유색인종과 여성에 대한 고정관념이 주로 고도의 기술 능력이나 존경받는 역할과 관련되어 있는 것은 결코 우연이 아니다. 유색인종과 여성의 지능이 떨어진다면 그들이 권력과 영향력을 행사하는 지위에 적합한지는 자동으로 의문시된다. 권력을 가장 잘 보호하는 방법은 권력을 위협하는 자가 생물학적으로 권력을 차지하기에 부적합하다고 규정하는 것이다.

가면 증후군과
이중 구속

고정관념에서 기인하는 신뢰 결여는 어디서나 볼 수 있다. 과학적 논문의 우수성을 가늠할 때도 논문 저자가 남성이라고 하면 더 높은 평가를 받는 경향이 있다는 연구 결과가 있다.[33] 같은 맥락에서, 배심원단도 여성보다는 남성 전문가 증언에 좀 더 신뢰와 호감을 느끼고 믿을 만하다고 생각한다.[34] 소셜미디어 게시물도 마찬가지다. 정치 관련 트윗은 남성이 올린 것으로 보일 때 더 신뢰를 얻었다.[35] 똑같은 이력서도 상단에 올라와 있는 이름이 남성 혹은 백인의 것이면 더 좋은 결과를 얻는다.[36] 2014년에 한 연구진이 온라인 채팅 교육 과정을 개설하고 관찰한 결과, 학생들이 여성이 아니라 남성에게 배운다고 인식할 때 교수자를 전문적이고 박식하며 열정적이라고 평가한다는 사실을 알아냈다.[37]

억양도 신뢰를 결정짓는 중대한 요소다. 미국인들은 영국식 영어 억양에서는 지적인 느낌을 받지만 라틴계, 미국 중서부, 뉴욕 억양은 지적이지 않다고 느낀다.[38] 영국인들도 영국 표준 영어나 미국 방송 영어의 억양이 영미 사투리 억양보다 지적인 느낌이 난다고 생각한다.[39] (유사한 연상 작용이 독일어 사용자들에게서도 발견된다. 사투리를 쓰는 사람은 역량을 낮게 평가받고 고용 가능성이 떨어진다.[40]) 영어가 모국어가 아니어서 외국어 억양이 남아 있는 사람은 사소한 진술에서도 신뢰를 덜 얻는다는 연구 결과도 있다.[41] 억양이 강할수록 신뢰 결여가 두드러진다. 또 다른 연구에 따르면 외국어 억양을 쓰는 입사 지원자는 고위직 선발에서 차별받고 지위가 낮은 일자리에 더 적합한 것으로 간주되었다.[42] 억양은 종종 사회 경제적 계급과 민족성을 대리한다. 억양에 대한 편견은 으레 계급주의, 인종차별주의, 혹은 그 둘 다를 나타낸다.

자신감은 곧잘 신뢰를 대리하는 것으로 여겨진다. 한 심리학 연구에서 242명의 학생에게 역사적 인물과 사건 목록을 나눠주고 그들이 들어본 적 있는 것에만 표시를 하라고 했다. 그중 어떤 것은 실존했던 인물과 사건이지만 어떤 것은 조작이었다. 가짜 사건과 인물에 표시를 했다는 것은 과신의 표시로 볼 수 있다. 그 후 연구자들은 학생들에게 서로 학업 성적을 평가해보라고 했다. 가짜 사실을 많이 안다고 주장한 학생일수록 다른 학생들에게 우수하다는 평가를 받았다.[43] 우리는 자기 확신을 드러내는 사람일수록 신뢰할 수 있다고 생각하는 경향이 있다.[44]

자신감에서 신뢰도를 읽어내는 경향은 우려할 만하다. 자기 확신은 심하게 성별화되어 있기 때문이다. 남성은 성인과 소년을 막론하고 자신감이 지나친 반면, 여성은 성인과 소녀를 막론하고 자신감이 부족한 편이다. 이 경향은 다양한 맥락에서 관찰된다. 여성들은 모든 요건을 실제로 충족할 때만 일자리나 승진 심사에 지원하지만 남성들은 대략 절반 정도만 충족한다고 생각해도 과감히 지원한다.[45] 남학생들은 시험 결과를 실제 성적보다 과대평가하지만 여학생들은 되레 과소평가한다. 응답자들이 성별 고정관념에 동의하는 편일수록 이 효과는 더 강하게 나타났다.[46] 성차별적인 남성일수록 자신감이 과도할 가능성이 높다는 얘기다.

이것이 여성은 자기를 옥죄고 남성은 자기를 끌어올린다는 말처럼 들린다면 이러한 자신감 불균형이 발생하는 방식에 주목하라. 여성들은 능력이 떨어지는 사람으로 취급당하는 데 익숙하기 때문에 종종 '가면 증후군'*과 자신감 저하에 시달릴 뿐만 아니라 자신감을 드러내면 사회적 **불이익**을 받는다. 최근의 메타분석은 여성이 자신만만하고 지배적인 행동을 하면 호감을 (고용 가능성도) 잃는다는 것을 보여주었다.[47] 예일대 교수 빅토리아 브레스콜은 이 효과를 연구했다. 피험자들은 다른 경영진보다 발언을 많이 하는 여성 CEO에 대해서는 리더로서 적합지 않고 능력이 떨어진다는 평가를 내렸지만 남자 CEO는 똑같이 말을 많이 해도 그렇게 평가하지 않았다. 그러나 여성 CEO가 말을 많이 하지 않는다는 정보가 주어졌을 때는 능력을 높게 평가했다.[48] 이 모든 내용을 고려하건대, 여성은 진지하게 받아들여지려면 입을 다물어야 하는데 그렇다고 해서 자신 있게 말하지 않으면 능력이 떨어지는 사람처럼 보일 위험이 있다. (이게 바로 억압의 특징인 '이중 구속'의 한 양상이다.)

심리학자 매들린 헤일먼은 피험자들에게 어느 회사의 가상의 두 팀장 제임스와 앤드리아를 평가해 달라고 요청했다. 먼저 실험에 참가한 사람들은 제임스와 앤드리아의 인사 파일을 읽었다. 두 인사 파일은 **동일했고** 내용은 상당히 평균적인 수준이었다. 제임스와 앤드리아는 비슷한 호감도를 얻었지만 제임스가 업무 능력이 더 낫다는 평가가 88퍼센트에 달했다. 놀랍지 않게도 제임스는 신뢰

가면 증후군(Imposter Syndrome) 자신의 성공과 업적이 능력이 아니라 운 때문이라고 여기며 자신의 무능이 탄로 날까 봐 불안해하는 심리. 특히 성공한 여성들에게서 많이 나타나는 것으로 알려져 있다.

과잉을 얻지만 앤드리아에게 돌아오는 것은 신뢰 결여다. 이것은 성차별적인 증언적 불의다. 연구의 다음 단계에서 제임스와 앤드리아가 모두 회사에서 실적으로 상위 5퍼센트 안에 든다는 정보가 주어졌다. 이렇게 두 사람 모두 능력 있는 사람으로 인식되자 (제임스나 앤드리아나 일을 잘한다는 사실은 의심할 수 없으므로) 이제 피험자의 83퍼센트가 제임스가 앤드리아보다 **호감 가는** 인물이라고 보았다.

여성도 남성 못지않게 이러한 편향을 지닐 수 있다.[49] 철학자 케이트 맨은 이렇게 말한다.

> 명백한 반박 정보가 추가로 주어지면 모를까, 대개 사람들은 자신의 젠더와 상관없이 역사적으로 남성이 우세한 지위에 있는 경우 남성이 여성보다 유능하다고 추정한다. 그리고 그 추정이 반박에 부딪히면 여성들은 미움을 사고 "대인 관계에서 적대적"이라는 말을 듣고 …… 음모에 능하고 뻔뻔하며 이기적이고 불쾌하며 사람을 조종하는 믿을 수 없는 사람으로 인식된다.[50]

결론은 이렇다. 여성은 유능할 수도 있고 호감을 얻을 수도 있지만 동시에 그 둘 다일 수는 없다. 여성은 남성보다 능력이 떨어지는 것으로 전제되고, 어쩔 수 없이 여성도 남성만큼 유능하다고 인정해야만 하는 상황에서는 더는 호감을 얻지 못한다. 권력을 행사하는 지위에는 능력이 요구된다. 그러니 의심할 여지 없이 유능한 사람을 인정하지 않는 것은 그가 고위직을 추구하지 못하도록 단념시키기 좋은 방법이다. 이 같은 경향은 유색인종 여성들에게 더욱 가혹하다. 다이앤 애벗에게 쏟아진 공격은 언제나 작정하고 날을 세운 것이었다. 흑인 여성은 결코 정계에서 환영받지 못할 거라는 경고였다.

요컨대 사회적 정체성과 관련된 고정관념이 작동하여 우리 한 사람 한 사람을 능력과 신뢰도라는 면에서 분류한다. 자신만만한 백인 남성은 당연히 잘나가고, 영국의 주요 기업의 관리자급 여성들을 다 합쳐도 그 기업들에서 일하는 '존'이라는 이름의 남성들보다 수가 적다는 어이없는 통계적 진실을 마주하게 되는 것이다.[51]

불신의 함정에 갇힌 사람들

여성에 대한 집단적 불신의 가장 유해한 사례는 여성이 강간에 대해 거짓말을 한다는 널리 퍼진 신화다. 2003년까지도 필라델피아 성범죄 수사과는 그네들끼리 하는 말로 "거짓말하는 잡년들 상대하는 부서"로 통했다. 볼티모어시 경찰국에 대한 2016년 보고서는 성폭행 신고자들의 증언이 "부당한 의심"을 받았다는 것을 보여주었다.[52] 여성이 성범죄에 대해서 거짓말할 확률은 사람들이 여타의 범죄에 대해서 거짓말할 확률보다 낮다는 데이터가 있는데도 말이다. 최근 영국에서 17개월간 수집한 데이터에 따르면 강간죄 고발 5,651건 중 허위 고발은 35건으로 1퍼센트 미만에 불과하다.[53] 강간 피해자에 대한 불신이 빈번하고 신고율이 낮다는 맥락을 고려하면 강간 고발 건수는 실제로 발생한 강간 건수보다 현저히 적을 것이다.

여성이 성적 위해의 위험에 놓여 있음은 자명하다. 이 정점을 중심으로 우리 삶의 나머지 부분이 돌아가야 한다. 매일 적어도 여덟 시간은, 세계 도처의 거리, 공원, 시골, 관광지에서 동행 없이 돌아다니는 여성들은 안전하지 않다. 우리는 세상이 왜 이 모양인지 해명을 요구하지 않는다. 오히려 하루의 절반과 세계의 절반 이상은 남성만의 것이라고 경고를 받는 입장이다. 2021년 여론조사업체 '유고브(YouGov)'는 영국의 18~24세 여성의 86퍼센트가 공공장소에서 성적 괴롭힘을 당한 경험이 있다고 발표했다. 그러니 사정이 나아지고 있다는 생각도 믿을 만하지 않다.[54] 그러한 괴롭힘을 당한 여성들 가운데 고작 4퍼센트만 고발이라는 행동을 취했다.

말을 해봤자 치러야 할 대가는 크고 돌아오는 것은 부실하다. 기이한 질문들이 피해자에게 쏟아진다.* "지금 거짓말을 하는 겁니까? 어떻게 했길래 이런 일이 일어난 겁니까? 이게 그 사람에게 무슨 의미인지 모릅니까?" 케이트 맨은 특히 이 마지막 질문이 '힘패시(himpathy)', 즉 피해자가 아닌 가해자(he)에게 자연스럽게 향하는 과도한 공감(sympathy)에서 비롯된 것이라고 설명한다.[55] (힘패시도 유색인종 남성에 대해서는 그리 선뜻 생기지 않는데, 이 부분은 뒤에서 다시 얘기하겠다.) 학대당한 여자가 느끼는 공포보다 누명을 쓴 남자가 느끼는 공포를 중요하게 생각하는 풍조가 만연해 있다. 그래서 걸핏하면 여자 쪽이 거짓말하는 게 아니냐고 의심부터 하고

---

* 내가 '생존자(survivor)'가 아니라 '피해자(victim)'라는 용어를 쓰는 이유는 모두가 성적 범죄에서 살아남는 것은 아니기 때문이다. 모두에게 편안하게 다가오는 용어는 아니라고 인정하지만 이를 통해 독자들이 성적 범죄도 일반적인 범죄의 하나로 생각할 수 있기를 바란다. (저자 주)

본다. 인생의 다른 어떤 경험도, 다른 어떤 범죄도, 이처럼 요란하고 자동적인 의심과 이처럼 억지스러운 공감부터 만나지는 않는다. 목소리를 낸 사람들이 경고 사례가 되어버리기에 우리는 침묵하는 편이 더 안전하다고 느낀다.

소수의 성폭행 허위 고소 사례도 자세히 살펴볼 만하다. 우선 이 사례들은 거의 문제가 되지 않는데, 고소당한 사람의 삶을 완전히 엇나가게 할 만한 상황이 결코 아니라는 의미다. 미국에서 실시한 연구에 따르면 그러한 허위 고소는 대부분 피해자 본인이 아니라 다른 사람이 제기한 것이다. (주로 부모가 많은데, 특히 아이가 늦게까지 집에 들어오지 않은 게 문제가 될까 봐 거짓말한 경우다.) 허위 고소의 상당 부분은 의료 도움, 특히 정신과 치료에 접근하려는 시도이기에 이 목적이 달성되면 바로 취하된다. 허위 주장을 펼치는 사람들은 대개 사기나 조작 전력이 있고 대부분은 다양한 재정적, 정서적, 의료적 욕구가 충족되지 못해서 삶이 녹록지 않다. 어떤 사람들은 정신질환을 제대로 치료받지 못해 현실과 괴리되어 있기 때문에 어찌 보면 '거짓말'이라고 하기도 뭣하다.[56] 그러므로 기억해야 할 것은 여성이 거짓말을 한다는 게 아니라 사회가 가장 곤궁한 처지에 있는 이들을 돌보지 않는다는 것이다. 가장 긴급한 필요가 충족되지 못하고 지원망이 결여된 사람들(노숙자, 극빈자, 성소수자, 전과자, 정신 혹은 신체 장애가 있는 사람들)이 성폭행에 가장 취약하다는 점은 지독한 아이러니다.

신화의 결과는 심각하다. 무려 60명의 여성이 미국의 코미디언 빌 코즈비를 강간 혐의로 고소했는데도 그가 가해자라는 사실은 끈질기게 의심받았다. 60명이나 되는 사람들이 모두 거짓말을 했을까? 앙심을 품고 보복하려 했을까? (그 여자들이 서로 아는 사이도 아닌데 **왜** 하나같이 특정인에게 보복을 하려 했는지는 궁금하지 않은가 보다.) 그렇게 우스꽝스러운 가설이 타당해 보일 정도면 도대체 얼마나 필사적으로 여자들을 거짓말쟁이로 만들고 싶은 건가. 그리고 남성들, 심지어 (아니, **특히**) 성공한 남성들이 강간을 저지른다는 사실을 얼마나 직시하기 싫으면 그러는 건가.[57] 마찬가지로 영화 제작자 하비 와인스타인도 그의 행동이 심각하게 받아들여지기 전까지 30여 년 동안 적어도 80명의 여성을 강간했다.[58] 도널드 트럼프는 최소 12명의 여성에게 고소를 당하고도 가뿐하게 세계 최고의 권좌에 올라섰다.

상습적으로 신뢰 결여의 대상이 되는 사람은 남들보다 악착같이 노력해야만 겨우 신뢰를 얻는다. USC 교수 사라 배넷와이저는 〈로스앤젤레스 리뷰 오브 북스〉에서 "신뢰 달성은 여성이 하는 일에서 또 하나의 추가 노동"이라고 지적했다.[59] 여성들은 "의심이라는 짐"을 지는 입장에서 출발해서 자신은 믿어도 되는 사람이라는 것을 필사적으로 증명해야만 비로소 무슨 주장이라도 할 수 있다. 이것은 감정을 지나치게 드러내 비이성적인 사람으로 보일 위험과 감정을 너무 자제해서 차갑고 계산적인 사람으로 보일 위험 사이에서 외줄을 타야 한다는 뜻일 수 있다. 본인에게 트라우마가 되는 사건을 샅샅이 살펴보면서까지 가장 강력한 증거를 찾아야 한다는 뜻일 수 있다. 당국이 필요한 조사 작업을 수행하지 않을 수도 있다는 걸 알면서도, 증거가 너무 많으면 오히려 짜고 달려든다고 의심받는다는 것을 예상하면서도 말이다.

남성의 평판이 걸려 있을 때만 여성의 증언이 의심과 의혹에 부딛히는 건 아니다. 대체로 어떤 맥락에서든 우리가 우리 몸에 대해서 하는 말은 증언적 불의를 겪는다. 내 어머니는 몸이 안 좋을 때 단단히 마음먹고 의사를 만나야 했다. 어머니는 자신의 병증을 사소한 것으로, 과장하는 것으로 취급받는 데 익숙했다. (아버지도 같은 의사가 주치의였지만 그런 문제를 전혀 겪지 않았다.) 나는 소화기내과 전문의에게 내 증상이 "성취도가 높은 젊은 여성들"에게는 흔하다는 말을 들었다. '당신 머릿속에서 만들어낸 병 아냐?'라는 말을 의사 식으로 표현한 셈이다. (6개월 후에야 생체기능검사를 통해서 소장에 손상을 입히는 만성소화장애증이라는 진단을 받았다.) 이러한 일화들은 한층 더 광범위한 문제로 수렴된다.

여성은 남성과 동일한 수준의 복통을 호소해도 진통제를 투여받을 확률이 13~25퍼센트 정도 더 낮고 일반적으로 약을 지급받을 때까지 더 오랜 시간을 기다려야 한다.[60] 똑같은 과민성 대장증후군으로 입원을 해도 여성 환자에게는 진정제를 주고 생활습관 개선을 권하지만 남성 환자에게는 소화기 엑스레이를 찍어보자고 한다.[61] 일반적으로 여성은 남성에 비해 통증의 원인이 심리적인 것으로 지목될 확률이 높아서 신체적 검사와 치료보다는 정신건강을 돌보는 쪽으로 넘겨지곤 한다.[62] 남자아이들이 아프다고 하면 정말 아픈 게 맞지만 여자아이들이 아프다고 하면 꾀병이나 엄살이라는 속설은 영유아라고 해도 봐주지 않는다. 이건 사람들이 여성은 **선천적으로** 꾀병이 좀 있다고 믿는다는 얘기 아닌가. 실제로 어른들은 아기의 울음을 듣고 불편함을 헤아릴 때도 아기가 남자아이라는 정보가 주어지면 여자아이라는 정보가 주어질 때보다 그 불편함을 더 심각하게 여긴다.[63] 인종과 관련해서도 이런 불균형이 보인다. 소아응급의학 전문의 모니카 고얄이 주도한 2015년 연구는 맹장염을 잃는 흑인 아이는 웬만큼 통증을 호소해서는 진통제를 지급받기 어렵고 심한 통증을 호소해도 효과가 강력한 아편계 진통제를 처방받는 확률이 낮다는 것을 보여주었다. 흑인 아이들은 고통을 호소해도 신뢰받지 못하거나 고통을 더 잘 참는다고 간주되는 것이다.[64] 비슷한 맥락에서 2022년에 발표된 일련의 연구는 성인 피험자들이 가난한 집 유아들이 부잣집 유아들보다 고통에 덜 민감하다고 믿는 경향이 있음을 보여주었다.[65] 이는 가난한 집 아이들은 신뢰 결여의 대상이 된다는 것을 암시한다.

이 연구가 가리키는 더 광범위한 경향은, 주변화된 사람들이 자기 몸에 대해서 하는 말은 신뢰받지 못하는 경우가 많다는 것이다. 이것은 억압이 특정한 공동체의 건강과 안녕을 제한하는 여러 방법 중 하나다. 영국에서 임신 중지 시술을 받으려면 최소한 두 명의 의사가 임신 중지가 필요하다고 인정해야 한다. 신체 건강에 위험이 없다면 임신부가 정신질환 위험이 있거나 양육에 적합지 않다고 밝혀져야만 임신 중지가 가능하다. 법은 임신부가 스스로 임신 상태가 계속될 경우 정신질환의 위험이 있는 사람으로 제시하거나 양육할 능력이 없는 사람으로 제시하라고 요구한다.[66] 트랜스젠더가 주장하는 본인의 성별은 신뢰받지 못할 뿐 아니라 노골적으로 부정당하는 것도 비슷한 맥락이다. 법적·의학적으로 인정받은 트랜스젠더들조차 자기들이 필요로 하는 서비스를 받으려면 좁은 의미의 젠더에 부합해야 하고 자기 몸에 대한 특정한 태도를 보고하도록 요구받는 경향이 있다. 트랜스젠더 본인의 성 정체성에 대한 판단은 위축되는 반면, 그들에 대한 의료인의 판단은 지나치게 부풀려진다. 또한 철학자 미란다 프리커와 캐서린 젱킨스는 트랜스젠더들이 으레 정신질환을 경험하는 것으로 전형화되기 때문에 그들이 신뢰할 수 없고 불안정하며 정직하지 않은 사람이라는 이유로 그들의 증언이 기각되기 쉽다는 데 주목한다.[67] 도무지 이길 방법이 없다. 신뢰 결여는 주변화된 사람들을 함정에 빠뜨린다.

거짓말하거나
침묵하거나

이 장에서 나는 여성은 거짓말쟁이라는 신화에 이의를 제기해보았다. 불편한 진실은 여성이 남성보다 정직하지 않은 것처럼 보인다는 것이다. 여성 응답자의 40퍼센트는 자신이 매일같이 거짓말을 한다고 인정했지만 남성 응답자 가운데 이 비율은 20퍼센트에 불과했다.[68] (여성이 자신이 정직하지 않다는 사실을 좀 더 자각하고 있거나 좀 더 순순히 인정하는 것일 수도 있다.) 일부 여성들은 많게는 매일 30번 넘게 거짓말을 한다고 인정한다. 여성이 하는 거짓말의 절반 이상은 '누군가를 기분 좋게 하기 위한' 것이다. 그다음으로 흔한 거짓말은 '문제에 얽히지 않기 위한' 것이다. 셋째 이유는 '인생이 복잡하기' 때문이다. 그리고 이 같은 거짓말이 가장 일반적으로 발생하는 배경은 가정이다. 여성들은 대개 자신이 함께 살면서 돌보는 사람들과 원만하게 지내기 위해서 거짓말을 한다.

1989년에 나온 영화 〈해리가 샐리를 만났을 때〉에서 해리는 샐리와 점심을 먹으면서 자신은 여자가 오르가슴을 느끼는 척 연기하는지 진짜로 느끼는지 알 수 있다고 장담한다. 샐리는 남자들은 절대로 구분할 수 없으니 헛소리하지 말라고 대꾸한다. 해리는 코웃음 치면서 오르가슴이 진짜면 자기가 모를 리 없다고 큰소리친다. 샐리는 이렇게 말한다. "모든 남자가 자기한테는 그런 일이 없노라 주장하고 대부분의 여자는 그런 적이 더러 있었노라 말한다면 실제로는 어떨지 계산해봐." 이윽고 샐리는 교성을 지르기 시작하더니 고개를 뒤로 젖히고 테이블까지 내리치면서 절정에 도달한 시늉을 한다. 그렇게 증명을 끝내고서 아무 일 없었다는 듯 샐러드를 포크로 집어먹는다. (이 장면은 옆 테이블의 중년여성―감독 로브 라이너의 어머니이자 배우인 에스텔 라이너―의 유명한 대사로 마무리된다. "나도 저 여자가 먹는 걸로 주세요.")

여성이 성관계 중에 이따금 오르가슴을 연기한다는 사실은 보통 남자들이 얼마나 바보 같은지, 여자들이 남자들을 어떻게 농락하는지에 대한 여자들끼리의 사적인 농담이나 유머로 치부된다. 하지만 이게 과연 재미가 있을까? 여성이 오르가슴을 연기하는 이유는 자신의 쾌락보다 파트너의 기분을 생각하기 때문이다. 게다가 여성은 나쁜 성관계를 빨리 끝내기 위해 전략적으로 가짜 오르가슴을 이용하곤 한다.[69] 문화평론가 릴리 루프부로가 2018년에 〈위크(The Week)〉에 기고한 글에서 알 수 있듯이 여성에게 '나쁜' 성관계란 강압적이거나 육체적으로 괴로운 종류이지만 남성에게 '나쁜' 성관계는 지루하거나 흥분되지 않는 섹스일 뿐이다.[70] 2015년 연구에 따르면 여성의 30퍼센트는 질 삽입 섹스에 통증을 느끼고 항문 삽입 섹스에서는 무려 4분의 3이 통증을 느낀다. 여성의 43퍼센트는 섹스에서 불편함을 느껴도 아무 말 하지 않고, 말을 한다고 해도 절반 정도는 파트너가 아무 조치도 취하지 않는다. 연구자들은 고통스러운 성관계가 여성들에게 '표준'이라는 점에 주목한다. 여성들은 종종 이를 악물고서라도 파트너를 기쁘게 해야 할 의무를 느낀다.[71]

여성은 섹스를 하면서 거짓말을 할 뿐 아니라 섹스를 피하기 위해서도 거짓말을 한다. 2012년 조사에서 원치 않는 성관계를 피하기 위해 거짓말을 한다고 응답한 여성은 61퍼센트나 되었다.[72] 어제오늘 일은 아니지만 딱 봐도 의심스러운 가짜 두통은 세 번째로 흔한 핑계다. 제일 흔한 핑계는 너무 피곤하다는 것이고, 두 번째는 내일 아침 일찍 나가야 한다는 것이다.

섹스에 대해서 거짓말하고 섹스를 하면서 고통받는 것은 우리가 불완전한 세계에서 필요를 충족시키는 방식이다. 권력은 우리가 자신의 욕망에 순응하도록 내몰고 우리는 그 욕망에 부응하지 못할 때 화를 피하기 위해 어쩔 수 없이 거짓말한다. 여성은 그들을 만족시킬 수 있다고 믿고 있는 남성에게 굴욕감을 주지 않기 위해 오르가슴을 연기한다. 남성이 불쾌해하는 것이 잠재적으로 더 위험하기 때문에 성적 쾌락을 가장하는 편이 낫다. 캐서린 앤젤이 《내일의 섹스는 다시 좋아질 것이다》에서 지적했듯이 여성 자신의 쾌락에 대한 생각이 여기에 영향을 받기 때문에 여성이 섹스에서 (그리고 다른 영역에서도) 무엇을 원하는가라는 질문은 껄끄럽다. 우리는 여성이 자기 자신도 뚜렷이 알아볼 수 있는 욕망을 쉬이 형성할 만한 조건 속에서 살고 있지 않다.[73]

정직하게 나가지 않는 전략은 다른 맥락, 다시 말해 성적이지 않은 맥락에도 배치되어 있다. 남성이 맨스플레인을 시작하는데 이미 아는 얘기라든가 잘못 알고 있다고 토를 다니 상대가 지루한 장광설을 다 풀어낼 때까지 기다리는 편이 더 쉽고 안전하다. 자칫 상대의 말을 끊었다가는 적의와 공격성에 맞닥뜨리기 쉽다. 문학자이자 문화평론가인 코리차 미첼은 주변화된 집단, 특히 유색인종의 성공이나 전문성이 특권적 정체성을 지닌 사람들의 심기를 거스를 때 발동하는 공격성인 '네 주제를 알아라'를 언급한다.[74] 때로는 누군가 자기가 제일 잘난 줄 알면 그냥 그렇게 내버려 두는 게 안전하다.

맨스플레인을 참아주는 태도는 여성이 실제보다 덜 똑똑한 척하는 광범위한 경향의 하나다. 내 여동생은 같은 반 여학생과 시험지를 서로 바꿔서 채점할 일이 있었는데 그 여학생이 자기 시험 점수를 조금 낮게 매겨 달라고 부탁했다고 한다. 점수가 너무 높으면 자기랑 어울리는 무리가 별로 좋게 보지 않을 거라나. 유별난 걱정이라기에는 타당한 이유가 있다. 사회학자 마리아 두 마르 페레이라의 2015년 연구에 따르면 영국의 남자아이들은 열네 살 무렵부터 똑똑한 여성이 그들의 남성성을 약화한다는 믿음을 얻고 이 때문에 또래 집단의 여자아이들은 자신의 총명함을 과소평가한다고 한다.[75] 이러한 압력은 성년이 되어서도 계속된다. 2016년에 미국에서 실시한 연구에 따르면 남성들은 지적인 여성은 매력이 떨어진다고 보고 지적인 여성이 특별히 미모가 뛰어날 때만 그러한 판단에 예외를 두는 경향이 있다.[76] 수많은 소녀와 여성이 '멍청함'을 가장하는 것으로 이러한 현실에 대처하기에 남성들은 자기가 더 똑똑하고 교양 있고 박식한 줄 안다. 어떤 맥락에서는 너무 영리해 보이는 것이 한 여성의 삶의 선택에 영향을 끼친다. 나의 중국인 친구는 박사 학위를 취득하려 할 때 부모의 반대에 부딪혔다. 여자가 공부를 많이 해봤자 차갑고 쌀쌀맞으며 반(反)가족적인 올드 미스(shengnu, 剩女)가 될 뿐이라나. 저널리스트 릴리 쿠오는 〈쿼르츠(Quartz)〉에서 이 현상에 대해서 글을 쓰면서 중국에서 유행하는 농담을 언급한다. 세상에는 세 가지 젠더가 존재하는데, 남성, 여성, 박사 학위를 취득한 여성이다.[77]

그리고 우리가 우리 몸을 더 받아들일 만한 것으로 만들기 위한 '거짓말'이 있다. 2017년의 한 조사에 따르면 남성의 63퍼센트는 "여성이 사람들을 속여서 매력적이라고 생각하게 하려고 화장을 한다"고 믿었다. 하지만 이 진술에 동의하는 여성은 절반에도 미치지 않았다.[78] 달리 말하자면, 화장은 흔히 기만적인 연출 방식으로 알려져 있다. 비슷하게 부정직한 신체 연출 방식으로는 염색, 뽕 브라, 보정 속옷, 제모, 성형수술, 피부 태닝이나 미백 등이 있다. 유색인종 여성들은 종종 피부 탈색 크림, 가발, 붙임 머리, 코나 눈이나 얼굴 윤곽 성형을 이용해 표준 '백인' 미녀에 좀 더 가까워지기 위한 '거짓말'을 해야 한다는 압박감을 느낀다.

피억압자들은 종종 정직하게 살아서는 도저히 잘살 수 없는 세상에서 살아남기 위해 거짓말을 해야만 한다. 다른 편이 내 삶을 좌우할 수 있을 때—정말로 내 생존 여부까지 그쪽에 달려 있을 때—부정직함은 생존의 필수 요건이 된다. 무고한 사람들(상당한 빈도로 유색인종)이 징역을 오래 살지 않기 위해 거짓말을 할 수밖에 없는 미국 형사 사법 제도의 플리바게닝*을 생각해보라. 혹은 피

플리바게닝(Plea Bargaining) 자신의 죄를 인정하거나 타인의 죄를 증언해주는 대가로 형량을 감면해주는 제도이며 유죄협상제로 불린다. 미국, 영국, 독일, 프랑스 등에서 시행하고 있다.

난처를 간절히 원하는 망명 신청자들이, 적대적인 북반구 선진국 (글로벌 노스) 정부들이 이해할 수 있는 좁은 의미의 고통에 눈높이를 맞춰 거짓말을 할 수밖에 없다는 점을 생각해보라. 작가 수케투 메타는 〈뉴요커〉에 기고한 글에서 이 같은 꾸며내기의 압력을 설명한다.

망명 신청자들은 위협받거나 구타당했다고 말하는 것으로 충분치 않다. 그들은 아주 비참한 경험을 제공해야만 한다. 강간을 당했다고 말하는 것으로는 충분치 않다. 당국 요원들은 상세한 이야기를 요구한다. 망명 신청자들이 이미 확립된 입소문과 경쟁하면서 자기들이 어떤 일까지 당했는지 점점 더 창의적으로 꾸며내기 때문에 이 잔혹한 사연들은 점점 부풀려진다.[79]

우리는 철학자 크리스티 도슨(Kristie Dotson)의 연구를 통해 이러한 전략적 불성실을 이해할 수 있다. 도슨은 주변화된 사람들이 정직의 결과가 본인에게 위험하게 돌아올지 모르기 때문에 침묵을 지키거나 증언을 번복한다고 설명한다. 억압당하는 집단의 구성원들은 자신의 경험을 왜곡하거나 일부만 말하는 편을 택하기 쉽다. 도슨은 이것을 '증언적 억압(testimonial smothering)'[80]이라고 부른다. 증언적 억압은 사람들을 스스로 침묵시키는 일종의 자기 검열이다. 타인과 원활하고 생산적인 대화가 제한되기 때문에 자신에게 필요한 것을 표현하고 충족시킬 수 있는 기회도 그만큼 줄어든다.

도슨은 킴벌리 크렌쇼의 연구[81]를 토대로 삼아 흑인 여성들의 가정폭력 경험 사례를 제시한다. 흑인 여성 입장에서는 흑인 남성에게 당한 폭력에 대해 목소리를 내거나 도움을 요청할 마음이 들지 않을 수 있다. 자신의 진술이 흑인 남성의 폭력성에 대한 인종차별적 고정관념을 강화하는 데 이용되고 그럼으로써 흑인 사회 전체에 더욱 고약한 결과(경찰의 인종 프로파일링, 총기 사용 진압 등)가 미칠 수 있기 때문이다(이러한 우려는 충분히 이해할 만하다). 따라서 이 여성들은 자신의 증언을 억압한다. 그들 자신에게 결코 좋은 일은 아니지만 그나마 덜 나쁜 선택이므로. 피지배집단 출신들은 마지못해 진실을 억압하는 정도가 아니라 **거짓 증언**까지 해야 하는 경우가 적지 않다. 그들은 말하자면 자기 보존을 위해 거짓말을 한다. 이 사람들은 그들의 삶을 제압하는 폭력적 형태의 권력과 흥정하는 셈이다.

우리는 타인의 거짓말로 입는 부정적 효과만 자주 생각하는데 선택의 여지가 없어서 거짓말을 하게 되는 사람이 치르는 대가는 어떠한가? 거짓말은 혈압, 심박수, 코르티솔 수치를 상승시키는 등[82] 신체와 정신 건강에 악영향을 끼친다.[83] 거짓말이 신경학적 적응에 이르면 나중에는 더 큰 거짓말도 술술 하게 된다.[84] 거짓말을 지어내고 유지하기란 피곤하고 스트레스가 심한 일이거니와[85] 인지 부조화를 최소화하려면 거짓말과 맞지 않는 기억은 삭제해야 하기 때문에 당사자의 진실에 대한 개념 작용에도 상당한 영향이 있다.[86] 게다가 기만이 들통나거나 의심받게 되면 평판이 심각하게 훼손되어 장차 당사자뿐 아니라 그와 정체성을 공유하는 다른 사람들까지도 신뢰도가 제한된다.

그러므로 증언적 불의에는 우리가 추가로 고려해야 하는 또 다른 층위가 있다고 하겠다. 억압은 개인의 신뢰를 떨어뜨릴 뿐 아니라 안전과 안락이 위협받는 상황에서 정직하게 진술할 수 있는 능력을 박탈하여 더욱더 신뢰할 수 없는 사람으로 만드는 경향이 있다.

신뢰 결여가
서로 충돌할 때

여성은 신뢰가 절실한데도 신뢰받지 못하는 경우가 많고 남성은 신뢰할 만하지 않은데도 신뢰를 거저 얻는 경우가 많지만 현실 세계에서는 억압의 여러 차원이 교차하기 때문에 이러한 해석은 충분하지 않다. 가장 흔한 예외는 유색인종 남성이 직면하는 신뢰 결여와 백인 여성이 직면하는 신뢰 결여가 충돌할 때 일어난다.

영국에는 남아시아 남성이 성 약탈자(sexual predator)라는 고정관념이 널리 퍼져 있다. 남아시아인들이 연루된 아동 성학대 사건들이 세간의 이목을 끌자 인종차별적인 평론가들은 이 사건들을 도덕적 공황(moral panic)을 조장하는 데 사용했다. 2017년에 노동당 출신 평등부 장관 사라 챔피언은 한 주요 신문에 다음과 같은 진술로 시작하는 글을 기고했다. "영국은 백인 소녀들을 강간하고 착취하는 파키스탄계 영국인 남성들 때문에 골머리를 앓고 있다. 그렇다. 난 그렇게 말했다. 그렇다고 내가 인종차별을 한다고 할 수 있나?"[87] (공식적으로 말하건대, 그렇습니다, 사라, 그건 인종차별 맞아요.) '무슬림 그루밍 갱(Muslim grooming gang)'이라는 용어가 지난 5년간 영국의 대중 담론에서 중요한 역할을 해 왔고 사람들이 이러한 범죄를 신고하거나 처벌하고 싶어도 인종차별로 고발당할까 봐 두려워 제대로 못 한다는 말이 자주 들린다. 하지만 여성은 강간의 가해자가 유색인종일 때 신고할 확률이 더 높다. 이때는 여성의 진술이 더 신뢰받는다는 것을 알기 때문이다. 2020년에 작성된 정부 보고서는 아동 성학대 조직의 주요 구성원은 30세 이하의 백인 남자들이라는 결론을 내렸다.[88] 어떻게 사라 챔피언과 영국 언론은 그렇게 잘못된 판단을 내릴 수 있었을까? 백인 남성의 성적 범죄는 과소평가하고 갈색 피부 남성의 성적 범죄는 부풀릴 준비가 되어 있었기 때문이다.

성적 학대와 성폭행에 대한 여성과 소녀 들의 진술은 신뢰를 **충분히 얻지 못하지만** 갈색 피부 남성들은 그러한 범행을 **너무 자주 의심받는다.** 지나치게 의심받는 집단은 그들만이 아니다. 흑인 남성은 오랫동안 백인 여성에게 위협적이고 폭력적이며 성욕이 과도한 존재로 간주되었다. 그 이유는 곧잘 생물학적인 것으로 돌려지거나, 흑인 남성이 인종차별에 복수하기 위해 백인 여성을 강간한 것이라는 피해자를 비난하는 희한한 사고에서 비롯된 것이었다. 앤절라 데이비스는 《여성, 인종, 계급》에서 이러한 경향의 역사를 서술한다. 백인 남자들이 모두 전쟁터로 나갔던 남북전쟁 당시에는 백인 여성을 강간했다는 혐의로 공개적으로 비난받는 흑인 남성이 없었다. 흑인 남성이 충동을 억제하지 못해 백인 여성을 강간한다는 생각은 노예제 폐지 이후에 린치를 정당화하기 위해 생겨난 것이다.[89] 흑인들이 노예였을 때 린치는 백인이 자신의 '사유재산'을 파괴하는 것이었지만 노예제 폐지 이후에도 린치는 계속 흑인들을 폭력으로 억압하는 주요 수단으로 쓰였다. 여성의 명예를 보호한

다는 명분만큼 야만적 살인을 사회적으로 납득시킬 수 있는 방법
은 없었다.

백인 여성들이 이 폭력적인 설정 내에서 자기 역할을 수행했다
는 것은 놀랍지 않다. 가장 유명한 사례의 주인공 캐럴린 브라이언
트는 1955년 8월 21일에 자기 집에서 운영하는 식료품점에서 열네
살 흑인 소년 에밋 틸을 손님으로 맞이했다. 틸은 추잉검을 사고서
돈을 브라이언트의 손에 건넸다. 흑인 손님은 으레 물건값을 계산
대에 두고 가게 되어 있는데 이 소년은 그러지 않았다. 그러고는 휘
파람을 불면서 가게에서 나갔다.[90] 나흘 뒤, 브라이언트의 남편과
남편의 이복형제가 틸을 총으로 위협해 납치하고는 끔찍하게 고문
하고 쏘아 죽였다. 그들은 시신에 무거운 것을 매달아 강에 내던졌
다. 이 살인사건 재판에서 캐럴린 브라이언트는 틸이 신체적, 언어
적 유혹을 했노라 주장했다. 이 두 살인자는 무죄 판결을 받았다.
2017년에 캐럴린 브라이언트는 역사학자 티머시 타이슨에게 자신
의 법정 증언은 지어낸 것이라고 시인했다.[91]

1955년의 캐럴린 브라이언트와 2020년의 에이미 쿠퍼를 하나의
선으로 연결해볼 수 있겠다. 에이미 쿠퍼는 센트럴파크에서 개에
게 목줄 채우라는 말을 듣고는 경찰에 전화를 걸어 "여기 어떤 흑
인 남자가 …… 날 카메라로 찍고 내 개를 위협하고 있어요. 당장
출동해주세요."라고 했던 백인 여성이다. 쿠퍼는 경찰이 흑인 남성
의 증언보다 자신의 증언을 믿어줄 거라 자신했기 때문에 (흑인 남
성이 찍고 있던 카메라를 보면) 말도 안 되는 주장을 했던 것이다.

그렇다 해도 백인 여성 대 흑인 남성이라는 구도는 지나치게 단
순하다. 유색인종 남성이 강간을 많이 한다는 속설을 타파하기 위

해 여성은 거짓말을 잘한다는 속설을 부추겨서는 안 되며 그 반대가 되어서도 안 된다. 그보다, 우리는 모두 기본적으로 자본을 보호하는 시스템 안에 있고 그 보호는 어느 정도 백인과 남성을 우위에 놓음으로써 실현된다. 우리는 여성의 진술을 가해자가 유색인종 남성으로 밝혀질 때까지는 믿지 않을 확률이 높다. 남성의 진술은 그 남성이 유색인종이 아니고 고소인이 백인이 아닐 때는 신뢰받을 확률이 높다. 그러면 우리는 지나치게 믿고 싶어 하는 경향이 있다. 두 충동 모두 동일하다. 백인 남성과 그들의 권익을 보호하려는 의도다. 유색인종과 백인 여성을 그들의 자리에 붙잡아 두어야만 제대로 돌아갈 수 있는 시스템을 보호하려는 의도 말이다.

둘째로 언급할 만한 복잡성도 있다. 미투운동의 해시태그 중 하나는 '여성을 믿어라'(#BelieveWomen)였다. 이 운동의 반대자들은 **모든** 여성을 무턱대고 믿는 게 말이 되느냐며 이 구호에 딴지를 건다. 물론 여자도 거짓말을 하고 잘못을 저지른다. 그건 누구나 마찬가지다. 그리고 마땅한 절차—비록 그 절차가 전면적 개혁을 요구할지라도—는 중요하다. 하지만 '여성을 믿어라'는 '**모든** 여성을 믿어라'가 아니다. '남자는 쓰레기다'와 마찬가지로 이 구호는 **총칭적** 일반화다(3장 참조). 이 구호의 진짜 의미는 '여성은 일반적으로 신뢰할 만하다'는 것이다. 그리고 이는 일반적으로 **사람들이** 믿을 만하다는 사실에서 비롯된다. 모든 사람은 공정한 증언 기회와 기본적인 신뢰를 누릴 자격이 있다. 우리가 여성과 관련하여 그 점을 지적해야만 하는 유일한 이유는, 여성이 단지 여성이라는 이유로 신뢰할 수 **없는** 사람 취급을 받기 때문이다.

수전 팔루디는 〈뉴욕타임스〉에 기고한 글에서 보수 성향의 정치

평론가들이 의도적으로 '여성을 믿어라'에 '모든'을 끼워 넣고 그런 식으로 조작된 구호 '모든 여성을 믿어라'를 비판 대상으로 삼았다고 지적한다.[92] 그리고 여성의 신뢰도에 관심이 많은 사람들 역시 이 조작된 구호를 무비판적으로 재생산했다. 우리는 이에 저항해야 한다. 단지 구호일지라도 부정확하게 사용되면 우리의 요구에 대한 신용을 떨어뜨리고 (시스젠더, 백인, 중산층) 여성의 증언에 피해를 입을 수도 있는 사람들을 소외시킬 위험이 있다. 우리가 **모든** 여성을 믿어서는 안 되고 **모든** 유색인종 남성을 믿어서도 안 된다는 것은 분명하다. 하지만 우리는 신뢰를 배분할 때 문제가 되는 패턴과 거기에서 비롯되는 차별적 폐해를 시인하는 것에서부터 시작해야 할 것이다.

나무의 증언을 듣자

2020년에 캘리포니아에서 일어난 8천 건 이상의 산불이 4백만 에이커를 태웠다. 결정적 요인은 두 가지였는데 하나는 기후 변화다. 기후 변화로 화재 기간이 길어지고 최고 기온이 경신되다 보니 숲은 재앙의 불씨에 타버리고 말았다. 또 다른 요인은 백 년이나 묵은 대형화재 진압 정책이다. 북미 토착민들의 지혜는 10년에 한 번 꼴로 숲의 하층 식물을 태워 없애기를 권한다. 그러한 하층 식물이 말라비틀어져 부싯깃 역할을 하면 더 크고 예측하기 힘든 불이 일어나기 때문이다. 고목의 나이테에는 이 예방적 소각의 흔적이 남아 있다. 주기적으로 표면이 불에 그을렸지만 나무가 죽지는 않았던 것이다. 수백 년 후에도 이야기를 들려줄 나무들이 남아 있다면, 그리고 그 이야기를 읽을 줄 아는 연륜(年輪)연대학자가 남아 있다면, 백 년간 화상의 흔적이 없는 것을 보고 원주민들이 경험한 증언적 불의를 읽어낼 것이다.

원주민들의 과학은 유럽인이 과학과 합리성을 '원시적인' 곳에 전수했다는 생각을 지켜야 했기 때문에 오랫동안 신빙성 없는 것으로 무시되었다. 지난 20여 년간 지구 온난화의 위협이 고조되면서 원주민 과학자들의 전문적 식견을 부인하기란 더욱 어렵고도 어리석은 일이 되었다. 지구를 건강하게 되돌리자면 그들의 지식이 꼭 필요하다. 오스트레일리아에서 원주민과 토러스 해협 섬 주민들로 구성된 삼림감시단은 산불 예방에 결정적 역할을 하여 화재 피해 지역을 줄이고 탄소 배출량을 극적으로 감소시켰다.[93] 티위섬 주민 윌리 리올리는 이렇게 말했다. "사람들이 과학에 귀 기울일 필요가 있습니다. 우리가 성공할 수 있었던 것은 전통 지식과 현대 과학의 협력 덕분이지요. 이 협력 덕분에 우리의 작업이 세상에서 가장 혁신적이고 성공적인 것이 됐습니다."[94] 마찬가지로 마오리족과 태평양 섬 주민 과학자들은 오랫동안 고래와 돌고래의 행동과 궤적을 추적해 왔기에 이 동물들의 개체 수 변화나 상업적 어업과 광업의 심각한 위험을 이해하는 데 필수적인 지식을 갖고 있다.[95]

원주민들은 증언적 불의를 겪었고, 그 결과 우리는 기후 위기를 피하거나 완화하거나 그로부터 살아남기 위해, 나아가 생물권의 나머지 구성원들과 균형을 이루며 살아가는 법을 생각하기 위해 필수적인 귀한 지식에 주의를 기울이지 못했다. 비슷한 맥락으로 우리가 여성, 유색인종, 트랜스젠더, 장애인, 그 외 주변화된 정체성을 지닌 이들의 신뢰도를 낮게 본다면 그들이 지식의 교환과 생산이라는 인간의 핵심 활동에 참여하는 것을 거부하는 잘못을 저지르는 것이다. 나아가 이 훼손되고 분열된 세상에서 뭐가 잘못됐는지, 어떻게 하면 고칠 수 있는지에 대한 필수적 설명 또한 배제하는 셈이다.

이 인식론적 빈곤의 결과는 측정할 수 있다. 일례로 영국에서 발행되는 온라인 뉴스가 인용한 '전문가'의 80퍼센트는 남성이었다. 사업과 경제 분야에서 특히 두드러지는 이 경향은 지난 10년간 변함이 없었다.[96] 이렇다 보니 여성의 말은 권위가 없다는 위험한 생각이 영영 굳어지고 만다. 하지만 더 큰 문제는 특정한 시각들이 배제된다는 것이다. 2018년의 한 연구는 경제학자의 성별만으로 경제 정책에 대한 견해를 어느 정도 예측할 수 있다는 결과를 내놓았다. 남성 경제학자는 시장에 맡기기를 선호하지만 여성 경제학자는 정부의 개입을 더 바람직하게 본다. 또한 여성은 환경 보호를 우선시하고 긴축 정책에 반대하는 편이다.[97] 여성으로서 살아온 경험이 그들의 정치적, 경제적 시각을 알려준다. 남성 경제학자들의 목소리만 인용한 결과, 어떤 정책 제안이 가장 지지할 만한가에 대한 여론이 바뀌고, 타인을 배제하면서까지 어떤 삶의 방식들을 공고히 하는 방향으로 정치적 결정에 영향을 끼쳤다.

증언적 불의에 이의를 제기하려면 우리가 의지하는 고정관념을 무너뜨리고 우리가 신뢰를 배분하는 방식을 근본부터 제대로 돌아봐야 한다. 무비판적으로 믿어서는 안 된다. 나아가, 우리가 이미 무비판적으로 신뢰를 내어주고 있다는 사실을 직시해야 한다. 누구를 믿어야 하는지에 대해 가랑비에 옷 젖듯 주입당한 견해에서 의식적으로 벗어날 때 우리는 분명히 진실에 좀 더 가까운 쪽으로 나아가게 될 것이다.

6장

누가
설명하는가

: 설명적 불의

남성이 자기가 똑똑하고 말을 재미있게 한다고 믿게 되었다면
대개 그는 말 욕심을 주체 못 하는 골칫거리가 된 것이다.
그의 부담스러운 목소리가 미치는 곳에서 다른 사람들은 대화가 불가능하다.
…… 말이 술술 나오는 수다쟁이라면 …… 적어도 골칫거리나
지겨운 인간이 되는 것만은 피할 수 있는 간단한 규칙이 있다.
그 규칙이란 그냥 말을 멈추고 생각을 하는 것이다.

— 에밀리 포스트, 《사회와 사업과 정치와 가정에서의 에티켓》(1922)

올더스 헉슬리가 1925년에 발표한 소설 《하찮은 이야기》에는 "잠재적으로는 자신이 선택한 어떤 것이든 될 수 있으나 게으름 때문에 무명으로 남은" 나이 든 사내가 자기 생각을 주절주절 늘어놓다가 잠시 멈추고 자기 옆의 젊은 여성에게 주의를 돌리는 장면이 있다. 그는 소설가로서 이미 성공한 그 여성에게 이렇게 말한다. "소설의 소재가 될 만한 아이디어를 줄게요, 거저예요." 여성 소설가는 그의 제안에 "더없이 감사하다"고 대답하지만 독자들은 벌써 그 여성의 발가락이 지겨움으로 오그라드는 것을 감지한다.[1]

맨스플레인이라는 용어가 등장하기 오래전부터 그러한 행위는 존재해 왔다. 이 용어는 리베카 솔닛의 글(나중에 그의 에세이집 제목이 되기도 한) 〈남자들은 자꾸 나를 가르치려 든다(Men Explain Things To Me)〉[2]가 발표된 후 페미니스트 블로거들이 만든 것이다. 솔닛은 파티에 참석했다가 그가 쓴 책들에 대해서 어떤 남성에게 질문받은 일화를 이야기한다. 솔닛은 자신이 가장 최근에 출간한 사진가 에드워드 머이브리지에 대한 비평서(《그림자의 강》)를 설명하기 시작하는데 그 남자가 대뜸 솔닛의 말을 자른다. "올해 머이

브리지에 관해 아주 중요한 책이 나왔다는 거 알아요?"라며 온갖 설명을 늘어놓는다. 함께 있던 친구가 솔닛을 가리키며 "그 책을 이 친구가 쓴 거예요."라고 몇 번이나 말하는데도 남자는 제대로 듣지도 않고 (본인이 실제로 읽지 않은 것이 분명한) 그 책을 열심히 설명한다. 솔닛은 자기가 직접 쓴 책에 대해 맨스플레인을 당하고는 너무 기가 막혀서 혹시 그해에 자기 말고 다른 누군가가 또 머이브리지에 대한 책을 썼나 잠시 생각한다.

솔닛의 에세이는 자기가 무슨 권위라도 있는 것처럼 달갑잖게 끼어들어 설명하고 가르치고 바로잡으려 드는 사람들의 반(反)사회적 행동을 폭로했다. 우리는 모두 저마다 맨스플레이너들과 부딪혔던 경험이 있고 소설 속 인물들만 놓고 본다면 그들은 지난 수 세기 동안 지겹도록 흔하게 보인 인간상일 뿐이다. 하지만 부적절한 설명의 진짜 문제는 무엇인가? 여기에 **도덕적으로** 어긋난 점은 없는가? 부탁하지도 않았는데 설명을 늘어놓는 사람들을 비난하는 것은 정당한가?

일반적인 경우라면 설명은 오히려 도덕적으로 칭찬할 만한 행동이다. 설명은 요긴하고, 너그러운 마음씨를 보여주며, 뭔가를 배우는 데 꼭 필요하다. 설명은 지식의 핵심 동력인데, '방법'과 '이유'를 알려줌으로써 세상을 이해하게 해준다. 하지만 바로 이러한 속성 때문에 설명은 위계, 조작, 불의의 도구로 쉽사리 이용된다. 누가 설명을 하는가라는 질문은 정치적 문제다.

설명이란
무엇인가

한 아이가 부모와 걸어가고 있었다. 그들은 어느 가게 앞에서 "실례합니다만 잔돈이라도 적선해주시면 안 될까요?"라고 구걸하는 노숙자를 지나쳤다. 부모는 눈길을 주지 않고 걸어갔고 아이는 당황해서 멍하니 입을 벌리고 몇 번이나 뒤를 돌아보았다. 노숙자가 아무 말도 듣지 못할 만큼 멀리 벗어난 후에야 아이는 부모에게 물었다. "왜 그 사람에게 한 푼도 주지 않았어요?" 부모는 주저 없이 대답했다. "노숙자 중에 마약중독자가 얼마나 많은지 몰라. 돈을 줘봤자 다 약값으로 써버릴걸." 이러한 설명은 아이의 마음속에 스며들어 새로운 연결을 만들고 오래된 연결들을 떼어낸다. 설명이 설명으로서 작용하고 세상에 대한 기존의 이해를 재정비하는 과정에서 편견의 모양이 만들어지기 시작한다.

설명이 처음의 추정을 수정하여 관찰한 바를 더 잘 이해할 수 있게 해준다면 그 설명은 성공한 것이다. 때때로 우리는 이 예화 속의 아이처럼 질문을 던지는 식으로 설명을 직접 요구한다. 또 어떤 경우에는 직접적으로 설명을 요구하지 않고도 설명에서 이익을 얻는 사람들이 있다. 다음의 두 직장 동료가 주고받는 대화를 보라. 그들이 사는 도시에서 바로 지난주에 성폭행 사건이 일어난 탓에 분위기가 뒤숭숭하다.

동료1: 번화가 끝자락에 새로 생긴 술집에서 그 여자가 나선 지 얼마 안 됐을 때 남자가 공격한 것 같아.

동료2: 여자애가 너무 안됐어. 끔찍하지 않아? 정말 충격이야. 좋
　　　은 동네에서 무슨 일이람. 우리 이웃이 그 여자애 식구들
　　　이랑 잘 아는 사이인데 정말 괜찮은 애라고 하더라고.
동료1: 글쎄, 신문에는 여자애가 그 남자랑 저녁 내내 얘기를 잘
　　　나눴다고 실렸더라. 그리고 내가 듣기로 여자애가 엄청 굽
　　　높은 신발을 신고 비틀거린 데다가 치마도 초미니였다던
　　　데?
동료2: 여자가 술을 마셨어?
동료1: 자기 발로 겨우 설 정도였다고 들었어. 그러니까 뭐…….
동료2: 어머, 그건 몰랐네. 그렇다면 좀 다르게 봐야겠군.

　처음에 동료2는 '그럴 만한 이유가 없는' 사람이 도발을 하지도
않았는데 공격당했다고 생각했으나 이 대화를 통해 피해자가 공격
을 부추긴 면이 없지 않다고 이해하게 됐다. 그는 아마 '공정한 세
상 가설(just-world hypothesis)'의 지지자로서 세상은 공정하고 누
군가에게 나쁜 일이 생겼다면 그 사람이 그런 일을 당할 만해서 그
렇다고 생각할 것이다. 이 세계관이 정말 '괜찮은 여자'가 끔찍한
일을 당했다는 사실에 흔들렸다. 그런데 동료1이 그 여자가 노출이
심한 옷을 입고 강간범과 미묘한 분위기에서 대화를 나누고 술에
취해 있었다고 **설명했기** 때문에 동료2의 세계관은 회복되었다.
　세계에 대한 우리의 '배경적 가정'*에서 어떤 '사실들'이 중요한
역할을 하는가라는 질문은 대단히 정치적이고, 그 사실들은 아마

배경적 가정(background assumption) 특정 사회 혹은 상황 내에서 통용되는 암묵적 전
제.

도 기존의 권력 배분을 안정화하는 것일 공산이 크다. 그것들은 우리가 대중매체를 통해 일상적으로 접하는 직접적이거나 간접적인 메시지에서 유래하거나 명시적으로 이의를 제기하는 경우가 거의 없는 억압적 고정관념에서 유래한다. 위의 예에서 대화 참여자들이 견지하는 시각은 도덕적으로 문제가 있고 경험적으로도 의문시되지만 심란하리만치 흔하다. 영국의 자선 단체 '여성에 대한 폭력 근절 연합(End Violence Against Women Coalition)'이 2018년에 실시한 조사에 따르면, 남성의 3분의 1과 여성의 5분의 1은 데이트 중에 여성이 추파를 던졌다면 그 후의 성관계는 여성이 동의하지 않았더라도 강간은 아니라고 생각한다. 〈인디펜던트〉가 실시한 2019년 조사를 보면 남성의 55퍼센트, 여성의 41퍼센트는 "여성이 입은 옷이 노출이 심할수록 추행이나 공격을 당할 가능성이 크다"고 생각했다.

설명은 놀라운 사건들을 놀라울 것 없는 사건들로 변환함으로써 작동한다. 설명은 고려 중인 사안을 다시 보게 하는 추가적 정보를 끌어들임으로써 작동한다. 설명은 매우 강력한 개입이다. 위의 사례들에서는 설명이 노숙자와 성폭력 피해자에게 해를 끼치는 세상의 '사실들'을 끌어들이거나 강화하는 데 쓰였다. 이런 의미에서 설명은 이데올로기를 고착화하기에 효과적인 방법이다.

지금까지 설명이 명백히 필요한 경우들을 살펴보았다. 맥락상 설명이 당연히 주어지는 것이 적합한 다른 상황도 있다. 나는 내가 가르치는 학생들에게 다양한 현상에 대해서 설명을 하는데, 대학이라는 맥락 안에서 그것이 교수인 내게 기대되는 역할이기 때문이다. 그다음으로는 설명이 필요하지 않거나 부적절한 상황들이 있다. 실수라면 그래도 괜찮다. 하지만 요청하지 않은 설명을 타인에게 일방적으로 들이미는 사람들의 패턴이 보이기 시작한다면 그건 괜찮지 않다.

스플레인, 무지에 기반한 자신감

가장 악명 높은 잘못된 설명의 하나가 맨스플레인이고, 그와 비슷한 종류에는 화이트스플레인(whitesplain＝white＋explain), 시스플레인(cissplain＝cisgender＋explain)이 있다. 이렇게 설명을 빙자하는 잘못된 행위는 사회적 정체성에 기반하여 자기보다 지적으로 열등하다고 여겨지는 사람에게 원치 않는 설명이나 조언을 제공할 때 발생한다. 그러한 개입이 부적절하고 상대가 요구한 것이 아닌데도 굳이 해설하고 정정하고 충고하기 시작하는 것이다. 이 원치 않는 개입을 '스플레인'의 사례들로 한데 묶을 수 있겠다. 스플레인은 '바야디즘(bayardism)', 즉 무지에 기반한 자신감의 하위 유형이다.

분명히 해 두겠는데 백인과 남성이 전문적 식견을 가질 수 없다는 얘기가 **아니다**. 특권층은 엄밀한 의미에서 전문가인 경우가 오히려 많은데, 그들이 교육과 고용의 기회를 더 톡톡히 누리기 때문이다. 심지어 주변화된 사람들에게 영향을 미치는 문제에서도 전문가일 수 있는데, 이때 그들의 경험 부족과 편향으로 인해 어느 정도 오차의 범위를 허용한다. 특정 집단이 쓸모 있는 발언을 할 수 없게끔 배제하는 방식으로 용어를 쓰는 사람들은 대체로 용어를 지나치게 확장한다. 논의 중인 사안에 대해 다른 사람들보다 전문성이 뛰어나지 않은데도, 그의 견해가 필요하다는 표시가 없는데도 자기 말을 듣는 사람들이 인종, 젠더, 계급 따위를 이유로 자기보다 식견이 떨어진다고 가정하고 주장할 때 스플레인이 성립한다. 물론 '전문성'은 모호한 개념이고, 나는 이 용어를 전통적으로 폄하되었던 전문적 식견, 다시 말해 공식적인 학업이나 훈련을 통해서 취득하는 종류의 전문성만이 아니라 개인의 특수한 경험을 통해서 쌓을 수 있는 앎까지 포함하는 넓은 의미로 사용하고자 한다.

스플레인은 특권을 지닌 사람들이 저지르기 쉽다. 특권은 스스로 권위와 자격이 있는 것처럼 느끼게 해주기 때문이다. 남성이라면, 백인이라면, 특히 동시에 그 둘 다라면 강력한 소속감과 안전을 느끼는 나머지 자신의 기여도는 과대평가하고 남들의 지식의 가치는 과소평가하기 쉽다. 우리는 이 책 5장에서 남성은 자신의 업무 능력에 대한 기대와 실제 수행을 철저히 과대평가하지만 여성은 외려 과소평가한다는 연구 결과들을 보았다.[3] 그러니 남성이 자기가 알지도 못하는 것을 안다고 생각하면서 돌아다니는 것도 놀랄 일은 아니다.

2019년에 여성들이 탐폰 가격에 대해서 불평하면 안 된다는 글을 페이스북에 떡하니 올렸던 시스 남성을 생각해보라. 그의 기이한 오류투성이 계산은 월경을 하는 사람은 매년 '최대 90개의 탐폰'이 필요하다는 주장으로 절정에 이르렀다.[4] 혹은 여성 사진작가 로라 도즈워스(Laura Dodsworth)가 여성 외음부의 노골적 근접 사진 100점을 모아서 내놓았을 때의 반응을 생각해보라. 이는 주류 포르노그래피에서 보여주는 바와 달리, 여성의 외음부가 크기와 모양과 색깔이 다양하다는 것을 인식시키기 위한 시도였다. 이 사진 연작의 제목은 '나와 나의 외음부(vulva): 100인의 여성이 모든 것을 드러내다'였다. 한 남성이 득달같이 튀어나와 "정확히는 질(vagina)이라고 해야지요"라고 지적했다. 당연히 정확한 용어는 외음부가 맞다. 그 남자는 자기 말이 맞다고 더욱 완강하게 나왔고 심지어 산부인과 전문의가 나서서 외음부가 맞다고 했는데도 끝내 자기가 옳은 이유를 납득시키려 했다. 이 남성은 맨스플레인을 하고 있다는 지적을 받자 상대가 말하는 맨스플레인의 정의까지 정정하려 들었다. 그는 맨스플레인도 잘못 알고 있었다.

흔히 넘어가지만 자주 관찰되는 스플레인의 한 변종은 웰스플레인(wealthsplain＝wealth＋explain)이다. 2020년에 영국의 하원의원 벤 브래들리—사교육을 받으면서 성장했고 하원의원으로서 영국인 평균 소득의 세 배 연봉을 받는다—는 빈곤층 아이에게 무상급식 바우처 지급은 결국 아편굴과 사창가에 돈을 대주는 것이나 다름없다며 반대를 표명했다.[5] 무상급식 바우처로는 오로지 식사 지급만 가능하므로 그의 발언은 분명히 복지 수당을 받는 사람들 일반을 비난하려는 것이었다. 비슷한 사례로 정치인이자 저널리스트인 아눈치아타 리스모그—남작 집안의 딸이자 백만장자 정치인 제이컵 리스모그의 여동생—는 생감자가 냉동 감자튀김보다 싸다는 트윗을 올리고 이렇게 설명했다. "품질이 나쁘고 건강에 해로운 음식이 항상 원재료보다 저렴하다는 믿음은 흔하게 반복되지만 부정확하다. 바로 그러한 믿음이 문제의 일부다. 예산을 생각해 식품을 구매하는 법과 요리를 함께 배우는 것이 중요한 이유가 여기에 있다."[6]

사람들이 멍청해서 예산에 맞게 장을 보지도 못하고 요리도 못하기 때문에 53페니 더 비싼 감자 칩을 구매한다는 식으로 가난과 굶주림을 설명하는 것은 잘못됐을 뿐 아니라 초점을 완전히 놓치고 있다. 식품 운동가 잭 먼로가 이 트윗에 답하여 지적했듯이 가난한 사람들이 인스턴트 식품을 더 많이 구매하는 이유는 요리할 시간과 에너지가 부족하고, 요리 도구와 추가 재료를 갖추고 있지 않고, 임시 거처에서 지내고 있거나 정신적·신체적 상태가 좋지 않을 확률이 높기 때문이다.[7] 냉동 감자튀김은 맛도 있고 우리가 필요로 하는 편리함과 즐거움을 준다.

화이트스플레인의 사례 역시 널리고 널렸다. 2020년 영국에서 '흑인의 생명도 소중하다' 시위가 일어났을 때 당시 외교부 장관 도미닉 라브는 그도 무릎을 꿇을 수 있느냐는 질문을 받고서 이렇게 대답했다.

이 무릎 꿇기에는 아마도 내가 모르는 더 광범위한 역사가 있을 테지만 〈왕좌의 게임〉에서 따온 것 같다는 말을 해야겠군요. 내게 그러한 행동은 자유와 해방의 상징보다는 복종과 종속의 상징처럼 느껴집니다.[8]

그의 화이트스플레인이 무릎 꿇는 행위, 나아가 '흑인의 생명도 소중하다' 운동의 무게감이나 신뢰성을 떨어뜨리는 것은 결코 우연이 아니다. 도미닉 라브는 "나는 두 사람을 위해서만 무릎을 꿇습니다. 여왕에게, 그리고 내 아내에게 청혼을 할 때 무릎을 꿇었지요."라고 (인종차별, 젠더 고정관념, 국가주의, 군주제주의까지 한데 꽉 채워 넣은) 야비한 부연 설명까지 덧붙였다.*

맨스플레인은 시스 남성이 개인적으로 겪을 수 없는 경험이나 신체 부위에 구애되지 않는다. 화이트스플레인 역시 아무도 청하지 않은 인종 관련 설명에 국한되지 않는다. 스플레인은 범위가 훨씬 넓고 거의 모든 주제와 관련해 발생할 수 있다. (주변화된 정체성과 관련된 스플레인 사례들이 가장 심란하고 분노를 자아내는 경향이 있지만 개인적이고 고통스러운 주제조차 설명을 통한 지배의 먹잇감이 된다는 점을 떠올리게 된다.)

한때 나와 한집에서 살았던 친구는 여성 연구자였는데, 박사 학위 주제는 시간 지각(知覺)에 관한 철학이었다. 친구는 이미 철학과 신경과학을 공부했기 때문에 그러한 심리철학 연구 프로젝트가 전문이었다. 하루는 우리가 어느 행사에 참석했는데 어떤 (백인 남성) 물리학자가 와서 친구의 연구에 대해 질문했다. 친구가 시간 지각에 대한 철학을 연구하고 있다고 했더니 그는 다짜고짜 친구의 말을 끊고 말했다. "아인슈타인이 시간에 대해서 아주 중요한 연구를 남겼죠." 친구가 아인슈타인의 연구에 대해 들어본 적도 없을 거라는 듯한 말투였다. 그는 거기에서 그치지 않고 "내가 쓴 책들도 당신에게 유용할지 모릅니다"라면서 자신의 저서 제목들을 늘어놓았다. 연구에 하등 도움이 안 되는 책들이었지만(그 남자는 시간에 대해서 연구하는 물리학자가 아니었으니까) 그 남자가 잊어버리면 안 된다고 불안해했기 때문에 내 친구는 제목을 받아 적는 시늉을 했다.

철학자 케이시 존슨(Casey Johnson)은 이런 경우가 '화행 혼동

---

* 이 발언은 도그휘슬의 한 예로도 볼 수 있다. (저자 주)

(speech act confusion)'이 발생하는 특수한 유형의 스플레인과 관련된다는 이론을 제시한다.[9] 이런 상황에서 어떤 주장을 하려고 하는데 상대는 그 화행의 종류를 오해한다. 그래서 상대의 말을 주장으로 듣는 게 아니라 질문으로 듣든가, 아니면 상대가 설명이나 주장을 원한다고 추정하고 마치 정보를 요구받기라도 한 것처럼 반응한다.

존슨은 남성이 여성의 주장을 설명이나 조언에 대한 요청으로 오해하는 이유는 대화의 평가에 젠더를 포함시켜 상대의 권위를 낮추어 평가하기 때문이라고 지적한다. 이 또한 **증언적 불의**의 한 예다(5장 참조). 여성은 단지 여성이라는 이유로 신뢰 결여의 대상이 된다. 맨스플레인은 남성이 여성의 주장을 요청으로 착각하기 때문에 발생한다.

우리는 늘 사회적 역할과 정체성을 기반으로 삼아 대화를 나누는 사람들의 의도를 평가한다. (나의 여성 상사가 얘기를 좀 해도 되겠느냐고 할 때의 의도와 낯선 남자가 술집에서 얘기를 좀 해도 되겠느냐고 할 때의 의도는 다르다.) 그러나 개인의 젠더는 주장을 주장으로 받아들이는 대신 요청이라고 판단하기에 정당한 근거가 아니다. 이건 성차별주의에 해당한다. 뿐만 아니라 여성의 주장과 설명이 남성에게 정보 요청으로 받아들여지거나 그 주제에 대한 남성의 견해—그 분야에 식견이 없을지라도—를 피력해 달라는 뜻으로 받아들여진다면 여성은 지식 생산에 온전히 참여할 수 없다. 맨스플레인은 지식을 창조하고 전달하는 여성의 능력을 침식하는 성차별적 대화 습관이다.

나 또한 그런 식으로 치이고 당한 경험이 셀 수 없이 많지만 특

히 기억나는 일이 있다. 2, 3년 전인가, 술집에서 친구들과 여자축
구 월드컵 중계를 보고 있었다. 전반전이 끝나고 쉬는 시간에 한 친
구가 자기 남자친구를 데리고 와서 우리와 합류했다. 그 두 사람은
몬티 홀 문제를 두고 논쟁을 벌였다. 몬티 홀 문제*는 미국의 TV
오락 프로그램 〈거래를 합시다(Let's Make a Deal)〉에서 이름이 유래
한 수학 퍼즐인데 단순하지만 직관을 거스르기 때문에 만만치 않
다. 여기서 자세히 다루지는 않겠지만 아직 접한 적이 없다면 한번
풀어보는 것도 재미있을 것이다.[10] 나는 몬티 홀 문제를 꽤 좋아한
다. 십 대에는 몇 주씩 매달려 정답을 구하는 법을 여러 가지로 생
각해보곤 했고 대학원생 시절에는 논리학 수업에서 직접 가르치기
도 했다.

　내 친구(유색인종 여성)는 그 문제의 정답이 실제로 정답이 맞다
고 주장하는 중이었다. 그의 남자친구(백인 남성)는 웃기는 소리 하
지 말라고 했다. 나는 지갑에 처박아놓은 영수증을 꺼내 뒷면에 직
접 표를 그려 가면서 내 친구의 주장이 옳은 이유를 설명했다. (그
문제를 접한 적 없는) 다른 친구들은 내 설명을 따라오면서 왜 직관
적으로 떠오른 답이 틀렸는지 이해했다. 하지만 그 남자친구는 내
가 틀렸고 내 풀이 과정은 말이 안 된다고 했다. 나는 당황하지 않
았다. 그건 원래 직관을 거스르는 문제―그래서 흥미로운 문제
다―이고 풀이 방법이 여러 가지가 있기 때문에 나는 둘째 풀이 방

몬티 홀 문제(Monty Hall problem) 세 개의 문이 있는데, 한 개의 문 뒤에는 자동차가
있고, 나머지 두 개의 문 뒤에는 염소가 있다. 문 하나를 선택하면 나머지 두 개의
문 중에 염소가 있는 문 하나가 열리게 된다고 치자. 이때 처음에 선택한 문과 아
직 열리지 않은 문을 바꿀 기회를 준다면 선택을 바꾸는 것과 바꾸지 않는 것 중
에 무엇이 유리한지 묻는 확률 문제다.

법을 설명하기 시작했다. 그의 여자친구가 내가 수학 전공자라고 그에게 알려주었다. (그는 수학에 일반인 이상으로 조예가 깊은 것도 아니었다.) 그는 어깨를 으쓱하면서 고집스럽게 내가 틀린 거라고, 답이 너무나 명백한데 왜 우리 중에 그걸 아는 사람이 아무도 없는지 모르겠다고 했다. 내가 졌다. 내가 무슨 말을 했는지는 기억나지 않지만 내 말투는 기억난다. 분하고 화나고 퉁명스러운 말투. 그는 웃으면서 나보고 왜 그리 과몰입하느냐고 했다. 그냥 수학 문제일 뿐인데 화를 낼 필요가 있느냐면서.

하지만 화를 낼 이유는 충분하다. 어느 수준 이상의 수학은 원래 어렵다. 열심히 공부해야만 잘할 수 있다. 제대로 공부하고 그 분야에서 연구를 한다고 치면 수학만큼 성차별적인 학문 분과도 없기 때문에 처음부터 자신이 내면화한 성차별주의와 분연히 싸워야 한다. 내가 힘들게 얻은 전문적 식견이 그토록 쉽게 평가절하되는 것은 원치 않았다. 더구나 내 지식에 이의를 제기한 사람이 자신이 그럴 자격이 있다고 생각하는 이유는 단지 백인 남성이라는 것밖에 없었다. 그는 나를 전문가로 인정하려 들지 않았고, 나는 설명을 하려 했지만 거부당했으므로 모욕감을 느꼈다. (그날 밤 우리 모임에 그 문제를 들고 온 장본인은 그였고, 나는 설명을 요청받은 입장이었다.) 따로 놓고 보면 사소한 모욕이지만 내가 그동안 비슷한 부류의 남성들에게 당했던 비슷한 종류의 모욕이 이미 산더미인데 그 산에 또 하나가 쌓인 것 같았다. 스플레인은 이런 면에서 종종 미세 공격(micro-aggression)이다. 하나하나는 사소하고 표가 안 나기 때문에 우리도 자칫 저지를 수 있는 사려 깊지 못한 행동 정도로 보고 어깨 한번 으쓱하면 그만일 것 같다. 하지만 어디에 선을 그어야 하며,

어떤 대가를 치러야 하는가?

스플레인은 자신의 권위는 주장하면서 타인이 마땅히 누려야 할 신뢰성을 부정하는 방식 중 하나이기 때문에 유해하다. 스플레인은 특권의 징후인 동시에 원인이다. 이 행위는 오랜 시간에 걸쳐 특정 집단을 대담하게 만드는 반면, 그들을 제외한 다른 모든 이는 대화의 여지가 줄어들기 때문이다. 리베카 솔닛은 〈남자들은 자꾸 나를 가르치려 든다〉에서 맨스플레인의 효과가 얼마나 멀리까지 미치는지 이야기한다.

여자라면 누구나 내 말을 이해할 것이다. 이런 현상 때문에 여자들은 어느 분야에서든 종종 괴로움을 겪는다. 이런 현상 때문에 여자들은 나서서 말하기를 주저하고, 설령 그들이 용감하게 나서서 말하더라도 귀 기울이는 이가 드물다. 이런 현상은 길거리에서 일어나는 성적 괴롭힘과 마찬가지로 젊은 여자들에게 이 세상은 당신들의 것이 아니라고 넌지시 암시함으로써 그들을 침묵으로 몰아넣는다. 이런 현상 때문에 우리는 자기 불신과 자기 절제를 익히게 되는 데 비해 남자들은 근거 없는 과잉 확신을 키운다.[11]

사정은 더욱 나빠지고 있다. 맨스플레인과 화이트스플레인이 어찌나 흔한지 유색인종과 여성은 자신의 권위를 의심하게 되곤 한다. 자신이 전문가가 되기까지 열심히 수련해 왔다는 걸 알더라도, 우리의 경험에서 귀중한 배움을 얻었다는 것을 알더라도, 누군가의 지나친 자신감이 자기 의심의 불길을 부채질할 수 있다. 자신이 사기꾼인 것 같은 기분이 드는 것이다.

여기에는 또 다른 일면이 있다. 주변화된 사람들의 전문적 식견을 위협적이고 과도하며 어울리지 않는 것으로 보고 앙심을 품는 이들이 있다. 이러한 이유로 자신이 지닌 전문성을 소극적으로만 발휘하는 경우가 적지 않다. 심지어 너무 소극적이어서 전문가로 인정받지 못할 때도 있다. 우리는 자신의 가치를 너무 내려친다. 이것은 '이중 구속'이다. 우리의 폄하에는 자신의 책임도 일부분 있다. 우리는 꼬투리 잡히지 않으려고 애매한 말이나 한정어, 부가 의문, 강조어를 사용하여 우리의 진술을 누그러뜨리고 주장처럼 들리지 않게 하려고 우리의 발언에 양념을 친다.[12] '내 생각에', '일종의', '같아요', '아마도' 따위를 끼워 넣어 공연히 확신이 없는 것처럼 말한다. 우리의 전문성을 오그라뜨려 우리의 위축된 자신감이 허용하는 수준, 사회의 비루한 관용이 주변화된 사람들의 전문성을 수용하는 수준에 끼워 맞춘다.

무엇이 설명되고,
무엇이 설명되지 않는가

일단 입 밖으로 나온 설명은 세상을 바꿀 수 있다. 설명은 그것을 받아들이는 이에게 **어떤 작용을 한다**. 설명은 세상에 대한 우리의 믿음을 수정하고 세상에 대한 우리의 이해를 변화시킨다. 그래서 설명은 필연적으로 정치적이다. 이 정치성의 일면은 무엇이 설명되고 무엇이 설명되지 않은 채로 남느냐라는 물음에 있다.

TV 뉴스는 거기서 다루는 분쟁들의 원인을 좀체 설명하지 않는다. 그런 걸 설명했다가는 자칫 유럽 식민 권력과 서양 제국주의를 연루시키게 될 테니까. 특정 국가, 기관, 개인의 부와 그 나머지의 빈곤은 거의 설명되지 않고 되레 당연한 것으로 여겨진다. 백인 남성과 소년의 살인 행위는 곧잘 외로움, 가난, 정신질환으로 설명되지만 유색인종 남성과 소년의 살인 행위는 그들이 유색인종임을 짚을 뿐 설명되지 않기 때문에 유색인종에게 본질적으로 어떤 폭력 성향이 있을지 모른다는 추론의 여지를 남긴다. 셰린 마리솔 미라지와 진 뎀비가 팟캐스트 〈코드 스위치(Code Switch)〉에서 지적했듯이 이민자와 유색인종은 아무 설명도 없이 걸핏하면 백인의 문화적 레퍼런스를 '숙지'하고 있으리라 추정된다. 반면 인종차별을 당하는 집단의 문화적 레퍼런스가 설명 없이 이해될 수 있는 것처럼 불쑥 언급되는 경우는 없다. 이를 통해 청자나 독자는 누가 중심에 있고 누가 주변인인지 떠올리게 마련이다.[13]

설명을 하게 되는 자가 누구인지 주시할 필요가 있다. 설명이 중심을 차지하는 직업이나 사회적 역할이 있다. 그중에서도 학자, 저술가, 언론인, 정치인은 다른 모든 이에게 영향을 끼치는 설명을 손에 쥐고 있다. 설명은 부모 역할과 교사 역할의 중요한 부분이기도 하다. 부모의 영향력은 자신의 자녀에 한정되고, 교사는 중앙에서 통제하는 교육 과정에 매여 있기는 하지만 말이다.

위에서 언급한 직업에 종사하는 이들은 대체로 동일한 사회 계급에 속한다. 따라서 우리가 받아들이는 거의 모든 설명, 그리고 그러한 설명이 우리에게 세상을 그려 보이는 방식은 소수의 특권층이라는 필터를 거친 것이다. 그들은 다양한 플랫폼(대중 연설, TV 출현, 소셜미디어 등)을 통해 다수에게 접근할 수 있다. 따라서 그들은 세계를 이해하는 우리의 방식을 결정하는 지배적이고 관습적인 설명을 창조하고 분류 편집하고 전달할 수 있다. 그들의 경험은 상당히 제한적일 뿐 아니라 자신들에게 유리한 현 상태를 공고히 하는 설명을 선호하기 쉽다. 아니면 적어도, 앞으로도 자신에게 유리한 플랫폼을 고수할 가능성이 높다.

설명을 독점한 자들이 주변화된 집단의 욕구에 부응하는 설명—그들의 억압에 이의를 제기하기 위해 필요한 설명도 여기에 포함된다—을 개진할 의지나 능력이 있을 가능성은 매우 낮다. 결과적으로 주변화된 집단의 구성원들은 자신의 경험을 진술하거나 자기와 관련된 부정확한 설명을 바로잡는 데 동원할 수 있는 개념적 자원이 부족하다. 그들은 **설명적** 불의에 놓여 있다.[14]

'이해해주지 않기' 전략

2017년에 방송된 영국의 리얼리티 TV 프로그램 〈어프렌티스 (The Apprentice)〉에서 여성 참가자들은 런던의 금융 지구에 설치한 버거 매대의 수익을 극대화하기 위한 판매 전략을 논의한다. 유명인 사업가 카렌 브래디는 나중에 업계의 거물 앨런 슈거에게 보고할 작정으로 그들의 대화를 엿듣는다.[15] 한 참가자가 금융 지구는 남자들이 대다수이기 때문에 판매팀은 확실히 '매력적'이어야 한다고 발언한다. 이 대목에서 브래디가 끼어든다. "'매력적'이어야 한다니, 무슨 뜻입니까?" 참가자는 아까보다 망설이며 대답한다. "판매원은 물건을 잘 팔아야 하고 …… 내가 하려는 말은, 남자들에게 응대를 잘해야 한다는 거예요." 브래디는 그 참가자를 다그

친다. "아니, 난 당신이 무슨 얘기를 하는지 모르겠군요. 도대체 무슨 말이에요?" 참가자 전원이 입을 꾹 다문다.[16]

브래디는 **분명히** 그 말이 무슨 뜻인지 알고 있었다. 우리 모두 알고 있다. 그 참가자는 남자들이 젊고 예쁜 여자의 접근을 즐기기 때문에 그런 여자가 더 많은 판매 수익을 올릴 수 있다고 말한 것이다. 게임의 목적은 돈을 버는 것이었으므로 그 참가자는 성차별적인 현실에 편승해 팀원 중에서 으레 매력적이라는 말을 듣는 여자들을 판매에 배치하는 것이 좋다고 생각했다. 완벽하게 이치에 맞는 생각이다. 수익의 극대화가 유일한 목표라면 그게 이기는 전략이다.

하지만 브래디가 취한 행동은 영리하고도 강력한 것이었다. 브래디는 무슨 말인지 못 알아듣는 척함으로써 참가자가 기꺼이 성차별적 규범을 이용하고 있고 더욱 강화하고 있음을 인정하도록, 아니면 본인의 추정에 얼마나 문제가 많은지 직시하도록 몰아갔다. 그 방법은 통했다. 브래디의 추궁에 이어진 침묵은 깨달음과 당혹감의 표현이었다. 교훈으로 삼을 만한 순간 아닌가. 이해하지 못한 척하기는 강력한 전술이 될 수 있다. 우리는 수시로 우리에게 해를 끼치는 시스템을 이해하고 그 시스템에 영합할 것을 요구받기 때문에 특히 그렇다.

1980년대에 뉴욕시의 점포 소유주들은 '바람직하지 않아 보이는' 고객의 입장을 거부하기 위해 입구에서 고객을 심사하는 시스템을 사용하기 시작했다. 바람직하지 않다는 판단의 근거는 주로 인종이었다. 가게 주인들은 흑인들이 주위에 어슬렁거리면 위험하고 도난이 자주 발생한다는 인종차별적 고정관념에 근거하여 흑인 손님들의 접근을 막으려 애썼다.[17] 흑인 법학 교수 퍼트리샤 J. 윌리엄스는 흑인에게 백인 업주와 판매원의 논리를 **이해해** 달라고 호소하는 방식으로 공개 토론이 이루어졌다고 설명했다. 그는 〈뉴욕타임스〉에 실린 백인들의 편지를 인용했다. 그들은 흑인 독자들에게 그들도 자기 입장이면 흑인 손님들을 거부하지 않겠느냐고 했다. 윌리엄스는 이렇게 썼다. "흑인들이 백인 점주들의 입장에 서야 한다는 요구가 거듭되었기 때문에 결과적으로 흑인들은 '겁에 질린 백인의 얼굴'을 거울삼아 그들이 바람직하지 않은 존재라는 현실을 보게 되었다."[18]

흑인들은 차별 정책을 **이해하고** 자신들이 거부당할 만하다고 **인정하라는** 요구를 받았다. 자신들이 거부당하는 것을 응원하라는 요구를 받았고, 자신들을 폭력적이고 위협적이라고 규정하고 인종 프로파일링을 정당화하는 논리를 받아들이라는 요구를 받았다. 이것은 인간을 주변화하는 발언으로 이루어지는 대화의 전형이다. 화자들이 으레 쓰는 표현들, 가령 '그 입장에서 생각해보세요', '그건 당신이 이해해야 해요', '당신도 당연히 알 수 있겠지만', '말할 필요도 없겠지만', '내 말 이해했지요', '당신도 내가 무슨 말을 하는지 알 겁니다' 따위는 이미 나온 얘기가 명백하고 말이 된다는 데 동의할 것을 촉구한다. 〈어프렌티스〉 참가자가 이렇게 하려고 했고, 1980년대 뉴욕시 점주들도 이렇게 하려고 했다. 이것은 억압적 추정을 직접 진술하지 않고도 언급하는 방법이다. 이 일반적인 대화 전략의 사례는 셀 수 없이 많다.

2009년에 〈폭스뉴스〉의 진행자 브라이언 킬미드는 어느 이슬람교도에게 이렇게 물어본 적이 있다고 말했다.

"정밀 수색에 대해서 어떻게 생각해요? 공항에서 말이에요." 그러자 그 사람이 말했습니다. "전적으로 찬성해요. 나 역시 가족이 기다리는 내 집으로 가고 싶으니까요." 그게 바로 마땅한 태도일 겁니다. 그러니까 당신이 이슬람교도이고 군인이라면 **이해해야만 해요.** ...... 그것이 바로 지금 우리에게 선포된 전쟁의 현실입니다.[19]

'이해해야만 해요'는 나의 강조다. 킬미드는 이슬람교도에게 인종 프로파일링을 지지하라고 요구한다. 더 고약하게는, 그들이 '올바른' 태도를 취해야 한다고, 즉 인종 프로파일링 실태를 떠받치고 있는 추정을 받아들이고 공감해야 한다고 말한다.

록산 게이는 《나쁜 페미니스트》에서 집세를 내기 위해 집주인의 사무실에 찾아갔던 일을 회상한다.[20] 마침 몇 주 전에 한국인 학생들이 집주인이 세놓은 다른 집에서 이사를 나간 참이었다. 집주인의 비서는 그 집을 환기하느라 무척 고생했다면서 "믿을 수 없을 정도의 냄새였어요"라고 했다. 게이가 할 말을 잃고 놀라서 고개를 끄덕거렸더니 그 비서는 한술 더 떠 "당신도 그 사람들이 어떤지 알지요?"라고 덧붙였다. 게이는 이 말에 경악하며 "아뇨, 무슨 말인지 모르겠어요"라고 대꾸했다.

앞에서 보았듯이 설명은 상대에게 받아들여지면 그가 세계를 이해하는 방식을 변화시키는 화행이다. 설명 과정은 협력적 기획이다. 이것을 깨닫는다면 성차별적이거나 인종차별적인 설명, 또는 오류가 있거나 인간을 주변화하는 설명에 저항할 수 있는 새로운 전망이 열린다. 주어진 설명을 거부할 수 있다. 이 거부가 단순하게 "아뇨, 난 모르겠어요", "당신이 무슨 말을 하는 건지 모르겠군요"로 나올 수 있다. 카렌 브래디와 록산 게이가 사용한 강력한 방법은 문제 있는 시각을 답습한 사람이 더 확실하고 분명한 표현으로 다시 말해보게끔 몰아세운다. 덕분에 그들은 쉽게 정신을 차리고 자신의 결점을 더 분명히 보게 된다. 주변화하는 행동이나 관점을 설명할 때는 종종 모호하고 완곡한 표현에 의존한다. 어떤 사람이 자신의 추정을 명시적으로 말해야만 할 때는 자신이 무슨 말을 하고 있는지, 그 추정을 과연 정당화할 수 있는지 더 면밀하게 성찰해야 한다.

나는 이 전략을 '이해해주지 않기(disunderstanding, 의도적인 deliberate과 비이해misunderstanding의 혼성어)'로 명명했다.[21] 여러분이 이해해주지 않으면 상대는 자신의 설명을 떠받치는 의심스러운 추정을 드러낼 수밖에 없다.[22] 물론 이해해주지 않는 능력은 순전히 본인이 어떤 사람이냐에 달렸다. 모든 저항이 그렇듯 설명에 대한 저항에도 위험이 따른다. 특히 권력이 있는 사람들은 자신의 권위가 도전을 받거나 남들에게 멋지게 설명을 하고서 느끼는 우월감을 부정당할 때 방어적이고 야비한 태도를 취하기 쉽다. 저항의 욕구를 가장 간절하게 느끼는 사람들은 저항의 대가가 가장 크고 위험하게 돌아오는 사람들이다.[23] 유색인종과 백인 여성은 설명에 도전하기보다는 일방적으로 설명을 들어줄 것으로 곧잘 기대된다. 이러한 이유로 우리 중 일부가 이따금 '배경적 가정'을 바꾸고 싶지 않아 하면서도 우리를 주변화하는 설명에 동의를 표해야 할 것만 같은 압박감을 느끼는 것도 무리는 아니다. 앞장에서 보았듯이 장단을 맞춰주는 것—오르가슴을 꾸며내거나 맨스플레인을 참아주는 식으로—이 어떤 상황에서 벗어나는 가장 안전한 방법일 수 있다. 하지만 우리는 다른 사람들이 쉽게 제기하지 못하는 이의를 제기함으로써 연대를 실천할 수 있다.

도덕적으로 혼란스러운 설명에 이의를 제기하지 않으면 그 설명이 세상에 계속 해를 끼치도록 용인하는 것밖에 안 된다. 설명을 거부할 수 있는 가능성은 아주 뚜렷한 의무를 암시한다. 그 의무의 실행은 세상을 더욱 공정하게 만들 뿐 아니라 세상에 대한 우리의 지식을 더욱 첨예하고 강력하게 연마한다. 피해자 비난 반대 운동가들이 이따금 하는 말마따나 "옷차림이 동의를 뜻하지는 않는다." 그리고 옷차림은 설명도 아니다.

7장

'지나친' 정치적 올바름

: 예절과 금기

우리는 솔직히 우리의 공동체를 쪼개고 소수인종과 성소수자를 비하하고

트랜스젠더의 존엄성을 부정하는 데 일찌감치 동의했다는 것을,

우리가 사실상 표현의 자유의 원칙에 의해 망가질 용의가 있다는 것을

인정해야 할 것이다.

— 주디스 버틀러, 〈표현의 자유의 한계〉(2017)

2015년 미국 공화당 대통령 후보 1차 토론의 진행을 맡은 〈폭스 뉴스〉 앵커 메긴 켈리는 도널드 트럼프의 여성혐오를 짚고 넘어가 고자 했다.

　후보님은 자신이 싫어하는 여성들을 뚱보 돼지, 개, 게으름뱅이, 역겨운 동물 등으로 불렀지요. …… 후보님 트위터 계정에도 여성의 외모를 비하하는 글이 몇 개나 있고요. TV 리얼리티 프로그램 〈셀러 브리티 어프렌티스(The Celebrity Apprentice)〉에서는 여성 출연자 에게 무릎을 꿇으면 좋은 그림을 보게 될 것 같다고 말한 적도 있지 요.* 그런 것이 우리가 대통령으로 뽑을 만한 사람의 자질로 여겨지 십니까?[1]

트럼프는 순간적으로 주저하는 기색조차 없었다. 그는 우레와 같은 박수에도 다음과 같이 맞받아쳤다.

---

* 구강성교를 암시하는 성적 괴롭힘.

나는 이 나라의 커다란 문제가 정치적 올바름이라고 생각합니다. 많은 이들이 나에게 이의를 제기했습니다만 솔직히 나는 정치적 올바름을 전적으로 지킬 시간이 없습니다. 그리고 까놓고 말하자면 이 나라도 그럴 시간이 없기는 마찬가지입니다.[2]

트럼프는 자기가 뭘 하고 있는지 잘 알고 있었다. 미국에서 실시한 여론조사에서 응답자의 80퍼센트는 "정치적 올바름(Political Correctness, PC)이 미국에서 문제가 되고 있다"고 생각하는 것으로 나타났다.[3] 영국에서는 주변화된 집단의 요구에 양보했다는 의혹이 제기되면 불만이 터져 나오기 십상이다. "정치적 올바름이 맛이 갔네!" 여론조사에서도 영국인의 3분의 2가 "요즘은 다른 사람들의 발언에 너무 쉽게 불쾌감을 느낀다"라는 진술에 '그렇다'고 답했다.[4] 워키즘*은 인종차별주의와 종교적 근본주의에 뒤이어 셋째로 우려되는 '주의(-ism)'지만 응답자의 38퍼센트는 이 용어가 생소하다고 인정했다.[5]

워크는 20세기 초 아프리카계 미국인들의 토착 영어에 뿌리를 두고 있는데, 당시에 이 단어는 특별히 깨어 있고 경계심이 남다른 사람을 가리켰다. 시간이 흐르면서 이 단어는 구체적으로 인종차별에 대한 의식과 연결되었고, 최근 몇 년 사이에 주류 표현으로 부상하면서 모든 형태의 불의에 대한 민감성을 지칭하게 되었으며, 요즘은 '정치적 올바름'과 동의어처럼 쓰이고 있다.

워키즘(Wokeism) '깨어 있다'라는 뜻의 단어 '워크(woke)'에서 파생한 말이며, 1930년대 흑인 인권 운동에서 처음 사용되기 시작했다. 정치적인 의식을 지니고서 인종차별이나 사회적 불의를 경계하고 비판하는 경향을 가리킨다.

정치적 올바름이 현재 대중 담론에서 차지하는 위상에 어떻게 이르렀나에 대해서는 많은 이야기가 있다. 옛날에 이 말은 주어진 이슈에 대해서 군소리 없이 당의 노선을 철두철미하게 따르는 사람들에게 쓰는 욕과도 같았다. 1943년에 〈뉴욕타임스〉는 '제3제국에서 개인의 자유가 사라지고 있다'라는 헤드라인의 기사를 실었다. "(나치 독일에서) 언론인들은 모두 허가를 받아야만 활동을 할 수 있는데, 어떤 허가는 정치적으로 올바른 견해를 지닌 순수 '아리안족'에게만 주어진다. 심지어 허가받은 후에도 신중하게 처신해야 한다."[6] 1970년대와 1980년대에 페미니스트들과 그 밖의 좌파 집단들은 이 용어를 자기들끼리 반어적으로 사용하곤 했다. 그들은 사회 변화를 원했지만 '정치적으로 올바른' 정론들이 정의를 실현하는 데 필요한 해방된 사고와 행동에 상반된다는 것을 알고 있었고, 지배적 규범에 지속적으로 도전하는 것이 중요함을 인정했다.[7]

20세기 후반에 반인종차별 운동과 페미니즘 운동이 추진력을 얻자 보수파는 이러한 운동의 신뢰성을 떨어뜨리는 방향으로 더욱 노력하게 되었다. 젊은이들이 이러한 운동의 선봉장이었기 때문에 우파 이론가들의 분노는 청년층을 위험하고 무모하며 철없는 이들로 깎아내리는 데 집중되었다. 보수주의 철학자 앨런 블룸은 1987년작 《미국 정신의 종말(The Closing of the American Mind)》에서 대학들이 '미국 문화의 동질화'를 야기했다고 비판하며 학생들이 이제 더는 비판적 사고를 하지 않는다고 주장했다.* 이 책은 기본적으

---

* 블룸 본인은 '보수주의자'라는 꼬리표를 거부했지만 그의 시각을 나타내기에 이보다 적절한 단어를 찾기는 어렵다고 본다. (저자 주)

로 심술궂고 고루한 오십 대 후반 백인 남성이 자기가 좋아하는 고전이나 클래식 음악에 스무 살짜리 애들은 그다지 관심을 두지 않는다는 이유로 유별나게 성질을 낸다는 점에서 희한한 책이다. (요즘 같으면 '오케이 부머' 소리를 듣기에 딱 좋은 책이고, 실제로 철학자 마사 누스바움은 당시에 이렇게 썼다. "그렇다면 앨런 블룸은 철학자로서 얼마나 괜찮은가? …… 우리가 그를 철학자라고 볼 만한 이유는 전혀 없다."[8] 노엄 촘스키는 그 책이 "까무러치게 멍청하다"고 평했다.[9]) 그렇지만 《미국 정신의 종말》은 베스트셀러로 등극했고 미국의 병폐가 대학과 청년층에서 비롯된다는 시각을 공고히 하는 데 핵심적인 역할을 했다.

1990년 10월에 미국의 저널리스트 리처드 번스타인이 〈뉴욕타임스〉에 '떠오르는 정치적 올바름이라는 헤게모니'라는 제목의 기사를 게재하면서 이 다양한 불만들은 '정치적 올바름'이라는 하나의 용어로 규합되었다. 번스타인은 이 글에서 "점증하는 불관용, 토론의 위축, 순응하라는 압력"에 대해 경고한다.[10] 그의 논평은 글을 쓰기 얼마 전 캘리포니아 버클리대학으로 학생 운동을 취재하러 다녀온 소회였다. 번스타인은 대학에서 발견한 정치적 풍조를 비판하고 "인종, 생태주의, 페미니즘, 문화, 대외 정책에 대한 일군의 의견이 세계의 문제들을 대하는 '올바른' 태도, 즉 일종의 비공식적인 대학 이데올로기를 규정하고" 있노라 불평했다.[11]

'정치적 올바름'은 우파의 도구로 포섭되면서 영국과 미국에서 주목받는 이력을 쌓아 왔다. 정치인들과 보수 칼럼니스트들은 주변화된 집단들의 요구나 선호를 고려해야 한다는 신호가 보이면 무조건 '정치적 올바름'을 규탄하는 것으로 반응한다. 1990년대와

2000년대에 정치적 올바름은 모든 형태의 재미를 망치는 것으로 조명되기 시작했다. 항상 주위를 어슬렁거리며 코미디, '악의 없는 농담', 코스튬 파티, '영국적 가치', 섹스의 즐거움에 언제 찬물을 끼얹을지 모르는 유령 취급을 한 것이다. 영국에서 정치적 올바름의 범위는 지나치게 확장된 나머지, 단계적으로 확대되고 있는 '건강하고 안전한 문화' 혹은 '보모 국가'*의 과도한 관료제를 불평할 때조차 이 개념을 들먹이는 실정이다. (사실 이 시기의 안전 규제는 지나치게 느슨해서 2017년 대형 화재가 일어났던 그렌펠타워의 위험 요인도 못 보고 넘어갔고, 그 밖에 화재 위험이 높은 다른 건물들도 문제가 없다는 진단을 받았다.[12]) 영어권 세계에서 정치적 올바름은 보수주의적 가치에 대한 모든 종류의 위협이나 규제를 일컫는 말이 되어버렸다. 오스트레일리아 총리를 지낸 보수 정치인 토니 애벗은 2017년 동성 결혼 입법 투표를 앞두고 이렇게 경고했다. "종교의 자유와 표현의 자유가 걱정된다면 반대표를 던지십시오. 정치적 올바름이 마음에 들지 않는다면 반대표를 던지십시오. 여러분의 반대표가 정치적 올바름을 저지하는 데 큰 도움이 될 겁니다."[13]

대학과 청년층은 여전히 반(反)PC 보수파의 표적이다. 2020년에 영국 정부는 새로운 '워크와의 전쟁'을 언급하기 시작했다.[14] 보수당 하원의원 케미 베이드녹은 "우리는 교사들이 백인 학생들에게 백인 특권과 백인이 물려받은 인종적 죄책감을 가르치는 꼴을 보고 싶지 않다"고 선언하고 그러한 교육은 불법적일 수 있다고 주장했다. 전 교육부 장관 개빈 윌리엄슨은 대학의 '표현의 자유와 학문

보모 국가(Nanny State) 국가(보모)가 개인(아이)에 대한 규제와 간섭이 심한 상태를 빗댄 말로 영국 보수 진영에서 처음 사용했다.

의 자유 옹호자'를 임명해 대학에서 표현의 자유를 침해한 사례를 조사하고 벌금을 부과하겠다고 발표하기도 했다. 이러한 움직임을 기이하다고 볼 수밖에 없는 것이, 2018년도 의회 위원회 보고서에서 이미 "언론 보도가 제기한 것과 같은 대학 내 토론에 대한 전면적 검열은 전혀 발견할 수 없었다"라고 결론 내렸기 때문이다.[15] 학생들이 "연단을 얻지 못한다"는 생각, 다시 말해 특정인에게 발언의 자리를 주지 않는다는 생각도 근거가 없었다. 1만여 건의 대학생 행사를 살펴본 결과, 취소된 행사는 단 여섯 건이었다(네 건은 서류 제출 마감을 어겨서 취소됐고 한 건은 사기였으며 나머지 한 건은 충분한 공지가 없어서 취소된 노동당 의원 제러미 코빈의 집회였다[16]).

미국에서도 사정은 비슷하게 흘러갔는데, 특히 학교에서 이루어지는 '비판적 인종 이론(critical race theory)' 교육에 대한 공포가 극에 달했다. 비판적 인종 이론은 법의 규제를 벗어나는 인종차별적 구조를 살펴보는 법학의 하위 분과인데, 보통 대학원에서만 가르치기 때문에 아이들이 이런 수업을 받을 확률은 유체역학이나 텐서 미적분학을 배울 확률만큼 낮다. 그러니까 실상은 보수주의자들이 사회 정의, 특히 인종차별과 관련된 가르침이면 뭐든지 '비판적 인종 이론'으로 몰아가고 그것이 '반(反)미국적'이라며 금지하려 드는 것이다. 그러한 교육에는 오늘날의 미국이 어떻게 생겨났는지 정확한 역사를 알려주는 것도 포함되어 있는데 말이다. 이 글을 쓰는 시점에 미국의 27개 주는 인종차별과 성차별 교육을 제한하는 법안을 도입하거나 그 밖의 다른 조치를 취하고 있다.[17]

어쩌다 이런 극단적 상황이 발생했을까? 보수주의자들은 교육과정에 이념적 변화를 일으킬 작정으로 의도적이고 한결같은 노력을 기울여 왔다. 이러한 노력의 설계자 중 한 사람인 보수주의 활동가 크리스토퍼 루포는 2021년 초 25만 팔로어가 있는 자신의 계정에 이러한 트윗을 게시했다.

우리는 '비판적 인종 이론'이라는 그들의 브랜드를 공적인 대화에서 꼼짝 못 하게 만드는 데 성공했고 그에 대한 부정적 인식을 꾸준히 높여 가고 있다. 우리는 오만 가지 문화적 광기를 그 브랜드 범주로 묶어버림으로써 결국 유독하게 만들 것이다. ……

목표는 대중이 신문에서 헛소리를 읽을 때 곧바로 '비판적 인종 이론'을 떠올리게 하는 것이다. 우리는 이 용어를 해체해서 미국인들에게 인기 없는 모든 문화적 구조물을 포괄하도록 재구성했다.[18]

여기서 볼 수 있는 것은, 평범한 사람들의 솔직한 불안에서 비롯된 진정한 사회적 이슈가 아니라 힘 있는 사람들이 도덕적 공황(moral panic)을 조장하기 위해 만들어낸 '허수아비' 공격*이다. 사회학자 스탠리 코언은 도덕적 공황이 다음과 같은 궤도를 밟는다고 설명했다.

a. 새롭거나 오래된 현상이나 유행, 인간 집단이 사회적 가치와 이익을 위협하는 것으로 규정된다. 이때 인지되는 위협은 어린이(예: 소아성애), 청년(예: 정치적 올바름), 신기술(예: 비디오

허수아비 공격(Straw Man) 상대방의 주장을 잘못 이해하거나 왜곡해서 공격하는 논리적 오류. 상대방의 주장을 본의와 상관 없이 공격하기 쉬운 내용(허수아비)으로 바꿔 비판하는 것이다.

게임, 소셜미디어)과 관련될 때가 많다.

b. 공포의 대상은 대중매체에서 과장되고 정형화된 방식으로 제시된다.

c. 정치계, 문화계, 종교계 인사들이 이 위협에 대해 경고하고 해결책을 제시한다. 정치인들과 언론 매체는 관심과 지지를 확보하고 기회주의적 개입의 기회를 얻고 미덕에 대한 환상을 불러일으키기 위해 공황을 더욱 부추긴다.

d. 정책과 지침을 개발한다.

e. 공황은 그 후 사라지거나 더욱 위협적이고 두드러지게 된다.[19]

오늘날 서양에서 가장 일반적인 도덕적 공황의 주제 중 하나는 이슬람이다. 이 도덕적 공황에는 두 가지 요소가 있다. 하나는 이슬람을 '서양 문화'—그것이 무엇을 의미하든—와 서양인의 안전을 위협하는 것으로 본다. 둘째 요소는 '정치적 올바름'이 도를 넘어서, 이슬람의 위험성을 공개적으로 비판하거나 경계하는 것이 이제는 인종차별로 보이기 때문에 불가능하다는 견해다. 정치적 올바름이 다른 사람들을 희생시키면서까지 이슬람을 포용할 것을 요구한다는 것이다.

1997년에 영국의 버밍엄시는 상업 중심지를 다시 활성화하고자 노력하고 있었다. 11월과 12월에는 41일간에 걸쳐 어린이를 위한 자선 모금 행사, 실외 아이스링크 개장, 연례 크리스마스 점등식, 디왈리 축제*, 연극과 예술 행사, 새해 전야제를 열었다. 시 의회는 비용 절감을 위해 이질적이지만 대체로 비슷한 시기에 진행되는 이 행사들을 하나로 묶어서 마케팅을 하기로 결정하고 모든 것을 포괄할 수 있는 명칭을 찾느라 고심했다. 그리고 결국 '겨울 (winter)'과 '축제(festival)'의 합성어인 '윈터벌(winterval)'을 채택 했다.[20]

윈터벌이 발표되자마자 희한하고도 끈질긴 도덕적 공황이 나타 났다. 한 지역 신문의 부정확한 보도가 정치인들과 타블로이드 언 론의 공격 수단이 되었다. 버밍엄 시의회는 "크리스마스에서 그리 스도를 제거하려 한다"는 비난을 받았고 버밍엄 주교는 크리스마 스가 "검열을 당하고 있다"는 식으로 말했다. 지난 몇 년간 신문들 은 그 오류를 재탕하면서 겨울마다 어김없이 불붙는 '크리스마스 와의 전쟁'이라는 도시의 신화에 이바지했다. 그리고 비난의 대상 은 언제나 이슬람교도들이었다. 오죽하면 2013년에 '영국이슬람교 도위원회(Muslim Council of Britain)'가 그 유명한 포스터 '평정심 을 유지하고 하던 일을 계속하라(Keep Calm and Carry On)'*에 쓰인 글씨체로 '당황하지 말아요, 크리스마스는 금지되지 않았습니다 (Don't panic: Christmas is not banned)'라는 크리스마스 카드를 발 행하기까지 했을까.[21] (그 카드는 재미있었지만 그들이 그렇게까지 해 야 할 필요를 느꼈다는 점은 원통하다.)

비슷한 신화들이 다른 곳에서도 생겨났다. 2016년에 스웨덴 교 통청은 안전상의 이유와 전력 절감을 위해 가로등에 크리스마스

디왈리 축제(Diwali) 매년 10월에서 11월 사이(힌두력 8번째 달의 초승달이 뜨는 날 을 기준으로 5일간)에 열리는 인도의 종교 축제. '빛의 행렬'이라는 뜻의 산스크리 트어 디파발리(dipavali)에서 이름이 유래했다. 지역과 전통에 따라 힌두교 전통의 여러 신을 숭배한다.

* 제2차 세계대전이 발발하기 직전인 1939년에 영국 정부가 제작한 포스터. 대규 모 공습이 예고된 가운데 시민들의 사기를 높이기 위함이었다.

조명을 설치하는 것을 금지했다. 이러한 결정이 미국에서는 '이슬람에 대한 항복'으로 보도되었다. 극우 성향의 온라인 매체 〈브라이트바트(Breitbart)〉의 밀로 야노풀로스는 크리스마스 조명이 "이슬람 이민자들을 불쾌하게 했는데, 그들이야말로 지역 경제 파괴의 원흉이다"라고 주장했다.[22]

2016년에 타블로이드 신문 〈데일리 익스프레스〉는 '5파운드 신권 지폐가 할랄*을 보장할 수 없으므로(CAN'T) 종교 단체들에 의해 금지될(BANNED) 수 있다'라는 헤드라인의 기사를 게재했다. (이런 식의 광기 어린 대문자 남발은 영국 타블로이드 신문에서 흔한 일이다.) 해당 기사는 폴리머 소재의 5파운드 신권에 우지(牛脂) 성분이 들어 있기 때문에 종교 지도자들이 예배 장소에서 사용 금지를 논의하고 있다고 보도했다. 힌두교 지도자들이 소의 부산물이 포함되는 신권에 우려를 표한 것은 사실이다. 소는 힌두교에서 신성한 동물이지만 이슬람교에서는 그렇지 않다. 이슬람 지도자 중에서 신권에 포함된 우지를 언급한 사람은 아무도 없었다. 이 논의가 이슬람교도들과 아무 관련이 없는데도 헤드라인에는 그들에 대한 적의를 자극하기 좋은 '할랄'이라는 단어가 포함되었다. 〈데일리 익스프레스〉는 그러한 헤드라인을 게재한 것이 잘못이었음을 인정하고 정정 보도를 냈다.[23]

신문사들이 말도 안 되거나 심하게 과장된 사건을 '정치적 올바름'의 위기를 보여주는 증거로 보도했다가 나중에 정정 보도나 손

할랄(Halal) 이슬람 율법인 샤리아에 의해 이슬람교도가 먹고 쓸 수 있도록 허용된 것. 과일이나 채소, 닭고기, 소고기 등의 식품이 대표적이며 제품의 생산, 가공, 유통, 판매 등의 모든 과정에 적용되기도 한다.

해배상을 해야 했던 경우는 이외에도 무수히 많다. '정치적 올바름'의 위기라는 신화는 정치인들과 언론 매체로부터 지속적으로 양분을 얻어 생명을 유지한다. 그러나 그들이 내놓는 터무니없는 주장의 뿌리에는 진실의 일면이 있다. 우리 중 일부가 정의를 지향하는 언어와 정책을 추진하고 있다는 사실이다.

선을 넘는 올바름?

표현의 자유는 굉장히 중요하다. 그렇지만 다른 자유들과 마찬가지로 이 자유도 제한되어 있다. 예를 들어, 원칙적으로 나는 밤중에 시내 어느 곳이든 돌아다닐 자유가 있다. 하지만 나의 안전이 실제로 위험할 수 있기 때문에 현실적으로 그러한 자유를 거의 행사하지 못한다. 나는 공공장소를 이용할 자격이 있지만 모르는 사람들이 점심을 먹고 있는 돗자리 한복판에 떡하니 서 있기로 작정한다면 그들이 공공장소를 누리지 못하게 훼방 놓는 셈이다. 마찬가지로 표현의 자유는 우리가 중요하게 생각하는 다른 자유와 곧잘 충돌하고 어떤 사람은 다른 사람보다 표현의 자유를 더 효과적으로 행사할 수 있다. 원칙적으로는 모두에게 표현의 자유가 있지만 어떤 집단은 그 자유를 행사할 때 심각한 결과를 맞기 때문에 침묵할 수밖에 없다. 또 다른 사람들은 표현할 기회를 얻는 것조차 힘들므로 말을 하지 않는 게 나을 수도 있다. 자유는 결코 무제한이 아니며 공평하게 분배되는 경우도 거의 없다.

나는 놀이터에서 이러한 주문을 되뇌며 자랐다. "막대기와 돌에

뼈가 부러질 수는 있지만 말은 나를 다치게 하지 못한다." 그것은 언어폭력을 물리치는 부적 같은 말이었다. 일종의 사후 예방 조치처럼, 누군가에게 폭언을 들으면 얼른 이 말을 읊조렸다. 어른들이 그렇게 하라고 했다. 아마도 놀이터의 잔인한 현실을 피할 수 없으니 우리가 단단해져야 한다고 생각해서 그랬을 것이다. 하지만 웬걸, 말도 사람을 다치게 한다. 잔인하거나 모욕적인 발언의 대상이 된 사람이라면 누구나 증명할 수 있다. 뇌 스캔 영상은 언어폭력으로 실현되는 사회적 거부가 전대상피질을 활성화한다는 것을 보여주었다. 우리가 신체적 고통을 느낄 때에도 같은 영역이 활성화된다.[24] 게다가 말은 때때로 막대기와 돌 같은 물리적 폭력으로 확대되거나 그러한 폭력을 거드는 역할을 한다. 언어폭력이 신체폭력의 포문을 열 때가 많다. 인종차별, 성차별, 장애인 차별, 트랜스젠더 혐오, 동성애 혐오는 기본적으로 언어로써 작동하거니와 물리적 폭력으로 표현되더라도 말이 수반되지 않는 경우는 드물다. 말은 단순한 소음, 컴퓨터 화소, 잉크 자국이 아니다. 말이 **하는 일**이 있다.

이미 많은 철학자가 지적했듯이, 뭔가를 말하는 것 자체가 어떤 행동을 하는 것이다. 내가 "흑인의 생명도 소중하다(Black Lives Matter)"라고 말한다면 그 말로써 특정 정치 운동과 연대를 표현하고, 흑인을 대우하는 방식을 비판하고, 보수주의자들의 심기를 건드리는 등 많은 일을 **한 것**이다. 그리고 그 반대도 참이다. 우리는 뭔가를 할 때 말을 한다. 축구 선수가 경기 전에 운동장에서 무릎을 꿇는다면 그 행동을 통해서 "흑인의 생명도 소중하다"라든가 그 밖의 어떤 메시지를 말한 것이다. 페미니스트 법학자 캐서린 매키넌

이 썼듯이 "말은 행위하고 행위는 말한다."[25]

철학자들은 발화가 세상에서 무엇인가를 하는 경우를 화행(話行, speech act)이라고 지칭한다. 1962년에 철학자 J. L. 오스틴(J. L. Austin)은 "뭔가를 말하는 것은 뭔가를 하는 것"임을 관찰하고 처음으로 화행을 공식적으로 언급하고 이론화했다.[26] 발화는 단순히 의미 있는 소리를 만들어내는 것이 아니라 말을 입 밖으로 냄으로써 실제로 뭔가를 하는 것이다. 실제로 우리가 하는 거의 모든 말은 세상에서 무엇인가를 한다. 쉬운 예를 들어보자. 상사가 "넌 해고야!"라고 말한다면 바로 그 사실에 의하여 그 말을 듣는 이가 직장을 잃는 사태가 발생한다. 성관계를 하는 중에 상대가 "그만하고 싶어"라고 말한다면 성관계에 대한 그들의 동의가 실질적으로 철회된 것이다. 따라서 이때 성행위를 계속한다면 그것은 성폭행이 되고 일부 나라에서는 범죄로 간주된다. 말이 행위의 지속을 도덕적 과오, 나아가 위법으로 만든 것이다. 이렇듯 말은 입 밖으로 나오는 것만으로도 세상의 어떤 것을 바꿀 힘을 지니는 때가 제법 많다.

좀 더 일상적인 예를 들어보겠다. 내가 식사 중에 언니에게 "칠리소스 좀 있어?"라고 묻는다 치자. 나는 단순히 칠리소스 통이 얼마나 차 있는지 알고 싶은 게 아니라 언니가 소스를 나에게 건네주면 좋겠다는 뜻으로 물어본 것이다. 따라서 나의 말은 **요청**이라는 행위를 수행한다. 반면 내가 설거지를 하면서 보니 타일러의 노래 '영웅을 기다려(Holding Out for a Hero)'를 따라 부르며 "이 밤이 끝날 때까지 영웅을 기다리며 버티는 중이야"라고 소리쳐도 이 발화는 세상에 아무것도 하지 않는다(밤이 끝나도 영웅은 나타나지 않을 테니까).

"말은 그저 말일 뿐이지!", "자기가 하고 싶은 말은 다 하고 살아야지!"라는 반론들은 발화가 특정 행위를 야기할 뿐만 아니라 그자체가 행위일 때도 많다는 중대한 사실을 간과하고 있다. "자기가하고 싶은 행동은 다 하고 살아야지!"라는 주장을 하기는 훨씬 더어렵지 않은가.

포르노그래피도 비슷한 방식으로 이해될 수 있다. 1980년대 미국의 페미니스트 운동가 캐서린 매키넌과 앤드리아 드워킨은 포르노그래피 피해자가 민사 소송을 제기할 수 있도록 포르노그래피금지조례를 마련했다. 그러나 이 조례는 규제가 음란물 제작자들의 표현의 자유를 침해할 수 있다는 이유로 결국 위헌으로 판결이났다. 연방대법원 판사도 "종속적인 묘사가 종속을 영속화하는 경향이 있고" 그러한 경향이 "직장에서 수모와 낮은 급여, 가정에서모욕과 부당한 취급, 거리에서 구타와 강간으로 이어진다"고 인정했지만 말이다.[27] 이러한 판단은 핵심을 놓친 것이었다. 매키넌과드워킨은 훨씬 더 정교한 주장을 펼치고 있었다. 물론 포르노는 여성을 비인간적인 방식으로 묘사하고, 그럼으로써 그것이 재현하는여성에게 해를 입히는 표현으로 이해될 수 있다. 하지만 그들은 단지 포르노가 여성을 **묘사하는** 방식에 문제가 있다거나 여성에 대한대우가 악화되는 부작용을 **야기한다고** 문제 삼은 것이 아니라 포르노 **자체**가 해악을 구성하는 행위라고 말한 것이다. 따라서 포르노는 해로운 표현이 아니라 해로운 행동으로서 규제될 필요가 있다.철학자 아미아 스리니바산은 드워킨이나 매키넌 같은 반(反)포르노 페미니스트들은 포르노가 "여성의 종속을 **허가하고** 여성에게 열등한 시민적 지위를 **부여하는**" 의도적 화행이라는 점을 중요하게 본다고 지적한다.[28] 포르노가 그렇게 할 수 있는 이유는 그것이 단순한 현실 도피가 아니라 많은 사람이 포르노를 통해 섹스를 배우고 타인의 사람됨이나 선호에 대해서 생각하는 법을 배우고 있기 때문이다. 포르노는 말하고, 말을 통해 행동하고, 행동을 통해 여성을 종속시키고 여성이 입을 열지 못하게 한다.

심각한 피해를 낳은 발화 중 가장 유명한 사례는 1993년 7월부터 1994년 7월까지 송출되었던 르완다 RTLM(Radio Télévision Libre des Mille Colines) 방송이다. 이 방송국의 주요 청취자는 (당시 정권을 잡고 있던) 후투족이었다. 방송은 진즉부터 존재해 왔던 투치족에 대한 증오를 부채질했고 후투족이 나서서 '바퀴벌레(inyenzi)'와 '뱀(inzoka)'을 "뿌리 뽑아야" 한다고 선동했다. 불과 백 일 사이에 백만여 명이 살해당했는데 그중 대부분은 투치족이었다('르완다 대학살'). 적대감을 조장하고 이용한 것은 벨기에 식민지 행정부였지만 투치족을 비인간화하는 RTLM 방송의 자극적인 말도 결과적으로 대학살(제노사이드)에 한몫을 한 것으로 보아야 한다. 시작은 말이었어도 그 끝은 칼일 수 있다.

억압적 발화는 해로운 고정관념을 퍼뜨린다. 주변화된 정체성을 지닌 사람들의 삶을 제한하고 그들에게 가능한 것이 무엇인지를 결정짓는 왜곡된 상을 퍼뜨리는 것이다. 여자아이들은 (직접적으로든 간접적으로든) 뇌 구조가 수학과 과학에 적합하지 않다는 말을 듣고 자란다. (이 고정관념이 세계 어디서나 통하는 것은 아니다. 가령 이란에서는 이공계 졸업생의 대다수가 여성이다.[29]) 결과적으로 수많은 소녀와 여성이 고정관념을 믿고 낙담하게 되고, 그로 인해 거짓인 예언이 진실이 되어버린다. 이것을 '고정관념 위협(stereotype threat)'이라고 한다. 한 연구는 고정관념이 여성의 수학적 능력에 끼치는 영향을 평가하기 위해 여성들을 두 집단으로 나누고 시험을 치르게 했다. 두 집단은 똑같은 시험을 치렀지만 한쪽에는 그 시험 과목이 '기하'라고 했고 다른 쪽에는 '드로잉'이라고 말했다.[30] 후자의 집단이 점수가 높았던 이유는, 그들이 기하를 잘하지 못한다는 성차별적 선입견을 극복할 필요가 없었기 때문이다. 수학 문제 풀이나 그 밖의 모든 방면에서 '여성의 뇌'가 '남성의 뇌'보다 능력이 떨어진다는 것을 (혹은 '여성의 뇌'와 '남성의 뇌'라는 두 개념 중 어느 쪽이라도 의미가 있다는 것을) 보여주는 믿을 만한 연구는 한 건도 없다. 뇌에는 성차가 없다. 뇌는 우리가 어떻게 사용하느냐에 따라서 형성된다.

고정관념은 화행이다. 고정관념은 언급될 때마다 우리의 행동에 대한 기존의 제약을 강화하여 세상이 그러한 왜곡된 상에 더욱 가까워지게 만든다. 여학생이 물리학을 더욱더 못하게 되고 남학생이 감정 표현에 더욱더 서툴러지게 되는 것은 고정관념 때문이다. '정치적 올바름'은 고정관념에 도전하고 사람들이 마주하는 내면의 장벽을 일부나마 허물어뜨리는 경향이 있다. 그럼으로써 사람들은 무엇인가를 즐기고 잘 해낼 기회를 더 많이 누릴 수 있다. 여기서 우리는 정치적 올바름을 반대하는 이들이 구사하는 반PC 논증의 하나인 정치적 올바름이 능력주의를 위협한다는 우려를 살펴볼 수 있다. 적극적 우대, 긍정적 차별*, '다양성 고용' 같은 정책을 통해 정치적 올바름이 능력보다 정체성을 강조하느라 수준을 떨어뜨린다는 것이다. 작가 라이오넬 슈라이버가 "일곱 살에 학교를 때

려치우고 스쿠터를 타고 돌아다니는 게이 트랜스젠더 카리브인"은 수준 이하의 원고도 출판사에서 받아줄 가능성이 더 높다고 말한 것은 이러한 주장의 전형이다.[31] (주목할 만한 것은 유명인이 이런 말을 아무렇지 않게 하면 누구나 '정치적 올바름'이 '도를 넘었다'고 본다는 것이다.)

슈라이버의 주장은 근거가 없거니와 말이 안 된다. 2019년에 미국에서 출간된 책의 저자 중 76퍼센트는 백인이다. 백인은 미국 인구의 57.8퍼센트를 차지한다. 책을 출간한 저자의 97퍼센트는 시스젠더였고 81퍼센트는 이성애자였으며 89퍼센트는 비장애인이었다.[32] '게이 트랜스젠더 카리브인'이 저자일 확률은 지극히 낮아 보인다. 그런 사람이 기회를 얻는다 해도 백인 저자에 비해 금전적 대가를 적게 받을 것이다. 책을 쓰는 작가들 사이에는 인종에 따른 보수의 차이가 상당히 크다.[33]

정치적 올바름이 예술 작품의 질을 떨어뜨린다는 슈라이버의 은근한 암시 역시 반박하기 어렵지 않다. 첫째, 다양한 목소리를 들려주는 것을 우선시하느라 이따금 수준이 떨어질 수 있다 해도(단순히 슈라이버가 그렇게 가정한 것이지만) 그게 정말로 문제인가? 다른 고려 사항들보다 성과를 우선시하는 게 맞는가? 다양한 목소리를 들려주는 것과 작품의 성과가 서로 배타적이라 해도, 비정통적인 관점도 어느 위대한 백인의 또 다른 날카로운 문장만큼 귀하다. 둘

긍정적 차별(Positive Discrimination) 적극적 우대와 마찬가지로 궁극적인 평등을 성취하고자 차별의 방법을 사용하는 행위를 가리키는데, 흑인이나 여성을 비롯한 사회적 소수집단에 자원과 기회를 우선적으로 배분하는 정책을 의미한다. '긍정적 차별'이 유럽에서 주로 쓰인다면 '적극적 우대'는 미국에서 주로 쓰이는 개념이라고 볼 수 있다.

째, 슈라이버는 시스템이 당연히 능력주의적이라고 가정한다. 그래서 다양성을 확대하려는 시도들이 이전까지는 재능으로만 얻을 수 있었던 기회들을 위협한다고 생각하는 것이다. 그러나 어느 분야나 그렇듯 문학도 개인의 특권에 크게 좌우된다. (나는 내가 좋아하는 작가들을 모두 위키피디아에서 찾아보고 얼마나 많은 작가가 특권적 사교육을 받았는지 알고서 놀랐다.) 이것은 대표성이 낮은 집단을 포괄하기 위해 의미 있는 조치를 취하면 그 집단의 역량이 향상되는 경향으로 증명된다. 결국 이 사실은 소외와 배제—경제적이거나 사회적이거나 그 둘 다거나—가 그때까지 그 집단의 발목을 잡고 있었음을 암시한다. 그리고 특권은 대체로 일에서 성공하기 좋은 조건을 형성하지만 안주하면 성과를 그르칠 위험도 낳는다. 2017년의 연구에 따르면, 스웨덴에 성별할당제가 도입되자 무능한 남성들이 정치에서 배제되었고, 그로 인해 전반적 역량이 강화되는 경향이 나타났다.[34] 비슷한 맥락에서 2015년에 발표된 한 보고서는 인종적으로 다양한 기업이 해당 분야의 재무 수익률 평균을 뛰어넘을 확률은 35퍼센트이고, 성별 다양성이 높을수록 연구개발팀의 급진적인 혁신과 상관관계가 있으며, 문화 다양성의 수준이 높을수록 창의적 제품을 개발할 가능성도 높다고 보았다.[35] 2006년에 발표된 심리학 연구는 흑인 피고에 대한 모의재판에서 백인으로만 구성된 배심원단이 인종적으로 다양한 배심원단에 비해 사실을 올바르게 평가하는 역량이 떨어진다는 것을 보여주었다.[36] 유색인종 배심원은 세부 사항까지 세심하게 신경 쓰고 자신이 잘못 생각한 부분이 있으면 기꺼이 수정하는 편이었다. 그들이 한 팀이 될 때는 백인 배심원의 역량도 향상되었다. '역량'이나 '성과'를 측정한다는 발상은 의심스럽지만 이러한 연구들은 다양성을 장려할수록 대가를 치르게 될 거라는 몰지각한 주장이 거짓임을 보여준다.

지나치게 예민한
사람들

'정치적 올바름'에 반대하는 사람들은 종종 상대의 기분을 상하게 할 권리를 주장한다. 표현에 제한을 가하는 것은 위험하다는 것이다. 그런 면에서 경각심을 일깨우는 것은 옳지만 표현의 제한은 반드시 해당 맥락에 따라 판단해야 한다. 정치 지도자들을 비판하거나 욕하면서 처벌을 각오해야 한다면 그것은 심히 우려할 만한 일이다. 우리 위에 군림하는 사람들을 조롱하는 것은 그들의 권위가 절대적이지 않다는 것을 일깨우는 방편이다. 장애인에게 상처가 되는 표현이라는 비판은 표현의 자유를 제한한다. 하지만 그런 종류의 표현도 자유로워야만 한다고 주장하기는 어렵거니와 그렇게 하려는 시도는 다른 방식으로 장애인들의 삶을 제한할 것이다.

책임 있는 발언 혹은 표현은 권력의 작동에 주의를 기울일 때 가능하다. 이 책의 1장에서 살펴보았듯이 백인의 피부색과 관련된 비방—피부가 희다고 '우유병'이라고 부른다든가—과 흑인의 피부색이 관련된 N단어*는 같은 선상에 놓을 수 없다. 그 어느 쪽도 좋은 말은 아니다. 하지만 전자가 그저 공격적이기만 한 반면, 후자는

N단어(N-word) 영어에서 흑인을 비하하는 '검둥이'라는 뜻의 인종차별적 비방인 니그로(Negro), 니거(Nigger) 등을 완곡하게 지칭하는 말. 직접적인 지칭을 피하기 위해 단어들의 알파벳 첫 글자인 N을 따서 'N단어'로 불리고 있다.

기존의 억압에 기여한다. 반PC주의자들은 이 미묘한 차이를 무시하고, 비판이나 대가가 따르지 않는 표현의 자유가 조율의 여지 없는 강력한 규칙이기를 바란다. 그들이 원하는 것은 억압적 표현을 하고도 비판과 처벌을 면하는 것이지, 진정으로 '자유로운' 표현이 아니다. 레니 에도로지가 《백인들에게 더는 인종에 대해 말하지 않는 이유(Why I'm No Longer Talking to White People About Race)》에서 썼듯이 정치적 올바름은 "대놓고 편협하게 굴면서도 제재를 받지 않기 위한 싸움의 최후 전장"이다.[37]

'정치적 올바름'에 반대하는 미끄러운 비탈길 논증*이 통하지 않는 이유가 바로 여기에 있다. "사람들에게 상처를 주고 반흑인 인종차별을 부추기는 N단어를 삼가세요"라는 말과 "이러다간 아무 말도 못 하고 살겠네"라는 주장 사이에는 명백한 연관이 없다. 그런데도 이런 종류의 비약은 수시로 일어난다. 보수 성향의 잡지 〈스펙테이터(The Spectator)〉의 기고자 더글러스 머리는 미투운동의 발흥에 대하여 "이 새로운 성 유토피아의 경계가 어디에 놓일지 거의 알 수 없고 결과적으로 어떤 성관계가 허용될 수 있을지는 더욱더 알 수 없는 상태에서 규칙이 다시 그려지고 있다"고 불평했다.[38] 여성들이 성적 괴롭힘에 대해서 하는 말을 듣고서 이런 세상에서 섹스는 불가능하다는 결론을 낸다고 상상해보라. (그리고 이런 말을 대놓고 할 수 있는 백인 남성의 자신감도 상상해보기를.) 억압적 표

미끄러운 비탈길 논증(Slippery-Slope Argument) 어떤 사소한 행위가 부정적인 연쇄 작용을 일으켜 결국 바람직하지 않은 심각한 결과를 초래할 수 있다는 주장. 미끄러운 비탈길에서는 조금만 내려가도 맨 아래까지 내려갈 수밖에 없는 상황을 빗댄 것인데, 논리학적으로는 오류다.

현에 대한 비판과 우파 평론가들이 들먹이는 상상 불가의 끔찍한 결과 사이에는 아무런 명백한 디딤돌이 없다.

머리의 "이제 섹스도 못 하겠네"라는 급발진은 정치적 올바름에 반대하는 사람들이 새롭고 달갑지 않은 발상 앞에서 금세 과장하고 비약하는 방식의 전형적 예다. 보수주의자들이 자기네가 알던 세상의 아주 작은 변화에도 흥분하고 발작하는 사례들을 보건대, 사회 정의를 지향하는 젊은이들이 지나치게 예민하다는 주장은 어불성설이다. 정치적 올바름이라는 정의 지향적 목표를 추구하는 사람들은 폐해를 막으려 하지만 정치적 올바름에 반대하는 사람들이 무엇을 보호하려는 것인지는 분명하지 않다. 적어도 어떤 때는 그들이 우리가 모두 겪는 불편함을 토로하는 듯 보이지만 "세상이 변하고 있는데 내가 못 따라잡는 기분이 들어서 싫어!" 같은 말을 외쳐도 된다고 생각하는 사람은 거의 없다. 그리고 흥미롭게도 표면적으로는 정치가 자유와 개성에 뿌리를 두고 있다고 말하는 그 사람들의 발작은 대개 지배적인 규범과 제도를 충분히 존중하지 않는 것과 관련 있다. "사람들이 국기를 뭘로 아는 건지!" "그 정치인은 여왕에게 머리도 숙이지 않더라!" "그 뉴스는 어떻게 옷깃에 양귀비꽃*도 꽂지 않은 앵커를 내보낼 수가 있담?" "거기는 채식 요리를 판대!" "젊은 애들은 아보카도를 먹더라!" "슈퍼마켓에서 뭐라고 떠드는데 무슨 말인지 하나도 모르겠어!"

이런 부류의 사례는 셀 수가 없다. 영국의 일반 용품 소매업체 '아르고스(Argos)'는 2020년에 흑인 가족을 주인공으로 하는 광고

---

* 영국에서는 해마다 11월이면 전쟁 희생자들을 추모하는 뜻에서 옷깃에 양귀비꽃을 꽂는다.

를 진행하고서 "현대 영국을 대표하지 못한다"는 비판에 직면했다. 한 트위터 사용자는 "그러니까 아르고스는 백인에게 관심이 없다는 거죠. 좋아요, 우리가 다른 데 가죠. 아르고스가 백인 고객 없이 얼마나 오래가나 봅시다!"[39] (아르고스가 이전에 파란색 외계인이 등장하는 광고를 내보냈을 때는 "대표성이 없다"는 불만이 제기되지 않았다.) 영국의 보수 성향의 방송인 피어스 모건은 제과제빵 체인점 '그렉스(Greggs)'가 비건 소시지 롤을 출시했을 때 버럭 화를 냈다. (일반적인 돼지고기 소시지 롤의 판매가 중단된 것도 아니었는데 말이다.) 2016년에 풋볼 쿼터백 콜린 캐퍼닉이 경기 시작과 함께 미국 국가가 울려 퍼질 때 인종차별과 경찰의 과격한 진압에 대한 저항을 지지하는 뜻에서 무릎을 꿇었다. 그러자 다른 선수들도 그 뒤를 따랐다. 도널드 트럼프는 이때 무릎을 꿇은 선수들이 "우리나라에 있어선 안 된다"면서 미국프로풋볼(NFL)이 그들을 해고해야 한다고 했다.[40] (1년도 안 되어 캐퍼닉은 풋볼 팀들이 그를 정치적 견해를 이유로 블랙리스트에 올린 탓에 리그에서 뛸 수 없게 되었다.) 어느 학교 교장이라는 사람은 갈가리 찢은 나이키 티셔츠 사진과 함께 "(캐퍼닉의 후원사) 나이키가 반미 폭력배와 브랜드 광고 계약을 맺는다면 나는 그들의 제품을 지지하거나 착용하거나 구매하거나 추천하지 않을 것이다"라는 게시글을 올렸다.[41] 2017년에 휴스턴의 십 대 소년이 국기에 대한 맹세를 하는 동안 서 있지 않았다는 이유로 학교에서 쫓겨났다.[42] 프랑스의 일부 학교는 이슬람교도의 요구에 굽힐 수 없다는 이유로 급식에서 돼지고기가 들어 있지 않은 메뉴를 선택할 수 없게 했다.[43] 이 학교들은 이슬람교도를 프랑스의 정교분리(laïcité)에 복종시켜야만 한다고 믿는다. 이슬람교도가 프랑스에 감사하고 소시지도 먹을 만큼 동화된 프랑스 시민이라는 것을 보여주어야 한다고 생각하는 것이다. 그래서 이 학교들은 급식 시간에 돼지고기를 먹지 않거나 다른 음식에 대한 선택지를 갖고 싶어 하는 학생들을 열외 취급했다. (그로 인해 프랑스의 또 다른 중요한 가치인 자유를 침해했다.) 영국의 흑인 뉴스 진행자 샬린 화이트는 11월인데 옷깃에 양귀비꽃을 달지 않았다는 이유로 "흑인 잡년" 소리를 들었고 "너 살던 곳으로 꺼져라"라는 비난에 직면했다. 2018년 당시 노동당 대표 제러미 코빈이 종전기념일 행사에서 바람막이 점퍼 차림으로 참석하자 멀끔하게 차려입지 않았다는 이유로 (양귀비꽃은 꽂고 있었지만) "무례하다"는 비난을 받았다. 비슷한 비판에 시달린 뉴스 진행자 존 스노는 옷깃 핀에 대한 보수파의 집착을 "양귀비꽃 파시즘"이라고 표현했다.[44]

　누군가는 이러한 사례들을 30년 전에 작가 존 윌슨이 그랬던 것처럼 '보수적 올바름'의 실례로 볼 것이고,[45] 누군가는 2016년에 이민 정책 분석가 앨릭스 노라스테가 그랬던 것처럼 '애국적 올바름'에 해당한다고 볼지도 모른다.[46] 사회 정의를 지향하는 젊은이들은 흔히 현실의 문제를 다룰 줄 모르는 '예민 덩어리'라고 비난받지만 그들의 민감성은 일반적으로 주변화된 집단에 대한 피해를 최소화하는 데 초점이 맞춰져 있다. 여기에는 도덕적 의미가 있다. 정치적 올바름에 반대하는 사람들도 적어도 그만큼은 민감하지만 보통은 이미 기성 체제가 떠받치고 있는 전통을 고수하는 데 마음을 쏟는다. 젊은이들이 '현실'의 문제를 다루지 못한다는 생각 역시 근거가 없다. '현실'이 도대체 뭔가? 사려 깊은 언어를 요구하는 사람들은 그것이 우리가 좀 더 수월하게 **만들 수 있는** 세상의 일부이기 때문에 그렇게 요구하는 것이다. 우리가 통제할 수 있는 품위 없는 행동은 피차 안 하고 살아야 한다. 잔인하고 배려 없는 말도 할 수 있어야 하기 때문에 정치적으로 올바른 언어가 거치적거린다고 말하는 것은, "사람들이 인종차별도 겪어봐야 하니 내가 인종차별주의자가 되는 것도 허용되어야 한다"라고 말하는 것과 비슷하다. 우리가 삶에서 제거할 수 있는 해악을 제거하면 더 어려운 문제에 매달릴 여력이 생긴다.

성별화된 욕설의 정치학

유아원에 들어간 첫해에 예절에 대해서 배웠다. 선생님은 이해할 수 없는 이런저런 규칙을 엄숙하게 선언했다. 가족과 밥을 먹을 때 팔꿈치를 식탁에 괴면 안 된다든가, "소금 좀 건네주시겠어요?"라고 공손하게 말해야 한다든가, 식사를 마치고 먼저 일어날 때는 허락을 구해야 한다든가. (우리 식구는 식탁에 팔꿈치를 올리고 십 분만에 음식을 허겁지겁 먹어 치운 후 알아서 흩어지곤 했다.) 선생님은 남의 말을 못 들었거나 이해를 못 했을 때 "뭐라고요?"가 아니라 "다시 말씀해주시겠어요?"라고 말해야 한다고 했다. 여자아이들은 여자 식으로, 남자아이들은 남자 식으로 정중하게 인사하는 법을 배웠다. 그러한 가르침은 뚜렷한 근거가 있다기보다는 죄다 자의적인 것처럼 느껴졌다. 네 살밖에 안 된 나도 정당한 이유 없는 훈육이라는 생각이 들어서 내심 분했다.

예의를 차리라는 이해할 수 없는 요구는 중등학교에도 따라왔다. 어떤 선생님은 내가 혀를 말아 학교 운동장에 오렌지 씨를 뱉는 것을 보고 "숙녀답지 못하다"고 했다. 대학 때는 어떤 (남자) 친구와 거리를 걷고 있었는데 생판 처음 보는 사람이 남자가 차도 쪽에서 걸어야만 했여 차가 들이닥치거나 물을 튀길 때 여자(나)를 보호할 수 있다면서 그 친구에게 훈계를 하고 갔다.

예절은 특정 문화에서 수용될 수 있는 사회적 행동의 형태를 결정한다. 예절은 종종 자의적이고 어리석어 보이지만 사회생활 유지에 중요한 역할을 한다. 예절은 사회의 위계를 고착하는 방향으로 이용될 수도 있고 타인에 대한 배려와 존중을 권장하는 방향으로 이용될 수도 있다. 정치적으로 올바른 언행의 규범들을 다양한 범주의 예절로 생각할 수 있는데, 이러한 비유는 어떤 표현을 권장하고 또 어떤 표현을 비판할 것인지 그 잠재성과 목적을 살피는 과정에서 생산적이다.

예절의 핵심은 타인과의 관계에서 다양한 결과를 낳는 행동 방식을 지시한다는 것이다. 어떤 예절은 위생과 안전을 지향한다. 화장실에 들어가서는 문을 닫는다든가, 주거 공간에서는 신발을 벗는다든가, 식사와 악수를 할 때 주로 쓰는 손과 볼일을 보고 뒤처리하는 손을 달리한다든가 하는 규칙은 실용적 예절이다. 또 다른 예절은 기본적으로 타인의 필요에 대한 배려다. 가령 내 뒤에 오는 사람을 위해서 문을 잡아준다든가, 대중교통에서 좌석을 양보한다든가. 이러한 지침들에는 도덕적 목적이 있다. 우리가 타인의 필요를 배려해야 한다고 일깨워주는 것이다.

셋째 범주의 예절은 특정한 사회 규범을 강화하고자 하는 상징적 행동이다. 이런 종류의 예절은 성별, 인종, 계급 같은 사회적 계충화 시스템과 자주 연결되며 문제가 있는 위계질서를 지탱하고 불평등을 고착화하는 경향이 있다. 미국과 영국에서 정중한 화법은 다수를 상대할 때는 "신사 숙녀 여러분", 개인을 상대할 때는 '선생님(sir)' '부인(madam)' '미스터' '미세스' '미스' '미즈' 같은 호칭을 써서 상대의 성별을 강조하는 경향이 있다. 복장의 성별화 역시 공식적인 자리에서 뚜렷하다. 서양 사회에서 일상복은 남자든 여자든 청바지와 티셔츠 차림에 약간의 변화를 주는 정도지만 공식적인 자리에서는 정장에 넥타이, 화려한 드레스로 확연히 성별화된다. 예를 갖춘 인사법도 여성은 한쪽 다리를 뒤로 빼고 무릎을 굽히지만 남성은 허리를 숙이는 동작으로 성별화된다. 저임금 서비스직 종사자(종업원, 판매원 등)는 고객을 '선생님'이나 '부인'이라고 부르고 굴종을 표현하는 방식으로 행동할 것으로 기대된다. '고객 서비스가 좋다'는 말은 저임금 노동자들이 어떤 대가도 기대하지 않고—종종 지나치리만큼—고객들에게 깍듯하게 군다는 의미를 포함하는 경향이 있다. 자신의 급여를 공개하거나 남의 급여를 물어보는 것은 예의 없는 행동으로 간주되는데(때로는 계약으로 금지되기도 한다), 이는 노동자들이 급여 불균형을 인식하고 자신이 정당한 보수를 받고 있는지 확인하지 못하게 한다.

'신사'라는 말을 듣는 예의 바른 남자나 소년은 여성을 잘 챙겨준다. 이를테면 문을 열어주고, 신체적으로 힘들거나 두려울 수 있는 심부름을 도와주고, 춥다고 하면 자기 옷을 벗어서 주고, 집까지 바래다주고, 밥값을 내고, 꽃을 선물한다.[47] '숙녀'는 과음을 해서는 안 되고, 이 남자 저 남자와 자서는 안 되며, 단정하고 예쁘지만 튀지 않는 옷을 입어야 하고, 말이 너무 많거나 목소리가 커서는 안 되고, 욕을 하면 안 되고, 밥을 너무 많이 먹으면 안 되고, 너무 느려 터져서도 안 되고 성격이 너무 급해서도 안 된다. 달리 말하자면, 예의 바른 남성은 여성을 어린이나 노약자 대하듯 해야 하고 예의 바른 여성은 훌륭한 장식품처럼 남들 앞에 내놓을 만하면서도 차분하니 야단스럽지 않아야 한다. 예절은 성별화에 일조한다. 페미니스트 철학자 매릴린 프라이가 쓴 대로다.

문을 열어주면 도움이 될 것 같지만 사실은 그렇지 않다. 그러한 행동이 실질적으로 의미가 있느냐 없느냐에 상관없이 이루어진다는 점에 주목하면 알 수 있다. 병약한 남성과 무거운 짐을 든 남성이 신체적 부담이 없는 건강한 여성을 위해 문을 열어준다. 남성은 먼저 문 앞에 도착해야 하기 때문에 꼴사납게 끙끙대고 아무나 밀치고 나아갈 것이다. …… [그런 예절은] 빨래에 도움이 되지 않는다. 새벽 4시에 보고서를 타자 치는 데 도움이 되지 않는다. 친척이나 아이들 사이의 싸움을 중재하는 데 도움이 되는 것도 아니다.[48]

최근 영국의 설문조사에서 응답자의 72퍼센트는 예절이 잘 지켜지지 않고 있다고 보았다.[49] 특히 일상에서 "부탁드립니다(please)"와 "고맙습니다(thank you)"가 사라졌다고 불만을 토로했고 학교와 부모 탓을 많이 했다.[50] 조사에서 세대 차이가 드러났다. 젊은 이들은 나이 든 사람들이 예절이라고 생각하는 것을 곧잘 무시한다고 스스로 인정했다. 29퍼센트는 대기 줄을 무시하고, 53퍼센트는 다른 사람이 재채기를 해도 "몸조심해요(bless you)"라고 말하지 않으며, 84퍼센트는 "부탁드립니다"와 "고맙습니다"를 말끝마다 붙이고 다른 사람을 위해 문을 잡아주는 행동은 구식이라고 생각했다.[51] 이러한 조사 결과는 일견 나이 든 사람들이 자주 하는 말인 요즘 젊은이들은 예의가 없고 사려 깊지 못하다는 의견을 확인해주는 듯 보인다.

하지만 사정은 그렇게 단순하지 않다. 젊은이들은 일부 구태의연한 예의범절을 버린 대신, 새로운 형태의 예절을 발명하거나 채택했다. 욕설은 특히 흥미로운 예다. 일반적으로 나이 든 사람들이 욕설을 더 불쾌해한다. 55세 이상 응답자의 45퍼센트는 텔레비전에서 욕이 나오면 불쾌하다고 답한 반면, 18~34세 응답자는 실제로 욕을 더 많이 하기도 하고 욕을 들을 때 불쾌감도 덜했다.[52] 1996년 이후 출생자의 절반 이상이 욕지거리('fuck', 'motherfucker', 'cunt')를 자주 사용한다고 답한 반면, 55~64세 응답자에서 이렇게 답한 비율은 12퍼센트에 불과했다.[53]

언어를 불쾌하게 만드는 것이 무엇인지 생각해봐야 한다. 이제는 제법 많은 사람이 '씹(fuck)'이라는 단어를 뱉지만 또 다른 F단어*는 결코 우리 입에서 나올 수 없을 것이다. '보지(cunt)'라는 욕은 예전보다 많이 쓰일지 모르지만 또 다른 C단어—동아시아인을 비방하는 단어**—는 이제 사용 가능한 범위에 있지 않다. 마찬가지 맥락에서, N단어가 이토록 금기시된 적은 일찍이 없었다. 젊은 세대는 자의적인 예의 문제에 덜 얽매이는 대신, 억압당하는 집단의 구성원들에게 상처주는 말을 피하려고 노력하고 있다. 도덕적 관점에서 이러한 태도는 납득할 만하고 오히려 일반적인 욕설을 왜

---

* 남성 동성애자를 비방하는 표현인 faggot을 암시한다.
** 동양인의 찢어진 눈을 조롱하는 표현인 chink를 암시한다.

하면 안 되는지 이해하는 게 더 어렵다. 사실 욕은 우리의 어휘를 확장하고 언어적 강화를 통하여 훨씬 더 폭넓은 감정을 감당하게 해준다. "나 아주 피곤해"와 "나 ○나(fucking) 피곤해"에서 느껴지는 피곤함은 완전히 다르다. 이런 언어는 사람들을 모욕하는 데 쓰이더라도 상대를 특정하지 않는다. "빌어먹을(fucking) 똥 같은 새끼"는 아무에게나 쓸 수 있는 말이다. 반면 다른 F단어나 N단어는 대단히 **특정적**이고 게이 남성과 흑인이 겪어야 했던 주변화와 폭력이 가미되어 있다. 록산 게이가 주장한 대로다.

> 남성에게 쓰지 않을 욕을 여성에게 쓰지 마라. '새끼' '똥대가리' '멍청이'는 괜찮다. '창녀' '몸 파는 년' '걸레'라고는 하지 마라. '멍청이'라고 욕할 때는 상대 여성의 주차 기술만 홍보하는 것이다. 하지만 '창녀'라고 욕을 한다면 상대의 성별을 홍보하는 것이다.[54]

정치적 올바름에 대한 요구는 삶을 골치 아프게 만들려고 고안된 교묘하고 사악한 방해물이 아니다. 오히려 예절의 둘째 범주, 즉 배려를 장려하는 예절의 확장이며, 불의의 경계에 민감한 사회적 예의범절의 한 형태다. 사회적 지위의 위계질서를 공고히 하는 (그리고 다행히 점점 밀려나고 있는) 셋째 범주의 예절과 달리, 이 새로운 휴리스틱은 주로 우리가 서로 존중하며 함께 살아가는 데 도움이 되도록 설계되었다.

새로운 예절의 가장 기본적인 신조 중 하나는 사람이나 집단을 지칭할 때는 상대가 요구하는 방식을 따르고 그들이 요구하지 **않는** 방식으로 언급하기를 삼가는 것이다. 개인을 상대할 때 그 사람이 불러 달라는 이름과 대명사를 사용하는 것은 당연하다. 그러지 않는 건 이상하고 악의적인 행동이다. (심지어 다른 사람들을 그들이 원치 않는 방향으로 지칭하고 분류하려는 충동은 식민주의를 정의하는 특징이다.) 집단을 대할 때 그 집단 내에서 개발한 단어를 사용하고 그들이 상처가 된다고 말하는 단어는 사용하지 않아야 한다.

이게 늘 간단하지는 않다. 경우에 따라 어떤 단어가 적절한가에 대해 의견 일치가 계속 이루어지지 않기도 하고 그 중심점이 몇 년마다 이동하기도 한다. 예를 들어 장애인을 'disabled person(장애인)'이라고 할지 'person with a disability(장애가 있는 사람)'라고 할지를 두고 논쟁이 활발하게 일어나고 있고, 활동가들은 각각의 입장에서 설득력 있는 주장을 펼치고 있다. 용어를 둘러싼 마찰과 발전 과정은 반드시 수용되어야 하는데, 그렇게 함으로써 우리가 정통성에 안주하지 않고 권위주의를 경계할 수 있기 때문이다.

발설할 수 없는
금기어

지난 여름, 한 백인 친구가 자신이 1990년대에 다녔던 중등학교가 얼마나 인종차별적이었는지 말해주었다. 그 증거로 학교에서 P단어*를 한두 번 들은 게 아니라는 경험을 들었다. 그런데 이 이야기를 하면서 친구는 그 비방 표현을 'P단어'라고 지칭하지 않고 대놓고 입 밖에 냈다. 나는 화가 났다. 내 가족과 내 파트너의 가족은 그

---

* '파키스탄 사람(Pakistani)'이라는 단어에서 비롯된 인종차별적 비방인 Paki를 암시한다.

단어에 상처가 있는 사람들이기 때문에 우리 집에서 그 단어를 발설하는 것은 있을 수 없는 일이었다. 발설할 수 없는 단어라는 개념은 앞에서 설명한 새로운 예절의 중요하면서도 논쟁의 여지가 있는 특징이다.

'비방(slur)'은 폐해를 일으키는 단어 혹은 표현으로서 창피를 주고 모욕하고 겁주고 비하하며 혐오를 표현한다.[55] 경멸을 드러내고 개인들을 그들이 속한 집단으로 동질화하고 비인간화한다. 비방은 복합적인 언어적 실체로서 최근 들어 이에 대한 풍부한 철학적 문헌이 등장했지만, 여기서는 그 기본 속성 몇 가지를 고려하는 것으로 충분할 것이다.[56]

비방은 사용되는 맥락 속에 잘 정립되어 있는 용어다. 다시 말해 사람들은 대부분 비방 표현의 관습적 표적과 그것이 으레 전달하는 유해한 메시지의 범위를 실용적으로 이해하고 있다. 따라서 비방의 발화는 따로 떼어서 연구할 수 없고, 그 의미를 띠고 해악을 발동하게 되는 시스템의 일부로서 이해되어야만 한다.

비방은 해로운 '배경적 가정'을 활용하고 활성화하여 결국 그러한 가정을 강화한다. 비방은 그것이 자주 기대는 고정관념들과 마찬가지로 발설될 때마다 특정한 종류의 세계를 강화한다. '걸레'라고 부르는 것은 여성에게 '올바른' 성생활과 '올바르지 않은' 성생활이 따로 있다는 가부장적 사고에 근거한다. 이러한 이데올로기적 배경이 없다면 '걸레'라는 단어는 아무 의미도 없다. 배경이 있으므로 이 단어의 발화는 오만 가지 악의적 가정과 제약을 활용할수 있고, 그 결과로 배경이 다시 강화된다. 철학자 주디스 버틀러의 통찰을 보라.

인종차별적 표현이 **그 자체를 인용한 것**이 아니라면 인종차별적 표현으로 작용할 수 없을 것이다. 우리는 이전 사례들을 통해 그 표현의 위력을 알고 있기 때문에, 바로 그 이유 때문에 지금도 그 표현이 대단히 모욕적이라는 것을 알고, 그래서 그 표현이 장차 환기되지 않게끔 대비하는 것이다.[57]

＇ 철학자들은 용어의 **사용**(use)과 **언급**(mention)을 구분한다. 단어를 실제로 쓰는 때가 있는가 하면 단순히 그 단어에 대해서 얘기만 하는 때가 있다. 내가 "인종차별은 해롭다"라고 말한다면 나는 '인종차별'이라는 단어를 **사용**한 것이다. 그러나 "영어 단어 게임 '스크래블'에서 '인종차별'로 10점을 땄다"라고 말할 때는 '인종차별'을 **언급**한 것이다. 직관적으로 비방의 언급은 사용만큼 해롭지 않아 보인다. 예를 들어 "어떤 사람들은 여자를 '걸레'라고 불러"라는 말은 "어떤 여자들은 걸레야"만큼 해롭지 않다.

N단어가 사용된 경우보다는 언급된 경우가 듣기에 덜 고역스럽지만 아예 들을 필요가 없다면 훨씬 더 좋다. 그러한 금기어는 인쇄물에서도 문제가 된다. N단어를 있는 그대로 인쇄물에 노출하면 오디오북 성우는 그 단어를 발음해야 하고 청취자는 들어야만 한다. 페이지에서 그 단어를 보는 것도 고역스럽다. 과학자들은 우리가 빠르게 묵독을 할 때조차 작은 소리로 낭독을 하는 것과 비슷하다는 사실을 보여주었다. 그럴 때 우리의 성대는 소리를 내지 않으면서도 발화를 하는 것처럼 슬쩍슬쩍 경련한다.[58] 따라서 특정 단어를 글로 쓰면 독자는 그 단어를 입 밖으로 내는 것과 비슷한 생리적 상태에 어쩔 수 없이 놓이게 되는데, 익히 알려진 완곡한 표현이

있으면 특히 문제가 된다.

비방을 그대로 노출하지 않고 'N단어'라고 지칭하는 것은 유해한 말을 하지 않으려는 시도일 뿐 아니라 무엇인가를 말하려는 시도이기도 하다. 이것은 어떤 단어에 대한 거부이자 그 단어의 의미가 파생되는 시스템에 대한 거부다. 'N단어'는 대화 중에 삐 처리를, 일시적인 단절을 삽입한다. 이로 인해 청자는 특정 단어가 회피되었음을 명심하고 그러한 거부를 인지하지 않을 수 없게 된다. 청자는 그 단어뿐만 아니라 그 단어에 의미를 부여하는 '배경적 가정'을 거부하는 것의 중요성을 떠올리게 된다.

때로는 주변화된 집단의 구성원이 자기들을 비방하는 표현을 아무렇지 않게 사용하고 더 나아가 어떤 면에서는 그 용어를 요구하기도 한다. '퀴어'가 좋은 예다. 과거에 '퀴어'는 자기 정체성을 표현하는 용어라기보다는 비방이었다. 하지만 지금은 거의 항상 긍정적인 방식으로 사용되고 있다. 미국의 작가 타네히시 코츠는 이러한 경우에 그 용어를 쓴 사람의 정체성이 중요하고 다른 사람들은 자기도 그 용어를 써도 된다고 가정하면 안 된다고 지적한다.[59] 일부 책, TV 프로그램, 영화는 그들이 재현하려는 세계를 충실히 반영하기 위해 비방 표현을 그대로 갖다 쓰기도 한다. 하지만 좀 더 사려 깊고 유익한 수단으로 반흑인 인종차별의 추악함을 전달할 수 있는 맥락에서까지 충격을 주기 위해 N단어를 과도하게 사용하고 있다고 지적하는 평론가들도 많다. 록산 게이가 지적한 대로, "N단어는 사람들이 말하는 것처럼 힙합 아티스트들과 래퍼들에 의해서만 생생하게 남은 단어가 아니다. 백인도 그 말이 계속 살아 있게끔 하고 있다."[60] 록산 게이는 N단어를 현명하게 사용함으로써 인종차별의 위력을 효과적으로 전달할 수 있다는 것을 인정하지만, 러닝타임이 세 시간이 안 되는 영화 〈장고: 분노의 추적자〉에서 N단어가 110번이나 사용됐음을 확인하고 경악한다. 대사가 아주 많지도 않은 영화에서 3분마다 두 번꼴로 N단어가 튀어나온 것이다. 록산 게이는 〈장고: 분노의 추적자〉를 끔찍한 노예제에서 구원하려는 백인의 시도라고 설명한다. 자신이 반인종주의자임을 입증하는 일화를 얘기하면서 N단어를 **언급**하기로 작정하는 일부 백인에 대해서도 우리는 비슷한 설명을 할 수 있을 것 같다. 사악한 말을 자기 입으로 뱉는 것은 일종의 자학이지만 자신이 그 단어를 **사용**한 것은 아니라는 자기만족으로 괴로움을 누그러뜨릴 수 있다. 비방 표현이 얼마나 불쾌한지 명심하기 위해 모두가 실제로 해볼 필요는 없는데 말이다.

철학자 러네이 요르겐센 볼린저는 비방의 **언급**도 "단순한 무신경에서부터 불쾌한 말을 뱉으면서 느끼는 변태적 쾌감, 비방 표현의 경멸적 사용을 부추길 위험에 대한 간과에 이르기까지" 공격적 태도를 드러낼 수 있다고 지적한다.[61] 비방은 발화의 맥락이나 화자의 태도와 상관없이 그 자체로 해로울 수 있다. 심리학자들은 비방이 언급만 되더라도 암묵적 편견을 자극하고 비방하는 집단 구성원들을 위협하는 고정관념으로 나아간다는 것을 보여주었다.[62]

비방은 매우 해롭고 공포와 불편함을 야기하기 쉽다. 심지어 비방으로 사용되지 않는 단어나 발음만 비슷한 단어조차 일종의 도그휘슬처럼 작용하거나(2장 참조) 의도치 않은 저격이 될 수 있다. 한번은 한 친구가 강의 중에 "갑옷의 틈새(chink in one's armour)"라는 관용어구를 사용했다. 그 친구는 순수하게 '약점' 혹은 '아킬레스건'이라는 뜻으로 그 말(chink)을 사용한 것이었다. 하지만 그 말을 하면서 학생들을 바라보다가 중국인 학생하고 눈이 딱 마주쳤는데 그 학생이 순간적으로 인상을 찡그렸다. 비방 표현과 전혀 무관하게 사용된 단어였는데도 그 순간에는 둘을 구분할 수 없었으므로—어쨌든 학생은 욕으로 들었으니까—친구는 더는 그 관용적 표현을 쓰지 않기로 결심했다.

비방이 아니지만 불편하기로는 마찬가지인 다른 단어들도 있다. 일례로 'denigrate(헐뜯다, 모욕하다)'를 생각해보자. 라틴어에서 유래한 접사 'de-'에는 '떼어놓다' 혹은 '철저히, 완전히'라는 의미가 있고 'nigrate'는 '검다'라는 라틴어에서 유래했으므로 N단어와 어원이 같다. 그러니까 'denigrate'의 문자 그대로의 의미는 '검게 하다', '어둡게 하다'이다. 일반적으로 사용될 때 의미는 누군가나 무언가를 모욕하거나 학대하거나 부정적으로 취급하는 것이다. 우리가 이 단어를 뭔가 부정적인 의미로 계속 사용한다면 어둡거나 검은 것과 나쁜 것 사이의 연상 작용을 강화하는 셈이 된다. 검은 것이 나쁘다는 생각은 어두운 밤에 대한 감각적 두려움에서 기인하는 것이지 인종과는 상관없다. 그러나 'denigrate'의 부정적 어감은 이제 N단어의 부정적 어감과 매우 흡사하다.

2017년에 영국의 타블로이드 신문 〈데일리 메일〉은 메건 마클과 해리 왕자의 약혼식을 보도하면서 '그래, 그들은 기쁘게도 사랑에 빠졌어. 그런데 왜 약혼식 사진을 보면서 좀스러운(Niggling) 걱정이 드는 걸까?'라는 헤드라인을 실었다.[63] 철학자 리암 브라이트는 이걸 보고 농담이랍시고 다음과 같은 트윗을 올렸다.

〈데일리 메일〉의 헤드라인은 이런 거다. 메건에 대한 좀스러운(Niggling) 걱정 ─ 그는 좀스러운(Niggardly) 세부 사항을 지나치게 신경 쓰는가? 우리는 니제르(Niger)에서 휴가를 보내는 동안 네그로니(negroni) 칵테일을 마시면서 그의 성격의 이 감점 요인(black mark)을 논한다.[64]

말해서는 안 되는 단어라는 개념은 밀레니얼 세대의 새로운 발명품이 아니다. 예로부터 금기어는 여러 문화에서 중요한 부분이었다. 금기어는 주로 성(씹), 신체 부위(좆, 보지, 불알)와 그 기능(똥, 오줌), 초자연(저주, 신, 지옥)과 관련이 있다. 또한 죽음과 질병을 다룰 때는 완곡한 표현을 쓰는 것이 예의다(일례로 '돌아가셨다'는 표현이 그렇다). 이러한 단어들의 사용과 맥락에 대해서는 공식적으로나 비공식적으로나 엄격한 지침이 있다. 가령 영국에서는 저녁 9시 방송을 기점으로 그 이전 시간대에는 방송에서 쓸 수 없는 말들이 규칙으로 정해져 있다. 많은 사회적 맥락에서 욕을 하거나 성, 배설, 혹은 죽음이나 임종의 세세한 부분을 입 밖에 내는 것은 부적절하다.

금기어의 목적은 신성하거나 혐오스럽거나 사적인 활동과 관련된 화제를 피하는 데 있다. 그러한 단어들에 대한 금지를 유지하면 금기를 유지하는 데에도 도움이 된다. 사람들이 '똥'이나 '씹' 얘기를 이상하게 여긴다면 배변은 올바르고 위생적으로 처리해야 하는 불결한 활동으로 계속 인식될 것이고 섹스는 사적이지만 분명한 규칙이 있는 활동으로 이해될 것이다. ('씹'이라는 단어를 일상적으로 쓰기 힘든 것과 우리가 섹스를 하거나 이야기하는 방식에 대한 규범의 완화와 상관관계가 있는 것은 우연이 아니다.)

N단어를 쓰지 말라는 요구는 사소한 낱말 놀이가 아니라 반흑인 인종차별을 사회적 금기의 영역에 계속 붙잡아놓으려는 광범위한 금지 사항의 하나다. 남아시아인 차별에서 P단어, 동성애 혐오에서 F단어, 그리고 동아시아인 차별에서 C단어도 마찬가지다. 말할 수 없는 단어가 있으면 그 단어와 관련된 발화와 행동 범위에서 도덕적 금지를 떠올리게 된다. 그래서 자신이 쓰는 단어를 달갑게 받아들이지 않는다는 것을 깨닫고 혼란스러워졌다면 그 사람의 일차적 반응은 그 단어에 무슨 도덕적 문제가 있는지 이해하려고 하는 것이리라.

이 점은 정치적 올바름이 단순히 '미덕 과시(virtue signaling)'에 불과한 것 아니냐는 의심에 대응하는 데 도움이 된다. 언어적 배려를 촉구하는 사람들은 때때로 '진짜' 변화를 추진하지 않고 의롭게 보이는 데만 너무 신경을 쓴다는 비난을 받곤 한다. 하지만 과연 그럴까. 첫째, 덕행을 공공연히 내보이는 것이 알려진 것만큼 명백히 끔찍한 일은 아니다. (여기에 대해서만 한 장 전체를 할애해도 지나치지 않다!) 변화와 연대의 행동 가능성을 보여줄 수 있고 사람들의 사기를 북돋아 좀 더 건강한 움직임을 만들 수 있기 때문이다.[65] 둘째, 이러한 문제에서 단순히 언어일 뿐인 언어는 없다. 언어는 도덕적 풍경을 구축하는 데 꼭 필요하다. 우리는 그 풍경 속에서 살아가고 그 안에는 해방의 언어와 행동이 서로 얽히고설켜 있다.

아무도 낙오되지
않는 사회

이 글을 쓰는 지금 트랜스젠더들은 사회에서 안전하고 존엄을 지킬 수·있는 자리를 확보하기 위해 투쟁하고 있다. 그들이 시스젠더와 선을 그어서가 아니라, 시스젠더들이(이 중에 유명 인사를 포함한 영국의 '페미니스트'들도 꽤 많이 있다는 점은 우려스럽다) 트랜스젠더를 배제하기 위해 시스 정체성에 더욱 몰두하기 때문이다. 특히 트랜스 여성들은 트랜스 여성으로서 비인간화되고 있다. 따라서 그들은 트랜스 여성으로서 대응할 수밖에 없다. 한나 아렌트는 유대인과 관련하여 이러한 논지를 밝힌 바 있다. "유대인으로서 공격받으면 유대인으로서 자신을 방어해야만 한다. 독일인으로서, 세계시민으로서, 인권의 옹호자로서 자신을 방어하는 게 아니다."[66]

억압받는 집단은 자기가 현재 살아내고 있는 정체성을 스스로 만든 게 아니다. 백인들이 백인 개념을 구축하고 고양하는 것이 이익이 된다고 생각하지 않았다면 유색인종도 자기 자신에 대해서 지금과 같은 방식으로 생각하지 않았을 것이다. 인종, 성별, 그 밖의 사회적 정체성에 초점을 맞추는 '정체성 정치'가 서로 다른 집단들 사이에 쐐기를 박고 분열을 더욱 공고히 하기 때문에 정치적 올바름에 반대한다고 말하는 사람들도 더러 있다. 하지만 그러한 견해는 상황을 잘못 해석한 것이다. 제임스 볼드윈은 이렇게 썼다.

미국은 흑인의 존재를 부정하고 흑인의 종속을 정당화해야 했기 때문에 백인 국가가 되었다. 그들의 주장에 따라 이 나라에 '정착한'

사람들은 백인이 되었다. …… 우리도 여기 오기 전까지는 흑인이 아니었다. 노예 무역이 우리를 흑인으로 규정했던 것이다. 우리는 백인 사회 안의 리더십 위기에 대한 대가를 오랫동안 치렀고, 우리 자신에게 최악인 상황을 직면하고도 꿋꿋하게 살아남고 승리를 거두었다. 우리가 살아남아 승리하지 못했다면 미국 흑인은 이렇게 살아있지 않을 것이다.[67]

그렇긴 하지만 고립된 사회적 정체성에 지나치게 집착하면 우리의 운동이 너절해지고 효력을 잃을 수 있으므로 주의를 기울여야 한다. 일단 개인 차원의 억압에 초점을 맞추다 보면 여러 정체성이 융합된 상태에서 살아가는 사람들이 경험하는 현실을 고려하기 어렵다. 그렇지만 주변화된 사람들은 대부분 공통점이 있다. 특히 그들은 가난하고, 안전을 보장받지 못하고, 목소리를 내지 못할 확률이 높다. 우리가 서로 분리되는 것은 피차 도움이 안 된다. 우리의 원한이 권력의 소재지로 향하지 않고 서로를 겨냥한다면 그 꼴을 보고 희희낙락하는 자들의 손에 놀아나는 셈이다. (우파들은 그러한 분열을 부채질하면서 얼마나 신이 날까. 그들이 더 광범위한 연대를 막기 위해 백인과 젠더에 대한 충성심을 고취하려고 자기네 입맛대로 '백인 노동자 계급'이나 '백인 노동자 계급 소년과 남성'을 따로 규정하고 이들을 주변화된 정체성으로 육성하는 실태를 보라.) 우리는 우리의 정체성을 고립된 이해관계나 기회주의적 분열의 빌미가 아니라 그와 관련된 불의의 구성 요소로 인식하기 위해 주의를 기울여야 한다.

마지막으로 우리가 정의를 지향하는 이 새로운 예절을 채택할 수 있도록 서로를 돕는 방식을 고민하고, 여기에 사람들이 미치지 못할 때 대응하는 방식을 사유하는 것이 중요하다. '정치적 올바름'은 역동적으로 발전하며 비판을 수용해야 한다. 그래야만 교조주의에 빠지지 않는다. 하지만 변화에 개방적이다 보면 어떤 사람들이 뒤처지는 기분이 들 수 있다. 특히 시간과 자원이 제한된 사람들은 변화를 따라잡기가 어렵다. 내가 이 점을 우려하는 이유는 우리에게 필요한 것은 진정으로 포용적인 운동, 배움과 용서의 여지가 있는 운동이기 때문이다. 변화는 위협적이고, 우리가 변화에서 이익을 볼 때가 있는가 하면 스스로 늙고 서툴고 뭐가 뭔지 모르는 사람처럼 느껴지고 판단당하거나 의심받는 기분이 들 때도 있다. 우리는 세부 사항에 눈이 멀어 언어가 도움을 주어야 하는 사람들을 보지 못하는 일이 없도록 경계해야 한다.

8장

캔슬 컬처는
표현의 자유를
억압하는가

: 외면과 희생양

나는 일부 좌파 인사들과 달리 정치적 불관용과 소셜미디어의 유해한
익명성이 부추기는 '캔슬 컬처'가 존재한다는 것을 결코 의심하지 않는다.
하지만 캔슬 컬처에 관한 위대한 신화는 그것이 오직 좌파에만
존재한다는 것이다.

— 데이비드 올루소가(역사학자), 〈가디언〉(2021년 1월 3일자)

10년 전인가, 친구들과 함께 영화를 보려고 내 노트북에 다운로 드를 하는데 갑자기 친구들이 질색하며 말했다. "네 바탕 화면이 우디 앨런이라니 믿을 수가 없어." 나는 처음에는 당황했지만 바로 웃음을 터뜨렸다. 내 컴퓨터 속 납작한 모자를 눌러 쓰고 유난히 큰 코에 뿔테 안경을 올려놓은 주름투성이 남자는 우디 앨런이 아니라 1년 전 테헤란에서 돌아가신 나의 쿠르드족 할아버지 파라졸라 샤 바시였다. 그 순간에야 깨달았지만 할아버지의 그 사진은 노년의 우디 앨런이 독설을 뱉을 때의 모습과 매우 흡사했다.

우디 앨런은 입양한 딸 딜런 패로를 패로가 일곱 살 때 상습적으로 성추행한 혐의를 받고 있었다. 그는 또한 여자친구의 또 다른 입양아 순이 프레빈과도 바람을 피웠는데 그 관계가 시작될 무렵 순이 프레빈은 고등학생이었고 우디 앨런은 오십 대 중반이었다.[1] 나는 십 대 후반에 우디 앨런의 전작을 섭렵할 때까지도 그러한 사실을 전혀 몰랐다. 우리 할아버지 사진을 우디 앨런의 사진으로 오해했을 때 친구들이 보인 반응은 예술가를 그의 예술과 따로 떼어 볼 수 있는가라는 의문을 내게 불러일으켰다. 다시는 앨런의 영화를 보면 안 되는 걸까? 설령 그의 영화를 또 보더라도 그에게 수익이 돌아가지 않는 방법을 찾아야 하는 걸까? 하비 와인스타인의 이름으로 크레딧이 더럽혀진 2백여 편의 블록버스터 영화들에 대해서도 비슷한 질문을 할 수 있겠다.

망신살 뻗친 유명 인사들에 대한 질문은 필연적으로 '캔슬 컬처 (손절 문화)'*에 관한 대화로 연결된다. 우디 앨런과 하비 와인스타인은 손절당했나? 그 영향력과 유산이 방대하고 널리 깃든, 수억 달러의 가치가 있는 남성들에게 그건 어떤 의미인가? 여기서 더욱 광범위한 질문들이 제기된다. '손절'당하는 것과 해악을 끼쳤기에 그에 따른 결과를 실제로 겪는 것은 도덕적으로 구별되는가? 사과는 '손절'을 피하기에 충분한가? 벌을 주어야 하는가, 아니면 배움을 얻을 수 있는 여건을 조성해야 하는가? 범죄 행위에 대한 우리의 반응은 건설적인가? 그러한 반응은 범죄에 비례하는가?

'캔슬 컬처' 비판이 보수주의자들이 편협하게 굴기 위해 전략적으로 구사하는 도덕적 공황이라는 점은 부인할 수 없지만 다른 한편으로 잘못을 공개 저격하는 방식이 문제를 일으키거나 도움이 안 되는 경우도 적지 않다. 우리가 서로에게 끼치는 해악을 다루는 방식에는 문제가 있다. 그리고 우리가 아직 알아 가고 있는 것들이 대부분 그렇듯 소셜미디어는 불확실성의 불씨를 지펴 우리 모두를 괴롭히는 마구잡이 지옥불로 키운다.

캔슬 컬처(Cancel Culture) 유명인이나 공인의 특정한 행동, 견해에 반대하여 소셜미디어상에서 그에 대한 지지를 가시적으로 철회하는 문화를 가리킨다. 주로 혐오나 차별 행위를 한 이들에게 소셜미디어에서 팔로우(follow)를 취소하고 "당신은 손절당했어(You're Canceled)"라는 메시지를 보내거나 해시태그를 다는 운동에서 시작됐다. 이 책에서는 'cancel'을 '손절'로 번역했다.

도편 추방과
캔슬 컬처

2500년 전 고대 그리스의 민주정 도시국가 아테네에서는 범죄를 저질렀거나 위협이 될 만한 인물을 추방할 수 있었다. 매년 겨울 아테네 시민들에게는 추방당했으면 하는 인물을 지목할 기회가 주어졌다. 당시 사람들은 대부분 글을 몰랐으므로 필경사가 그 이름들을 기록했을 것이다. 제지 기술은 개발되지 않았고 아직 이집트에서 들여오는 파피루스는 비싸고 귀했다. 반면 깨진 도자기 조각들은 흔했기 때문에 그것들이 일종의 메모지 역할을 했다. 필경사들이 이 도자기 조각에 추방당했으면 하는 인물의 이름을 새겼다. '오스트라콘(ostracon, 도편)'이라고 하는 이 조각들을 이름별로 쌓은 후 한데 헤아려 그 수를 파악했다. 가장 많이 쌓인 도편 더미가 6천 개 이상이면 해당 인물은 즉시 아테네에서 쫓겨났다. 재판도 필요 없었기 때문에 당사자는 항변하거나 선처를 호소할 기회도 없었다. 정치적 라이벌도 이런 식으로 내칠 수 있었지만 그저 성가시게 굴거나 인기가 없는 사람도 같은 운명에 처할 수 있었다. (리얼리티 프로그램 출연자들을 가차 없이 자의적으로 탈락시키는 투표 방식을 생각해보라.) 다행히 이 기이한 추방형은 불운하기 그지없는 단 한 사람에게만 떨어졌다. 이 사람은 열흘 안에 신변을 정리하고 아테네를 떠나야 했고 만약 그 기간이 지났는데도 남아 있으면 처형당했다. 추방당한 사람은 유배 생활 10년을 채우면 아테네로 돌아올 수 있었다.* 영어 단어 'ostracise(외면하다, 배척하다)'가 바로 이 추방당할 자의 이름을 적어내는 '도편(ostracon)'에서 유래했다.

여전히 일부 사회에는 공식적인 외면(ostracism)이 존재한다. '여호와의 증인' 신도는 그네들의 도덕에 위배되는 행동을 하면 '제명' 되는데, 이는 신도들의 집회에서 쫓겨나고 같은 종교를 믿는 가족과 친구에게 외면당한다는 의미다. 발리에서는 개인 혹은 일가 전체가 카스퍼캉(kasepekang, 공동체 생활에서 완전히 배제하는 심각한 형태의 사회적 처벌)을 당할 수 있다. 외면은 더 사적으로, 친구 집단이나 가족 내에서, 혹은 두 사람 사이에서도 일어난다. 말을 걸지 않거나 아는 척하지 않음으로써 누군가를 '묵살'하는 것은 대인 관계에서 흔히 볼 수 있는 외면의 형태다. 이란에서는 카흐르(qahr, 불화)가 부모와 사춘기 혹은 성인 자녀가 가치관이나 의견의 차이 때문에 서로 말도 하지 않고 지내는 모양새로 나타나곤 한다. 불화의 해소, 즉 아슈티(ashti, 평화)는 종종 제3자의 개입을 필요로 한다.

외면은 사회적 정체성보다 개인의 행동과 특성에 근거하여 개인을 대상으로 삼는다는 점에서 여타의 사회적 배제와 구별된다. 트럼프의 '행정명령 13769호'는 국민의 다수가 이슬람교도인 7개 국가의 난민과 방문객 입국을 막았다.** 이 조치는 개인의 삶의 세세한 부분을 고려하지 않고 무조건 사람들을 추방하는 인종차별 정책이다. 특정 집단을 철저하게 배제하고 주변화한다면 그건 외면

---

* 현재 이탈리아령인 고대 도시국가 시라쿠사에도 목엽 추방(petalism, 올리브잎에 위험인물의 이름을 써내는 투표 방식)이라는 비슷한 제도가 있었다. (저자 주)
** 정식 명칭은 '행정명령 13769호: 외국인 테러리스트의 미국 입국으로부터 국가 보호'다. 테러 위험이 있다고 판단된 이슬람 국가 이라크, 이란, 리비아, 소말리아, 수단, 시리아, 예멘 7개국 국적자의 입국을 제한하고 난민 수용도 중단하는 반이민 국경 통제 정책인데, 2017년 1월 트럼프 대통령이 서명했다.

이 아니라 억압으로 보는 것이 적절하다. 실제로는 외면과 억압이 교묘하게 얽혀 있는 경우가 많다. 어쩌면 어떤 여성은 실제로 성질이 고약해서 친목 모임에 끼우지 않는 편이 나을지 모른다. 어쩌면 그 여성의 동료들이 성차별을 하는 것일지도 모른다. 이 장은 외면이 억압의 도구로 사용될 수 있는 방식은 논외로 하고, 일반적으로 억압받는다고 묘사되지 않는 이들이 경험하는 외면에 초점을 맞춘다.[2]

반사회적이거나 부도덕한 행동을 했다고 간주되는 사람은 외면당한다. 이러한 외면은 보복적 정의(retributive justice)의 하나이며 사실 형사사법제도, 특히 감금형은 국가가 승인한 극단적 형태의 외면이라고 할 수 있다. 외면에는 여러 목적이 있다. 사회에서 일상적 상호작용과 연결을 일부분 박탈당한 사람은 괴로움을 겪기 때문에 자신의 행동을 수정하게 마련이고 이를 지켜보는 다른 사람들도 문제 행동을 자제하게 된다. 또한 외면당하는 사람은 배제되고 신용을 잃기 때문에 그가 하는 행동의 영향력 역시 제한된다.

현대 세계에서 흔히 눈에 띄는 외면의 한 형태가 '손절하기(cancelling)'***다. 손절은 대개 '캔슬 컬처' 혹은 '결과 문화'*라는 더 넓은 맥락 안에서 설명된다. 문화연구자 이브 응은 '캔슬 컬처'를 이렇게 정의한다.

*** cancelling(손절하기)은 'dragging(끌어내기)' 혹은 'calling out(불러내기)'과 동의어처럼 쓰이기도 하지만 이것들은 cancelling에 선행하는 비판의 형태라고 할 수 있다. (저자 주)
dragging과 calling out은 특정인을 콕 집어 지목해 그의 행동이나 견해에 대해 공개적으로 지적하고 비판하는 것을 의미한다. 이 장에서 콜아웃(call-out)은 '공개 저격'으로 번역했다.

일반적으로 사회 정의의 시각에서, 특히 성차별, 이성애주의, 동성애 혐오, 인종차별, 학교폭력이나 직장 내 따돌림 및 관련 사안에 대하여 용납할 수 없거나 상당히 문제가 많은 발언 혹은 행동을 한 사람에 대해 모든 종류의 지지(시청 및 구독, 소셜미디어 팔로, 그 인물이 홍보하는 상품의 구매 등)를 철회하는 것.[3]

'캔슬 컬처'라는 용어는 블랙 트위터(Black Twitter, 흑인이 중심이 된 트위터 커뮤니티)에 그 뿌리가 있다.* 원래 이 문화는 흑인, 그중에서도 주로 온라인상에서 벌어지는 인종차별과 미소지누아르를 공개 저격하는 흑인 여성과 관련 있다. 그러한 행위가 그들이 기대할 수 있는 유일한 종류의 정의였기 때문일 것이다.[4] 그래서 미디어학자 메러디스 D. 클라크는 공개 저격을 타자(Other)의 도구라고 설명한다.[5] 잘못을 신고하는 공식 채널이 작동하지 않을 때 소셜미디어는 피해를 신고하고 일종의 대중 참여로 얻은(크라우드 소싱으로 얻은) 정의를 제공하는 역할을 한다.

'캔슬 컬처'는 언론에서 자주 혹평당하지만 실제로는 의견이 엇갈린다는 것이 여러 연구에서 드러난다. 2020년 미국에서 실시한 조사에서 응답자의 46퍼센트는 '캔슬 컬처'가 '지나치다'고 보았지

결과 문화(Consequence Culture) 개인에게 자신의 말과 행동에 부합하는 결과를 요구하는 문화. 주로 유명인이나 공인이 자신의 주장을 표현할 때 그것이 끼치는 영향에 책임을 져야 한다고 보는 풍조다. '캔슬 컬처'와 동의어처럼 쓰는 경우도 있으나, 이러한 문화 현상을 설명할 때 '손절'이라는 효과보다는 '책임' 있는 결과에 초점을 두는 이들은 '캔슬 컬처'보다 '결과 문화'라는 용어를 선호하는 경향이 있다.
* '손절'이 흑인들이 처음 사용한 도구와 용어에서 비롯됐다는 사실은 이 태도가 자동으로 마주치게 되는 경멸을 일부분 설명한다(워크woke에 대한 반응도 비슷하다). (저자 주)

만 27퍼센트는 그러한 문화가 사회에 긍정적이거나 매우 긍정적인 영향을 끼친다고 평가했다.[6] '손절'이라는 단어가 직접적으로 쓰이지 않을 때는 그러한 행동에 대한 지지가 더욱 두드러졌다. "평판이 좋지 않은 의견, 심지어 다른 사람을 심하게 모욕하는 의견을 공개적으로 표현할 때는 그 사회적 결과를 내다봐야 한다"는 진술에 응답자의 절반 이상이 동의했고, 어떤 사람이 지난 1년 사이에 타인에게 모욕적인 진술을 했다면 그 사람에 대한 생각을 재고할 것이라고 답한 사람이 응답자의 54퍼센트였다. 그리고 40퍼센트—35세 이하로 한정하면 55퍼센트—는 자신도 손절 행동에 참여한 적이 있다고 답했다.[7] 요컨대 피해를 주는 말이나 행동을 했을 때는 그에 상응하는 결과를 감당해야 한다는 생각이 대중, 특히 젊은 층에 팽배해 있고 이미 많은 사람이 그러한 보복을 실행하는 데 참여하고 있지만 결과가 과오에 비례해야 한다는 생각도 가지고 있다.

'손절' 일화는 으레 여러 단계를 거친다. 첫 단계는 위반의 발생이다. 누군가 도덕적으로 문제가 되는 말이나 행동을 하거나 그렇게 했다고 고발을 당한다. 늘 그런 것은 아니지만 대개 그러한 언행은 으레 사회적 종속 집단에 해를 끼친다. 그러면 다수가 공개 저격하고 사과나 고용 계약 해지 같은 특정한 결과를 요구한다. 특히 위반자가 공인이나 공적 단체일 경우에는 이 공개 저격이 대단히 증폭될 수 있다. 위반자에게 비난이 폭주할지도(pile-on) 모른다. (이 단계에서 위반자를 옹호하는 사람들이 등장하거나 '표현의 자유'가 위협받는다든가 '캔슬 컬처가 도를 넘었다'는 일반적 우려가 나타나는 등 모종의 반발이 있다.) 위반자는 해명, 사과, 시정을 시도할 수 있다. 이러한 대응의 성격과 시기, 그리고 추정되는 잘못에 따라서 비난을 잠재울 수도 있고 그러지 못할 수도 있다. 관련 업체들은 후원을 중단하거나 고용 계약, 출판 계약, 프로그램 출연 계약을 취소하는 식으로 제휴를 철회할 수 있다. 설령 공식적이고 구체적인 박탈이 없더라도 위반자는 사회적, 직업적 기회가 줄어드는 것을 체감할 것이다.

중요한 것은 이 도식이 어떤 사람이 다른 사람에게 피해를 입히거나 그랬다는 비난을 받을 때 취해야 하는 행동 방침을 설명할 수도 있다는 것이다. '캔슬 컬처'에는 새로운 것이 전혀 없다. 우리가 서로에게 책임을 묻는 방식을 확대한 버전일 뿐이다. 하지만 일반적으로 소셜미디어가 촉진하는 이러한 확대는 이차적인 도덕의 문제를 발생시킴으로써 위험을 높이는 경향이 있다.

누가 정치적으로
이용하는가

'캔슬 컬처'라는 용어는 그 의미가 매우 다양하기 때문에 곤란한 점이 있다. 내가 걱정하는 손절은(나도 걱정한다) 주로 내가 백인, 남성성, 이스라엘 국가의 폭력성에 대해서 했던 말 때문에 직장에서 해고당하는 것이다. 다른 사람들도 그러한 문제로 해고나 징계를 당했고, 이 주제들은 내가 공개적으로 분노를 표출할 가능성이 높기 때문이다. 기업 브랜드나 유명인들이 '캔슬 컬처'에 우려를 표하는 이유는 고객이나 팔로어를 잃을까 두렵기 때문이다. 정치인과 보수 평론가는 식민지 시대 기념상 철거, 사려 깊은 언어 사용, 학생들에게 인종차별에 대해 가르치기 같은 '문화 전쟁' 관련 사안들을 지목하면서 '캔슬 컬처'를 '워키즘'이나 '정치적 올바름'과 혼용하는 경우가 많다. 이 사례들은 7장에서 살펴보았으므로 여기서는 보통 사람들과 유명인에 대한 '손절'을 집중적으로 살펴보겠다.

2020년 7월에 〈하퍼스 매거진(Harper's Magazine)〉은 150명 이상의 유명 인사가 서명한 '정의와 공개 토론에 대한 편지'를 발표했다. 그들은 "공개 토론의 규칙과 차이에 대한 관용을 약화하면서까지 이데올로기에 부합하고자 하는 새로운 일련의 도덕적 태도와 정치적 약속"에 우려를 표했다. 이것은 '캔슬 컬처'에 대한 편지였다. (이 서간문이 구체적으로는 트랜스포비아로 널리 비판받아 온 작가 J. K. 롤링을 간접적으로 비호한다고 추측한 자들이 적지 않은데 설득력 있게 보인다.) 서명인 명단은 그야말로 스타 대군단이었다. 노엄 촘스키, 글로리아 스타이넘, 마거릿 애트우드, 살만 루슈디, 말콤 글래드웰이 그 명단에 이름을 올렸다. 모두 자신의 발언을 귀담아 들어주는 사람이 얼마든지 있는 인물로서, 그들의 팔로어만 다 합쳐도 수십억 명에 달한다. **그들이** 무엇을 우려하는지는 전혀 분명하지 않고 편지는 무조건 열광해 달라는, 또는 비판을 면해 달라는 청원과 매우 흡사하다. '캔슬 컬처'가 대중 담론의 도화선으로 부상한 것은 부분적으로 자신의 권력과 영향력을 그악스럽게 지키려 하는 소수의 노력 때문이다. '정치적 올바름'을 대할 때 그렇듯 여기에도 결과를 감당하지 않고 말하고 행동하려는 욕구가 반영된 듯 보인다.

손절 요구가 아부에 대한 갈망과 어떻게 연결되는지 영국의 교사이자 작가인 케이트 클랜치의 사례가 명쾌하게 보여준다. 클랜치는 2019년에 출간한 《내가 가르쳤던 몇몇 아이들과 그들이 내게 가르쳐준 것(Some Kids I Taught and What They Taught Me)》으로 상을 받았다. 2021년에 클랜치는 그 책 속의 인종차별, 계급주의, 능력주의가 농후한 대목들이 주목을 받으면서 트위터에서 폭발적인 비난을 받았다. 2022년에 출판사는 클랜치와 관계를 끊었다. 이 사실들만 놓고 보면 클랜치가 손절당하긴 했지만 그 조치가 부당하다고 말할 수는 없다. 좀 더 자세히 들여다보면 굉장히 이상한 일이 일어난 것이다. 2021년 여름에 도서 커뮤니티 사이트 '굿리즈(Goodreads)'의 사용자가 클랜치의 책에서 인종차별적인 문장들을 조목조목 인용해 가면서 비판했다. 클랜치는 격분해서 그 서평을 자기 트위터에 공유하고 그 인용문은 "전부 꾸며낸" 것이고 자신이 인종차별로 부당하게 비난받고 있다고 주장했다. 그러고는 자신의 3만 7천 명의 팔로어에게 그 서평이 내려가고 자신의 명예가 회복될 수 있도록 도와 달라고 했다.[8] 인용문은 "꾸며낸" 것이 아니라 전부 그의 책 속에 있는 문장들이었다. 그제야 클랜치는 자신의 잘못된 대처가 일을 더 크게 만들었다는 것을 깨달았다. 그는 학생들에 대해 인종차별적이고 계급주의적인 지적을 남발하는 책을 썼을 뿐 아니라 자신이 억울하게 공격당한 것처럼 굴었고 비판을 침묵시키기 위해 대놓고 자신의 거대한 플랫폼을 동원했다. (그냥 내 생각일 뿐이지만 클랜치는 정말로 자기가 그런 글을 쓴 적이 없다고 믿었던 것 같다. 본인도 그 글이 인종차별적이라는 것은 알 수 있었고 '선의를 지닌' 백인 여성으로서 자신이 인종차별적 견해를 피력했다고는 꿈에도 생각지 않았기 때문에 '찾기' 기능으로 얼른 인용문과 자기 원고를 비교해보지도 않고 그토록 자신만만한 트윗을 올렸던 것이다.) 이 사례에 대해서는 할 말이 참 많다. 왜 편집자들은 초고 단계에서 편협한 대목을 지적해주지 않았는가? 이것이 출판 산업에 대해서 알려주는 바는 무엇인가? 하지만 가장 중요한 점은 전적인 존경을 기대하는 클랜치의 태도가 손절을 촉발했다는 것이다. 그러한 결과는 스스로 자초한 것이었다. 게다가 클랜치는 첫 출판사에서 밀려난 후에 곧바로 다른 출판사와 계약을 맺었다. 일반적으로 '입막음'당하거나 '손절'당한다는 것은 이런 의미가 아니다.

불안한 유명인들은 보수주의자들을 우군으로 삼고 있다. '캔슬 컬처'가 표현의 자유를 위협하는 좌파 권위주의의 한 형태로 제시되는 것이다. 7장에서 보았지만 좌파 권위주의가 어느덧 변곡점에 이르러 공개 토론을 저해하기에 이르렀다는 생각은 이미 수십 년 전부터, 소셜미디어가 성행하기 전부터 있었다. 이는 또 하나의 잘못된 '미끄러운 비탈길 논증'이다. 만약 우리가 이러한 '손절' 사례들을 방치한다면 결국 전체주의로 전락하고 말 거라나! 이 경우 미끄러운 비탈길의 메커니즘을 이해하기란 쉽지 않다. J. K. 롤링은 도서 축제에 연사로 초대받지 못했고 그다음 일은 여러분 모두 아는 대로…… 출판사들은 여전히 롤링의 원고를 받으려고 피 터지게 싸우고 있다.

'캔슬 컬처'를 도덕적 공황으로 확대하는 것은 작가 네스린 말릭이 말하는 '주파수 쟁탈(frequency scrambling)'의 한 예다.[9] 이는 진짜 불만(예: 공인의 편협한 발언)을 다루려는 시도가 만들어낸 불만(예: 사람들이 손절당하고 있다)에 뒤덮이는 시나리오를 설명해준다. 거짓 불만을 반박하는 데 너무 많은 시간과 에너지가 투입되어 결국 진짜 불만은 관심에서 벗어나버리고 진짜 문제를 해결하려고 노력하는 사람들이 문제가 있는 것처럼 **보이게** 된다.

'손절'을 좀 더 세부적으로 살펴보자. 첫째, 공인은 잘못을 저질 렀을 때 영향이 크기 때문에 공개 저격당하기 쉽다. 다시 말해, 그들은 더 강한 **억제**가 필요하다는 의미다. 인종차별적인 말을 서슴 지 않는 친척은 우리 주위에도 있지만 그들의 견해는 그들과 친분이 있는 사람들의 범위를 벗어나 큰 관심과 결과를 가져오지 않는 다. 심지어 소셜미디어 공개 계정에 그런 말을 올리더라도 마찬가 지다. 그러므로 '손절'당할 수 있다는 것은 웬만큼 기본적인 권력과 영향력이 있다는 뜻이다. 유명인의 인종차별적 발언은 그러한 차 별을 일반적인 것으로 만들 위험이 있지만 우리 이모가 하는 말은 그 정도 영향력이 없다.

둘째, 어떤 사람이 손절당할 때 잃게 되는 기회는 애당초 부유하 고 힘 있는 사람들에게 주어지는 기회다. 이건 주거나 생계를 잃는 사람들 얘기가 아니라(뒤에서 좀 더 다루겠지만) 존엄한 삶을 꾸려 가는 데 필수적이지는 않은 특권적이고 영리적인 역할을 하는 사 람들, 요컨대 선택받은 소수에게만 적용되는 얘기다. 게다가 더 광 범위한 억압에서 비롯된 편견에 따라 행동하는 것이 아니라면 누 구를 지지하고 임명할 것인가에 대해 선호를 표현하거나 이후 그 사람의 실제 행동을 보고 지지를 철회하는 것은 도덕적으로 문제 가 없다. 나는 록밴드 '라디오헤드'의 톰 요크의 정치적 행동주의를 존경했지만 그가 팔레스타인과의 연대를 보여주지 못했기 때문에 그 마음을 접었다.[10] 지금은 내가 과거에 그랬던 것만큼 그의 '팬' 이 아니다. 손절당한다는 것은 누군가가 나를 꼴보기 싫어하기 때 문에 더는 사회적으로 존재하지 못하거나 고대 아테네에서처럼 10 년쯤 추방당하는 것이 아니다. 대단한 특권을 누리는 사람은 대개 많고 많은 특권 중 일부만, 그것도 일시적으로 잃는다. J. K. 롤링은 트랜스포비아 때문에 손절당했다고 불평할지 모르지만 여전히 세계에서 가장 부유한 작가로 꼽히고 트위터에서 1400만 명의 팔로어를 거느리고 있다. 그저 트랜스젠더들의 주변화에 마음을 쓰는 사람들이 그와 그의 작품에 거리를 두기로 작정했을 뿐이다.

공개 저격은 흔하지만 구체적인 결과는 드물다. 반면에 점점 더 경쟁적으로 변해 가는 주의력 경제*에서 대중의 관심을 놓치지 않기 위해 법정 다툼도 불사하는 사람은 많다. 극우 논객 밀로 야노풀로스는 이 신조에 충실하게 사는 사람처럼 보인다. 그는 "강간 문화는 신화다"라고 주장하고 '당신의 자녀가 페미니즘에 빠지는 것과 암에 걸리는 것 중 뭐가 더 나을까요?'라는 제목의 글을 기고했다. 그는 게이들의 '전환 치료'*를 장려하고(야노풀로스 본인이 게이였으나 현재는 게이가 아니라고 주장하고 있다는 사실 때문에 단순하게 볼 수가 없다) 영화 〈고스트버스터즈〉(2016)에 출연한 흑인 여성 배우 레슬리 존스를 '흑누님(black dude)'이라고 부르면서 트위터에서 인종차별적이고 성차별적인 모욕을 선동했으며, 네오나치 집단과도 연계되어 있다. '캔슬 컬처'는 야노풀로스에게 타격을 입히지 못했을 뿐 아니라 그의 증오를 돈벌이로 삼을 생각에 침을 흘리는

주의력 경제(Attention Economy) 정보가 범람하는 현대 사회에서 '희소 자원'이 된 사람들의 주의와 관심을 끌어서 가치를 만드는 경제 활동. 미국의 경제학자 허버트 사이먼(Herbert A. Simon)이 이름 붙였다.
전환 치료(Conversion Therapy) 개인의 성 정체성이나 성적 지향 등을 이성애적 규범에 맞게 바꾸는 시도를 통칭하는 말. 외과적 수술을 비롯해 호르몬 치료나 정신 분석 같은 다양한 방식이 있으나, 1990년 세계보건기구(WHO)에서 동성애를 국제질병 분류상 정신질환 목록에서 삭제함으로써 성 정체성은 탈병리화되었다.

출판사도 있었다. '사이먼앤드슈스터(Simon & Schuster)' 출판사는
야노풀리스 유명세의 유일한 이유, 즉 성차별적이고 인종차별적이
며 동성애 혐오적인 **바로** 그 견해를 구구절절 책으로 써 달라고 25
만 달러의 선금을 지급했다. 결과적으로 그 집필 계약은 취소되었
는데, 그 이유는 야노풀로스가 열세 살짜리도 성인과 성관계에 동
의할 수 있고 나이 든 남성은 소년이 "자기 자신을 발견하도록" 도
울 수 있노라 주장했기 때문이다. 그는 마침내 선을 발견했고 그 선
을 넘어갔다. (자칭 표현의 자유를 옹호한다는 자들도 여기서는 발을 뺐
다. 그들의 투쟁은 억압적인 행동에 가담하고도 결과를 감당하지 않을 **특
유의 권리**를 위한 것이라는 증거가 많다. 이는 또한 특히 도덕적 공황을 조
장할 때 정치적 우파의 "애들 생각은 안 해?"* 경향을 잘 보여준다.)

2021년에 보수 성향의 방송인 피어스 모건은 해리 왕자와 결혼
한 메건 마클이 영국 왕실에서 경험한 인종차별과 그로 인한 정신
적 폐해에 대한 보도를 거부하고 여러 차례 방송에서 감정적인 태
도를 표출한 후 〈굿모닝 브리튼(Good Morning Britain)〉을 떠났다.
모건은 인스타그램 팔로어들에게 보낸 편지에서 자신은 "캔슬 컬
처가 가장 최근에 낳은 피해자"라고 주장했다.[11] 하지만 모건은 해
고되지 않았다. 본인이 화를 주체 못 해 스튜디오를 박차고 나온 후
사임한 것이다. 그가 노력했다면 자리를 지킬 수 있었을지는 확실
치 않지만—영국 방송 통신 규제 기관에 접수된 불만 신고만 4만

---

* 이 대사(Won't somebody please think of the children?)는 원래 〈메리 포핀스〉
(1964)에서 뱅크스 부인이 한 말이지만 〈심슨 가족〉에서 헬렌 러브조이의 대사로
잘 알려져 있다. (저자 주)
이 말은 주로 '아이들을 보호한다'는 명분으로 도덕적 가치를 호소하는 감정적 수
사로 알려져 있으며, 특히 '도덕적 공황'을 비판하는 맥락에서 패러디된다.

1천 건이었다—명백한 계약 위반으로 방송을 떠나는 것과 '손절 당하는' 것은 엄연히 다르다. 게다가 피어스 모건은 실업자로 오래 머물지도 않았다. 2022년 2월에 그가 보수 성향의 타블로이드 언론 〈더 선〉에 합류한다는 광고가 영국 전역의 버스에 걸렸다. 그 광고판들의 문구는 이러했다. "그가 방금 그런 말을 했다는 것이 믿기지 않을 때", "우리 모두 생각만 하고 있던 것을 피어스가 말했을 때", "피어스가 〈더 선〉에 합류합니다. 불꽃놀이 즐길 준비 됐나요?" 다시 말해, 〈더 선〉은 피어스 모건이 손절당한 이유라고 주장하는 그 호전적이고 반동적인 견해에 멍석을 깔아주려고 그를 영입한 것이다.

래퍼 카녜이 웨스트는 적어도 '손절'에 크게 영향을 받지 않았다는 사실은 솔직하게 인정했다. 2018년에 그는 도널드 트럼프를 지지하고, 한 인터뷰에서 "(흑인의) 4백 년 노예살이 이야기를 들으면 …… (노예살이는 흑인의) 선택이었던 게 아닌가 싶다"라는 발언으로 반발을 샀다. 이 소동의 여파로 웨스트는 새 앨범에 관해 이야기하다 이렇게 언급했다. "어젯밤 그 자리에 있었던 관객의 절반, 내 앨범을 듣는 대중의 절반은 이제 내 앨범을 듣지 않을 것이다. 나는 손절당했다. 내가 트럼프를 손절하지 않았기 때문에 손절당한 것이다."[12] (탄핵을 하거나 퇴임에 찬성표를 던진 것도 아닌데 '대통령'을 손절한다는 게 무슨 뜻인지?) 웨스트는 자신이 '손절'당했지만 콘서트는 여전히 만석이었다고 짚고 넘어갔다. 이후 발표한 두 장의 앨범은 모두 미국 빌보드 200 차트 1위를 찍었다.

마지막으로, '손절'이 힘 있는 사람만 표적으로 삼는 좌파의 도구나 관행이라고 생각하면 오산이다. 2013년에 미국의 학자 스티븐 살라이타는 팔레스타인에서 2천여 명의 사망자가 발생한 이스라엘의 프로텍티브 엣지 작전(Operation Protective Edge)을 비판한후 일리노이대학에서 해직당했다. 그는 사실상 학계의 실업자 신세가 되어 워싱턴 D.C.에서 스쿨버스 운전사로 일하면서 틈틈이 글을 썼다.[13] 스티븐 살라이타는 손절이 실질적이고 금전적인 결과를 불러온 극적 사례에 해당하지만 좀체 언급되지 않는다. 그 이유는 손절의 도덕적 공황은 우파들이 조율하는 것이기 때문이다. 1년후 보스턴대학에서 인종 사회학을 연구하는 흑인 학자 새다 그런디는 미국 대학 내의 백인 남성 특권 문화와 노예 지위의 대물림을 비판하는 글을 잇달아 트위터에 올렸다.[14] 보수 학생 단체들이 들고일어나 그런디를 역성차별, 역인종차별로 고발하고 해고 압력을 넣었다.[15] 그런디는 해고당하지 않았지만 보스턴대학 총장(공학 전공)은 그런디의 게시물을 비판하고 그를 비방하는 이들에게 오히려공감을 표하면서 한껏 생색을 내는 편지를 발행했다. 달리 말하자면, 권력을 쥐고 있는 백인 남성이 자기 손아랫사람인 흑인 여성의학문적 전문 분야에 끼어들어 그의 평판에 심각한 손상을 입힌 것이다.

높이 살 만한 사회 정의를 겨냥한 듯 보이는 '손절'이 실제로는단지 규모와 추진력을 얻어 피해자를 무너뜨린 오해에 지나지 않는 경우도 더러 있다. 2019년 대중을 위한 철학 유튜브 채널 〈콘트라포인츠(ContraPoints)〉의 내털리 윈은 본인을 지칭할 때 선호하는 인칭대명사를 알려 달라는 요청이 어색하게 느껴진다고 말했다. 이 발언은 트랜스젠더 여성으로서 한 경험과 관련된 것이었는데, 본인을 지칭하는 대명사 공유가 무슨 의무처럼 되어버려 골치

아파하는 사람이 내털리 윈 한 사람만도 아니었다.[16] 그런데도 윈은 논바이너리들을 외면했다는 비판을 받았고 이 역풍이 트위터에서 일파만파 번져 결국 계정을 비활성화하고 공식 사과를 올리기에 이르렀다. 이 폭발적인 비난에 한몫한 사람 중 상당수는 내털리 윈의 발언을 제대로 읽지 않거나 이해하지 못한 채 실수로 그렇게 했을 것이다. 소셜미디어 때문에 그러한 실수가 초래하는 피해에는 한계가 없다. 그리고 손절 시도가 거대 플랫폼에 접근한 자들이 주도하는 고의적 방해 행위인 경우도 있다. 개인적인 분쟁을 해결하거나 경쟁자를 꺾기 위해서 타인의 분노를 의도적으로 활성화하고 이용한 것이다.[17] 이런 경우에 손절이 특히 잘 먹히는 이유는 사회 정의를 다루는 사람들에게는 억압적이라는 비난처럼 고약하고 떼어내기 힘든 것도 없기 때문이다.

그 외에는 대부분 유명인이 아니고 학계에 있지도 않아서 발언이 경청될 기회가 극히 제한된 사람들이다. 5장에서 보았듯이 플랫폼 접근성은 사회적 정체성이 크게 좌우한다. '캔슬 컬처'를 비판하는 논의가 성공적으로 은폐하는 더 심각한 문제는 특정 집단—특히 그들이 깊이 관여해 있고 전문적 식견이 있는 사안에 대해서도—이 공적 담론에서 체계적으로 배제되는 것이다. 트랜스젠더들에게 그들의 안전과 존엄성에 미치는 위협을 말해 달라고 청하는 일은 거의 없다. 팔레스타인 사람들은 그들이 겪고 있는 억압적이고 종속적인 삶의 경험을 공유할 기회가 거의 없다. 난민들이 무슨 이유로 조국을 떠나왔으며 유럽 국경에서 어떤 폭력을 경험했는지 설명할 기회는 좀체 주어지지 않는다. 좀 더 핵심을 짚어보자면 금전적 불안과 그 불안이 개인의 시간과 에너지를 갉아먹고 권력자들에게 종속시키는 방식이 '캔슬 컬처'나 '정치적 올바름'보다 자유에 훨씬 큰 위협이다.

손절은 정치적 영역 전반에서 일어난다. 하지만 보수적인 인사들이 늘 권력에 더 가깝기 때문에—자치 단체, 인쇄 매체와 방송 매체, 종교 집단, 정치인과의 연결 고리를 통해서—결과를 책임지지 않는 발언에도 더 익숙하다. 인터넷, 특히 소셜미디어가 대중 담론을 민주화하고 보복을 그 어느 때보다 손쉽게 만들었기에 좌파는 우파와의 격차를 좁히기 시작했다. 우파는 발언의 면책이 예전 같지 않음을 뼈저리게 느끼기 때문에 '캔슬 컬처'를 겁내고 헐뜯지만 좌파는 군이 그럴 필요가 없었다.

살펴보자면 이른바 '캔슬 컬처'는 우리도 늘 경험하는 편협과 실수의 결과를 유명인이 큰 규모로 겪는 것뿐이다. 여러분이 형편없는 짓을 저지르면, 특히 잘못을 저지르고도 인정하지 않고 보상하기를 거부한다면, 사람들이 여러분을 멀리할 것이다. 이것은 새롭거나 이례적이진 않지만 중요하고 복잡한 문제가 더해진다. 손절이 때로는 살라이타나 그런디의 경우처럼 인종차별적이고 식민주의적인 묵살과 궤를 같이하기도 하고, 내털리 윈의 경우처럼 시기, 혐오, 오해를 받는 사람에게 굴욕감이나 평판의 실추를 안기기 위해 의도적으로 악용되기도 한다는 것이다. 이것은 잘못을 처리하는 방식에 대한 우리의 생각이 근본적으로 부족하기 때문인 경우가 많다. 바로 이 문제에 이 장의 나머지 지면을 할애하겠다.

희생양 만들기,
희생양 추방하기

2021년 잉글랜드 남자 축구 팀이 1966년 이후 처음으로 메이저 대회 결승에 진출했다. 팀에는 주목받는 흑인 선수들이 다수 포진해 있었고 그들은 스포츠 업계의 인종차별에 대해 기탄없이 말하는 편이었다. 잉글랜드 팀은 매 경기 시작 전에 인종차별에 반대하는 표시로 무릎을 꿇은 몇 안 되는 팀 중 하나였다. 결승전은 전후반 90분과 연장전 30분을 다 뛰고도 1 대 1 동점이 깨지지 않을 만큼 팽팽하게 진행되었다. 잉글랜드 팀은 승부차기에서 마커스 래시퍼드, 제이던 산초, 부카요 사카가 실축하면서 우승 타이틀을 놓쳤다. 공교롭게도 이 세 선수 모두 흑인이었다. 하지만 실축은 그들이 평균 연령 21.5세로 팀에서 가장 경험이 적은 선수들이라는 점과 더 관련이 깊다. 그렇게 피 말리는 책임을 그들이 꼭 맡아야만 하는 것도 아니었다. 그들은 흑인을 영국인으로 받아들이고자 애쓰는 국가에 자기 자신을 증명하기 위해 '모범적 소수자'가 되어야 한다는 압박감을 느꼈을 것이다. 우리도 알다시피 흑인 선수들은 그들의 실수에 인종차별적인 욕설을 퍼붓는 관중들 앞에서 경기를 할 때 더 큰 압박에 시달린다. 최근의 한 연구에 따르면 흑인 선수들은 코로나19 바이러스로 인한 봉쇄 기간에 관중 없이 경기를 할 때 더 좋은 기량을 발휘했다. 반면 비흑인 선수들은 관중이 있든 없든 경기력 차이가 별로 없었다.[18] 영국에서 유력 인사라면 그렇듯 유색인종은 실수를 용서받지 못한다. 한 번이라도 삐끗하면 영국인다움과 기본적인 인간성이 문제시된다.

나는 부카요 사카가 찬 공을 이탈리아 골키퍼가 막아내는 장면을 보면서 공포에 사로잡혔다. 사카는 마지막 키커였고 모든 게 끝났다. 나는 무슨 일이 일어날지 알 수 있었다. 사카도 마찬가지였다. "내가 어떤 미움을 받게 될지 단박에 알았습니다." 그는 나중에 그렇게 썼다. 공격은 신속하고 예측 가능했다. 인종차별적 메시지, 욕설, 이모티콘이 선수의 소셜미디어 계정으로 쇄도했고 트위터 측에서 천 개의 게시물을 삭제하고 계정 다수를 영구 정지시키기까지 했다. (세 선수를 지지하는 게시물도 쏟아져 나왔는데 소셜미디어가 그들에 대한 공격에 조치를 취하는 데 그러한 지지가 결정적이었다.)

가해자로 지목된 사람들 중에는 앤디 본이라는 37세의 부동산 중개인도 있었는데 그는 (나중에 자기 계정이 해킹당한 것이라고 주장하긴 했지만) 트위터에 보란 듯이 "검둥이들(n×××××)들 때문에 우린 망했다"라는 글을 올렸다.

수면제를 복용하면 (혹은 축구 경기를 보다가 화가 나면) 갑자기 인종차별적 발언을 무작위로 쏟아낼 수도 있다는 배우 로잰 바의 주장과 달리, 그러한 폭발은 일반적으로 더 깊이 쌓인 혐오를 암시한다.[19] 따라서 어떤 종류의 결과는 합당한데, 오직 억제 행동으로서만 그렇다. 앤디 본은 (결백을 주장했지만) 고용자에게 해고당했다. 이 조치는 그의 동료나 고객을 보호하기 위한 합리적 처벌로 보이지만 그 배경에 있는 문제는 건드리지 않는다. 이러한 난점은 흑인 남성이 자기를 위협했다고 거짓 신고했던 에이미 쿠퍼의 경우를 다시 한번 생각해보게 한다. 투자 회사에 다니던 쿠퍼는 직장을 잃었고 허위 신고로 형사 고발당했다. 조류 관찰자이자 피해자인 흑인 크리스천 쿠퍼가 기소를 요구하거나 찬성한 것도 아니었다. 그는 이렇게 말했다.

우리 중 누구라도 실수를 저지를 수 있습니다. 꼭 인종차별적인 실수가 아니더라도요. 그런데 그렇게 짧은 기간에 풍파를 겪으면 상처를 입을 수밖에 없습니다. 인종차별을 봐준다는 게 아닙니다. 하지만 그 여자의 삶이 갈가리 찢어져야 했는지는 잘 모르겠어요. …… 그 사람은 인종차별을 했습니다. 백인 여성이 흑인 남성과 충돌하는 과정에서 자기한테 유리하게 이용할 수 있다고 생각하는 모종의 어두운 사회적 충동이 있지요. 그 사람이 의식적으로 그랬는지는 모르겠습니다. 하지만 그렇게 했고 그 지경까지 갔어요. 우리가 발전을 이루려면 이런 문제를 해결해야 합니다.[20]

앤디 본과 에이미 쿠퍼 같은 사람들은 어떻게 해야 할까? 그들의 잘못된 행위를 그냥 '실수'로 치부하고 넘어가기는 어렵다. 크리스천 쿠퍼가 그랬듯이 그들의 폭발이 '어두운 사회적 충동'을 잠시 분출시킨 것이라 인정하는 편이 낫다. 그런 충동은 대인 관계에서 숨어 있기도 하고 표현되기도 하지만 훨씬 더 광범위한 적개심을 반영한다. 개인의 삶을 난도질해서 그러한 시스템의 문제들이 얼마나 개선되는가?

구조적 억압의 개별 사례에 우리가 대응하는 방식은 희생양 몰아내기를 떠오르게 한다. 희생양 개념은 구약성경에 처음 등장한다. 이스라엘 백성들의 죄를 상징적으로 염소 머리에 의탁하고, 모든 죄를 짊어진 염소를 광야로 몰아내면 백성들은 죄 사함을 받는다. 이것은 문제를 전혀 해결하지 않으면서 해결된 것처럼 보이게 하는 편법이다. 고대 그리스인들은 (도편 추방 외에도) 파르마코스 (pharmakos) 의식을 치렀다. 파르마코스는 사회가 위기에 빠졌을 때 희생양으로 삼은 사람(노예, 장애인, 혹은 범죄자로 간주된 인물)을 추방하거나 구타하거나 처형하는 의식이다.

컨설팅 기업 '시비스 애널리틱스(Civis Analytics)'의 선거 데이터 분석가 데이비드 쇼어의 사례를 생각해보라. 2020년 5월에 쇼어는 1960년대의 비폭력 시위가 '폭력적' 시위보다 민주당 유권자들을 설득하는 데 효과적이었다고 주장한 흑인 정치학자 오마르 와소(Omar Wasow)의 학술 논문을 인용한 트윗을 올렸다.[21] 조지 플로이드가 살해된 지 얼마 안 되어 '흑인의 생명도 소중하다' 시위가 한창 추진력을 얻고 있을 때였다. 그날 오후 늦게 작가이자 활동가인 벤저민 딕슨(Benjamin Dixon)이 쇼어의 트윗을 "염려를 빙자한 트롤링", 다시 말해 플로이드의 죽음과 그것을 은폐한 악랄한 인종차별에서 대중의 관심을 돌리기 위해 투표율에 초점을 맞춘 것이라고 비판했다. 딕슨의 게시물에 '좋아요'를 누른 사람이 천 명이 넘었다. 쇼어는 트윗에 대해 사과했지만 시비스 애널리틱스에서 해고당했다. 딕슨은 중요한 지적을 했고 쇼어는 인종, 시위 전략, 게시물 게재 시기를 좀 더 신중하게 생각할 필요가 있었을 것이다. 그렇지만 해고는 파렴치한 반응이었다. 쇼어의 무신경한 게시물은 그가 몸담은 조직이나 분야의 문화가 달라질 필요가 있음을 보여주는데 그 한 사람을 해고한다고 해서 변화가 일어나진 않는다. 회사는 쇼어를 희생양으로 삼아서 자신들의 손을 씻을 수 있었다.

우리가 희생양 개인에게 지나치게 집중하는 이유는 구조적 문제와 거기서 비롯되는 개인의 고통을 어떻게 처리해야 할지 모르기 때문이다. 치유법을 달리 제공할 수 없는 사회에서 어떤 사람들은 좌절감을 전가하는 상징이 된다. 다시 말해, 구조적인 불의는 개인의 행동들이 합쳐지면서 발생한다. 단기적으로는 피해 사례에 대처할 수 있도록 보장하는 방법들이 있어야만 한다.

사과의 딜레마

십 대 시절의 나는 '게이'라는 단어를 거리낌 없이 비방의 뜻으로 사용했다. 나와 가장 친한 친구가 게이였는데 그 친구 앞에서도 아무렇지 않게 그러곤 했다. 지금 같으면 강간 옹호, 능력주의, 인종차별, 계급주의로 몰릴 만한 발언도 내 입으로 뱉었던 기억이 난다. 당시에는 그런 단어나 표현이 평범한 것으로 받아들여졌지만 지난 20년간 나는 흡사 테세우스의 배—오랜 세월에 걸쳐 나무판을 한 장 한 장 교체해서 결국 출발할 때와 동일한 배라고 할 수 있을지 의문인 배—처럼 변해버렸기 때문에 과거의 내가 저질렀던 억압적 행동에 책임을 지우는 것은 부조리하게 느껴진다. 작가 애셔 펄먼이 2022년에 트위터에서 이런 농담을 했다. "2008년 즈음에 내 페이스북 상태를 작성한 사람만큼 지금 나와 공통점이 없는 사람은 없다."[22] 개인의 역사적 잘못에 집착하다 보면 우리 모두 끊임없이 변화하고 배우고 있다는 사실을 간과하게 된다.

2011년과 2014년 사이에 당시 십 대 후반이었고 가수 데뷔 전이었던 그라임 아티스트 스톰지는 연속해서 동성애 혐오 트윗을 올렸다. 트위터 댓글로 서로를 지지하던 두 여성에 대해서도 그

들의 행동이 "너무 게이 같다"고 썼다. TV 드라마 〈이스트엔더스
(EastEnders)〉의 게이 캐릭터에 대해서도 "빌어먹을 ○○(fucking
f××)"라는 표현을 썼다(두 번째 F단어는 매우 수위가 높다). 이 시기 그
의 트위터에는 F단어가 허구한 날 등장하고 '게이'라는 단어는 경
멸적인 뜻으로 쓰였다.[23] 그 시절로부터 몇 년이 흐른 후, 스톰지는
자신이 새로이 얻은 명성을 사회경제적 불평등을 각성시키는 방향
으로 사용하기 시작했다. 2017년에 자신의 과거 게시물들이 폭로
되자 스톰지는 사과문을 발표했다.

철없고 당당하게 무지했던 몇 년 전의 나는 트위터를 사용하면서
상스럽고 모욕적인 발언을 했습니다. 그러나 나는 성장하면서 상처
가 되는 차별적 시각을 버리고 성숙한 사람이 되었습니다. …… 내
가 했던 말들은 용인될 수 없고 역겨운 것이며 더 말할 필요도 없습
니다. 그러한 발언을 후회하며 내가 상처 입힌 모든 이에게 사과합니
다. 그러한 태도는 과거의 나의 태도일 뿐입니다. …… 내 실수에 대
해 책임을 지겠습니다. 어린 시절의 나는 지금의 나를 반영하지 못한
다는 것을 부디 이해해주시기 바랍니다.[24]

스톰지는 18~21세에 그러한 트윗을 올렸고 이 사과문을 올린
때는 24세였다. 불과 몇 년이지만 인격이 형성되는 시기였고 그는
감수성을 키우고 더욱 성숙해 가는 여정을 공감 가게 묘사했다. 모
두가 납득하지는 못했다. 스톰지가 자신의 평판과 음반 판매량을
지키기 위해 사과했을 뿐이라고 비방하는 사람들도 있었다. 그렇
다고는 해도 그의 공적 페르소나는 훨씬 사려 깊어졌다.

요 몇 년 사이에 공인들이 옛날에 소셜미디어에 올린 게시물을 파헤쳐서 추문을 만들어내는 경향이 생겼다. 그렇게 덜미를 잡힌 사람들로는 코미디언 트레버 노아, 크리켓 선수 올리 로빈슨, 래퍼 아젤리아 뱅크스가 있다. (이 추세에 발맞추어 과거 게시물에서 억압적인 표현을 찾아 삭제하게끔 도와주는 '바닐라'라는 앱까지 개발되었다.[25]) 이 사례 중 일부는 그들이 몸담은 산업의 더 광범위한 문화적 사안들을 보여주지만—로빈슨의 인종차별적 트윗이 적발된 이래로 영국 크리켓계의 인종차별이 얼마나 심한지 여타의 스캔들을 통해 알려졌으므로—대부분은 우리 중 상당수가 한때 오만 가지 편협함을 자제할 줄 모르는 아둔하고 속 좁은 미숙한 인간이었음을 보여준다. 소셜미디어는 십 대 시절의 어리석음—나중에 그러한 어리석음을 극복하고 말고와 상관없이—을 박제한다.

과거의 행동으로 현재의 그 사람을 규정하는 것은 비생산적이고 무자비해 보인다. 당사자가 그러한 행동을 끊었고 우려할 만한 다른 이유를 제공하지 않는다면 더욱더 그렇다. 주디스 버틀러도 2020년의 한 인터뷰에서 이렇게 말했다.

나는 공적인 삶에서 몇 가지 중대한 실수를 저질렀지요. 만약 그때 누군가가 나의 실수를 이유 삼아 내가 쓴 글을 읽거나 내가 하는 말을 들어서는 안 된다고 했다면, 글쎄요, 난 속으로 반대했을 거예요. 나는 어떤 사람이 저지른 실수가 그 사람을 요약할 수는 없으며, 그리고 그래서는 안 된다고 생각하니까요. 우리는 시간 속에서 살아가고, 실수를 합니다. 때로는 꽤 심각한 실수도요. 그리고 운이 좋으면 우리는 상황을 달리 보게 하는 바로 그 상호작용에 힘입어 변화합

니다.[26]

사과는 중요하지만 딜레마를 던진다. 일단 사과는 너무 쉬워 보이고 진심 아닌 선략일 수도 있다. 다른 한편으로 사과와 싱장의 가능성을 거부하는 것은 용서할 수 없는 극단적 범죄가 아닌 다음에야 무자비할 성싶다. 아무도 완벽하지 않거니와 배움은 가능할 뿐 아니라 좋은 것이라는 사실을 무시하는 셈 아닌가. 억압적 행동은 억압적 구조와 연결되어 있기 때문에 우리의 고약한 행동 역시 전적으로 우리에게만 책임이 있다고 할 수는 없다. 게다가 사과를 잘하기는 쉽지 않다. 그러자면 자신이 잘못된 행동을 했노라 시인하고 앞으로는 잘하겠다는 약속을 해야 한다. 행동과학자들이 보여준 대로 효력 있는 사과를 구성하는 가장 중요한 요소는 책임을 인정하고 보상을 제시하는 것이다.[27]

스톰지의 사과를 거부해서 우리가 뭘 얻을 수 있는지는 알기 어렵다. 그러나 더 직접적이거나 최근에 자행된 잘못, 사과하지도 않은 잘못에 어떻게 대응해야 할지는 더욱더 알기 어렵다. 그리고 진심 어린 속죄 시도를 거부하면 외면에서 벗어날 길을 완전히 막아버리는 것임을 인정하는 것 역시 중요하다.

정의는
어떤 모습인가

몇 년 전 번잡한 시장에서 웬 남자가 내 몸을 더듬었다. 나는 몸을 홱 틀고 그를 주먹으로 때렸지만 내 주먹이 그리 세지 않았기 때문에 그 남자는 킬킬 웃으면서 도망갔다. 내가 힘이 세서 어디 한 군데 부러뜨렸거나 상처라도 남겼으면 좋았을 것이다. 그렇긴 해도 내가 성폭력 가해자가 당연히 신체적 손상을 입기를 원하는 건 아니다. 국가가 그들을 해치는 것은 분명히 원치 않는다. 내가 피해를 입어서 취하는 행동과 좀 더 일반적인 경우에 내가 지지할 수 있는 행동 방침 사이에는 간극이 있다. 마찬가지로 때때로 살인자의 사형을 원하는 피해자 유족이 있다는 것은 이해하고도 남지만, 이 사실은 사형제에 대한 찬성 논거라기보다는 피해자 유족이 정의가 취하는 모습을 결정하도록 요구해서는 안 된다는 논거와 더 관련이 있다.

피해자의 목소리를 듣는 것은 틀림없이 중요하지만 해결되지 않은 고통이 그 고통에 대한 적절한 해결책을 상상하는 재능을 부여하는 것은 아니다. 정확히 그 반대다. 철학자 올루페미 O. 타이워는 이렇게 썼다. "옛말과 달리 고통은 억압이 불러온 것이든 아니든 형편없는 선생이다. 괴로움은 편파적이고 근시안적이고 자기밖에 모른다. 우리는 다른 것을 기대하는 정치를 해서는 안 된다. 억압은 예비학교가 아니다."[28] 상처받은 사람들은 타인도 자기처럼 상처받기를 바란다. 경쟁적인 보복을 부추기기보다는 보살핌을 제공하는 공동체로서 우리 사회가 이러한 경향을 견제하지 않는다면 결과적으로 모두에게 더 큰 고통이 돌아올 것이다.

좀 더 일반적으로는 피억압자가 불의를 자동으로 더 잘 식별하고 불의에서 벗어날 수 있다는 시각을 비판적으로 보아야 한다. '페미니스트 입장론(Feminist standpoint theory)'은 사회적 위계에서 우리가 차지하는 위치가 우리가 얻을 수 있는 지식의 종류에 영향을 끼친다고 말한다. 그러므로 주변화된 집단의 경험을 세심하게 고려해야 한다. 그 집단은 자기가 당하는 억압과 관련하여 중요한 통찰을 지니고 있을 확률이 높기 때문이다. 그렇지만 여기에는 복잡한 문제가 있다. 입장은 자동으로 주어지는 것이 아니라 필요에 따른 집단적 정치 투쟁을 통해 성취되는 것이다. 그 이유는 억압이 어떻게 내적으로 작용하는지 이해하는 것이 피억압자들에게 이익이 되기 때문이다. 과학철학자 샌드라 하딩(Sandra Harding)은 말한다. "페미니스트 입장은 단순히 주장만 한다고 얻을 수 있는 게 아니다. 그것은 성취이고 그런 점에서 누구라도 '눈을 뜨기만 하면' 가질 수 있는 관점과 다르다."[29]

유색인종이 인종차별 경험에 대한 통찰을 제공할 수 있는 경우는 많지만 유색인종 모두가 그 문제에 전문적 식견을 지니는 것은 아니다. 입장을 구축할 만한 시간이나 동기가 없는 사람도 많다. 어떤 사람은 인종차별을 특히 깊이 내면화하고 '모범적 소수자'가 되려고 분투하면서 자기처럼 행동하지 않는 사람들을 비난한다. 그렇지만 또 어떤 사람은 자기가 속한 공동체에 대한 인종차별은 비난하면서도 다른 형태의 인종차별에는 기여한다. 더욱이 인종차별의 형태와 정도는 천차만별이고 다른 정체성들과도 복잡하게 얽혀 있다. 우리에게 가장 자주 들리는 인종차별 이야기는 발언의 통로가 있는 유색인종, 다시 말해 부유하고 유명하며 교육도 잘 받은 유색인종에게 끼치는 차별을 주로 다룬다. 메건 마클이 반흑인 인종차별을 당했다고 해서 유럽에 사는 세네갈 출신 이민자의 경험을 대변할 수는 없다(이 이민자들은 흑인 아닌 빈곤층과 더 공통점이 많을 것이다). 입장론은 유색인종이기만 하면 누구든지 가장 효과적인 인종차별 억제책을 제시할 수 있다는 의미가 아니다. 피억압자들이 정체성이나 경험만 가지고 건설적으로 범죄적 행위에 대응할 수는 없는 노릇이다.

억압은 사람들을 계몽적인 입장으로 이끌어주기도 하지만 도덕적 기준을 뒤집어놓을 수도 있다. 철학자 클로디아 카드는 인생 경험이 도덕성 개념에 끼치는 영향을 설명한 1996년 저서에서 이렇게 설명한다.

> 피억압자는 낮은 자존감, 영합, 가해자와의 유착(가령 여성의 마조히즘이라든가)에 빠지기 쉽고 주목받지 않기 위해 모르는 체하거나 카멜레온주의—공격당하지 않기 위해 보호색을 써서 주변 환경에 묻어 가려는 경향—를 취하곤 한다.[30]

내가 이 글을 쓰는 시점에도 방향을 잘못 잡은 우려스러운 여러 사례가 펼쳐지고 있다. 최근 몇 년 사이에 영국에서 '젠더 크리티컬' 혹은 '트랜스 배제 래디컬' 페미니즘이 부상했다. 이는 (주로 나이가 좀 있는 백인 중산층) 시스 여성 집단들이 트랜스 여성들을 악마화하고 여성 전용 공간(성폭력위기센터, 가정폭력 쉼터, 여자교도소, 여성용 탈의실이나 욕탕 등)에 트랜스 여성이 출입할 수 없게 하려고 막대한 시간과 에너지를 투입하는 양상으로 나타난다. 이들은 트랜스젠더의 권리에 대한 대중 담론에 지대한 피해를 입혔고 더러는 특정 트랜스젠더를 괴롭히거나 공격하기도 (혹은 공격하게끔 선동하기도) 했다. 그러한 행위는 용서할 수 없지만 그들의 전술 핵심에는 좀 더 치밀하게 분석해봐야 하는 불안 요소가 있다. 그러한 행동에 가담한 시스 여성들의 상당수는 시스 남성의 성적 가해에 대한 트라우마가 있으며 그 고통을 트랜스 여성에게 돌리고 있는 것으로 보인다. 그 바탕에는 두 가지 잘못된 추정이 있다. 남성 폭력은 젠더의 작용이라기보다 유전자 혹은 생식기로 코드화된 것이라는 추정, 그리고 시스 여성만 시스 남성의 폭력을 당하기 쉽고 트랜스 여성은 그렇지 않다는 추정이다. 내가 느끼기에 영국에서 트랜스포비아는 성폭행과 그로 인한 장기적 피해에 적절하게 대응하지 못한 시스템의 실패에서 비롯된 면이 일부분 있다. 번지수를 잘못 찾은 혐오 행동이 트랜스 여성을 겨냥한 것은, 트랜스 여성이 시스 남성이나 남성 폭력을 조장하는 기관보다 훨씬 쉬운 상대이기 때문이다.

트라우마와 억압은 가해자의 시정을 **원하지 않는** 공개 저격을 낳을 수 있다. 억압에 대처하는 일반적인 전략은 고통과 불의가 이해되게끔 세상을 분할하는 것이다. 개인으로서든 소속 집단 때문이든 구제할 수 없는 악인이 존재한다고 생각하면 그 사람들을 피하는 한 안전할 테니 차라리 마음이 편하다. 그들이 변할 수도 있다고 여지를 두면 이 안심 장치가 흔들린다. 나를 해칠 수 있는 사람들과 내가 믿을 수 있는 사람들 사이의 완충지대가 줄어들고 세상은 더욱 복잡하고 두려운 곳이 된다. 단순하게 구분 짓고 싶은 갈망이 누군가에게 빼도 박도 못할 위반자라는 꼬리표를 달고 영원히 대가를 받아내려는 욕구로 나타나기도 한다. 같은 맥락에서 공개 저격은 때때로 우리를 소외시키는 세상에서 수용 가능성과 소속감을 주는 개인적 정체성을 지지하는 수단으로 사용된다.

'깨어' 있는 줄 알았는데 어떤 면에서 실망을 안겨주었던 인물에게 향하는 독특한 분노가 이렇게 설명될지도 모른다. 보리스 존슨 같은 사람이 쓴 성차별적이고 인종차별적인 고정관념으로 똘똘 뭉친 책(예를 들어 2004년 출간된 소설《일흔두 명의 처녀Seventy Two Virgins》)은 어차피 얼간이가 쓴 책이니 어깨 한번 으쓱하고 넘어가면 그만이다. 나쁜 놈들은 면피하기가 쉽다. 하지만 '선한' 사람이 자빠지면 그 추락은 가차 없고 혹독하다. 세상을 완전히 선한 편과 돌이킬 수 없이 나쁜 편으로 나누기로 작정하고 어쩌다 실수한 사람들까지 지옥 깊숙한 곳에 처넣어 이 이분법을 유지하려는 것이다. 결론적으로 모종의 해방 정치를 지지하는 이들은 줄타기를 하는 셈이다. 줄에서 내려오는 것 말고 다른 길은 없다. 물론 그들이 설파하는 가치관을 지지했는데 그 가치관을 그들 자신도 지키지 못하는 모습을 보면 실망스러울 수밖에 없다. 사회 정의를 약속한 사람이 억압적인 행동을 하면 그 행동의 피해가 더욱 크다. 그렇더라도 우리는 모두 실수할 수 있는 미완의 존재이므로 배움이 가능한 조건이 주어져야 한다.

이러한 형편이니 다들 실수를 저지를까 봐 겁낸다. 어느 정도는 그것도 나쁘지 않다. 우리는 타인을 대할 때 조심스럽게 행동해야 하기 때문이다. 하지만 굴욕이나 배제의 위협은 신중하고 비판적인 사고를 저해하고, 자기가 옳다고 생각하는 타인의 견해를 통째로 받아들이는 역효과를 낳는다. '반향실 효과'*가 이런 식으로 발생한다. 특정한 사회 환경에서 수용되는 관점을 메아리처럼 되풀

반향실 효과(Echo Chamber Effect) 소리가 잘 울리는 방(반향실)에서 소리를 내면 같은 소리가 되돌아오는 것처럼, 비슷한 견해에 둘러싸여 있으면 그 생각이 점차 증폭되고 강화되는 현상.

이하는 것은 공개 저격당하는 스트레스와 당혹감(혹은 그 이상)을 피하는 가장 안전한 방법이다.[31] 그러나 이것은 사회 정의 운동에는 좋지 않은 소식이다. 사회 정의 운동은 대안적 삶의 방식을 상상하고 실행하기 위해 용기, 창의성, 의견 차이를 제공해야 할 뿐 아니라 저항이 늘 지속되는 실천에 대한 이해를 키워줘야 한다.

나는 서로에 대한 더 큰 관심과 인내를 촉구하면서 '예의(civility)'라는 의심스러운 개념을 옹호하는 것이 아니다. 이 개념은 자주 '말투 걸고넘어지기(톤 폴리싱tone-policing)'나 '양측을 다 고려하는(both sides)' 기계적 중립 담론에 해당한다. 그러한 담론들은 권력에 무신경하고 유색인종을 겨누는 무기가 되기 쉽다. 분노가 딱 맞는 도구일 때도 많다. 오드리 로드는 말했다. "나는 적어도 그것[분노]을 대체할 만큼 강력한 무엇인가가 있음을 확신하게 되기 전까지는 그것을 포기하지 않을 것이다."[32] 상황이 요구할 때는 인정사정없는 가혹한 비판도 아무 문제가 없다. 미디어학자 메러디스 D. 클라크가 지적했듯이 소셜미디어에서 공개 저격은 종종 사회 정의를 위한 여성들의 무상 노동에 해당한다. 사람들은 화가 나 있고 그들의 시간은 짧기 때문에 그들의 대응이 "늘 친절하고 정중한 발언으로 마무리되지는 않는다. …… 억압의 긴급함과 무게 때문에 당장 고함을 지르고 봐야 할 때도 있다."[33] 나는 해를 끼치는 사람들을 눈감아주자는 게 아니다. 단지 실수를 저지른 사람들과 고의적인 공격자들을 신중하게 구분하고 전자의 경우에는 (때로는 후자에 대해서도) 공개 저격이 소명을 요구하고 이의를 제기함으로써 자기 입증의 기회를 너그러이 베풀기를 바란다.

'캔슬 컬처'에 대해서 말하다 보면 범죄적 행위에 어떻게 대처할 것인가라는 더 넓은 질문으로 이어진다. 범죄적 행위는 우리와 마찬가지로 우리가 저항하고자 하는 시스템에서 형성된 것이다. 클로디아 카드는 "피해를 입은 당사자인 우리가 어떻게 우리 자신을 피해에서 해방할 수 있는가?"라고 묻는다.[34] 해방 시도는 우리가 떨쳐내려는 폐해를 미래로 떠넘기기 쉽다. 좀 더 구체적으로는 이렇게 표현할 수 있겠다. '캔슬 컬처'는 일상의 '감금(carcerality)' 사례를 닮았다. 법학자 세라 램블은 감금을 다음과 같이 요약한다.

피해에 대한 징벌적 대응을 일반화하는 논리와 관행이다. 정의와 처벌을 동일시하는 것이 '상식적인' 논리다. 피해가 발생하면 감금의 논리가 문제의 원인을 개인에게서 찾고(잘못된 선택, 선천적 악, 보잘 것없는 양육, 문화적 결핍, 괴물 같은 타자성 등) 그 개인을 격리하고 처벌하게끔 부추긴다. …… 때로는 이 과정이 국가나 형사사법제도에 의해서, 혹은 개인이 경찰을 부름으로써 공공연하게 진행되지만 보복이나 처벌 행동을 일반화하고 폭력을 통한 구제를 찬양하는 한층 더 미묘한 일상적 방식으로도 이루어진다. 이러한 징벌적 논리가 직장, 학교, 가정, 이웃, 조직 공동체에서 우리 일상의 상호작용에 스며든다.[35]

감금은 '범죄자'를 가두는 관행이 비인간적이고 현명하지 못한 처사가 아니라 사회 계약을 위반한 자들을 다루는 정상적이고 분별 있는 방법으로 보이게 한다.[36] 또한 개인에게 초점을 맞추고 개인에게 돌이킬 수 없이 나쁜 사람이라는 낙인을 찍는 것 외에는 선택의 여지가 없다고 믿게 한다. 그러한 전략이 잘못된 행동을 낳은 더 깊은 문제를 해결하는 데 도움이 되는지는 묻지 않고 그들을 처벌함으로써 해악은 더 늘어난다. 책임을 묻는 것은 중요하지만 그게 꼭 '대가를 치르게' 한다는 의미는 아니다. 우리가 과감하게 상상력을 발휘할 준비가 되어 있다면 사회학자 멜라니 브라젤이 제안한 대로 나의 잘못도 '설명하기(giving account)'가 될 수 있다. "나의 이야기를 뒷받침하고 나를 구성하는 구조와 관계의 그물망을 비판적으로 검토하고, 새로운 방면의 작용으로 자신을 **복원하여** 폭력 없이 새로운 선택을 하게끔" 고무할 수도 있는 것이다.[37]

우리는 우리가 살고 있는 문화와 환경의 산물이다. 그리고 우리 중 일부는 다른 사람들보다 반(反)억압적 언어, 행동, 운동의 변화를 잘 이해하는 기회를 누린다. 예를 들어 '성학대 생존자'와 '성학대 피해자'라는 표현의 사용에는 차이가 있다. '생존자'가 좀 더 힘을 실어주는 것 같지만 모두가 힘을 받는다고 느끼는 것은 아니고 모두가 성학대에서 생존하는 것도 아니다. 유색인종의 일부는 '유색인종'이라는 표현을 거부하고 (이를테면) '인종에 따른 차별을 당하는 사람들(racialised peoples)'을 쓴다. 나는 '유색'이라는 말을 모욕적이라고 여겨서 이 표현을 못마땅해하는 어른들을 많이 만나봤다. 반면에 남아프리카공화국에서 10명 중 1명은 자신을 '유색'인종으로 간주하고 이 표현을 여러 민족의 피가 섞였다는 뜻으로 쓴다. (구글의 도움이 있더라도) 이러한 문제들이 간단하거나 명백한 듯 행동하는 것은 솔직하지 않을뿐더러 도움이 안 된다. 이렇게 어렵고 혼란스러운 상황 속에서 우리는 사람들 앞에서, 그리고 무자비하고 망각이라고는 없는 소셜미디어에서 배움을 얻어 나간다(그리고 실수도 저지른다). 우리가 서로 돕고 함께 나아갈 의향이 없다면 단지 공개 저격의 스릴과 도덕적 우위를 차지하기 위해 그러는 것밖에 안 된다. 처벌을 하거나 받은 대로 갚아주거나 (지지를 표하거나 게시물을 옮기는 식으로) 관심을 얻기 위해 우리 자신이 지나치게 애쓰고 있다고 느낀다면 주의를 기울여야 한다.

철학자 케이트 맨은 《다운 걸》에서 중요한 통찰을 제공한다. 맨은 '여성혐오자(misogynist)'라는 단어의 사용과 관련하여 여성혐오적으로 설계된 사회에서 그런 빌어먹을 단어를 언제 사용해야 할지 알기는 어렵다고 지적한다. 맨은 다음과 같은 경우에만 어떤 사람을 여성혐오자로 지칭할 수 있다고 본다.

여성혐오적인 태도 및 행동이 관련된 비교군(예: 비슷한 환경에 있는 젠더, 인종, 계급, 연령 등이 동일한 집단)에 속하는 사람들 대부분에 비해 상당히 (a) 극단적이고 (b) 일관될 때.[38]

다른 억압 사례에 대응할 때도 이 전략을 차용하여 피해의 정도와 일관성, 가해자의 위치를 인식할 수 있다. 그다음에 비로소 가해자에게 피해를 줄 만한 외면에 들어가는 것이다. 기자, 정치인, TV 방송 진행자는 교육과 직업의 기회를 별로 누리지 못했던 사람보다 당연히 잘 알아야 한다. 스톰지의 십 대 시절 동성애 혐오 트윗은 트럼프의 완성형 인종차별과 비교가 되지 않는다.

이러한 문제에 사려 깊고 협조적인 태도를 취하는 데 소셜미디어가 우리에게서 최선을 끌어내지는 못한다고 생각한다. 인터넷상의 억압적 행동과 손절, 이 양쪽 모두에 문제가 있는 까닭은 일부분 우리가 소셜미디어에서 상호작용하는 상대가 살아 숨 쉬는 진짜 사람이라는 것을 망각할 뿐 아니라 우리 자신도 진짜 사람이라는 것을 망각한 듯 행동하기 때문이 아닌가 싶다. 왈리드 알리와 로버트 심프슨 같은 학자들이 지적하기를,

이러한 현상의 본질에는 참여자들이 자신을 군중의 일부로 보지 않는 면이 어느 정도 있다. …… 그러한 행위에 가담하는 사람들은 자신이 감정을 표현하거나 정치적 견해를 파악하거나 친구들과 대화하거나 부당한 실태를 비판하거나 그냥 시간을 보낼 뿐이라고 생각하는 경향이 있다.[39]

공개 저격이 발생하는 플랫폼들은 우리의 부주의와 '좋아요'와 '공유'를 통해서 인정받고 싶은 갈망을 활용하게끔 설계되었다. 그러한 플랫폼들은 개인의 브랜드화를 고무한다. 자기 희화에 참여하고 내 편과 적을 만화에서처럼 선명하게 구분하는 것이다. 그것들은 애초에 자체적 한계, 정의의 도구가 되기에는 미흡한 사용 방식 등을 찬찬히 돌아보게끔 설계되지 않았다. 실제 발생한 피해나 인지된 피해가 여차하면 끔찍한 싸움으로 확대되고 결국에 가서는 모두가 서로의 아바타에게 호통을 치기에 이른다. 더는 누가 우리 편인지, 우리가 함께 추구하는 목표가 무엇인지, 여기서 어떤 것이 실제 세계나 우리를 구속하는 방식과 맞닿아 있는지 아무것도 모르게 될 때까지 말이다. 지아 톨렌티노가 《트릭 미러》에서 주장했듯이 "인터넷은 거기서 상호작용을 하는 한 온전한 인간일 수 없게 하는 유인 구조(인센티브)가 지배한다."[40]

이 장은 국가나 기관이 아닌 **개인**의 행위를 다룬다. 이 구분이

중요한 이유는 국가, 기업, 기관과 그 대표들은 권력과 영향력이 크고 가용 자원 또한 상당하기 때문이다. 정부와 그 대리인(경찰, 군대) 혹은 기업의 억압적 행위와 맞서는 전략은 그들의 권위를 훼손하는 방향을 선택해야 한다. 일반인에게 적용될 때 문제가 되고 과하게 보이는 바로 그 전술, 즉 수치심을 주고 신용을 떨어뜨리며 관여를 거부하는 자세야말로 권력의 허를 찌르기에 적합하고 효과적이다.

손절이 개인이 구조적 불의에 기여하지 못하게 억누르고 건설적 결과를 불러오는 중요한 전략일 수도 있다. 하지만 우리가 서로에게 책임을 묻는 과정에 골몰한 나머지 우리의 잘못된 행동은 거의 항상 잘못된 구조에 뿌리 내리고 있음을 망각해서는 안 된다. 그리고 그 유해한 구조는 가장 힘 있는 자들만이 해체할 수 있다. 개인적인 정의 실현에 너무 골몰하다 보면 우리는 너무 분열되고 기가 꺾인 나머지 저들이 응당 받아야 할 더 큰 벌을 내릴 수 없을 것이다.

작품과 작가의 분리는 가능한가

타인을 착취하거나 해를 끼치고도 인정하거나 사과하지 않은 사람들의 예술적 생산물을 어떻게 대할 것인가는 여전히 의문이 남는다. 어떤 사람이 잘못을 저질렀다고 해서 그의 창작물까지 불매하는 것은 잘못됐다고 주장하는 이들이 있다. 잘못된 행동의 책임은 물어야 하지만 예술가의 성격이나 행실이 우리가 예술 작품과 관계를 맺는 방식에 영향을 주어서는 안 된다는 것이 그들의 논지다. 예술은 작품 자체의 장점으로 판단해야 하고 예술가와 분리해서 봐야 한다나.

하지만 예술가가 예술과 자신을 분리하지 않는 경우는 너무도 많다. 오히려 예술가의 성적 표현이나 인종차별적 관점이 걸핏하면 작품 전반에 드러나곤 한다. 1998년에 R. 켈리는 가수 알리야를 위하여 '나이는 숫자에 불과해(Age Ain't Nothing But a Number)'를 만들고 프로듀싱을 맡았다. 이 곡은 어린 소녀가 나이 많은 남성에게 사랑을 나누자고 매달리는 내용을 담고 있다. 1994년에 스물일곱이었던 켈리는 공무원에게 뇌물을 주고 생년월일이 위조된 증명서를 써서 열다섯밖에 안 된 알리야와 결혼했다(이 혼인은 나중에 무효가 되었다). 조각가, 판화 제작자, 서체 디자이너였던 에릭 길은 자기 딸들을 성적으로 학대했고 애완견에게까지 성행위를 했다. 길의 작품을 그러한 사실과 전적으로 분리해서 대하기란 불가능하다. 긴 머리의 소녀가 벌거벗은 채 욕조에 기대고 있는 목판화에는 '욕조 안의 소녀 II(Girl in Bath II)'라는 제목이 붙어 있다. 이 소녀는 그가 성적으로 학대한 딸 페트라를 닮았다. '성 도미니크의 사냥개(Hound of St Dominic)'라는 제목의 목판화는 횃불을 입에 물고 있는 개를 묘사하고 있는데 이 작품을 보면서 개와 수간하는 작가를 떠올리지 않기는 힘들다. 그의 폐단을 직접적으로 연상시키지 않는 작품들을 향유할 때도 장벽이 있다. 조각가의 매끈한 손을 떠올리면 그 생각만으로도 그의 모든 작품은 감상이고 뭐고 없다.

최근에 우디 앨런의 영화 두어 편을 보았다. (인터넷 연결이 안 되는 베이루트에서 지낼 때 구입한 해적판 DVD로 보았기 때문에 적어도 우디 앨런의 소득에 도움을 주진 않았다.) 그 영화들을 다시 보니 그가 비난받은 성학대가 문제가 아니었다. 그의 영화들은 그 자체로 형편없었다. 그 영화들은 할리우드 지성파의 선택으로 여겨졌고, 허세 많고 분별력 없던 십 대 시절의 내게는 괜찮아 보였다. 어른이 되고서 그 영화들을 다시 보니 어찌나 터무니없는지 손발이 오그라드는 것만 극복하면 감독이 의도하지 않은 방식이지만 웃기긴 했다. 전반적인 플롯은 매력적인 젊은 여성(어떤 작품에서는 열일곱 살밖에 안 된 학생)이 중년의 앨런, 혹은 그를 대변하는 남성 캐릭터에게 살랑대며 비위를 맞추는 것이다. 나이 든 남성들에게는 이 영화들이 환상에 빠져들기 좋은 장소인지 모르지만 우리로서는 절대 보지 않을 수상한 포르노를 우연히 발견한 기분이다. 그 영화들은 형편없다. 하지만 앨런의 삶이라는 맥락에서 보면 소름도 끼치고, 어떻게 그 영화들을 보면서 그의 권력 남용을 떠올리지 않을 수 있을까 싶다. 우리는 우리가 몸담고 살아가는 문화, 우리가 관여하는 예술과 매체에 의해 형성된다. 미국인은 온라인 콘텐츠 스트리밍에 하루 평균 여덟 시간—깨어 있는 시간의 절반—을 쓴다.[41] 이는 책이나 잡지를 읽거나 소셜미디어를 둘러보는 데 사용하는 시간을 제외한 수치다. 우리가 소비하는 엄청난 양의 정보가 우리의 관점을 형성한다. 여성혐오적 글쓰기를 꾸준히 접하다 보면 우리 주위의 여성혐오에 대한 감수성이 무뎌진다. 주류 포르노그래피는 여성을 비인간화하는 방향으로 성에 대한 기대에 영향을 끼칠 뿐 아니라 평등에 대한 신념을 떨어뜨리고 폭력적 태도와 행동을 증가시키며 젊은 남성들의 여성혐오 성향을 부풀린다.[42] 할리우드 영화라고 해서 포르노그래피보다 문제가 덜하지만도 않은데 그런 영화들이 우리의 사회적, 낭만적 열망의 견본을 제시할 때가 너무나 많다. 1994년 이후 제작된 흥행작 2천 편의 제작진을 살펴보면 여성 작가는 10퍼센트, 여성 감독은 5퍼센트가 전부다.[43] 작중 대사나 이름이 있는 캐릭터의 3분의 2는 남성이고,[44] 여성 캐릭터의 알몸 노출은 남성 캐릭터에 비해 네 배나 더 많다.[45] 수천 종의 책과 영화를 분석한 결과, 남성의 삶은 보통 모험을 좇는 것으로 묘사되고 여성의 삶은 로맨스에 초점이 맞춰져 있다.[46] 흑인 캐릭터는 주인공보다는 가장 친한 친구나 조연이고 극 중에서 살해당할 확률이 높다. 라틴계, 동아시아인, 남아시아인은 일반적으로 인종차별적 고정관념을 반복하는 수단으로만 등장한다. LGBT 캐릭터나 내용을 명시적으로 포함하는 영화는 단 2퍼센트에 불과하다.

앨런과 와인스타인 같은 사람들의 작업이 우리 문화의 일반적 기준의 주요 상품이고 이를 방해하거나 견제할 수 있는 다른 목소리, 다른 관점은 미미하거나 주변적이거나 아예 존재하지 않는다. 그러한 상품을 '손절'할 생각을 하기보다는 우리가 소비하는 예술, 매체, 정보의 품질 관리를 확대하고 다양성, 도전, 독자적 사고력 증진에 대한 시각을 접하려는 선택을 할 수도 있겠다. 결국 현재 우리는 예술을 '유기적으로' 접하는 것이 아니다. 우리의 소비는 수익성을 고려해 치밀하게 편집되고 여기에 우리의 취향을 예측하고 좌우하려 드는 알고리즘이 한몫을 한다.

가치관에 문제가 있다고 생각되는 인물과 연결을 끊는다고 해서 그를 '손절'하는 것은 아니다. 누구의 작품을 소비할지 선별하는 것이 친구나 파트너를 선택하는 것보다 더 문제가 되지는 않는다.[47] 그것은 효과적인 압박, 인지된 해악에 연루되지 않기 위해 나의 시간과 관심과 돈을 내어주기를 거부하는 방법, 혹은 그 사람의 영향력을 억제하는 방법일 수 있다. 또한 편협한 행동을 예측하고 감내하고 마주해야 하는 불필요한 수고도 덜 수 있다. 나는 코미디언이 인종차별주의자, 성차별주의자, 동성애 혐오자, 트랜스젠더 혐오자, 계급주의자, 능력주의자가 아니라고 합리적으로 믿을 만하지 않은 한 스탠드업 코미디를 보지 않는다. 코미디를 즐기려면 느긋한 여유가 필요하다. 피가 거꾸로 솟을 것 같은 농담을 들을까 봐 긴장하고 싶지 않다. 그런 건 재미있지 않다. 가치관은 우리에게 중요하고, 우리는 모든 종류의 선택을 가치관에 비추어 내린다. 그런 것이 도덕적 주체성(moral agency), 사려 깊음, 자기 보호, 저항의 실천이다. 소설가 셀레스트 응이 이 문제에 대해 트위터에 다음과 같이 썼다.

어떤 남자에게 우리 집 페인트칠을 맡기려고 했는데 그가 지독한 인종차별주의자라는 것을 알게 되면 나는 일을 맡기지 않을지도 모른다. "어머, 그 사람은 일을 아주 잘해. 인종차별을 하든 말든 누가 상관한다고!"라고 대꾸하는 사람은 내가 **나 자신의** 가치관—페인트칠 솜씨 대 인종차별에 대한 거부—을 비교 검토했는데 **나 자신의** 우선순위가 틀렸다고 생각하는 것밖에 되지 않는다.

"하지만 모두가 X와 일하기를 거부한다면 누가 X를 고용하겠어!" 맞다. 사회와 결과는 그렇게 작동하는 법이다. 만약 X라는 자가 **모두에게** 나쁜 놈이라면 아무도 그를 고용하지 않을 것이다. 나쁜 놈들에게 일자리나 친구를 보장해줘야 하는 규칙은 없다. 이것이 사회가 나쁜 짓을 단념시키는 한 방법이다.[48]

다시 우리는 손절에 대한 논의로 돌아간다. 이것이 최선의 일차 처치는 아닐 수도 있고 생각을 고쳐먹은 사람들에게는 문이 열려 있어야 하지만, 외면―창작물을 불매하든지, 고용을 거부하든지, 혹은 다른 식으로든―은 나쁜 짓을 단념시키는 강력한 도구가 될 수 있다.

9장

[불평등 구조에서 우리가 할 수 있는 일들

: 보편화 가능성

]

사실 은행에서 일하는 사람들도 모두 은행을 싫어하지만 은행은 상관하지
않아요. 내 말은, 은행이 인간보다 대단하다고요. 괴물이죠.
인간이 만들었지만 인간이 통제할 수 없어요.

— 존 스타인벡, 《분노의 포도》(1939)

2021년의 가장 더웠던 날에 나는 템스강 하구 북쪽 해안에 있는 부모님 집 정원에 앉아 있었다. 우리는 우울한 분위기에서 날씨 얘기를 주고받았다. 그 주에 튀르키예는 48.9도라는 사상 최고 기온을 기록했다. 시베리아 숲을 휩쓴 산불은 수천 년간 격리되어 있던 탄소를 폐를 할퀼 듯 매캐한 연기 기둥으로 대기 중에 방출했다. 캐나다에서도 이전의 최고 기온보다 무려 8도나 더 높은 49도에 달하는 폭염으로 5백여 명이 사망한 참이었다. 핀란드와 에스토니아에서도 기온은 사상 최고치를 찍었다. 독일, 폴란드, 네덜란드, 체코공화국에서는 (그리고 그 주말에는 영국에서도) 홍수 피해로 수백 명이 목숨을 잃었다. 구름 한 점 없는 하늘은 반가웠지만 그 상황에서는 눈부신 햇살도 위협처럼 다가왔다.

우리가 이야기를 나누는 동안 아버지는 집 뒤쪽으로 방수포를 드리워 그늘을 만들어주려고 발판 위에 올라가 섰다. 그러고는 방수포 모서리를 케이블타이를 써서 정원 울타리에 잡아맸다. 일회용 플라스틱 제품 사용이 거슬렸던 나는 내가 집안에서 맡은 역할—가식적일 정도로 원칙에 충실한 똑순이—에 충실하게 잡동사니 위에 놓여 있던 삼끈 뭉치를 가리키면서 왜 밧줄을 쓰지 않느냐고 지적했다. 아버지는 웃음을 터뜨렸다. "그것도 플라스틱으로 만든 거 알아?" 끈 뭉치를 집어 들고 자세히 보니 과연 광택이 도는 나일론 조직이었다. "게다가," 아버지가 덧붙였다.

넌 정말로 내 행동이 무슨 차이를 만들 수 있다고 생각하니? 공장에서 이런 걸 1분에 수백 개씩 만들어내고 석유 회사는 플라스틱 원료로 쓰이는 휘발유를 엄청나게 팔아치우는데? 나는 내가 하는 행동에 마음 쓰기를 포기했단다. 어차피 안 되는 일을 왜 아등바등해야하니?

나는 한숨을 쉬고는 그늘막 안에 자리를 잡았다. 한낮의 태양이 풀밭을 노랗게 물들이고 과실수의 잎을 오그라뜨리고 있었다. 세상은 뜨겁게 타오르고 있는데 나는 우리를 시원하게 해주려는 아버지에게 고작 플라스틱 케이블 몇 센티미터 때문에 잔소리를 하고 있었다. 아버지의 허탈함에 공감이 갔다. 전 지구적인 삶의 가장 큰 위협들—환경 파괴, 전 세계적인 불평등—은 방대하며 시스템의 문제이건만 우리의 대응은 하찮은 데다가 남들을 꾸짖거나 죄책감으로 자신을 괴롭히는 데 집중한다. 빨대, 봉지, 케이블타이를 사용하지 않는다고 지구를 구할 수 있을까. 하지만 재생 불가능한 소재—빨대, 봉지, 케이블타이뿐만 아니라 전화기, 청바지, 자동차 등등—의 절제 없는 소비에 기반해 살아가는 이들의 지구는 **절대로** 구할 수 없다.

체념은 유혹적이다. 엉망진창이라서 손댈 수조차 없다고 선언하고 싶다. 삶이 이미 너무 고돼서 무난한 길을 택했을 뿐이니 용서받아야 하지 않나? 그게 부자 나라의 잘 가꾸어진 정원에서 택하기 쉬운 노선이다. 영국은 적어도 지금까지는 지구 온난화의 영향을 비교적 잘 관리할 수 있었고, 앞으로의 위협은 풍부한 자금이 투입된 기반 시설이 막아줄 것이며, 국민 대부분의 생계가 날씨에 좌우되지도 않는다. 이 초연함도 다른 사람들은 감당할 수 없는 사치다. 태평양의 섬나라 키리바시는 정작 국민의 1인당 탄소 배출량이 미미한데도 이미 해수면 상승으로 담수를 구하기 어려워지고, 토양이 소금물에 잠식되어 농지가 줄어들고, 가옥도 침수되고 있다. 케냐 국민은 기후 변화에 미친 영향이 그보다 더 미미한데도 가뭄으로 식량 안보를 위협받고 2백만 명 이상이 기아에 직면해 있다.[1] 요 몇 년 사이에 세계 농작물 수확량과 미량영양소 함량이 극적으로 떨어진 탓에 가장 가난한 이들이 영양실조로 내몰리고 있다.[2] 이보다 더 중차대한 일도, 이보다 더 시급한 일도 없다.

환경 파괴는 빈곤이나 인종차별과 마찬가지로 **구조적** 문제다. 우리 경제 시스템의 본질적 부분이다. 하지만 구조는 일시적이지 않다. 개인의 행동과 선택이 낳은 결과들이 합쳐져서 구조를 이룬다. 우리는 개인으로서 구조적 문제에 어떻게 대응해야 하는가? 이 철학적이고 실천적인 문제가 그 어떤 문제보다 나를 괴롭혔다. 여기서 그 답을 내놓을 수는 없지만 철학이 이 난관을 돌파하는 데 어떻게 도움이 될 수 있는지 몇 가지 생각을 제시해본다.

구조적 불의와
개인의 책임

광범한 불의의 책임 소재를 가려내기는 매우 까다로운 문제다. 실제 사례가 이를 가장 잘 보여준다. 15년 전 영국의 이비인후과 전문 외과의 마무드 부타는 1970년대에 영국으로 이민을 온 부모의 고향 도시를 방문했다. 파키스탄 펀자브주에 있는 도시 시알코트는 알렉산드로스 대왕에게 파괴당한 후 재건한 고대의 대도시이며 비단과 검의 생산지로 유명했다. 이후 이 도시는 제지와 제철 산업의 본거지로서, 영국의 식민 지배하에서 주요한 철강 생산지가 되었다. 시알코트에서 만들어진 수술용 기구들이 식민지 인도 전역에서 쓰였고, 오늘날에도 메스, 가위, 바늘, 겸자, 그 외 안전한 수술에 꼭 필요한 도구 생산을 선도하며 이 분야 전 세계 시장의 80퍼센트를 차지하고 있다.[3] 나의 동료이자 외과의 부타는 친척들을 방문하러 시알코트에 갔다가 그곳에 사는 사촌에게 수술 도구 만드는 곳에 가보지 않겠느냐는 제안을 받았다.[4] 그들은 시알코트의 공업 지구로 갔다. 변변한 건물도 없이 거리에 대충 만들어놓은 작업장에서 사람들이 일을 하고 있었다. 그곳에서는 법의 규제를 받지 않는 노동자들이 대기업의 하청을 받아 부품을 만들고 다른 곳에서 완제품으로 조립한 후 영국 국가보건서비스(NHS)를 비롯한 전 세계 보건 당국에 판매한다.

부타는 자신이 본 것에 충격받았다. 일곱 살 남짓한 어린이들이 위험하게 노출된 배선, 금속 분진, 과도한 열과 소음, 유해 화학 물질 한복판에서 금속 연마기를 다루고 있었다. 그 아이들이 파키스탄 최저 임금의 3분의 1을 받으며 11시간 교대로 개인 보호 장비도 없이 일하다 보니 팔다리가 잘려 나가거나 짜부라지거나 화상을 입는 사고도 비일비재하다는 얘기를 들었다.[5] 좀 더 살펴보면서 깨달은 것은, 그가 사용하는 수술 도구 대부분이 착취적인 노동 환경에서 극도로 빈곤한 파키스탄인들의 노고로 만들어진 것이었다. 그중 상당수는 어린이였으며, 과도한 초과 노동에 시달리며, 먹고 살기에도 부족한 임금을 받았다. 건강과 안전을 지키는 장치는 미흡하고 노조 가입도 대부분 금지되었다. 부타는 영국에서 그 도구들로 생명을 지키거나 구하는 일을 하는데 다른 곳에서는 그것들이 삶을 파괴하면서 생산되고 있었다. 당연히 부타의 잘못은 아니다. 그러나 정확히 책임을 물어야 할 대상을 짚어내기는 결코 쉽지 않다.

일단은 공장주에게 잘못이 있다고 볼 수 있을 것 같다. 하지만 임금을 인상하고 업무상 재해에서 보호하는 조치까지 추가로 마련하려면 비용이 든다. 그러면 가격을 인상하든가 이윤을 줄이든가 해야 한다. 가격을 올리면 NHS 조달 업체가 다른 필수 의료 분야 기금을 최적화하기 위해 가격이 더 저렴한 경쟁사 제품을 택할 수도 있다. 가격을 고정하고 이윤을 낮추면 설비 개선이나 제품 개발에 투자할 돈이 부족할 수 있으므로 결과적으로 노동 조건이 열악한 경쟁 업체에게 계약을 빼앗길지도 모른다. (주주들도 수익률이 떨어지면 가만히 있지만은 않을 것이다.) 두 경우 모두 회사가 망하면 많은 일자리가 사라진다. 정부가 이러한 산업에 대한 규제를 강화할 수 있지만 NHS 조달 업체는 규제가 느슨한 국가에서 저렴한 제품을 들여오면 그만이다. 결국 모두가 자신의 의도나 가치관에 상관

없이 **잘못**을 저지르게 된다. 그 이유는 참담한 피해를 끼치는 행동, 특히 세계의 최빈층에게 해로운 행동을 자본주의의 유인 구조는 합리적이고 정상적인 것처럼 만들기 때문이다.

바로 이것이 **구조적** 문제다.* 그렇게 참혹한 노동 환경에서 생산된 제품을 적극적으로 원하는 사람은 아무도 없지만 저마다 눈앞의 이익을 우선시하면 집단 차원에서는 노동자와 환경에 파괴적인 시스템이 재생산되고 유지될 수밖에 없다. 우리가 사는 세상에는 이러한 형태를 취하는 구조적 문제들이 차고 넘친다.

1장에서 보았듯이 구조는 규범, 예절, 법, 관료제, 물리적 현실, 제도를 통해 우리의 행동을 강제하는 눈에 보이지 않는 제약들의 집합으로 작용한다. 구조는 특정 행동이나 태도를 장려하거나 유인하는 반면, 어떤 행동은 어렵거나 불가능하게 만든다. 울창한 숲을 거닌다고 상상해보자. 등산객들은 대부분 이미 덤불이 제거되고 다른 사람들의 발길로 잘 다져진 길을 택한다. 나무 사이를 요리조리 지나갈 수도 있겠지만 그러자면 가시에 찔려 가면서 덤불을 헤치고 느릿느릿, 중간중간 쉬어 가며 전진할 것이다. 특정한 사회 현실을 **구조적**이라고 말할 때는, 사람들이 잘 다져진 길로만 가기 때문에 그러한 현실이 발생했고 누구 한 사람이 들어설 때마다 그 길이 더욱 탄탄하게 다져진다는 뜻이다. (철학에서는 이러한 구조를 '재귀적recursive'이라고 한다.) 누군가 다른 길을 가보기로 결심하고 끝까지 가보더라도 다음 사람이 알아차리거나 따라가고 싶은 마음이 들 만한 길의 흔적을 남기기에는 불충분하다.

---

* 특징을 파악하여 해결하기 어려운 대규모 문제에 해당하며 '사악한(wicked)' 문제라고도 한다. (저자 주)

구조가 사람들이 본의 아니게 타인에게 피해주는 행동을 하게끔 동기를 부여할 때 구조적 불의가 일어난다. 잘 다져진 길의 비유를 확대해보자. 자급자족 농부 집단이 마을에서 유일하게 비옥한 땅에 그들이 주식으로 삼는 곡물을 심는다 치자. 그런데 이 땅뙈기가 도시민들이 열차 역까지 가는 최단 경로와 겹친다. 매일 출근길을 서두르는 도시민들에게 농작물이 짓밟히고 농부들은 수확이 줄어들어 굶어 죽을 위기에 놓인다. 구조적 불의는 다수의 행동이 합쳐져 어느 한 집단을 혹사하게 될 때 발생한다. 이 다수는 대개 해를 끼칠 의도는 없지만 광범위한 시스템의 제약, 압력, 그리고 그 시스템 안에서 자신들의 필요를 충족하기 위해 그러한 행동을 하게 된다.

구조적 불의의 사례는 우리의 일상에 널려 있다. 예즈다는 젊은이, 특히 젊은 여성은 옷을 '제대로' 입어야 한다는 압박이 존재하는 사회에서 살아가는 젊은 여성이다. 패션은 빠르게 변하고 예즈다는 그때그때 유행하는 스타일을 파는 저렴한 브랜드를 주로 구입한다. 그 브랜드 제품은 우즈베키스탄에서 물 부족과 환경 파괴를 유발하면서 생산한 면을 원료 삼아, 열악한 노동 환경에서 재봉을 하는 인도네시아인들의 손을 거쳐 만들어진다.[6] 예즈다는 이러한 폐해에 기여할 의도가 없지만 예즈다와 그 또래들은 특정한 사회적, 물질적 현실(성별에 따른 의복에 대한 사회 규범, 본인의 형편으로 구매 가능한 상품)에 제약받는 삶을 꾸려 가기 때문에 불공정한 산업을 강화하는 데 일조할 수밖에 없었다. 예즈다는 패스트패션*의 폐해에 대한 다큐멘터리를 본 후 새 옷을 사지 않기로 했다. 친구들이 깐깐하게 군다, 유난 떤다, 놀리는데도 예즈다는 굴하지 않는다. 그런다고 인도네시아 노동자의 처지나 아랄해의 사막화가 달라지지는 않는다. 패스트패션은 승승장구한다. 예즈다도 어떤 의미에서는 하이스트리트 패션의 폐해에 책임이 있을까? 책임을 다하려는 그의 시도가 차이를 만들기는 하는가?

백인 공항 보안검색요원 샘도 비슷한 문제에 직면해 있다. 언제 승객의 몸수색을 하고 가방을 뒤지는지 정해진 규약이 있지만 수상해 보이는 사람에 대해서는 각별히 신중해야 한다는 암묵적 압박이 있다. 공항 책임자는 과하게 보이는 한이 있더라도 공항 요원이 보안을 우선시하기를 바란다. 갈색 피부에 턱수염이 덥수룩한 젊은 남자가 보안 구역으로 다가오는데, 왠지 시선을 피하는 것 같고 몹시 불편해 보인다. 샘은 동료에게 그 남자를 따로 데려가게 하고 컨베이어 벨트에서 가방을 내린 후 승객이 꼼꼼하게 챙긴 짐을 하나하나 풀어 살펴본다. 하지만 수상한 물건은 나오지 않았다. 그 남자는 다시 짐을 싸면서 자신은 공항 검색대에서 붙잡히지 않은 적이 없다고, 그래서 비행기를 탈 때마다 불안하다고 말한다. 샘은 자신의 잘못된 짐작으로 애먼 사람에게 더 스트레스를 준 것 같아 마음이 좋지 않지만 그의 동료라도 그렇게 했을 것이고 혹시 나쁜 뜻을 품은 사람이 검색대를 통과했다면 그게 더 큰일이라고 합리적으로 생각한다. 그러므로 샘은 아무것도 바꿀 수 없다. 그는 인종 프로파일링으로 이슬람 혐오에 기여하지만 그의 직업상 어쩔 수 없는 일처럼 보인다.

패스트패션(Fast Fashion) 최신 유행에 맞춰 빠르게 기획하고 제작하는 의류 상품 또는 의류 산업을 가리킨다. 다품종 소량 생산을 기본으로 상품 회전율이 빠르기 때문에 관리와 폐기 과정에서 많은 쓰레기를 발생시킨다는 비판을 받고 있다.

마무드 부타, 예즈다, 샘은 저마다 파키스탄의 금속 연마공, 인도네시아의 의류 생산 노동자, 항공기를 이용하는 이슬람교도에게 자행되는 불의에 한몫을 한다. 하지만 그들이 할 수 있는 개인 행동의 범위 안에서 이 불의를 바로잡기란 쉽지 않다. 불의에 대한 그들의 기여와 책임, 그리고 그들이 불의를 막기 위해 취해야 하는 행동을 우리는 어떻게 생각해야 하나?

'탄소 발자국'이라는 사기극

우리가 마주하는 주요한 문제는 구조적인 것인데도 자선 단체 기부, 공정 무역 초콜릿 소비, 친환경 세제 사용 같은 개인적 해결책에 집착하는 경향이 팽배해 있다. 그러한 경향은 자본주의에 이롭다. 개인으로서 나와 내 이웃의 사사로운 죄의식에 초점을 맞추면 시스템 자체의 핵심적인 결함을 보기 어렵다. 이러한 접근을 '신자유주의적 전환(neoliberal diversion)'이라고 한다.[7] 지구의 미래가 우리 개인의 결단에 달려 있다고 설득하면 새로운 시장이 열린다. 세계의 빈곤층에 대한 죄의식을 덜기 위해 한 달에 3달러를 내놓을 사람들은 많다. 웃돈을 치르더라도 착취를 최소화하면서 만들어진 커피, 환경에 덜 해로운 샴푸를 구입하는 사람들도 얼마든지 있다.

냉소적일 이유는 충분하다. 일상의 결정을 '탄소 발자국'*에 비추어 생각하는 것은 이미 많은 이에게 자연스러운 습관이 되었

탄소 발자국(Carbon Footprint) 개인이나 단체가 직접적·간접적으로 발생시키는 온실가스, 특히 이산화탄소의 총량을 의미한다.

다. 자가 운전 대신 자전거 타기, 채식 요리, 세탁기 돌릴 때 물 온도 낮추기. 우리는 결국 지구의 파괴에 개인이 얼마나 기여하는지 나타내는 점수판을 떨칠 수 없게 됐다. 하지만 '탄소 발자국'이라는 발상은 처음부터 사기였다. 어느 한 국가 혹은 산업의 생태 발자국 개념은 1990년대부터 있었지만 개인의 '탄소 발자국'은 2000년에 갑자기 떠올랐다. 그 이유는 영국의 석유 기업 '브리티시페트롤리엄(British Petroleum, BP)'이 광고홍보기업 '오길비&매더(Ogilvey&Mather)'에 의뢰하여 기후 변화의 책임이 화석 연료 회사가 아니라 개인에게 있다는 식으로 공론화를 추진했기 때문이다.[8] 그들은 환경 파괴에 대한 인식이 높아지면서 여론이 나빠지면 기업 홍보는 물 건너가겠구나 감지했다. 개인의 책임이라는 발상을 홍보한 것은 일종의 선제공격이었다. 2004년에 BP 홈페이지에는 사용자 친화적인 탄소 발자국 계산기를 자랑스럽게 내놓았고, 결과적으로 1일 원유 생산량이 370만 배럴인 대기업의 홈페이지에서 보통 사람들이 지구 온난화에 대한 자신의 책임을 측정해보는 어이없는 상황이 발생했다.

그 선전 캠페인은 성공했다. 탄소 발자국 수치와 계산기는 대세가 되어 우리 자신과 이웃의 결정에 대한 불안과 직접적 비난을 선동한다. '탄소 발자국' 개념과 '윤리적 소비' 실천은 환경 파괴와 노동 규약 위반 문제를 생각하는 출발점으로는 의미가 있지만, 더욱더 결정적인 변화의 수단을 보지 못하게 하고 우리 삶의 맥락을 설명해주지 못한다. 주거와 생활 비용이 덜 드는 교외는 대중교통이 발달하지 않았기 때문에 자가용으로 출퇴근을 할 수밖에 없다. 2019년에 천식 환자들은 그들의 호흡을 돕는 흡입기가 배출하는 온실가스의 탄소 발자국이 육식의 탄소 발자국과 맞먹는다는 황당한 사실에 직면했다.[9] 많은 사람이 구조적 해악에 기여하는 것을 **피할 수 없고** 우리 중 일부는 '윤리적' 소비를 선택할 형편이 안 된다.

소득이 낮은 6인 가구는 돈을 아끼기 위해 밀집 사육으로 생산된 닭고기와 달걀, 오염 성분이 많은 세척제를 구매한다. 가장 싼 가전제품을 사고 품질이 나쁜 이 제품이 불가피하게 고장 나면 수리비가 새것을 사는 것보다 더 들기 때문에 또다시 저렴하고 수명이 짧은 물건을 산다. 끝없는 불안 속에서 살아가지 않으려면 예산을 고수하는 능력이 필수적이다. 마트 진열대에서 좀 더 '윤리적'이라고 뽐내는 제품들을 살펴보면 가격이 세 배나 차이 날 때도 많다. 비용 때문에 도덕적인 결정을 내리지 못하는 사람들 대부분은 가처분소득이 높은 사람이 양심에 거리낌 없는 소비를 하는 것을 보며 부당한 대우에 모욕까지 떠안게 된다. 이는 절대로 심각한 구조적 문제를 해결하는 방법이 될 수 없다.[10]

하지만 대규모 폐해에 대한 기여가 미미하고 지배적인 구조 때문에 어쩔 수 없다는 이유로 개인에게 책임을 묻지 않는다면 인종차별, 성차별, 그 밖의 다른 억압은 어떻게 되는 건가? 공항 보안검색요원 샘은 매일같이 이슬람 혐오적인 편견에 따라 행동한다. 이걸 그냥 넘겨야 하나? 우리는 여기에 더 큰 위험이 달려 있다고 생각할 수 있다. 가령 번쩍거리는 초콜릿바 포장지를 무기로 착각해서 흑인 소녀를 사살한 경찰관의 경우는 어떠한가? 그는 인종차별적인 사회에서 성장하며 사회화되었고 차별당하는 특정 집단에 대한 폭력이 용이한 직업 훈련을 받았다. 인종차별이 **구조적** 불의의 한 형태라면 개인을 비난하는 것이 도덕적으로 와닿을 수 있겠는가?

8장에서 살펴보았듯이 우리 자신을 비난할 만한 존재로 이해하는 것과 각자에게 책임을 묻는 것 사이에서 균형을 맞추는 동시에 우리의 선택이 이루어지는 조건을 인식해야 한다. 시스템이 우리의 행동을 제약한다는 것을 인정하되 지나친 관대함으로 그러한 시스템을 안정화하는 지경까지는 가지 않아야 한다.

구조적 불의의 다양한 형태가 다양한 요구를 낳는다는 사실을 인식하면 도움이 된다. 인종차별적 욕설은 타인에게 직접적 위해를 가하지만 일회용 빨대 사용이 끼치는 피해는 그렇게 직접적이지 않다. (사실 빨대 한 개는 어업에서 매년 발생하는 플라스틱 쓰레기 70만 5천여 톤에 비하면 그야말로 바다에 물 한 방울 더하는 수준이다.[11]) 두 경우 모두 불의를 강화하고 피해 행동을 아무렇지 않은 것처럼 만든다. 하지만 환경적 불의는 환경을 무시하는 개인의 행위가 결합해서 일으킨 효과이고, 인종차별적 불의는 총체적 폐해**와** 개인적 폐해 양쪽 모두를 통하여 발생한다. 이슬람교도 여성이 지나가던 행인에게 "집에나 가"라는 말을 들었다 치자. 그러한 행동은 목격자들에게 인종차별을 일상적인 일로 느끼게 하고 가해자의 우월감과 특권 의식을 확인해줄 뿐 아니라 피해자를 겁주고 사회에서 환영받지 못하는 기분을 느끼게 하고 스트레스호르몬 수치를 높여 건강 문제를 겪을 위험을 높인다. 이러한 효과 중 일부는 개인이 다른 개인에게 직접 피해를 준다는 점에서 대인 관계적인 것이지만 전부 부당한 구조를 간접적으로 강화한다.

이 구분은 중요하다. 환경 파괴에서는 평범한 이들이 자신들의 역할을 눈에 띄게 줄이기 어렵지만 인종차별과 성차별에 대해서는 좀 더 사려 깊은 말을 쓰거나 유해한 발언에 이의를 제기함으로써 대인 관계적 기여를 줄이는 것은 비교적 쉽거니와, 그 결과로 공동체의 삶에 실질적이고 즉각적인 차이를 만들 수 있기 때문이다.

책임을 개인화할 때 함정을 염두에 두되 극단적인 그 반대의 경우도 경계하여 구조에 모든 책임을 전가하고 우리 자신을 너무 가벼이 봐주는 것은 피해야 한다. 구조적 문제를 너무 자주 들먹인다는 것은 종종 추상적이고 무정형적이며 극복할 수 없는 힘을 지목한다는 의미다. 2021년에 〈가디언〉에는 '기후 위기를 사람들 탓으로 돌리지 말라. 손가락질해야 할 대상은 기업이다'라는 기사가 실렸다.[12] 이 기사는 인간이 육식과 운전으로 탄소 발자국을 압도적으로 많이 남긴다고 인정하면서도 다음과 같이 끝을 맺는다. "힘없는 개인들에게 수치심을 주거나 서양인들이 비건 버거를 더 많이 먹게 하는 방법으로 기후 위기를 해결하지는 못할 것이다. 기후 위기는 시스템의 변화를 통해서만 해결할 수 있다." 나도 동의하긴 하지만 이게 정확히 무슨 뜻인지는 모르겠다. 갑자기 종교를 들먹이거나[13] 울음을 터뜨리거나 "너무 힘들어요"라고 할 때처럼 '구조적'이나 '시스템의' 문제라고 해버리면 대화가 더는 진전되지 않는 경향이 있다.

우리는 구조적인 것과 개인적인 것을 과장 없이 인정하는 법을 찾을 필요가 있다. 구조적 문제는 개인의 행동에 그리 영향받지 않지만 그 행동들의 총합으로써 영속화된다. 그와 동시에 각 개인은 오직 자신의 행동만 직접적으로 변화시킬 수 있다.

고기를 얼마나
먹는 것이 타당한가

지금으로부터 20년 전인가 나는 육식을 그만두었다. 거창한 도덕적 이유가 있어서가 아니라 이런저런 규범을 닥치는 대로 거부하면서 정체성을 만들어 가는 청소년기에 있었기 때문이다. (당시의 내 모습을 좀 더 구체적으로 그려보자면 나는 베레모를 쓰고 다녔고 사진 찍을 때 절대로 웃지 않았다.) 채식은 어렵지 않았다. 우리 식구는 애초에 고기를 많이 먹지 않았다. 우리 집은 기본적으로 이슬람 문화를 따랐기 때문에 돼지고기는 먹을 일이 없었고 내가 어릴 때는 광우병 파동으로 쇠고기도 식탁에 오르지 않았다.

성인이 되어서도 채식을 고수하는 이유는 육류 생산의 환경적 비용과 관련이 있다. 여기서는 토지 이용에 초점을 맞추어 설명하겠다.[14] 소를 방목하려면 광대한 농지가 필요하다. 지구 표면에서 대양, 빙하, 사막, 해변, 산을 제외하면 거주에 적합한 땅은 21퍼센트만 남는다. 그 땅의 절반은 숲, 도시, 호수, 강이 차지한다. 나머지 절반은 식량 공급에 사용된다. 이 제한된 농지 가운데 80퍼센트가 식량으로 쓰일 가축의 방목지이지만 이 가축의 고기는 세계인이 필요로 하는 칼로리의 20퍼센트만 제공할 수 있다.[15] 우리는 세상의 땅을 효율적으로 사용하지 못하며 일부 사람들이 고기를 너무 많이 먹기 때문에 다른 사람들을 먹이는 데 쓰여야 할 땅은 너무 적다.

그 땅의 전부가 방목지로 쓰이지는 않으며 일부는 사료용 곡물을 키운다. 일례로 콩은 열대우림의 나무를 베어내고 불을 놓아 조성한 농지에서 재배된다. 채식주의자들의 두부와 두유 수요가 이러한 파괴를 촉진한다는 터무니없는 주장도 있지만 사실 콩 생산량의 80퍼센트는 가축에게 고단백 사료로 제공된다.[16]

육식은 심각한 윤리적 문제를 제기하는데 바로 이 문제에 대한 답이 다른 형태의 구조적 불의에 어떻게 대응해야 하는지 단초를 던져준다. 육식의 도덕성을 파헤치는 방법 중 하나는 아주 직관적인 메커니즘을 적용하여 허용 가능한 행동을 결정하는 것이다. 18세기의 철학자 이마누엘 칸트는 어떻게 선을 행할 수 있는가라는 문제에 골몰했다.[17] 그는 영어권에서 흔히 "남에게 대접받고자 하는 대로 남을 대접하라"는 황금률과 개념적으로 맞닿아 있는 법칙을 고안했다. 황금률은 예수 그리스도의 산상수훈에서 유래했다고들 하지만 실은 4천 년 전의 이집트 중왕국 시대까지 거슬러 올라가며 고대 산스크리트어로 기록된 서사시 《마하바라타》에도 "자신에게 부당하게 여겨지는 행위는 남에게도 해서는 안 된다"라고 쓰여 있다. 칸트의 정언명령으로 알려져 있는 이 휴리스틱은 각 사람이 **모두가** 비슷한 상황에서 따를 만한 타당한 규칙에 맞게 행동하는지 스스로 살필 것을 요구한다. 행동의 도덕성을 고찰할 때 우리는 이 질문을 던져봐야 한다. 이 행동은 보편화 가능한가?

내가 약속을 어길 마음을 먹고 있다 치자. 그 행동이 도덕적으로 허용될 만한지 판단하려면 다른 사람들도 항상 약속을 어길 만하다고 일관성 있게 생각할 수 있는지 스스로 물어야 한다. 이건 아무래도 아닌 것 같다. 약속이 늘 깨진다면 신뢰할 수 없을 것이고, 우리는 약속을 약속이게끔 하는 핵심—약속은 미래에 대한 믿을 만한 보장이다—을 잃게 된다. 따라서 약속을 어기는 것은 약속을 가능하게 하는 조건들을 제거하므로 보편적 도덕 규칙이 될 수 없다. 이러한 규칙이 존재한다면 수많은 중요한 인간관계와 프로젝트가 불가능해질 것이다. 시간을 잡고 함께 차를 마시자고 한 약속을 믿을 수 없다면 안정적으로 친교를 나눌 수 없다. 교전 중인 두 집단의 휴전 약속도 믿을 수 없고 분쟁은 계속될 것이다. 약속을 어기는 것은 보편적 도덕 규칙이 될 수 없을 뿐 아니라 사회 안에서 더불어 사는 능력을 약화한다. 그러므로 그것은 도덕적으로 옳지 않으니 피해야 한다.

육식과 관련하여 우리는 이렇게 물어야 한다. 세상 사람 모두가 고기를 먹는 것은 타당한가? 고기를 얼마만큼 먹는 것이 허용되어야 하는가? 이 질문에 답하는 방법은 여러 가지가 있다. 토지 사용에 초점을 맞춰보자. 세계는 세 지역으로 나눌 수 있다. (1) 육류를 적당히 먹는 국가들. 모두가 이러한 식생활을 한다면 농지가 지금보다 덜 필요할 것이다. (2) 육류를 많이 먹는 국가들. 모두가 이러한 식생활을 한다면 농지가 지금보다 더 필요할 것이다(경작지나 목초지를 더 만들기 위해 숲을 벌목해야 할 것이다). (3) 육류를 지나치게 많이 먹는 국가들. 세상 모두가 이렇게 고기를 많이 먹으면 **무슨 수를 써도 농지를 충분히 확보할 수 없을 것이다.**[18] 놀랍지도 않겠지만 이 분류는 국가별 국민 1인당 부(富)를 그대로 따라가는 경향이 있다. (1)에는 태국, 중국, 스리랑카, 이란, 인도가 포함된다. (2)에는 독일, 영국, 멕시코, 한국이 들어간다. 그리고 미국, 아일랜드, 캐나다, 스웨덴, 프랑스, 이탈리아, 호주, 뉴질랜드의 전형적 식생활이 (3)과 맞아떨어진다. 일부 정확한 수치를 살펴볼 가치가 있다. 현재 전 세계에서 인간이 거주할 수 있는 땅의 절반이 농업에 이용되고 있지만 모두가 평균적인 인도인처럼 식생활을 하면 22퍼센트만 사용해도 되고 모두가 평균적인 영국인처럼 먹는다면 절반으로는 모자라고 95퍼센트가 필요할 것이다. 그리고 모두가 미국인처럼 먹고산다면 지구의 거주 가능한 땅의 137퍼센트가 필요한데 이는 물론 불가능하다.

칸트의 원칙을 이 세 범주에 적용해보겠다. 여러분이 육식을 (거의) 하지 않는 것을 규칙으로 삼고 만약 모두가 그 규칙을 따른다 치자. 온 세상 사람이 그렇게 하는 것은 가능할 뿐 아니라 농지로 사용되던 땅을 숲으로 되돌릴 수 있다. 이렇게 하면 탄소 포집량이 늘어나고 생태계가 되살아날 수 있으며, "자칫 기아에 떨어질지 모르는" 인구가 3천만 명이라는 유엔의 최근 경고를 고려하건대 간척지는 식물성 식품 생산의 완충지대 역할을 할 수 있다.[19] 만약 모두가 매 끼니 고기를 먹는 것을 도덕적 규칙으로 삼는다면 현재 인구 수준에서 불가능한 일은 아니지만 광대한 열대우림을 추가로 파괴해야만 할 것이다. 마지막으로 여러분의 도덕적 규칙이 모두가 가급적 고기를 많이 먹을 수 있게 하는 것이어서 모두가 미국인처럼 매년 125킬로그램씩 먹기로 한다면 알다시피 어떻게 해도 충분한 땅을 확보할 수 없다.[20]

우리는 이 마지막 부류에 해당하는 사람들이 보편화할 수 없는 행동을 선택했기 때문에 부도덕하다는 결론을 내려야만 한다. 적당한 양 이상으로 고기를 먹겠다는 것은 세계 자원에서 자신이 차지할 몫 이상을 받을 자격이 있노라 선언하는 것이다. (그리고 이것은 인간 외의 동물들이 응당 받아야 할 것—그건 분명히 머리통을 후려치는 일격은 아닐 터인데—을 따지지 않는 것이다.) 육류 소비에 대한 실천적 휴리스틱을 찾는 사람들은 의학 저널 〈랜싯〉이 추천하는 '지구 식단(planetary diet)'을 참조하고 싶을 것이다. 이 계산대로라면 우리는 쇠고기는 일주일에 98그램, 닭고기는 매일 약간씩 먹어도 지구가 허용하는 경계를 벗어나지 않는다.[21]

문제가 되는 먹거리는 육류만이 아니다. 초콜릿은 도덕적 문제를 제기하는데 여기에 대해서는 나도 떳떳한 입장이 아니다. 육류가 열대우림을 파괴한다지만 초콜릿도 다른 우림을 파괴하기는 마찬가지다. 기업형 농업이 아마존 열대우림을 잠식하고 있다면 시에라리온, 라이베리아, 코트디부아르, 가나, 토고, 베냉, 나이지리아, 카메룬을 가로지르는 서아프리카의 열대우림은 카카오 재배 수요로 인해 파괴되고 있다. 전 세계 카카오 생산의 70퍼센트가 이 지역에서 이루어지고 1960년 이래로 코트디부아르의 열대우림 면적은 80퍼센트가 사라졌다.[22] 가난한 소농들은 보호 구역 안에서 불법 경작을 하곤 한다. 그들은 숲의 오래된 나무를 베어 쓰러뜨리고 그 아래 덤불을 태운 후 그래도 남는 그루터기 사이에 하찮지만 수익성은 좋은 카카오를 재배한다. 그들은 그 카카오로 맛을 낸 제품을 구경도 못할 것이고 구입할 수도 없을 것이다. 나는 1년에 초콜릿을 18킬로그램(평균을 훨씬 웃도는 양)이나 먹을 뿐 아니라 특히 다크초콜릿을 좋아한다. 나는 카카오 농업의 폐해에 크게 기여하는 개인이라고 할 만하다. 모두가 나처럼 초콜릿을 많이 먹게끔 허용하는 도덕 규칙을 만들 수는 없다.

이 보편화 가능성(universalisability)의 원칙을 다른 영역에도 적용할 수 있다. 모두가 2년마다 전자제품을 최신형으로 교체할 수 있을 만큼 지구에 귀금속이 풍부하지는 않다. 모두가 철마다 새 옷을 구입해도 될 만큼 면화를 재배하기에는 물이 충분하지 않다. 탄소 배출량은 이미 생물권이 처리할 수 있는 선을 넘어섰다. 북반구의 국가, 기업, 개인이 보편화 가능성의 원칙을 전혀 고려하지 않은채 그들의 몫을 다 써버리고 초과 배출량의 92퍼센트를 차지하기때문에 남반구 국가들은 국민의 기본 요구조차 충족시킬 여지가없다.[23] 똑같은 불균형이 개인 수준에서도 나타난다. 2022년의 한연구는 세계에서 가장 부유한 1퍼센트의 1년치 탄소 배출량이 가장가난한 10퍼센트의 20년치 탄소 배출량을 능가한다는 것을 보여주었다.[24] 우리가 기여하는 구조적 불의는 대부분 세계가 자기 몫 이상의 자원을 차지하는 사람들과 자기 몫 이상의 짐을 짊어지는 사람들로 나뉘어 있다는 사실에 달렸다.

그렇다면 이 보편화 가능성 검증이 구조적 불의에 대한 우리의책임 있는 행동에 무슨 소용이 있나? 얼핏 보기에는 이런 종류의문제에 이런 식으로 접근하는 게 맞나 싶다. 그 원칙은 결정이 순전히 개인에게 달린 것처럼 가정하지만 우리의 '선택'은 더 광범위한구조에 영향을 받기 때문에 그 지침대로 삼기가 불가능해 보인다.게다가 내가 조용히 초콜릿을 포기한다고 해서 나무 한 그루라도구할 수 있을까. 행동의 보편화 가능성을 생각해보는 것이 합리적전략이라는 데 동의하지만 실제로 그 행동을 취하기 어렵다는 것을 안다면 이는 중요한 사실을 알려준다. **시스템**이 더 깊은 의미로잘못됐다는 것이다. 이미 알고 있었더라도 정언명령을 적용하면그 이유를 더 잘 설명할 수 있다. 도덕적으로 옹호할 만하면서 실제로 기능하는 정치·경제 체제는, 분명하게 보편화할 수 없으며 불평등을 심화하는 행동으로 우리를 유인해서는 안 된다.

이렇듯 보편화 가능성을 생각해보면 상황이 달라져야 하는 이유를 논할 수 있고 이러한 사안들이 근본적으로 패권과 평등에 관한 것임을 확실히 이해할 수 있다. 정부가 특정 산업을 장려하거나 억제할 때 그것이 보편화 가능성에 어긋나지 않는지 생각해보라고 할 수도 있겠다. 어쨌든 민중의 요구를 처리할 임무가 있는 민주 정부라면 일부 사람이 그들의 몫 이상으로 세계의 자원을 소비하도록 장려하거나 허용하는 것을 어떻게 도덕적으로 볼 수 있겠는가?

개인이 집단을 이룬다

보편화할 수 없는 행동을 자제하는 것이 도덕적으로 타당하지만 충분한 다수가 이 규칙을 따르지 않는다면 구조적 문제들은 꼼짝도 하지 않을 것이다. 철학자 데릭 파핏은 이러한 상황을 생생하게 보여주는 예를 제시한 바 있다. 파핏은 어떤 사람을 아주 가벼운 전기충격을 주는 고문 의자에 묶어놓는 사고실험을 고안했다.[25] 첫 번째 사람이 전압을 약간 올렸을 때 의자에 앉아 있던 사람은 아무런 변화도 눈치채지 못했다. 두 번째 사람도 다이얼을 약간 돌렸고, 세 번째 사람도 그렇게 했다. 얼마 지나지 않아 고문 의자에 앉은 불쌍한 사람은 심장 마비를 일으킬 듯 극심한 고통에 시달렸다. 각 개인은 아주 약간 전압을 올렸으므로 그중 누가 해를 끼쳤다고 말하기는 뭐하지만 전체 해악은 부인할 수 없다. 파핏은 개인의 거부로 이 상황이 달라질 것처럼 보이지 않는다고 지적한다. 만약 이 '무해한 고문자' 중 한 명이 다이얼을 돌리지 않겠다고 결정해도 고문 의자에 앉은 사람이 고통에 몸부림친다는 결과는 달라지지 않았을 것이다.[26] 그러나 파핏은 설령 개인이 끼치는 해악이 감지할 수 없을 만큼 미미하더라도 타인도 자기처럼 행동해서 그 해악이 크게 합쳐질 수 있다는 것을 알고도 그런 행동을 하는 것은 잘못이라고 결론을 내린다.[27]

앞에서 들었던 예로 돌아가자. 예즈다는 그냥 새 청바지를 사지 않는 게 아니다. 그가 새 청바지를 산다는 것은 다른 사람들도 새 청바지를 구입함으로써 열악한 노동 관행과 환경 파괴를 특징으로 하는 시스템을 집단적으로 지지한다는 것을 알고도 사는 것이다. 예즈다의 행동을 따로 심판하는 것은 의미가 없다. 우리는 구매가 일어나는 상황을 살피고 잘못의 공동체적 성격과 그 잘못을 구성하는 개인들의 행동을 모두 설명할 수 있는 답을 찾아야 한다. 그렇게 할 때 가능한 해결책들이 보일 것이다. 만약 '무해한 고문자'들이 모두 다이얼을 돌리지 않으면—끔찍한 노동을 파업한다면—피해자는 발생하지 않을 것이다. 예즈다와 다른 사람들이 패션 브랜드의 노동 실태와 환경 비용을 폭로하고 이의를 제기한다면 그들의 거부는 훨씬 큰 효력을 발휘할 것이다. 그러한 집단 행동에는 어떤 선택지가 있을까?

많은 사람이 문제 해결에 무엇이 필요한지 생각하고—모두가 육류 소비를 줄이고 버스를 탄다든가—저마다 노력함으로써 구조적 불의와 관련하여 우리의 책임을 다한다. 하지만 이러한 변화를 이루기 위한 집단적·조직적 노력이 없다면 개인의 노력은 별 소용이 없다. 마치 폭풍우가 지나간 후 울타리를 수리한다면서 나무판자 하나 박아놓고 이웃들도 자기처럼 해주기를 바라는 것과 비숫하다. 울타리는 결코 수리되지 않을 것이다. 철학자 엘리자베스 크립스는 이렇게 인과적으로 중요하지 않은 개인적인 책임의 조각들을 '모방(mimicking)' 의무라고 부른다.[28] 이것들은 공정한 계획이 요구하는 의무로서 재활용품 분리수거, 친환경 세제 사용, 항공기 최소 이용 등이 포함된다. 이것들이 이른바 의무인 이유는 각 사람이 이런 의무를 **흉내 내기**만 해도 구조적 문제가 해결되고 모두가 공평하게 자기 몫을 하게 되리라는 (대체로 근거 없는) 희망이 있기 때문이다. 모두가 판자를 한 장씩 박으면 울타리는 완성된다. 문제는 대부분의 경우 공정하고 집단적인 계획이 없다는 것이다. 당신의 판자, 그리고 어쩌면 나의 판자가 있을 뿐 울타리는 없다. 크립스는 그보다 '증진(promotional)' 의무라고 부르는 더 중요한 행동 범주—구조적 문제를 겨냥한 집단 행동을 끌어낼 의무—에 집중할 것을 제안한다. 플라스틱 재활용품 분리수거에 집착하기보다는 일회용 플라스틱 포장 금지 운동을 벌여야 한다. 그냥 버스만 이용해서는 안 되고 자동차 도로를 폐쇄하는 시위를 조직하여 운전자들을 방해하고 언론과 정부의 주목을 끌어야 한다. 때로는 모방의무와 증진 의무가 다르지 않다. 내가 강의를 시작할 때 나를 지칭하는 대명사를 밝히는 것은, 판자 한 장이라도 보란 듯이 못 박으면 뭇사람들에게 젠더는 각자가 만들 수도 있고 철회할 수도 있는 불안정한 범주라고 떠올리게 하는 효과가 있기 때문이다.

정치철학자 아이리스 매리언 영(Iris Marion Young)은 구조적 불의에 대한 우리의 책임을 이해하는 데 요긴한 모델을 제시한다. 영은 우리 모두 구조적 불의의 생산과 지속에 연루되어 있기 때문에 부당한 구조를 변화시키는 일의 부담도 나눠 가져야 한다고 주장한다. 하지만 책임을 으레 과거의 해악에 대한 **법적 책임**(liability)이라고 생각하기 때문에 구조적 불의에 대해서는 갈피를 못 잡는 경향이 있다고 영은 지적한다. 자신이 감당해야 할 비난 혹은 죄의식의 몫을 알아내려 해봤자 소용없다. 오히려 앞으로 해악을 막기 위해 감당해야 할 책임들을 생각해야 하고, 불의의 성격을 감안할 때 그 책임들이 효력을 발휘하려면 집단적으로 수행되어야 한다.

우리가 지는 짐은 우리의 사회경제적 권력 수준으로 좌우된다. 힘 있는 인간이나 기관은 개인이 수십 년이 걸려도, 아니 결코 이뤄낼 수 없는 변화를 하루아침에 만든다. 세계 곳곳의 도시에서 선의를 품은 사람들이 집 없는 사람들에게 음식을 제공하고, 쉼터와 의료서비스를 제공하고, 기부하고, 중앙정부나 지자체에 로비 활동을 하고 있다는 것을 생각해보라. 그러나 집 없는 사람의 비율은 해가 갈수록 높아진다. 유럽에서 이 비율이 낮아지고 있는 유일한 국가는 핀란드인데, 수도인 헬싱키만 봐도 노숙자가 크게 줄었다. 핀란드의 '주거 우선' 정책은 주거권에 아무런 조건을 달지 않는다. 사람은 일단 살 곳이 안정되면 다른 문제(이를테면, 약물 중독)도 해결하기가 수월하기 때문이다.[29] 자선 단체와 지방 의회가 변화를 꾀하기 위해 열심히 로비를 했더라도 결국 법안을 제정하고 수만 명의 삶을 순식간에 변화시킨 것은 정부의 힘이다. 노숙자들을 방치하는 것은 정치적 선택이고, 변화의 가장 큰 책임은 정부에게 있다.

철학자 로빈 젱은 구조적 불의의 딜레마에 대한 대응을 제시했다.[30] 젱은 개인의 행위가 어떻게 구조를 형성하는지 알아내기 위해 개인과 구조의 간극을 메우는 일에 나선다. 젱은 구조가 **사회**

적 **역할** 내에서 행동하는 사람들로 구성된다고 주장하며, 이 사회적 역할을 "구조가 주도성을 만나는 장"으로 본다. 우리는 변화를 불러오기 위해서 사회적 역할(부모, 교사, 파트너, 이웃 등)의 경계를 넓히고 유해한 구조를 안에서부터 약화시키는 행동을 취해야 한다. 그럼으로써 다른 사람들이 자기 역할을 수행하는 방식을 바꾸고 우리를 제약하는 구조에 영향을 끼친다. 사회가 거대한 그물이고 사회적 역할을 매듭이라고 하자. 매듭 하나를 원래 위치에서 잡아당기면 나머지 부분이 움직이면서 그 매듭을 둘러싼 주위 모양이 바뀐다. 마찬가지로 우리가 역할을 조금씩 다른 방식으로 수행하면서 잡아당기면 다른 사람들의 사회적 역할도 바뀌고 사회 전체가 점차 다른 방향으로 이끌어질 것이다.

실제로는 어떤 모습일까? 교사는 남반구를 강조하는 골-피터스 도법 지도를 교실에 걸고 식민 사업에서 비롯된 세계의 불평등을 가르칠 수 있겠다. 정치인이 국가 제창을 거부할 수도 있겠다. 의사가 방송이나 신문 인터뷰에서 시민권이나 지불 능력에 따라 환자를 차등 진료하는 것은 히포크라테스 선서에 위배된다고 말할 수 있다. 필수 인력은 쟁의 행위를 조직하거나 참여할 수 있다. 박물관 큐레이터라면 전시물에 어느 식민 체제가 그 유물을 훔쳤는지 설명을 달아 알릴 수 있다. 대학의 행정 직원이 재학생들의 요구를 받아들여 학생 식당의 쇠고기 메뉴를 없앨 수도 있다. 실제 사례를 들어보자면, 마무드 부타는 시알코트에서 돌아와 주요 일간지들에 의료도구 이면에 숨겨진 열악한 노동 조건을 폭로하고 경종을 울렸다.[31] 부타는 '의료공정윤리무역회(Medical Fair and Ethical Trade Group)'를 설립하고 연간 1770억 달러 예산을 집행하는 NHS와 협력하여 의료 설비 공급에서 발생하는 노동 위반을 다루고 있다.

여기에 망라한 행위들이 사소해 보일 수 있지만 우리의 권력과 사회적 역할이 책임의 성격과 정도를 결정하게 마련이고 그 실현 가능성과 가시성은 중요한 부분이다. 각 행위는 이 부당한 세계를 안정화하는 추정을 약화하고 그러한 행위를 목격하거나 그에 좌우되는 사람들(여기에는 반대한다는 바로 그 사실 때문에 반대하는 사람들도 포함된다)에게도 영향을 준다. 크립스, 영, 젱의 공통점은 우리가 **누구**인지―우리의 역할과 권력, 그리고 타인과의 관계와 관련해―를 주의 깊게 살피고 각자의 자리에서 영리하고 전략적인 행동을 취하도록 고무한다.

담배 규제에서
얻는 교훈

유해한 구조를 가장 확실하게 존속시키는 것은 물질적 유인이다. 우리 부모님은 프린터에 잉크가 떨어지면 새 프린터를 사는데 그 이유는 카트리지를 교체하는 게 더 비싸기 때문이다. 그러나 비용과 편리함만이 동기 요인은 아니다. 우리는 또한 우리가 기여하는 해악을 볼 수 없어서 도덕적으로 문제가 있는 결정을 내리곤 한다. 심지어 그러한 기여가 적극적으로 권장되기도 하는데, 그래야만 자본주의의 톱니바퀴가 돌기 때문이다. 어떤 전략을 취하든 구조적 불의에 맞서려면 더 큰 도덕적 의식이 필요하다. 담배의 역사를 살펴보면 우리가 어떻게 잘못에 맞설 수 있는지 모종의 통찰을 얻을 수 있다.

과학자들이 흡연과 암의 상관관계를 처음 밝힌 때는 1950년대다. 1957년에 영국의학연구위원회는 그 둘 사이에 "직접적 인과관계"가 있다고 발표했다. 1960년대에는 왕립의사협회가 흡연이 기관지염과 관상동맥심장질환도 일으킬 수 있다고 보고하고 담배 광고와 판매, 공공장소에서 흡연을 정부가 좀 더 엄격하게 규제하기를 권했다. 1971년에 영국에서 판매되는 모든 담배는 포장에 경고문을 싣게 되었다. 이후 수십 년간 흡연자 3명 중 1명이 관련 질병으로 사망하고 간접흡연으로 사망하는 사람이 매년 수십만 명이라는 연구 결과가 나오면서 흡연의 폐해를 입증하는 의학적 논거도 늘어났다.[32] 2003년에 EU의 새로운 법안에 따라 "흡연은 살인입니다" 혹은 "흡연은 당신과 당신 주위 사람들에게 심각한 피해를 끼칩니다"라는 경고문이 담뱃갑 면적의 최소 30퍼센트를 차지해야 하고 "아이들이 당신의 담배 연기를 맡지 않도록 보호해주세요"나 "흡연은 느리고 고통스러운 죽음을 초래할 수 있습니다"라는 두 번째 경고문이 추가로 40퍼센트를 차지하게 되었다. 2006년에는 영국 전역에서 공공장소 흡연이 금지되었고 2017년부터 영국에서 모든 궐련과 담배는 완전히 포장 밀봉된 상태로만 판매되었다. 1974년만 해도 영국 성인의 절반 이상이 흡연자였다. 2019년에 이 수치는 16퍼센트까지 떨어졌다.[33] 지금은 담배 하면 질병이나 죽음을 으레 연상하고 데이터를 봐도 건강 관련 경고는 확실히 금연 홍보에 효과가 있다.[34] 아이나 임신부가 있는 밀폐된 공간에서 흡연은 대부분 도덕에 어긋나는 일로 간주한다.

담배 구매자에게 잠재적인 "느리고 고통스러운 죽음"의 경고를 앞세우는 것은 경제의 일반적 작동 방식과 맞지 않는다. 소비자들에게 그들의 선택이 자신과 타인에게 끼치는 피해를 고려하라고 종용하다니 그래서 장사가 되겠는가. 바로 여기에 교훈이 있다. 우리의 선택은 우리가 사는 시스템(공장형 닭장에서 기른 닭, 노동 조건이 열악한 공장에서 만든 의류가 더 싸다)에 제약받지만 우리의 욕망 또한 그 시스템 때문에 왜곡되어 있다. 우리는 건강하게 살려면 고기를 꼭 먹어야 한다고, 옷은 몇 달만 입으면 유행이 지난다고, 새 기기를 사면 행복할 거라고 믿게 되었다. 불의를 해결하려는 모든 시도는 우리의 제한된 선택과 조종당한 욕망을 모두 설명해야 한다.

사회 규범은 우리의 욕망과 선택에 영향을 끼친다. 인도에는 채식주의자가 세계 나머지를 다 합친 것보다 더 많다. 주로 종교적 금기 때문인데 힌두교, 자이나교, 불교, 이슬람교, 시크교에는 특정 동물의 고기를 금하거나 육식 자체를 금하는 전통이 있기 때문이다. 서양에서 육류 소비는 맛 못지않게 사회적 허용의 문제다. 개고기는 맛이 매우 좋다고 한다. 쇠고기나 양고기에 비해 부드럽고 지방이 많으며 향이 풍부하다나. 고양이고기는 풍미가 가벼우면서 단맛과 육즙이 풍부하다고 한다. 둘 다 영양가가 높고 영국에는 개와 고양이가 소와 돼지보다 많으니 결코 부족하다고는 할 수 없다. 그러나 서양에서 개와 고양이는 흔히 반려동물로 기르기 때문에 이 동물들의 고기를 먹는 것은 금기시된다. 심지어 식용으로 기른 개라도 개를 잡아먹는 것은 부도덕한 일로 비친다. 반면에 소, 양, 돼지, 가금류는 으레 식용으로 사육되고 살아 있는 동물과 구분하여 도축된 고기를 지칭하는 단어들('beef', 'mutton', 'pork', 'ham')이 다수 존재한다.

사회 규범은 우리의 태도와 행동을 결정하지만 규범은 지속적으로 변화하고 우리가 접하는 정보에 민감하다. 담배에 대한 규제를 본받아 육류 제품이나 패스트패션 포장지에도 도덕적 경고문이 실린다면 어떨까?

이 상품은 방글라데시의 의류 공장에서 한 달에 90달러를 받는 노동자가 만들었습니다. 원단은 토양 황폐화와 물 부족을 일으키는 면화 농업에서 생산된 면과 화석 연료에서 추출한 아크릴 혼방입니다. 이 제품은 세탁시 미세 플라스틱을 해양에 배출합니다.

나의 제안은 반쯤만 진지하다. 자본주의 정부가 이런 식으로 소비를 억제할 이유가 어디 있겠는가. 타블로이드 신문의 헤드라인이 상상된다. '대중이 무슨 죄, 고기를 포기하라니' 하지만 경고문에 제시된 정보는 사실이고, 그러한 조치가 지나친 훈계질이나 우리의 의사 결정에 대한 부적절한 개입이라는 주장은 옳지 않다. 소비 비용에 대한 정확한 정보의 부재 자체가 **이미** 하나의 도덕적 입장이다. 유해한 제품이 광고되는 방식은 반대 방향으로 우리에게 강한 영향을 끼친다. 맥락을 파악하고 고려할 필요 없이 소비가 장려된다는 사실은 세계의 산업 노동자 계급, 인간 아닌 동물, 지구에 가치를 낮게 부여하는 도덕적 진술에 해당한다.

분명하게 말하지만, 책임을 소비자에게 전가하는 것 자체는 올바른 행동 방침이라고 생각하지 않는다. 그러나 현 상태에서 힘 있는 개인, 정부, 기업은 우리 행동의 참된 비용을 알려주지 않고 우리를 자기네들의 유해한 관행에 끌어들여 착취적 계획들의 돈줄로 삼는다. 정부는 흡연이 치명적이라는 사실을 알았을 때처럼 기업들이 우리를 잘못된 행동의 공모자로 삼지 못하게 할 힘이 있다.

담배에서 얻을 수 있는 또 다른 교훈이 있다. 담배 제품은 2003년에 영국에서 광고가 금지되었지만 그로부터 두 세기 전에는 공격적인 마케팅을 펼쳤다. 그중에서도 특별한 홍보 캠페인 하나가 눈에 띈다. 일명 '홍보의 아버지', (그리고 지크문트 프로이트의 조카이기도 한) 에드워드 버네이스의 1928년 저서 《프로파간다》에는 이러한 대목이 있다.

대중의 여론과 조직된 습관을 의식적이고 지능적으로 조종하는 것은 민주 사회의 중요한 요소다. 이 보이지 않는 사회의 메커니즘을 조종하는 이들이 우리나라의 진정한 통치 권력이자 보이지 않는 정부를 구성한다. 우리는 대체로 들어본 적도 없는 사람들에게 지배받으며 정신이 틀에 맞춰지고 취향도 만들어지고 아이디어를 제안받는다. …… 바로 그들이 대중의 마음을 꼭두각시처럼 조종하는 것이다.[35]

버네이스는 이 음침한 통찰을 바탕으로 삼아 제1차 세계대전 당시 미국의 선전 정책을 매우 효과적으로 이끌었고 전후에도 '동의의 공학(engineering of consent)'을 깊이 파고들었다. 그때만 해도 여성은 널리 퍼져 있는 사회적 금기 때문에 흡연을 매우 꺼렸다. 버네이스는 흡연을 여성 해방과 결부시킴으로써 담배 회사들에게 새로운 시장을 열어주었다. 그는 담배를 '자유의 횃불'로 묘사하고 흡연을 다른 성적 금기의 폐지와 연결하여 전시에 여성이 얼마든지 대체할 수 있었던 '남성의 일'과 동일시하게 했다. 또한 젊고 매력적인 여성들을 고용하여 1929년 뉴욕 부활절 퍼레이드에서 담배를 피우게 했다. 나중에는 담배를 피우면 살이 빠진다든가 구강 건강에 오히려 좋다는 생각을 앞세웠다. (그래 놓고 자기 아내에게는 담배를 피우지 못하게 했다.[36]) 여성 흡연율은 불과 몇 년 사이에 세 배가 되었고 1960년대까지 가파르게 상승했다.[37]

얼마나 많은 여성이 버네이스 때문에 목숨을 잃었을까? 얼마나 많은 아이가 간접흡연으로 인해 미숙아로 태어나거나 발달장애를 겪거나 그 밖의 안타까운 결과와 싸워야 했을까? 지금도 우리의 바람을 타인에게 해를 끼치는 방식으로 조종하는 책략을 연구하고 실행하는 버네이스 같은 인간들이 얼마나 많은가? 우리의 행동은 광고에 크게 휘둘린다. 광고는 시장에 활력을 불어넣는 욕망을 제조하고 소수의 손아귀에 부를 집중시킨다. 광고는 이 장에서 살펴보았던 구조적 폐해 대부분의 프로파간다다. 구조적 불의를 해결하려는 모든 운동은 광고를 명백하고도 긴급한 척결 대상으로 삼아야 한다. 광고를 뿌리 뽑을 때 비로소 우리의 진정한 욕망이 무엇이고 그 욕망이 타인에 대한 책임으로 어떻게 제어되어야 하는지 생각할 여지—물리적 공간과 담론의 가능성 모두—가 생길 것이다.

담배가 중독성이 강하고 세계적으로도 담배 산업만큼 강력한 로비 단체가 없는데도 과학자와 정부는 공익 메시지와 광고 규제를 결합하여 흡연율을 크게 떨어뜨렸고 그 추세를 이어 나감으로써 수백만 생명을 구했다. 담배는 예외적인 경우일지도 모른다. 흡연은 공중 보건을 해쳐 의료서비스와 노동 비용을 높인다. 반면 육류 소비와 패스트패션의 폐해는 도처에서, 중요하지 않다고 여겨지는 곳들에서 발생한다. 하지만 더 심원한 교훈이 있다. 우리는 자본주의를 돌아가게 하는 근본 동력을 표적으로 삼지 않는 한 구조적 불의를 해결할 수 없다는 점이다.

"잘못된 삶을 올바르게 살 수는 없다"

몇 년 전 국제 인도주의 단체인 '국경없는의사회' 소속의 한 의사가 자신이 무척 고민했던 이야기를 들려주었다. 그는 한 작은 병원에서 심각한 영양실조 상태의 아이들을 돌보았는데 그 병원의 사망률은 매우 높았다. 그러던 중에 병원 밖 지역 사회에 홍역이 발생했다. 그는 예방접종을 빠르게 실시하지 않으면 많은 아이가 홍역으로 죽게 될 것이라는 것을 알았다. 예산이 매우 한정되어 있었으므로(자선 단체는 매우 적은 돈으로 빠듯하게 운영되었다) 의사는 어려운 선택을 해야만 했다. 자신이 돌보고 있는 아이들의 영양실조 치료에 집중하든가, 아니면 그 예산으로 예방접종을 실시해 더 많은 아이들의 목숨을 구하든가. 그는 최대한 많은 생명을 구할 수 있을 것 같은 쪽을 택했다. 이것은 '공리주의'라는 매우 직관적인 철학적 관념을 활용한 것이다. 공리주의는 최대의 '효용' 혹은 행복을 낳는 결정이 도덕적으로 올바른 결정이라고 본다. 공리주의의 초기 주창자인 존 스튜어트 밀[38]은 1863년에 "행동은 행복을 증진할수록 옳은 것이 되고 행복의 반대를 낳을수록 잘못된 것이다"라고 썼다.[39] 나는 그 의사의 병원에서 죽음과 싸우던 아이들이 어떻게 됐는지 묻지 않았다. 어차피 죽을 아이가 좀 더 일찍 죽었을 수도 있고, 어쩌면 살 수도 있었을 아이가 죽고 말았는지도 모른다. 몇 년이 지난 후에도 의사는 자신이 해야만 했던 끔찍한 선택을 수시로 떠올리며 후회와 슬픔에 젖었다. 자신이 '최선의' 결정을 내렸다는 것을 알면서도 그게 맞다는 생각은 들지 않았다.

1984년에 철학자 앤드루 제이미턴은 간호윤리학 책에서 "올바른 처신이 무엇인지 알면서도 제도적 제약 때문에 실행이 거의 불가능할 때" 겪게 되는 불편한 상태를 '도덕적 고뇌(moral distress)'라고 설명했다.[40] 앞에서 예로 들었던 의사는 무엇이 옳은지 알고 있었다. 영양실조에 걸린 아이들은 영양 섭취와 모니터링이 긴급하게 필요했고, 더 넓은 지역 사회는 즉각적인 예방접종 계획이 필요했다. 제도적 제약, 즉 한쪽을 충족하려면 다른 쪽은 포기해야만 할 만큼 척박한 예산 때문에 올바른 결정은 불가능했다. 그는 난감한 선택에 직면했고 둘 중 나은 쪽을 택했다. 그렇지만 아이들이 영양실조로 사망하자 의사는 도덕적 고뇌를 피할 수 없었다.

도덕적 고뇌에 반복적으로 시달리는 사람은 도덕적 상해(moral injury)를 입는다. 이 용어는 군대에서 유래했는데, 참전 용사들이 겪는 트라우마에 관한 책을 쓴 정신과 의사 조너선 셰이가 만들었다.[41] 그 후 범위를 넓혀 심각한 해악을 자기 손으로 저질러야 했거나 목격했거나 저지하지 못해서 도덕적 지향이 훼손된 경우까지 지칭하게 되었다. 도덕적 상해는 정신질환으로 이어질 수 있지만 (재향 군인과 의료 전문가에게 모두 흔하다) 여기서 내가 우려하는 것은 도덕적 주체로서 기능하는 개인의 능력과 동기에 끼치는 영향이다. 도덕적 고뇌와 도덕적 상해는 항상 구조적 실패의 결과다. 시스템이 우리가 도덕적 나침반을 따르는 것을 허용하지 않고 도덕적으로 옳은 것을 우리의 손이 닿지 않는 곳에 둘 때 발생한다. 우리는 떳떳한 선택이 가능하지 않은 규칙과 제약 안에서 행동할 수밖에 없다.

우리는 모두 도덕적 상해를 입는다. 의사가 자신의 어린 환자들에게 손을 쓸 수 없게 했던 시스템은 환경 파괴와 노동 착취에 기반한 생활 양식에 대한 선전으로 넘쳐 나는 바로 그 시스템이다. 우리가 가진 자원은 모든 아이가 적절한 영양을 섭취하고 예방접종도 받기에 **충분하다.** 그러한 사안들이 경쟁 관계에 있어서는 안 된다. 그 밖의 다른 생필품들에 대해서도 어느 하나를 선택하면 다른 것들을 배제하는 상황이 자주 발생한다면 그거야말로 시스템이 실패했다는 확실한 징후다. 지구를 파괴하지 않고 노동자들에게 정당한 보수를 지급하면서 식량, 의류, 생필품을 생산하는 일은 어렵지 않다. 이 시스템은 공정에 대한 우리의 기본적 이해를 유린한다. 어떤 사람들에게 과도하게 피해를 끼치고 또 다른 사람들에게는 그러한 가해에 공모할 것을 요구하기 때문이다.

이 장은 환경 파괴와 세계의 빈곤 문제를 구조적 불의의 전형으로 다루었다. 물론 인종차별, 성차별, 그 밖의 억압도 사회 구조에서 비롯된다. 그리고 이 사안들은 서로 단단히 묶여 있다. 인종차별과 성차별이 환경 파괴와 세계의 빈곤을 떠받친다. 노동 착취와 환경 파괴가 용인되는 이유는 가장 큰 피해를 보는 집단(남반구의 가난한 유색인종)을 하나의 범주로 묶기 때문인데, 바로 이 범주화의 목적은 그들을 열등한 존재로 낙인찍고 착취할 수 있게 하는 것이다. 인간과 환경에서 가치를 짜내야만 존속 가능한 자본주의는 어떤 사람이 고통받고 죽어야만 다른 사람이 더 많은 것을 갖는다는 생각을 바탕으로 삼는다. 하지만 우리는 이러한 문제를 성차별과 인종차별의 사례로 직면하는 경우가 많다. 우리의 의류 재봉사들은 그냥 가난한 사람이 아니라 가난한 **유색인종 여성**이다. 지구 온난화의 영향으로 사망하거나 삶의 터전을 잃는 사람은 그냥 운 나쁜 사람이 아니라 주로 남반구의 **유색인종**이다. 남반구 인구, 저임금 노동자, 환경이 평가절하되는 이유는 경제가 그 평가절하를 바탕으로 삼아 굴러가기 때문이다. 그 점이 이 시스템에는 자명하다. 세계의 공장들은 남반구에 있고 그곳의 인력은 주로 저임금 유색인종 여성 노동자다. 상황이 이렇게 지속되는 한, 북반구의 페미니즘 운동과 인종차별반대 운동은 겉치레에 불과하다.

억압은 착취를 가능케 하는 논리를 고수한다. 여성의 종속은 가사 노동, 감정 노동, 임신과 출산을 무상으로, 혹은 아주 낮은 대가로 제공하게 한다. 인종은 다른 땅에 사는 이들의 자원과 노동력을 훔치고 싶은 마음을 먹고 자란 개념이다. 주변화된 젠더와 섹슈얼리티를 지닌 사람들이 비방과 폭력에 노출되는 이유는 그들이 재생산 노동을 사유화하고 폄하하는 이성애 규범적 핵가족 단위를 뒤흔들기 때문이다. 식물, 인간 아닌 동물, 강, 산의 도덕적 지위를 인정하는 원주민들의 인식론은 소비재를 만들기 위한 자원의 무분별한 수탈에 방해가 되기 때문에 철저히 부정당해 왔다. 사회적 정체성은 우리의 물질적 현실에 얽매여 있다. 착취는 비인간화를 요구하고 이 일에 억압의 범주와 위계만큼 요긴한 도구는 없다.

세계의 빈곤과 환경 파괴를 다루려면 먼저 이 문제들을 '인종자본주의'의 결과로 보고 인종차별에 대한 우리의 이해가 북반구의 경험에 한정되지 않도록 해야 한다.[42] 우리에게 필요한 것은 루스

윌슨 길모어의 인종주의에 대한 정의 같은 것이다. 그 정의에 따르면 인종주의는 "뚜렷이 구분되지만 서로 밀접하게 연결된 정치적 지형들에서 때 이른 죽음에 특히 취약한 집단에 대한 법적이고 국가의 승인이 있는 생산 및 착취"다.[43] 우리에게 일상적으로 더 익숙한 인종차별과 성차별은 글로벌 경제 체제를 형성하는 광범위한 추세의 사례일 뿐이고 가장 악질적인 월권행위는 남반구에서 일어나고 있다. 방글라데시 침수 피해, 아프리카 난민들의 지중해 익사 사례를 인종차별의 발현으로 인식하고, 태국의 전자 산업 노동자의 저임금이나 레소토 의류 산업 노동자들에 대한 성적 괴롭힘을 성차별주의의 전형적 사례로 보아야 할 것이다.

우리가 구조적 불의와 맺는 관계를 개념화하는 방법을 찾는 것도 중요하지만 그것이 시스템을 뒤흔드는 실천을 대체할 수는 없다. 후자에 대해 내가 좀 더 말할 수 있으면 좋겠지만 그게 철학 책이 할 일은 아닐 것이다. 현 상황에서 나는 점점 더 공범에 가까워지고 있다. 어느 방향으로 내딛든 나의 가장 근본적인 가치관이 훼손되고 있기 때문이다. 나는 아침에 일어나 운동화 끈을 묶는다. 그 운동화는 의료서비스를 받을 수 없고 끼니 때우기도 힘든 여성 노동자가 베트남 공장에서 만든 것이다. 조깅을 하다 보면 거의 운전자밖에 타지 않은 대형 자동차들의 배기가스에 숨이 막힐 지경이다. 집에 돌아와서는 요구르트로 아침 식사를 한다. 그 요구르트는 젖을 짜기 위해 강제 임신시킨 소에게서 얻은 우유로 만들었고 재활용 불가 플라스틱 용기에 들어 있다. 그동안 내 집 보일러는 화석 연료를 이용해 내가 샤워할 수 있도록 물을 데운다. 이 모든 것이 끔찍하지만 나 혼자 바꿀 수 있는 것은 거의 없다. 한 가지만은 대낮처럼 분명하다. 모든 문제를 공식화해보면 동일한 답으로 이어진다. '자본주의는 글렀다.' 우리는 피폐한 세계 속에서 계속 싸우고 있고, 철학자 테오도어 W. 아도르노가 1951년에 썼듯이 "잘못된 삶을 올바르게 살 수는 없다."[44] 우리의 목표는 이 불의한 시스템을 떠받치는 들보를 공격해 구조물 전체의 균형을 무너뜨리고 갈라진 틈새로 빛이 들어오게 하는 것이다. 이것은 실로 거대한 일이지만 우리의 존재도 거대하다는 사실을 잊지 말아야 한다.

우리에겐 나무와 꿀벌이 있다

나는 살아 있기 때문에 비관주의자가 될 수 없습니다.

비관주의자가 된다는 것은 인생이 학문적인 문제라는 데 동의한다는

뜻입니다. 그래서 나는 낙관주의자일 수밖에 없습니다.

나는 우리가 살아남을 수 있다고 믿을 수밖에 없습니다.

우리가 살아남아야 하는 것이 무엇이든 간에.

— 제임스 볼드윈, 〈흑인과 미국의 약속〉(1963년 프로그램)

불의에 관한 책은 으레 긍정적인 어조로 마무리된다. 문제점들을 우울하게 본문에 풀어놓고서 결론은 모든 것을 깔끔하게 정리하고 독자들에게 행동에 나설 것을 권하는 것이 보통이다. 저자는 조심스럽게 현실주의를 권장하되 절망의 무력증도 경계한다. 가령 철학자 안토니오 그람시는 "지성으로 비관하고 의지로 낙관할 것"을 촉구하지 않았던가.

낙관적인 토닥임으로 이 책을 마무리한다면 솔직하지 못할 것이다. 내가 마지막 이 글을 쓰는 지금, 2022년 유엔기후변화협약은 소비의 동력을 늦추는 조치를 무엇 하나 만들지 못한 채 막을 내렸다. 그 동력은 가장 가난한 자들의 노동으로 돌아가며 지구의 자원

을 휘젓고, 곤궁과 가장 거리가 먼 죽음의 국경으로 가로막힌 곳에 막대한 이익을 쌓는다. 희망의 이유는 전혀 보이지 않는다.

집필의 마지막 단계에서 내게 아이가 생겼고 이제 막 부모가 된 사람이라면 으레 그렇듯 나와 시간의 관계는 변했다. 미래는 이제 내가 나의 아이를 맡길 자리다. 환경 파괴에 대한 우려는 종종 미래 세대에 대한 불안이라는 틀을 취한다. 환경 파괴부터 해결하는 것이 급선무인 이유를 설명하면서 실제 혹은 상상의 자녀와 손자를 들먹이는 것은 일반적인 관례다. 나 역시 이러한 시각에 그 어느 때보다 공감하지만 이는 우리에게 이미, 고르게는 아니더라도, 지옥이 펼쳐져 있다는 현실을 무시하는 것이다. 내 아이가 이보다는 나은 세상을 만나기를 간절히 바라고 부모님이 변화의 신호에 불안을 누그러뜨리기 바라지만 나라고 해서 왜 남은 인생을 이 따위 세상, 남들에게 남겨주기도 민망한 세상에서 살고 싶겠는가. 우리는 미래를 걱정해야 하지만 현재보다 더 걱정할 필요는 없다. 우리도 누군가의 아이들이다.

이 점을 염두에 두고 낙관적이지는 않더라고 경고음을 울리려고 한다. 아무리 상황이 나빠져도 바로 이 순간에도 훨씬 더 잔혹한 일을 가로막는 저항의 바리케이드가 있다는 사실을 잊지 말자. 80억 인구가 살아 있고 아직 우리에겐 나무와 꿀벌이 있다. 가장 가까운 바리케이드를 찾자. 더 나쁜 상황을 상상할 수 있는 한 우리는 계속 싸워야 한다.

| 감사의 글 |

본문의 논증 상당수는 베이루트 아메리칸대학, 브라이턴&서식스 의대, 브라이턴 자유대학 학생들이 나에게 던진 곤란한 질문들에 답하는 과정에서 나왔다. 가르치는 일은 일주일 중 가장 즐거운 시간이며, 우리의 토론에 재미와 희망을 더해준 학생들에게 고마움을 전한다.

이 프로젝트를 추진하고 나를 밀어붙인 챈다 프레스코드와인스타인의 '언니' 에너지와 이 작업의 가장 열렬한 옹호자 제시카 파핀의 지혜와 배려가 없었다면 책은 나올 수 없었을 것이다. 초기 단계에 열정과 전문적 식견으로 큰 도움을 준 그레첸 슈미드와 케이트 크레이그, 까다로운 마지막 단계를 친절과 이해로 이끌어준 에밀리 분덜리히, 호카스타 해밀턴, 캐롤라인 웨스트모어에게 감사한다. 다양한 주제로 나의 아이디어를 시험할 기회를 준 〈런던 리뷰 오브 북스〉의 토머스 존스와 앨리스 스폴스, 이 책의 밑거름이 된 에세이 원고 청탁을 해준 〈프로스펙트〉의 레베카 리우에게 감사한다.

책 쓰기의 좋은 점 중 하나는 내가 어려움을 이겨낼 수 있도록 도와준 스승들에게 감사를 표할 지면이 생긴다는 것이다. 닐 후퍼, 베릴 팔린, 케이트 맥도나, 존 맥이천, 배리 루카스, 로리 코스텔로, 줄리 로저스, 에드 창에게 감사드린다. 내게 기회를 주고 나의 물리학 못지않게 나의 정치학에 응원을 보내준 오웬 색스턴에게 진 빚은 이루 말할 수가 없다. 꼼꼼한 첨삭으로 나를 영리한 작가로 만들어준 제러미 버터필드, 위험을 무릅쓰라고 등을 떠밀어준 휴 프라이스에게 감사한다.

나는 좋은 사람들을 만난 행운아이기에 즐겁게 직장 생활을 하면서도 학계의 추악한 짓을 피한 채 사유하고 글을 쓸 수 있었다. 몇 명만 꼽아보자면 사마르 라와스, 레이 브래지어, 바나 바슈어, 한스 뮬러, 와다 나스르, 피트 웨스트오람, 리사 켈리, 멜 뉴포트, 앤드리아 페퍼가 바로 그들이다. 학업과 생활의 본보기를 마련하고 내가 나의 가정을 꾸릴 수 있도록 도와준 친구이자 멘토 바비 파시데스에게 감사한다. 내가 속한 더 넓은 지식인 공동체, 특히 아고모니 강굴리-미트라, 브라이언 이어프, 패트리샤 킹고리, 로나 핀레이슨, 알리 가니미, 프리얌바다 고팔, 코슈카 더프, 밥 브레처, 알라스테어 윌슨에게 감사한다.

어설픈 초안을 읽어주거나 그 밖의 방법으로 원고에 도움을 준 수잔 샤비시, 조조 샤비시, 사라 샤비시, 닐 싱, 밥 브레처, 코슈카 더프, 챈다 프레스코드와인스타인, 피트 웨스트오람, 칼란 매틴, 레나 주코스키, 잭 블라이클록에게 사과와 감사를 전한다. 특별히 도저히 그럴 상황이 아니었는데도 병원 침대에서 책 전체를 훑어봐준 해나 로치에게 감사한다.

이 책에 대해서 이야기하고, 나의 탈고를 끈기 있게 기다려주고,

삶의 나머지 부분을 질서 있게 유지하도록 도와준 친구와 가족 리나 알하산, 아이라 앨런, 리사 암스트롱, 라브 애스왈, 맷 베먼트, 존 빌트, 잭 블라이클록, 도미닉 버크, 피다 체하예프, 애니 클레멘츠, 안나 커닝햄, 트리샤 커미, 모나 딕, 니나 도드, 바비 파르시데스, 톰 파르시데스, 에스더 가리베이, 매디 게드스 바튼, 안나 구무시오 람버그, 매슈 핸슨 칸, 제이슨 히켈, 알라 히타지, 캐서린 젱킨스, 한나 로치, 제이데 매슈스, 카트 모드, 솔 솔레다드 미란다, 스튜어트 모리스, 시나 모스, 푸아드 무살람, 마리자 판텔릭, 루이 필라드, 베키 롤리, 림 사브, 기와 사예그, 구디 싱, 릴리 싱, 비말 싱, 메이 트루바, 레나 주코스키에게 고마움을 전한다.

앨런 베넷은 "일반적으로 나이가 들면 나타나게 마련인 저 음침한 우경화"에 편승하지 않았다는 안도감을 표현한 바 있다. 변함없이 왼쪽으로 나아가는 부모님 슬하에서 항상 너그러운 마음씨와 다른 사람들이 부끄러워질 정도의 겸손함으로 양육을 받았으니 나는 참으로 운이 좋다. 내 어머니 수전이야말로 우리 집안의 진짜 작가이며, 나에게 책의 힘을 보여주셨다. 내 아버지 마수드는 내가 어디서 왔는지 알고 살도록 해주었고 내 목소리를 내도록 격려해주셨다. 나의 여동생들은 내가 긴장을 늦추지 못하게 한다. 조조는 맹렬한 연민으로, 사라는 변함없는 성실성으로 그렇게 해 왔다. 내 언니 다나는 자기가 아는 것보다 더 많은 것을 내게 가르쳤다. 내 삶에 배움보다 큰 기쁨은 없고 닐 싱과 함께하는 것보다 큰 선물은 없다. 크나큰 애정과 인내로 나를 살펴준 데 감사한다. 당신은 여전히 내게 최고다. 이 글에서 발견될 수 있는 오류는 라얀 때문이다. 라얀은 또한 사람에게 정말로 필요한 것은 부른 배와 그 배가 흔들릴 정도로 웃게 해주는 누군가뿐이라는 것을 내게 떠올리게 했다. 부디 네가 기본적인 것들을 마땅히 얻을 수 있는 세계를 만나기를.

들어가는 글

1 Mary Midgley, *Owl of Minerva: A Memoir* (Routledge, 2007), p. xii.

2 Audre Lorde, 'The Master's Tools Will Never Dismantle the Master's House', *Sister Outsider: Essays and Speeches* (Crossing Press, 2007).

3 David Graeber, *The Utopia of Rules: On Technology, Stupidity, and the Secret Joys of Bureaucracy* (Melville House, 2016), p. 89.

1장 백인도 인종차별당할 수 있나

1 Vikram Dodd, 'Black People Nine Times More Likely to Face Stop and Search Than White People', *Guardian*, 27 October 2020, https://www.theguardian. com/uk-news/2020/oct/27/black-people-nine-times-more-likely-to-face-stop-and-search-than-white-people[accessed 26 November 2020].

2 Graham Ruddick, 'Ex-footballer Trevor Sinclair Loses BBC Role After Admitting Racial Abuse', *Guardian*, 2 January 2018, https://www.theguardian.com/world/2018/jan/02/ex-england-star-trevor-sinclair-admits-drink-driving-and-racial-abuse[accessed 26 November 2020].

3 Kick It Out, @kickitout, Twitter, 2 January 2018, https://twitter.com/kickitout/status/948200599727824896 [accessed 26 November 2020].

4 Kimberle W. Crenshaw, 'Framing Affirmative Action', *Michigan Law Review First Impressions* 105 (2006).

5 Michael Harriot, 'The 5 Types of "Becky"', The Root, 29 August 2017, https://www.theroot.com/the-five-types-of-becky-1798543210 [accessed 23 October 2022].

6 Damien Gayle, 'People of Colour Far Likelier to live in England's Very High Air

Pollution Areas', *Guardian*, 4 October 2022, https://www.theguardian.com/
environment/2022/oct/04/people-of-colour-likelier-live-england-very-high-air-
pollution-areas[accessed 7 November 2022]; Harvard School of Public Health,
'Racial Disparities in Traffic Fatalities Much Wider Than Previously Known',
'News', 2022, https://www.hsph.harvard.edu/news/press-releases/racial-
disparities-traffic-fatalities [accessed 7 November 2022].

7   Rosa Luxemburg, *The Accumulation of Capital* (1913), Chapter 26, 'The
Reproduction of Capital and Its Social Setting', https://www.marxists.org/
archive/luxemburg/1913/accumulation-capital/ch26.html [accessed 20
November 2022].

8   Sarah Green Carmichael, 'Women Shouldn't Do Any More Housework This
Year', Bloomberg.com, 24 August 2022, https://www.bloomberg.com/
opinion/articles/2022-08-24/women-shouldn-t-do-any-more-housework-
this-year[accessed 18 November 2022]; UCL, 'Women Still Doing Most of
the Housework Despite Earning More', Institute of Epidemiology & Health
Care, 2019, https://www.ucl.ac.uk/epidemiology-health-care/news/2019/
nov/women-still-doing-most-housework-despite-earning-more [accessed 18
November 2022].

9   W. E. B. Du Bois, *Black Reconstruction in America: An Essay Toward a
History of the Part Which Black Folk Played in the Attempt to Reconstruct
Democracy in America, 1860–1880* (Harcourt, Brace & Howe, 1935), p. 700.

10 'When Did Marital Rape Become a Crime?' *The Week*, 6 December 2018,
https://www.theweek.co.uk/98330/when-did-marital-rape-become-a-crime
[accessed 17 December 2020].

11 Simon Duncan, 'Why So Many Women Still Take Their Husband's Last Name',
The Conversation, http://theconversation.com/why-so-many-women-still-
take-their-husbands-last-name-140038, [accessed 30 December 2020]; Ammar
Kalia, '"I Understand My Wife's Lived Experience Better": Meet the Men Who
Have Taken Their Wives' Surnames', *Guardian*, 20 August 2019, http://
www.theguardian.com/lifeandstyle/2019/aug/20/i-understand-my-wifes-
lived-experience-better-meet-the-men-who-have-taken-their-wives-surnames
[accessed 30 December 2020].

12 Saidiya Hartman, *Lose Your Mother: A Journey Along the Atlantic Slave Route*

(Macmillan, 2008), p. 133.

13 Eric Williams, *Capitalism and Slavery* (1944) (University of North Carolina Press, 1994).

14 Kelly M. Hoffman et al., 'Racial Bias in Pain Assessment and Treatment Recommendations, and False Beliefs About Biological Differences Between Blacks and Whites', *Proceedings of the National Academy of Sciences* 113, 16 (2016): 4296–4301.

15 Monika K. Goyal et al., 'Racial Disparities in Pain Management of Children with Appendicitis in Emergency Departments', *JAMA Pediatrics* 169, 11 (2015): 996–1002.

16 방글라데시 부모에게서 태어난 오스트레일리아 코미디언 아메르 라만(Aamer Rahman)은 특히 이런 면에서 시사하는 바가 크다. 그는 백인에 대한 농담으로 백인 관객들에게 자주 질타를 받는다. 가령 "어이, 백인들은 왜 그러는 거야? 왜 걔들은 춤도 출 줄 몰라?" 같은 대사를 치면 '역인종차별'이라는 비난을 받는다. 한 '유튜브' 영상에서 라만은 특정 조건이 충족된다면 역인종차별이 일어날 수 있음을 인정하고, 어떻게 그것이 가능한지 설명한다. https://www.youtube.com/watch?v=dw_mRaIHb-M.

17 Sara Ahmed, *Living a Feminist Life* (Duke University Press, 2017), p. 262.

18 Fiona Vera-Gray, 'Have You Ever Wondered How Much Energy You Put in to Avoid Being Assaulted? It May Shock You', The Conversation, 21 September 2016, http://theconversation.com/have-you-ever-wondered-how-much-energy-you-put-in-to-avoid-being-assaulted-it-may-shock-you-65372 [accessed 17 December 2020].

19 Marilyn Frye, *The Politics of Reality: Essays in Feminist Theory* (Crossing Press, 1983), p. 14.

20 Kevin Bright, 'The One with the Male Nanny', *Friends*, 7 November 2002 (Bright/Kauffman/Crane Productions, Warner Bros. Television).

21 로스가 끔찍한 인물이고 〈프렌즈〉가 부끄러운 미국 문화의 표준인 이유가 여기에 있다. 다음을 참조하라. Rhiannon-Skye Boden, '20 Reasons Why Ross in *Friends* Is Actually a Terrible Human Being', *80s Kids*, 30 December 2019, https://www.eightieskids.com/ross-is-the-worst [accessed 23 December 2020].

22 Peter Towns, 'I'm Proud to Be a Nurse — So Why Do People Still Think It's Not a Job for a Man?', Metro, 8 July 2020, https://metro.co.uk/2020/07/08/male-

nurse-sexism-12717345 [accessed 23 December 2020].

23 'Not All Gaps Are Created Equal: The True Value of Care Work', *Oxfam International*, 2020, https://www.oxfam.org/en/not-all-gaps-are-created-equal-true-value-care-work [accessed 23 December 2020].

24 'Study Finds English and Welsh Family Courts Not Discriminating Against Fathers', https://warwick.ac.uk/newsandevents/pressreleases/study_finds_english [accessed 23 December 2020]. 사실 양육권과 관련하여 가장 우려되는 점은 성폭력이나 가정폭력을 겪은 여성과 아이들이 아버지의 양육 개입이 아이들에게 최선은 아니라고 법원을 설득하느라 애를 먹는 경우가 종종 있다는 것이다. 이로 인해 아이들은 지속적인 폭력을 겪을 수 있다. 다음을 참조하라. Sonia Sodha, 'The Idea That Family Courts Are Biased Against Men Is a Dangerous Fallacy', *Guardian*, 5 March 2020, http://www.theguardian.com/society/commentisfree/2020/mar/05/family-courts-biased-men-dangerous-fallacy-abuse [accessed 23 December 2020].

25 Cathy Meyer, 'Dispelling the Myth of Gender Bias in the Family Court System', *HuffPost*, 2012 https://www.huffpost.com/entry/dispelling-the-myth-of-ge_b_1617115 [accessed 3 November 2022].

26 Sarah Schoppe-Sullivan, 'Dads Are More Involved in Parenting, Yes, but Moms Still Put in More Work', The Conversation, 3 February 2017, http://theconversation.com/dads-are-more-involved-in-parenting-yes-but-moms-still-put-in-more-work-72026 [accessed 23 December 2020].

27 Katelyn Jones, 'We Parent Equally – But He's Seen as Super Dad and I'm Not Seen at All', Motherly, 4 November 2019, https://www.mother.ly/life/praise-the-dads-and-the-moms [accessed 30 December 2020].

28 '(1982) Audre Lorde "Learning From the 60s"', BlackPast, 12 August 2012, https://www.blackpast.org/african-american-history/1982-audre-lorde-learning-60s [accessed 8 December 2020].

29 Kimberlé Crenshaw, 'Demarginalizing the Intersection of Race and Sex: A Black Feminist Critique of Antidiscrimination Doctrine, Feminist Theory and Antiracist Politics', *University of Chicago Legal Forum* 1, 8 (1989): 139 167.

30 'The Combahee River Collective Statement', 1977, https://www.blackpast.org/african-american-history/combahee-river-collective-statement-1977 [accessed 14 November 2022].

31 Amia Srinivasan, *The Right to Sex* (Bloomsbury, 2021), p. 17.

32 미국에서 노예제는 1865년에 폐지되었고, 인종을 근거 삼아 투표권을 부정하는 처사는 1870년에야 불법이 되었으며, 여성의 투표권은 1920년에야 주어졌다. 물론 실제로 이 날짜들이 정확하게 효력을 발휘한 것은 아니다. 흑인은 사실상 1965년 이전에는 투표권을 행사하지 못했다.

33 Leslie Podell, 'Compare the Two Speeches', Sojourner Truth Project, https://www.thesojournertruthproject.com/compare-the-speeches [accessed 21 December 2021].

34 트루스의 가장 유명한 연설의 상세한 내용이나 그가 구사한 방언에 대해서는 증언이 엇갈리지만, 그 연설이 여기 인용된 글의 정신을 담고 있다고 알려져 있다.

35 Diane S. Lauderdale, 'Birth Outcomes for Arabic-named Women in California Before and After September 11', *Demography* 43, 1 (2006): 185-201.

36 논바이너리 이슬람교도는 일반적으로 이러한 담론에서 지워져 있다. 이슬람 혐오로 인하여 이슬람은 매우 독특하게 억압적인 것이 되었기에 논바이너리 이슬람교도는 존재하지도 않는 것처럼 상상되게 마련이다.

37 Moya Bailey, 'They Aren't Talking About Me...' Crunk Feminist Collective, 14 March 2010, http://www.crunkfeministcollective.com/2010/03/14/they-arent-talking-about-me [accessed 9 December 2020].

38 Megan Slack, 'Tammy Bruce Calls the Obamas "Trash in the White House"', *HuffPost UK*, 23 April 2009, https://www.huffpost.com/entry/tammy-bruce-calls-the-oba_n_178109 [accessed 30 December 2020].

39 스필버그 감독은 이 영화를 좀 더 많은 사람이 볼 수 있는 작품으로 만들기 위해 두 여성 인물 사이의 성적 관계를 축소했노라 인정했다. 하지만 그가 가정폭력의 묘사가 일으킬 효과에 대해서는 전혀 걱정하지 않았다는 점은 주목할 만하다. 동성애는 어린 관객들이 보기에 부적절하다고 생각하면서 젠더 기반 폭력에 대해서는 그렇게 생각하지 않았다는 점은 시사하는 바가 있다.

40 E. R. Shipp, 'Blacks in Heated Debate Over "The Color Purple"', *New York Times*, 27 January 1986, https://www.nytimes.com/1986/01/27/us/blacks-in-heated-debate-over-the-color-purple.html [accessed 8 December 2020].

41 Kimberlé Crenshaw, 'Mapping the Margins: Intersectionality, Identity Politics, and Violence Against Women of Color', *Stanford Law Review* 43 (1990): 1241.

42 Hadley Freeman, 'The "Karen" Meme Is Everywhere - and It Has Become Mired in Sexism', *Guardian*, 13 April 2020, http://www.theguardian.com/

fashion/2020/apr/13/the-karen-meme-is-everywhere-and-it-has-become-mired-in-sexism [accessed 29 December 2020].

43 Michael Hughes and Steven A. Tuch, 'Gender Differences in Whites' Racial Attitudes: Are Women's Attitudes Really More Favorable?', *Social Psychology Quarterly* 66, 4 (2003): 384-401.

44 Charles M. Blow, 'How White Women Use Themselves as Instruments of Terror', *New York Times*, 27 May 2020, https://www.nytimes.com/2020/05/27/opinion/racism-white-women.html [accessed 29 December 2020].

45 Salma Yaqoob, 'Muslim Women and War on Terror', *Feminist Review* 88, 1 (2008): 150-161.

46 Karen Attiah, 'So Much for the West "Saving" Muslim Women from Terrorism', *Washington Post*, 18 November 2015, https://www.washingtonpost.com/blogs/post-partisan/wp/2015/11/18/so-much-for-the-west-saving-muslim-women-from-terrorism/ [accessed 29 December 2020].

2장 차별과 배제를 선동하는 은밀한 말

1 (문신, 옷에 부착하는 패치나 스티커, 공공장소에 부착된 포스터 등에서 볼 수 있는) 네오나치 혐오의 상징들에 대해서는 다음을 참조하라. 미국의 경우: https://www.splcenter.org/fighting-hate/intelligence-report/2006/look-racist-skinhead-symbols-and-tattoos; 영국의 경우: https://www.trafford.gov.uk/residents/community/community-safety/docs/extreme-right-wing-symbols.pdf.

2 Dawn Foster, 'Who's Watching?', LRB Blog, *London Review of Books*, 22 October 2020, https://www.lrb.co.uk/blog/2020/october/who-s-watching [accessed 23 October 2020].

3 현재 소셜미디어에서 흔히 볼 수 있는 이 문구는 〈심슨 가족〉의 1995년도 에피소드 '번즈 씨는 스타(A Star Is Burns)'에서 비롯된 것으로 보인다. 여기서 광대 크러스티는 자신이 악덕 거물 번즈에게 뇌물받은 일을 무심결에 발설한 것을 자책한다. 어쩌다 '스프링필드 영화제'에서 번즈의 작품에 표를 던지게 됐는지 묻자 그는 대답한다. "그냥 그 덕분에 …… 큰 집으로 이사 갈 수 있었다고 하죠. 이런, 조용한 부분을 크게 말하고 크게 말할 부분을 조용히 했군."

4 잘 알려진 양자역학 사고실험인 '슈뢰딩거의 고양이'를 암시한 것이다. 밀폐된 공간에서 (확률이 결정된) 방사성 물질이 붕괴하면 그 안에 갇힌 가엾은 고양이는 죽을 것이다. 우리가 무슨 일이 일어났는지 상자를 열고 확인하기 전까지는 고양이는 산 것

도 아니고 죽은 것도 아니다. 고양이는 두 결과가 한꺼번에 섞여 있는 확률적 상태에 있다. 이러한 결과는 양자역학에서 확률이 작동하는 기이한 방식에서 비롯된다.

5 Sarah Prager, 'Four Flowering Plants That Have Been Decidedly Queered', JSTOR Daily, 29 January 2020, https://daily.jstor.org/four-flowering-plants-decidedly-queered [accessed 6 February 2022].

6 Chris Thomas, 'Untucking the Queer History of the Colorful Hanky Code', 19 June 2017, Out, https://www.out.com/out-exclusives/2017/6/19/untucking-queer-history-colorful-hanky-code [accessed 6 February 2022].

7 이러한 상황은 좀 더 깊이 분석할 가치가 있다. (사실이든 아니든) 남자친구가 있다고 말하는 것은 여성이 달갑지 않은 남성의 성적 관심을 중단시킬 수 있는 효과적인 방법 중 하나다. 여성이 관심 없다는 말로 남성의 접근을 거절해봤자 효과는 그다지 좋지 않다. 이로써 증명되는 사실은, 성적 접근을 원치 않는다는 여성 본인의 의사보다 그 여성에 대한 다른 남성의 권리 요구가 더 진지하게 받아들여진다는 것이다. 남성은 여성과 다른 남성의 관계를 남자들 사이의 규약을 발동시키는 소유권 주장과 비슷하게 해석하고, 이 규약을 위반하면 폭력도 불사한다. 이러한 상황에서 여성이 여자친구를 만나기로 했다든가 남자에게 관심 없다고 말하면 오히려 원치 않는 접근을 부추기는 효과가 일어날 수 있다. 이것은 여성들 사이의 섹스를 남성들이 성적 대상으로 삼은 결과다.

8 Gary Younge, 'How the Far Right Has Perfected the Art of Deniable Racism', Guardian, 26 January 2018, http://www.theguardian.com/commentisfree/2018/jan/26/far-right-racism-electoral-successes-europe-us-bigotry [accessed 11 September 2021].

9 이러한 사유의 방향을 다음 글에서 얻었음을 밝혀 둔다. 'Norm of Racial Equality' in Tali Mendelberg, The Race Card: Campaign Strategy, Implicit Messages, and the Norm of Equality (Princeton University Press, 2017).

10 Gay, Bad Feminist, p. 292.

11 'Racial Prejudice in Britain Today', NATCEN Social Research, September 2017, http://natcen.ac.uk/our-research/research/racial-prejudice-in-britain-today [accessed 31 December 2020].

12 'Pupils Perform "Alarming" Feat', Metro, 24 May 2006, https://metro.co.uk/2006/05/24/pupils-perform-alarming-feat-155361 [accessed 19 November 2020].

13 다음에서 인용했다. William Safire, Safire's Political Dictionary (Oxford

University Press, 2008), p. 190.

14 Katherine Runswick-Cole, Rebecca Lawthom and Dan Goodley, 'The Trouble with "Hard Working Families"', *Community, Work & Family* 19, 2 (2016): 257-260.

15 '열심히 일하는 가정'은 프로파간다 기법인 '화려한 추상어(glittering generality)'에 해당한다. 명백히 긍정적이고 도덕적으로 만족스럽기 때문에 알맹이가 없고 모호한 데도, 특정한 감정 반응을 끌어내기 위해 사용되는 표현이다. 다른 예로는 '민주주의'와 '자유'를 들 수 있다. 구체적인 얘기를 하나도 하지 않아도 긍정적이고 덕스러운 분위기를 조성할 수 있다는 이유로 이 단어들도 정치인들의 입에 자주 오르내린다.

16 Wesley Lowery, 'Paul Ryan, Poverty, Dog Whistles, and Electoral Politics', *Washington Post*, 18 March 2014, https://www.washingtonpost.com/news/the-fix/wp/2014/03/18/paul-ryan-poverty-dog-whistles-and-racism [accessed 3 November 2022].

17 Jonathan Martin, 'Trump, Trailing in Pennsylvania, Launches Familiar Attacks on Biden', *New York Times*, 13 October 2020, https://www.nytimes.com/2020/10/13/us/politics/trump-rally-pennsylvania.html [accessed 31 December 2020].

18 Ian Olasov, 'Offensive Political Dog Whistles: You Know Them When You Hear Them. Or Do You?', *Vox*, 7 November 2016, https://www.vox.com/the-big-idea/2016/11/7/13549154/dog-whistles-campaign-racism [accessed 31 December 2020].

19 이미지도 도그휘슬 기능을 할 수 있다. 다음을 참조하라. Ray Drainville and Jennifer Saul, 'Visual and Linguistic Dogwhistles' in Luvell Anderson and Ernie Lepore (ed.), *The Oxford Handbook of Applied Philosophy of Language* (Oxford University Press, forthcoming), published online 2020, https://www.researchgate.net/publication/344441861_Visual_and_Linguistic_Dogwhistles.

20 Mendelberg, *Race Card*.

21 Vincent L. Hutchings and Ashley E. Jardina, 'Experiments on Racial Priming in Political Campaigns', *Annual Review of Political Science* 12 (2009): 397-402; Tatishe M. Nteta, Rebecca Lisi and Melinda R. Tarsi, 'Rendering the Implicit Explicit: Political Advertisements, Partisan Cues, Race, and White Public Opinion in the 2012 Presidential Election', *Politics, Groups, and Identities* 4, 1 (2016): 1-29.

22 Jennifer M. Saul, 'Racial Figleaves, the Shifting Boundaries of the Permissible, and the Rise of Donald Trump', *Philosophical Topics* 45, 2 (2017): 97–116.

23 John Eligon, 'The "Some of My Best Friends Are Black" Defense', *New York Times*, 16 February 2019, https://www.nytimes.com/2019/02/16/sunday-review/ralph-northam-blackface-friends.html (accessed 12 November 2020).

24 Jessica Elgot and Peter Walker, 'Javid Under Fire Over "Illegal" Cross-Channel Asylum Seekers Claim', *Guardian*, 2 January 2019, https://www.theguardian.com/politics/2019/jan/02/people-crossing-channel-not-genuine-asylum-seekers-javid (accessed 3 November 2022).

25 Rachel Hall, 'Suella Braverman: Five Controversial Statements from UK Home Secretary', *Guardian*, 26 October 2022, https://www.theguardian.com/politics/2022/oct/26/suella-braverman-five-controversial-statements-home-secretary (accessed 3 November 2022).

26 Jessica Murray, 'Teaching White Privilege as Uncontested Fact Is Illegal, Minister Says', *Guardian*, 20 October 2020, http://www.theguardian.com/world/2020/oct/20/teaching-white-privilege-is-a-fact-breaks-the-law-minister-says (accessed 31 December 2020).

27 Kurt Andersen, 'How to Talk Like Trump', *Atlantic*, 15 March 2018, https://www.theatlantic.com/magazine/archive/2018/03/how-to-talk-trump/550934 (accessed 31 December 2020).

28 Saul, 'Racial Figleaves', p. 109.

29 Mary Kate McGowan, 'On "Whites Only" Signs and Racist Hate Speech: Verbal Acts of Racial Discrimination', in Maitra and McGowan, *Speech and Harm*, pp. 222–250.

30 Ian Haney-López, *Dog Whistle Politics: How Coded Racial Appeals Have Reinvented Racism and Wrecked the Middle Class* (Oxford University Press, 2015).

31 Anand Giridharadas, 'How America's Elites Lost Their Grip', *Time*, 21 November 2019, https://time.com/5735384/capitalism-reckoning-elitism-in-america-2019 (accessed 31 December 2020).

32 thereisnospoon, 'Why the Right – Wing Gets It – and Why Dems Don't (UPDATED)', *Daily Kos*, 10 May 2006, https://www.dailykos.com/story/2006/5/9/208784 (accessed 31 December 2020).

3장 남자는 쓰레기다?

1 Sarah Young, 'Gabriela Cattuzzo Dropped by Sponsor for Tweeting "Men Are Trash" After Being Sexually Harassed', *Independent*, 27 June 2019, https://www.independent.co.uk/life-style/gabriela-cattuzzo-razer-gaming-influencer-twitter-sexual-harassment-reaction-a8976871.html (accessed 15 July 2020).

2 Samuel Gibbs, 'Facebook Bans Women for Posting "Men Are Scum" After Harassment Scandals', *Guardian*, 5 December 2017, https://www.theguardian.com/technology/2017/dec/05/facebook-bans-women-posting-men-are-scum-harassment-scandals-comedian-marcia-belsky-abuse (accessed 15 July 2020).

3 Casey Newton, 'Why You Can't Say "Men Are Trash" on Facebook', The Verge, 3 October 2019, https://www.theverge.com/interface/2019/10/3/20895119/facebook-men-are-trash-hate-speech-zuckerberg-leaked-audio (accessed 10 September 2021).

4 Jeanette Chabalala, '"I Put Petrol on Her and Walked Away"— Court Hears in Karabo Mokoena Murder Trial', News24, 25 April 2018, https://www.news24.com/news24/southafrica/news/i-put-petrol-on-her-and-walked-away-court-hears-in-karabo-mokoena-murder-trial-20180425 (accessed 13 July 2020).

5 Lou-Anne Daniels, '#CourtneyPieters: Timeline of a Child Murder', IOL, 6 November 2018, https://www.iol.co.za/news/south-africa/western-cape/courtneypieters-timeline-of-a-child-murder-17782970 (accessed 13 July 2020).

6 'South Africa's Sandile Mantsoe Guilty of Karabo Mokoena Murder', BBC News, 2 May 2018, https://www.bbc.com/news/world-africa-43979207 (accessed 13 July 2020).

7 Nic Andersen, '#MenAreTrash — The Important Phrase Sending South Africa into a Divided Frenzy', *South African*, 16 May 2017, https://www.thesouthafrican.com/opinion/menaretrash-the-important-phrase-sending-south-africa-into-a-divided-frenzy (accessed 13 July 2020).

8 10월 11일은 여자아이들이 직면하는 인권 침해를 호소하기 위해 국제연합이 지정한 세계 여자아이의 날이다. 2016년에 여자아이들의 불충분한 교육 기회, 조혼, 성적 학대에 대한 기사와 소셜미디어 게시물이 널리 퍼지자 남성들은 여성혐오 게시물을 올리면서 '여자는 쓰레기(Women Are Trash)' 해시태그를 달기 시작했다.

9 'U.S. Mass Shootings by Shooters' Gender', Statista, 2020, https://www.statista.com/statistics/476445/mass-shootings-in-the-us-by-shooter-s-gender (accessed

13 July 2020).

10 Mark Follman, 'Armed and Misogynist: A Mother Jones Investigation Uncovers How Toxic Masculinity Fuels Mass Shootings', *Mother Jones*, May/June 2019, https://www.motherjones.com/crime-justice/2019/06/domestic-violence-misogyny-incels-mass-shootings (accessed 13 July 2020).

11 Uma Narayan, *Dislocating Cultures: Identities, Traditions, and Third World Feminism* (Routledge, 1997), pp. 81–117.

12 Lois Beckett, 'The Gun Numbers: Just 3% of American Adults Own a Collective 133m Firearms', *Guardian*, 15 November 2017, https://www.theguardian.com/us-news/2017/nov/15/the-gun-numbers-just-3-of-american-adults-own-a-collective-133m-firearms (accessed 13 July 2020).

13 Office for National Statistics, 'Homicide in England and Wales: Year Ending March 2017', 2017, https://www.ons.gov.uk/peoplepopulationandcommunity/crimeandjustice/articles/homicideinenglandandwales/yearendingmarch2017 (accessed 13 July 2020); Liam Kelly, 'Domestic abuse: "You're most at Risk of Being Killed When You Try to Leave"', *Guardian*, 10 December 2014, http://www.theguardian.com/society-professionals/2014/dec/10/domestic-abuse-risk-trying-leave-housing-community (accessed 13 July 2020).

14 Jana Kasperkevic, 'Private Violence: Up to 75% of Abused Women Who Are Murdered Are Killed After They Leave Their Partners', *Guardian*, 20 October 2014, https://www.theguardian.com/money/us-money-blog/2014/oct/20/domestic-private-violence-women-men-abuse-hbo-ray-rice (accessed 14 July 2020).

15 Sonke CHANGE Trial, 'Men's Use of Violence Against Women: Urgent Change Is Needed in Diepsloot', 2016, https://bhekisisa.org/wp-content/uploads/documents/sonkechangeresearchbrief30nov16compressed1.pdf.

16 Anita Harris et al., 'Young Australians' Attitudes to Violence against Women', VicHealth, 2015, https://www.vichealth.vic.gov.au/-/media/ResourceCentre/PublicationsandResources/PVAW/SurveyReport_YoungPeople-attitudes-violence-against-women.pdf.

17 Future Men 2018 Survey, *Future Men*, 2018, https://futuremen.org/future-men-2018-survey (accessed 14 July 2020).

18 Joanna Neary, @MsJoNeary, Twitter, 13 October 2021, https://twitter.com/

MsJoNeary/status/1448217101425168386 [accessed 22 October 2021].

19 Daphna Motro and Aleksander P. J. Ellis, 'Boys, Don't Cry: Gender and Reactions to Negative Performance Feedback', *Journal of Applied Psychology* 102, 2 (2017): 227 –235.

20 Siobhan Fenton, 'Modern Men Cry Twice as Much as Their Fathers, Report Suggests', *Independent*, 17 March 2016, http://www.independent.co.uk/life-style/health-and-families/health-news/modern-men-cry-twice-as-much-as-their-fathers-research-suggests-a6936321.html [accessed 15 July 2020].

21 Yasemin Besen-Cassino and Dan Cassino, 'Division of House Chores and the Curious Case of Cooking: The Effects of Earning Inequality on House Chores Among Dual-earner Couples', *AG About Gender* 3, 6 (2014); George Lowery, 'Men Who Earn Less Than Their Women Are More Likely to Cheat', *Cornell Chronicle*, 26 August 2010, https://news.cornell.edu/stories/2010/08/men-more-likely-cheat-higher-earning-women [accessed 13 July 2020]; Michael Bittman et al., 'When Does Gender Trump Money? Bargaining and Time in Household Work', *American Journal of Sociology* 109, 1 (2003): 186 –214.

22 D. N. Kyriacou et al., 'Risk Factors for Injury to Women from Domestic Violence', *New England Journal of Medicine* 341, 25 (1999): 1892 –1898.

23 Robb Willer et al., 'Overdoing Gender: A Test of the Masculine Overcompensation Thesis', *American Journal of Sociology* 118, 4 (2013): 980 –1022.

24 'Bank Crimes Drove Iowa Man to Slay Family', CBS News, 27 March 2008, https://www.cbsnews.com/news/bank-crimes-drove-iowa-man-to-slay-family/ [accessed 9 July 2020].

25 Jon Ronson, 'I've Thought About Doing Myself in Loads of Times...', *Guardian*, 22 November 2008, https://www.theguardian.com/uk/2008/nov/22/christopher-foster-news-crime [accessed 9 July 2020].

26 Catharine Skipp, 'Inside the Mind of Family Annihilators', *Newsweek*, 10 February 2010, https://www.newsweek.com/inside-mind-family-annihilators-75225 [accessed 9 July 2020].

27 Katie Collins, 'Study: Family Killers Are Usually Men and Fit One of Four Distinct Profiles', *Wired UK*, 16 August 2013, https://www.wired.co.uk/article/family-killers [accessed 9 July 2020].

28 Neil Websdale, *Familicidal Hearts: The Emotional Styles of 211 Killers* (Oxford University Press, 2010).

29 Kate Manne, *Down Girl: The Logic of Misogyny* (Oxford University Press, 2017).

30 Janet K. Swim, Ashley J. Gillis and Kaitlynn J. Hamaty, 'Gender Bending and Gender Conformity: The Social Consequences of Engaging in Feminine and Masculine Pro-Environmental Behaviors', *Sex Roles* 82, 5 (2020): 363–385.

31 Kristin Musulin, 'Study: Men Litter More, Recycle Less to "Safeguard Their Gender Identity"', Waste Dive, 31 August 2016, https://www.wastedive.com/news/study-men-litter-more-recycle-less-to-safeguard-their-gender-identity/425506 [accessed 14 July 2020].

32 Attila Pohlmann, 'Threatened at the Table: Meat Consumption, Maleness and Men's Gender Identities', unpublished PhD thesis (University of Hawai'i at Manoa, 2014).

33 Paul Rozin et al., 'Is Meat Male? A Quantitative Multimethod Framework to Establish Metaphoric Relationships', *Journal of Consumer Research* 39, 3 (2012): 629–643.

34 bell hooks, *The Will to Change: Men, Masculinity, and Love* (Beyond Words / Atria Books, 2004).

35 United Nations Office on Drugs and Crime, *Global Study on Homicide 2013: Trends, Contexts, Data* (UNODC, 2013).

36 World Health Organization, *Fact-Sheet on Self-Directed Violence* (WHO, 2002), https://www.who.int/violence_injury_prevention/violence/world_report/factsheets/en/selfdirectedviolfacts.pdf.

37 다음을 참조하라. Cordelia Fine, *Delusions of Gender: The Real Science behind Sex Differences* (Icon, 2005); Gina Rippon, *The Gendered Brain: The New Neuroscience That Shatters the Myth of the Female Brain* (Bodley Head, 2019).

38 Andrea Waling, 'Problematising "Toxic" and "Healthy" Masculinity for Addressing Gender Inequalities', *Australian Feminist Studies* 34, 101 (2019): 362–375.

39 Kieran Snyder, 'Women Should Watch Out for This One Word in Their Reviews', *Fortune*, 26 August 2014, https://fortune.com/2014/08/26/

performance-review-gender-bias/ [accessed 15 July 2020].

40 Kate Zasowski @katezasowski, Twitter, 15 March 2019, https://twitter.com/
katezasowski/status/1106625316326260736 [accessed 21 July 2020].

41 사람들이 진상을 제대로 말하지 않는데 어떻게 비대칭적으로 젠더화되었다고 판단할
수 있느냐고 반문할 수도 있겠다. 가장 확고한 증거는 가정폭력으로 인한 입원과 사
망 비율이다. 모든 폭력이 흔적을 남기는 것은 아니지만 우리는 피해자가 사망하거나
중상을 입었기 때문에 보고된 사건들을 통하여 보고되지 않은 사건들에 대해서도 꽤
많은 것을 추론할 수 있다.

42 Frederick Douglass, 'If There Is No Struggle, There Is No Progress', 1857,
https://www.blackpast.org/african-american-history/1857-frederick-douglass-
if-there-no-struggle-there-no-progress [accessed 12 August 2020].

43 Lonnae O'Neal, 'The 53 Percent Issue', The Undefeated, 20 December 2016,
https://theundefeated.com/features/black-women-say-white-feminists-have-a-
trump-problem [accessed 21 July 2020].

44 Lorna Finlayson, An Introduction to Feminism (Cambridge University Press,
2016), p. 8.

45 Sandeep Prasada et al., 'Conceptual Distinctions Amongst Generics', Cognition
126, 3 (2013): 405–422.

46 Joe Wells, @joewellscomic, Twitter, 11 March 2021, https://twitter.com/
joewellscomic/status/1370059804975194116 [accessed 10 September 2021].

47 Susan A. Graham, Samantha L. Nayer and Susan A. Gelman, 'Two-year-olds
Use the Generic/Nongeneric Distinction to Guide Their Inferences About Novel
Kinds', Child Development 82, 2 (2011): 493–507.

48 Sarah-Jane Leslie and Adam Lerner, 'Generic Generalizations', Stanford
Encyclopedia of Philosophy, 2016.

49 Katherine Ritchie, 'Should We Use Racial and Gender Generics?', Thought: A
Journal of Philosophy 8, 1 (2019): 33–41, at p. 37.

50 Elizabeth Dwoskin, Nitasha Tiku and Heather Kelly, 'Facebook to Start Policing
Anti-Black Hate Speech More Aggressively Than Anti-White Comments,
Documents Show', Washington Post, 3 December 2020, https://www.
washingtonpost.com/technology/2020/12/03/facebook-hate-speech [accessed
12 September 2021].

51 Andrea Dworkin, 'I Want a Twenty-Four-Hour Truce During Which There Is

No Rape', in Johanna Fateman and Amy Scholder (ed.), *Last Days at Hot Slit: The Radical Feminism of Andrea Dworkin* (Semiotext(e), 1983), pp. 199–210, https://mitpress.mit.edu/blog/i-want-twenty-four-hour-truce-during-which-there-no-rape-excerpt-last-days-hot-slit-radical [accessed 14 July 2020].

52 예를 들면 다음을 보라. Daniella Emanuel, 'People Are Sharing the Things That Men Would Rather Do Than Go to Therapy and It's Scarily Accurate', BuzzFeed, 5 January 2021, https://www.buzzfeed.com/daniellaemanuel/men-rather-do-than-therapy [accessed 8 February 2022].

53 Mirel Zaman, 'Why Will Men Do Literally Anything to Avoid Going to Therapy?', Refinery29, 24 May 2021, https://www.refinery29.com/en-us/2021/05/10442178/why-do-men-avoid-therapy-memes [accessed 8 February 2022].

54 hooks, *Will to Change*.

4장 '모든 생명은 소중하다'

1 Portland State Library Special Collections, 'Black Studies Center Public Dialogue, Pt. 2', 30 May 1975, https://soundcloud.com/portland-state-library/portland-state-black-studies-1 [accessed 11 August 2021].

2 Chelsea Ritschel, 'Wedding Photographer Donates Bride's Deposit to Black Lives Matter After She Demands Refund', *Independent*, 18 June 2020, https://www.independent.co.uk/life-style/wedding-photographer-black-lives-matter-refund-shakira-rochelle-photography-bride-a9571701.html [accessed 13 September 2021].

3 Kevin Liptak and Kristen Holmes, 'Trump Calls Black Lives Matter a "Symbol of Hate" as He Digs in on Race', CNN, 1 July 2020, https://www.cnn.com/2020/07/01/politics/donald-trump-black-lives-matter-confederate-race/index.html [accessed 1 July 2021].

4 Lizzy Buchan, 'Conservative MP Says Black Lives Matter Movement Is "Divisive"', *Independent*, 24 June 2020, https://www.independent.co.uk/news/uk/politics/black-lives-matter-tory-mp-ben-bradley-george-floyd-premier-league-a9582901.html [accessed 11 August 2021].

5 Kim Parker, Juliana Menasce Horowitz and Monica Anderson, 'Majorities Across Racial, Ethnic Groups Express Support for the Black Lives Matter Movement',

Pew Research Center Social & Demographic Trends Project, 12 June 2020, https://www.pewresearch.org/social-trends/2020/06/12/amid-protests-majorities-across-racial-and-ethnic-groups-express-support-for-the-black-lives-matter-movement [accessed 28 June 2021].

6 'Disinformation: #AllWhitesAreNazis and #AWAN', Anti-Defamation League, 21 June 2020, https://www.adl.org/disinformation-allwhitesarenazis-and-awan [accessed 11 August 2021].

7 Daniel Funke, @dpfunke, 'Conservative Pundits Share False Claim About Black Lives Matter, ActBlue', PolitiFact, 12 June 2020, https://www.politifact.com/factchecks/2020/jun/12/ryan-fournier/conservative-pundits-share-false-claim-about-black [accessed 11 August 2021].

8 Naomi Oreskes and Erik M. Conway, 'Defeating the Merchants of Doubt', *Nature* 465, 7299 (2010): 686−687.

9 Deja Thomas and Juliana Menasce Horowitz, 'Support for Black Lives Matter Movement Down Since June', Pew Research Center, 16 September 2020, https://www.pewresearch.org/wp-content/uploads/2020/09/ft_2020.09.16_BLM_01.png [accessed 28 June 2021].

10 bell hooks, *Teaching Community: A Pedagogy of Hope* (Routledge, 2003), pp. 25−26.

11 Chanda Prescod-Weinstein, *The Disordered Cosmos* (Bold Type Books, 2021), p. 111.

12 Michelle Alexander, *The New Jim Crow: Mass Incarceration in the Age of Colorblindness* (New Press, 2010).

13 MBRRACE-UK, 'Perinatal Mortality Surveillance Report: UK Perinatal Deaths for Births from January to December 2020', https://www.npeu.ox.ac.uk/mbrrace-uk/reports [accessed 6 November 2022].

14 Office for National Statistics, 'Births and Infant Mortality by Ethnicity in England and Wales: 2007 to 2019', https://www.ons.gov.uk/peoplepopulationandcommunity/healthandsocialcare/childhealth/articles/birthsandinfantmortalitybyethnicityinenglandandwales/2007to2019#trends-in-ethnicity [accessed 6 November 2022].

15 Stephen Colegrave, '12 Facts That Prove Black Lives Don't Matter in Britain', Byline Times, 6 August 2020, https://bylinetimes.com/2020/06/08/black-lives-

dont-matter-in-britain/ [accessed 28 June 2021].

16 Patrick Butler, 'Nearly Half of BAME UK Households are Living in Poverty', *Guardian*, 1 July 2020, http://www.theguardian.com/society/2020/jul/01/ nearly-half-of-bame-uk-households-are-living-in-poverty [accessed 28 June 2021].

17 'Black Caribbean Ethnic Group: Facts and Figures', GOV.UK, 27 June 2019, https://www.ethnicity-facts-figures.service.gov.uk/summaries/black-caribbean-ethnic-group#stop-and-search [accessed 28 June 2021].

18 Ibid.

19 'Black People Dying in Police Custody Should Surprise No One', *Guardian*, 11 June 2020, http://www.theguardian.com/uk-news/2020/jun/11/black-deaths-in-police-custody-the-tip-of -an-iceberg-of-racist-treatment [accessed 28 June 2021].

20 'Criminal Justice Fact Sheet', NAACP, 2021, https://naacp.org/resources/ criminal-justice-fact-sheet [accessed 23 July 2021].

21 J. Correll et al., 'The Influence of Stereotypes on Decisions to Shoot', *European Journal of Social Psychology* 37, 6 (2007): 1102 1117, https://onlinelibrary. wiley.com/doi/abs/10.1002/ejsp.450 [accessed 24 June 2021].

22 Justin Nix et al., 'A Bird's Eye View of Civilians Killed by Police in 2015', *Criminology & Public Policy* 16, 1 (2017): 309 - 340.

23 Lynne Peeples, 'What the Data Say About Police Brutality and Racial Bias － and Which Reforms Might Work', *Nature* 583, 7814 (2020): 22 - 24.

24 정당화될 수 있는 '윤리적 빈곤선'이 계산에 사용된다면 이 수치는 더 커질 것이다. 윤리적 빈곤선은 기본적인 영양 섭취, 평균 수명, 낮은 영아 사망률을 보장하기 위해 필요한 최소 금액으로 1인당 하루 7달러 40센트이다. 현재 이 빈곤선에 미치지 못한 채 살아가는 사람이 42억 명인데 이는 역대 최고 수치다. 다음을 참조하라. Peter Edward, 'The Ethical Poverty Line: A Moral Quantification of Absolute Poverty', *Third World Quarterly* 27, 2 (2006): 377 - 393.

25 Max Roser and Esteban Ortiz-Ospina, 'Global Extreme Poverty', *Our World in Data*, 2013, https://ourworldindata.org/extreme-poverty [accessed 8 July 2021].

26 International Organization for Migration, 'Missing Migrants Project', https:// missingmigrants.iom.int/ [accessed 9 July 2021].

27 'Asylum and Resettlement Datasets', GOV.UK, 22 August 2019, https://www.gov.uk/government/statistical-data-sets/asylum-and-resettlement-datasets (accessed 9 July 2021).

28 Judith Butler and George Yancy, 'What's Wrong with "All Lives Matter"?', *New York Times*, 12 January 2015, http://mobile.nytimes.com/blogs/opinionator/2015/01/12/whats-wrong-with-all-lives-matter/?_r=3&referrer (accessed 9 July 2021).

29 'Read Martin Luther King Jr's "I Have a Dream" Speech, in Its Entirety', NPR, https://www.npr.org/2010/01/18/122701268/i-have-a-dream-speech-in-its-entirety (accessed 28 June 2021).

30 Joan Biskupic, 'Where John Roberts Is Unlikely to Compromise', CNN, 26 March 2019, https://www.cnn.com/2019/03/26/politics/john-roberts-race-the-chief/index.html (accessed 10 July 2021).

31 Gary Younge, 'What Black America Means to Europe', *Guardian*, 11 June 2020, https://www.theguardian.com/world/2020/jun/11/what-black-america-means-to-europe-protests-racism-george-floyd (accessed 13 February 2022).

32 Dan Balz and Scott Clement, 'On Racial Issues, Americans Are Divided Both Black and White and Red and Blue', *Washington Post*, 27 December 2014, https://www.washingtonpost.com/politics/on-racial-issues-america-is-divided-both-black-and-white-and-red-and-blue/2014/12/26/3d2964c8-8d12-11e4-a085-34e9b9f09a58_story.html (accessed 10 July 2021).

33 'On Views of Race and Inequality, Blacks and Whites Are Worlds Apart', Pew Research Center Social & Demographic Trends Project, 2016, https://www.pewresearch.org/social-trends/2016/06/27/on-views-of-race-and-inequality-blacks-and-whites-are-worlds-apart/ (accessed 10 July 2021).

34 Anushka Asthana, 'Racism in the UK Still Rife, Say Majority of Britons', *Guardian*, 16 July 2020, https://www.theguardian.com/world/2020/jul/16/racism-in-the-uk-still-rife-say-majority-of-britons (accessed 13 February 2022).

35 Richard Allen Greene, 'Britain's Big Race Divide', CNN, 22 June 2020, https://www.cnn.com/interactive/2020/06/europe/britain-racism-cnn-poll-gbr-intl (accessed 13 February 2022).

36 Lois Beckett, 'Nearly All Black Lives Matter Protests Are Peaceful Despite Trump Narrative, Report Finds', *Guardian*, 5 September 2020, http://www.

theguardian.com/world/2020/sep/05/nearly–all–black–lives–matter–protests–are–peaceful–despite–trump–narrative–report–finds (accessed 12 August 2021).

37 Frantz Fanon, *The Wretched of the Earth* (Grove Press, 1963).

38 Andreas Malm, *How to Blow Up a Pipeline: Learning to Fight in a World on Fire* (Verso, 2021).

39 Martin Luther King, Jr, 'Letter from a Birmingham Jail (King, Jr)', 1963, https://www.africa.upenn.edu/Articles_Gen/Letter_Birmingham.html (accessed 13 November 2018).

40 Arianne Shahvisi, 'The Backlash', LRB Blog, *London Review of Books*, 27 June 2020, https://www.lrb.co.uk/blog/2020/june/the–backlash (accessed 22 June 2021).

41 Valentina Romei, 'Ethnic Minority Pay Gap in UK Still Stubbornly Wide', *Financial Times*, 9 July 2019, https://www.ft.com/content/fd47bc10–a238–11e9–974c–ad1c6ab5efd1 (accessed 22 June 2021).

42 Pamela Duncan and Matty Edwards, 'Huge Effect of Ethnicity on Life Chances Revealed in Official UK Figures', *Guardian*, 10 October 2017, http://www.theguardian.com/world/2017/oct/10/huge–effect–of–ethnicity–on–life–chances–revealed–in–official–uk–figures (accessed 22 June 2021).

43 'Arrests', GOV.UK, 17 September 2020, https://www.ethnicity–facts–figures.service.gov.uk/crime–justice–and–the–law/policing/number–of–arrests/latest (accessed 13 September 2021).

44 8Rianna Croxford, 'Why Your Name Matters in the Search for a Job', BBC News, 18 January 2019, https://www.bbc.com/news/uk–46927417 (accessed 22 June 2021).

45 'All the Ways White People Are Privileged in the UK', Al *Jazeera*, 11 October 2017, https://www.aljazeera.com/news/2017/10/11/all–the–ways–white–people–are–privileged–in–the–uk (accessed 22 June 2021).

46 Michael I. Norton and Samuel R. Sommers, 'Whites See Racism as a Zero–sum Game That They Are Now Losing', *Perspectives on Psychological Science* 6, 3 (2011): 215–218.

47 'Opening Statement: Sen. Jeff Sessions', NPR, 13 July 2009, https://www.npr.org/templates/story/story.php?storyId=106540813 (accessed 10 July 2021).

48 David R. Francis, 'Employers' Replies to Racial Names', National Bureau of

Economic Research, *The Digest* 9 (September 2003), https://www.nber.org/digest/sep03/employers-replies-racial-names [accessed 13 September 2021].

49 Holly Rubenstein, 'Can Anonymous CVs Help Beat Recruitment Discrimination?', *Guardian*, 11 April 2013, http://www.theguardian.com/money/work-blog/2013/apr/11/can-anonymous-cvs-help-beat-job-discrimination [accessed 10 July 2021].

50 Ibram X. Kendi, *How to Be an Antiracist* (One World, 2019).

51 Keon West, Katy Greenland and Colette van Laar, 'Implicit Racism, Colour Blindness, and Narrow Definitions of Discrimination: Why Some White People Prefer "All Lives Matter" to "Black Lives Matter"', *British Journal of Social Psychology* 60, 4 (2021): 1136 1153, https://bpspsychub.onlinelibrary.wiley.com/doi/abs/10.1111/bjso.12458 [accessed 24 June 2021].

52 Butler and Yancy, 'What's Wrong?'

53 논리학을 다룬 저서에서 이 점을 짚어준 유지니아 쳉에게 고마움을 전한다. Eugenia Cheng, *The Art of Logic: How to Make Sense in a World That Doesn't* (Profile, 2018), p. 250.

54 Jessica Keiser, 'The "All Lives Matter" Response: QUD-shifting as Epistemic Injustice', *Synthese* 199, 3-4 (2021): 8465-8483, https://doi.org/10.1007/s11229-021-03171-y [accessed 24 June 2021].

55 이를테면 다음을 보라. Craige Roberts, 'Information Structure: Towards an Integrated Formal Theory of Pragmatics', *Semantics and Pragmatics* 5 (2012): 6-1.

56 Ashley Atkins, 'Black Lives Matter or All Lives Matter? Color-blindness and Epistemic Injustice', *Social Epistemology* 33, 1 (2019): 1-22, at p. 5.

57 James Baldwin, *Conversations with James Baldwin* (University Press of Mississippi, 1989), p. 8.

58 Stokely Carmichael, 'What We Want', *New York Review of Books* 7 (22 September 1966), https://www.nybooks.com/articles/1966/09/22/what-we-want [accessed 23 July 2021].

59 '(1966) Stokely Carmichael, "Black Power"', 13 July 2010, https://www.blackpast.org/african-american-history/speeches-african-american-history/1966-stokely-carmichael-black-power [accessed 15 November 2022].

60 Cedric J. Robinson, *Black Marxism, Revised and Updated Third Edition: The*

Making of the Black Radical Tradition (University of North Carolina Press, 2020). W. E. B. 듀보이스, C. L. R. 제임스, 에릭 윌리엄스의 초기 작품을 참조했다.

61 'A Statement from Brighton and Sussex Medical School (BSMS)', 5 June 2020, https://www.bsms.ac.uk/about/news/2020/06-05-a-statement-on-racism-from-brighton-and-sussex-medical-school.aspx [accessed 8 July 2021].

62 관련하여 다음을 참조하라. 'Home | Decolonize Palestine', 2021, https://decolonizepalestine.com [accessed 1 December 2022].

63 Gabrielle Gurley, 'For the Mayor of Washington, Black Lives Matter: Defunding the Police Does Not', The American Prospect, 18 June 2020, https://prospect. org/api/content/a6320c54-b106-11ea-97b3-1244d5f7c7c6 [accessed 15 November 2022].

5장 우리는 누구를 믿어야 하는가

1 티오필러스 페인터는 텍사스대학 총장으로서 흑인 학생 허먼 매리언 스웨트의 로스 쿨 입학을 거부한 바 있다. 이후 '스웨트 대 페인터' 판례에 따라 대학 측은 자격을 갖춘 흑인 지원자의 입학을 허용해야 했다. 이 사건은 '분리하되 평등하다'는 법 원칙에 이의를 제기하고 대학 내 차별 철폐의 물꼬를 텄다. 또한 페인터가 염색체 개수 연구에서 텍사스 주립 교도소에 수감된 세 명의 남성(흑인 두 명, 백인 한 명)의 고환 세포를 대상으로 했다는 점도 기억해 두자. 이 수감자들은 과도한 자위 행위를 이유로 고환을 제거당했다. 페인터는 그의 논문에서 그들이 거세당할 때 아무런 고통을 느끼지 않았다고 주장한다. 흑인이 통증에 덜 예민하다는 생각은 진부하고도 편리한 신화다. 현대 의학 지식의 상당 부분이 유색인종, 수감자, 정신질환자, 장애인을 착취하는 실험에서 얻어진 것이다. 더 자세한 내용은 다음을 참조하라. Paul A. Lombardo, 'Tracking Chromosomes, Castrating Dwarves: Uninformed Consent and Eugenic Research', 2009, https://papers.ssrn.com/abstract=1495134 [accessed 27 November 2022].

2 Rita R. Colwell, 'Alice C. Evans: Breaking Barriers', *Yale Journal of Biology and Medicine* 72, 5 (1999): 349.

3 Virginia Law Burns, *Gentle Hunter: A Biography of Alice Catherine Evans, Bacteriologist* (Enterprise Press, 1993).

4 Colwell, 'Alice C. Evans'.

5 Ibid.

6 Amy B. Wang, 'Gwyneth Paltrow's Goop Touted the "Benefits" of Putting a

Jade Egg in Your Vagina, Now It Must Pay', *Washington Post*, 5 September 2018, https://www.washingtonpost.com/health/2018/09/05/gwyneth-paltrows-goop-touted-benefits-putting-jade-egg-your-vagina-now-it-must-pay [accessed 9 September 2021].

7 Herton Escobar, 'Brazil's New President Has Scientists Worried: Here's Why', *Science*, 20 January 2019, https://www.science.org/content/article/brazil-s-new-president-has-scientists-worried-here-s-why [accessed 27 November 2022].

8 John Cook et al., 'Consensus on Consensus: A Synthesis of Consensus Estimates on Human-caused Global Warming', *Environmental Research Letters* 11, 4 (2016): 048002.

9 Hilaire Belloc, 'Matilda: Who Told Lies, and Was Burned to Death', *Cautionary Tales for Children* (Eveleigh Nash, 1907).

10 Paul Lewis and Rob Evans, *Undercover: The True Story of Britain's Secret Police* (Faber & Faber, 2013), pp. 150–167.

11 'The Stephen Lawrence Inquiry', GOV.UK, 24 February 1999, https://www.gov.uk/government/publications/the-stephen-lawrence-inquiry [accessed 18 March 2021].

12 Miranda Fricker, 'Epistemic Justice as a Condition of Political Freedom?', *Synthese* 190, 7 (2013): 1317–1332; Miranda Fricker, *Epistemic Injustice: Power and the Ethics of Knowing* (Oxford University Press, 2007).

13 Tom Traill, 'What Can We Learn from Diane Abbott's Journey to Success?', Runnymede, 7 January 2017, https://www.runnymedetrust.org/blog/what-can-we-learn-from-diane-abbotts-journey-to-success [accessed 5 August 2021].

14 애벗은 이렇게 맞받아쳤다. "스미스 씨가 흑인이 처음으로 의회에 진출하는 것이 어떤 면에서 후퇴라고 생각한다면 나에게 표를 주었던 그 많은 해크니노스 주민들은 결코 동의하지 않을 겁니다." Robin Bunce and Samara Linton, 'How Diane Abbott Fought Racism And Her Own Party to Become Britain's First Black Female MP', *Guardian*, 29 September 2020, http://www.theguardian.com/politics/2020/sep/29/how-diane-abbott-fought-racism-and-her-own-party-to-become-britains-first-black-female-mp [accessed 5 August 2021].

15 Bailey, 'They Aren't Talking'.

16 Bunce and Linton, 'Diane Abott'.

17 Diane Abbott, 'I Fought Racism and Misogyny to Become an MP: The Fight Is Getting Harder', *Guardian*, 14 February 2017, http://www.theguardian.com/ commentisfree/2017/feb/14/racism-misogyny-politics-online-abuse-minorities [accessed 5 August 2021].

18 'Suspended Tory Admits Inappropriate Diane Abbott Tweet', BBC News, 10 February 2017, https://www.bbc.com/news/uk-england-lancashire-38930689 [accessed 5 August 2021].

19 Matt Dathan, 'Labour MP Jess Phillips Told Diane Abbott to "F××× Off" in Jeremy Corbyn Sexism Row', *Independent*, 17 September 2015, https://www. independent.co.uk/news/uk/politics/labour-mp-jess-phillips-told-diane-abbott-f-jeremy-corbyn-sexism-row-10505493.html [accessed 5 August 2021].

20 Michael Segalov, 'Diane Abbott: "The Abuse and the Attacks Have Never Made Me Falter"', *Guardian*, 27 January 2018, http://www.theguardian. com/lifeandstyle/2018/jan/27/diane-abbott-the-abuse-never-made-me-falter [accessed 5 August 2021].

21 'Black and Asian Women MPs Abused More Online', Amnesty International UK, https://www.amnesty.org.uk/online-violence-women-mps [accessed 5 August 2021].

22 Carl Linnaeus, *Systema Naturae*, 12th edn (Laurentius Salvius, 1768), p. 28.

23 2014년에 과학 저술가 니컬러스 웨이드는 오랜 공백을 깨고 《곤란한 유산: 유전자, 인종, 인간사(A Troublesome Inheritance: Genes, Race and Human History)》를 발표했다. 웨이드는 이 책에서 인종이 생물학적 범주이고(실은 그렇지 않다) 인종에 따라서 뇌가 각기 다르게 진화하며(사실이 아니다) 그렇기 때문에 인종에 따른 지능 차이가 실제로 존재한다고 주장했다. 이에 140여 명의 생물학자들 그들은 다름 아닌 웨이드가 인용한 연구들의 저자였다 이 들고일어나 "인간 사회들의 차이에 대한 주장을 뒷받침하기 위해 생물학 분야의 연구들을 제멋대로 유용했다"고 성토했다. 그들은 〈뉴욕타임스 북리뷰〉(2014년 8월 8일자)에 이러한 글을 기고했다. "웨이드는 인간의 유전적 차이에 대한 과학적 연구를 불완전하고 부정확하게 해석해서 비교적 최근의 자연선택이 지능지수 검사 결과, 정치와 경제 발전의 전 세계적 차이를 불러왔으리라는 추측과 나란히 놓는다. 웨이드는 우리의 연구 결과가 자신의 주장을 뒷받침한다는 식으로 말하는데 결코 그렇지 않다. 우리의 연구는 그런 것이 아니다." 'Letters: "A Troublesome Inheritance"', Stanford Center for Computational, Evolutionary, and Human Genomics, https://cehg.stanford.edu/letter-from-

population-geneticists [accessed 21 July 2021].

24 이러한 경향의 일례로 다음을 보라. Sean Coughlan, 'Poorer White Pupils Let Down and Neglected – MPs', BBC News, 22 June 2021, https://www.bbc. com/news/education-57558746 [accessed 9 February 2022].

25 Aristotle, 'History of Animals' IX, https://penelope.uchicago.edu/aristotle/histanimals9.html [accessed 17 March 2021].

26 Rippon, Gendered Brain.

27 Ibid. p. 8.

28 Ibid. p. 6.

29 Rebecca Maksel, 'Flying White Female', Air & Space Magazine, 24 June 2010, https://www.airspacemag.com/daily-planet/flying-while-female-140369153 [accessed 20 July 2021].

30 Brigitte Leeners et al., 'Lack of Associations Between Female Hormone Levels and Visuospatial Working Memory, Divided Attention and Cognitive Bias Across Two Consecutive Menstrual Cycles', Frontiers in Behavioral Neuroscience 11 (2017): 120.

31 Brooke Magnanti, 'Could Women's "Squeaky Voices" Be the Reason Many Brits Don't Trust Female Pilots?', Daily Telegraph, 5 November 2013, https://www.telegraph.co.uk/women/womens-life/10427208/Could-womens-squeaky-voices-be-the-reason-many-Brits-dont-trust-female-pilots.html [accessed 14 July 2021].

32 Olivia Pavco-Giaccia et al., 'Rationality Is Gendered, Collabra: Psychology 5 (1), 54 (2019), https://doi.org/10.1525/collabra.274 [accessed 17 March 2021].

33 Silvia Knobloch-Westerwick, Carroll J. Glynn and Michael Huge, 'The Matilda Effect in Science Communication: An Experiment on Gender Bias in Publication Quality Perceptions and Collaboration Interest', Science Communication 35, 5 (2013): 603–625.

34 Bridget A. Larson and Stanley L. Brodsky, 'When Cross-examination Offends: How Men and Women Assess Intrusive Questioning of Male and Female Expert Witnesses', Journal of Applied Social Psychology 40, 4 (2010): 811–830.

35 Jiang Yang et al., 'Microblog Credibility Perceptions: Comparing the USA and China', Proceedings of the 2013 Conference on Computer Supported Cooperative Work (Association for Computing Machinery, 2013): 575–586,

https://doi.org/10.1145/2441776.2441841 [accessed 8 April 2021].

36 'This Woman Changed Her Name to a Man's on Her CV. What Happened Next Won't Surprise You', indy100, 3 August 2017, https://www.indy100.com/discover/cv-name-male-female-man-woman-gender-wage-gap-job-applications-sexism-7874456 [accessed 12 August 2021]; Amy Sippitt, 'Job Applicants with Ethnic Minority Sounding Names Are Less Likely to Be Called for Interview', Full Fact, 26 October 2015, https://fullfact.org/economy/job-applicants-ethnic-minority-sounding-names-are-less-likely-be-called-interview/ [accessed 9 February 2022].

37 Lillian MacNell, Adam Driscoll and Andrea N. Hunt, 'What's in a Name: Exposing Gender Bias in Student Ratings of Teaching', *Innovative Higher Education* 40, 4 (2015): 291-303.

38 Amee P. Shah, 'Why Are Certain Accents Judged the Way They Are? Decoding Qualitative Patterns of Accent Bias', *Advances in Language and Literary Studies* 10, 3 (2019): 128-139.

39 Yuko Hiraga, 'British Attitudes Towards Six Varieties of English in the USA and Britain', *World Englishes* 24, 3 (2005): 289-308.

40 Tamara Raki⊠, Melanie C. Steffens and Amélie Mummendey, 'When It Matters How You Pronounce It: The Influence of Regional Accents on Job Interview Outcome', *British Journal of Psychology* 102, 4 (2011): 868-883.

41 Shiri Lev-Ari and Boaz Keysar, 'Why Don't We Believe Non-Native Speakers? The Influence of Accent on Credibility', *Journal of Experimental Social Psychology* 46, 6 (2010): 1093-1096.

42 Rudolf Kalin and Donald S. Rayko, 'Discrimination in Evaluative Judgments Against Foreign-Accented Job Candidates', *Psychological Reports* 43, 3_suppl. (1978): 1203-1209.

43 Cameron Anderson et al., 'A Status-Enhancement Account of Overconfidence', *Journal of Personality and Social Psychology*, 103, 4 (2012): 718 735, https://papers.ssrn.com/abstract=2532677 [accessed 14 July 2021].

44 자신의 역량을 과대평가하는 사람은 능력이 떨어질 위험이 있기 때문에 이 점은 특히 우려스럽다. 이를 '더닝-크루거 효과(Dunning-Kruger effect)'라고 한다. 이 효과는 직관적이다. 능력이 떨어지는 사람은 자기 능력에 대한 판단력도 떨어질 가능성이 높다.

45 Katty Kay and Claire Shipman, 'The Confidence Gap', *The Atlantic*, May 2014, https://www.theatlantic.com/magazine/archive/2014/05/the-confidence-gap/359815 [accessed 22 December 2020].

46 Armand Chatard, Serge Guimond and Leila Selimbegovic, '"How Good Are You in Math?" The Effect of Gender Stereotypes on Students' Recollection of Their School Marks', *Journal of Experimental Social Psychology* 43, 6 (2007): 1017–1024; Andrew G. Karatjas and Jeffrey A. Webb, 'The Role of Gender in Grade Perception in Chemistry Courses', *Journal of College Science Teaching* 45, 2 (2015): 30–35.

47 Melissa J. Williams and Larissa Z. Tiedens, 'The Subtle Suspension of Backlash: A Meta-analysis of Penalties for Women's Implicit and Explicit Dominance Behavior', *Psychological Bulletin* 142, 2 (2016): 165–197.

48 Victoria L. Brescoll, 'Who Takes the Floor and Why: Gender, Power, and Volubility in Organizations', *Administrative Science Quarterly* 56, 4 (2011): 622–641.

49 Madeline E. Heilman et al., 'Penalties for Success: Reactions to Women Who Succeed at Male Gender-typed Tasks', *Journal of Applied Psychology* 89, 3 (2004): 416.

50 Kate Manne, *Entitled: How Male Privilege Hurts Women* (Allen Lane, 2020), p. 162.

51 Jennifer Rankin, 'Fewer Women Leading FTSE Firms than Men Called John', *Guardian*, 6 March 2015, https://www.theguardian.com/business/2015/mar/06/johns-davids-and-ians-outnumber-female-chief-executives-in-ftse-100 [accessed 12 August 2021].

52 Soraya Chemaly, 'How Police Still Fail Rape Victims', *Rolling Stone*, 16 August 2016, https://www.rollingstone.com/culture/culture-features/how-police-still-fail-rape-victims-97782/ [accessed 17 March 2021].

53 Owen Bowcott, 'Rape Investigations "Undermined by Belief That False Accusations are Rife"', *Guardian*, 13 March 2013, http://www.theguardian.com/society/2013/mar/13/rape-investigations-belief-false-accusations [accessed 14 July 2021].

54 Alexandra Topping, 'Four-fifths of Young Women in the UK Have Been Sexually Harassed, Survey Finds', *Guardian*, 10 March 2021, http://www.

theguardian.com/world/2021/mar/10/almost-all-young-women-in-the-uk-have-been-sexually-harassed-survey-finds [accessed 20 July 2021].

55 Manne, *Down Girl*, p. 197.

56 Sandra Newman, 'What Kind of Person Makes False Rape Accusations?', *Quartz*, 11 March 2017, https://qz.com/980766/the-truth-about-false-rape-accusations/ [accessed 20 July 2021].

57 필자가 이 장을 쓰는 동안 빌 코스비는 유죄 판결이 뒤집혀 석방되었다.

58 코스비와 와인스타인이 마침내 유죄 판결을 받았을 때 그들의 나이가 각각 80세, 67세였다는 사실을 짚고 넘어갈 필요가 있다. 케이트 맨은 《남성 특권》에서 나이 든 성학대 가해자들이 '추접스러운 노인네'로 쉽게 치부되는 방식을 설명한다. 경제적 생산성을 중시하는 시스템 안에서 그들은 효용 가치가 떨어졌기 때문에 쉽게 처분되고 유죄 판결을 받을 수 있다. 그들의 직업 이력이 뛰어나다고 해서 사람들이 그들을 보호하지는 않을 거라는 얘기다. 또한 우리가 그들의 행동을 남성 일반에게 반영해서 보는 게 아니라 성 정체성이 역겹게 느껴지는 일부 남성 집단(남자 노인)에만 적용해서 본다는 점도 생각해야 한다. 사실 그 가해자들의 범죄 행위는 그들이 한창 젊었을 때부터 시작되어 오랫동안 쌓여 왔는데 말이다.

59 Sarah Banet-Weiser, 'The Labor of Being Believed', *Los Angeles Review of Books*, 19 April 2020, https://lareviewofbooks.org/article/the-labor-of-being-believed [accessed 5 August 2021].

60 Esther H. Chen et al., 'Gender Disparity in Analgesic Treatment of Emergency Department Patients with Acute Abdominal Pain', *Academic Emergency Medicine* 15, 5 (2008): 414-418.

61 Katarina Hamberg, Gunilla Risberg and Eva E. Johansson, 'Male and Female Physicians Show Different Patterns of Gender Bias: A Paper-case Study of Management of Irritable Bowel Syndrome', *Scandinavian Journal of Public Health* 32, 2 (2004): 144-152.

62 Anke Samulowitz et al., '"Brave Men" and "Emotional Women": A Theory-guided Literature Review on Gender Bias in Health Care and Gendered Norms Towards Patients with Chronic Pain', *Pain Research and Management* 3 (2018): 1-14.

63 Brian D. Earp et al., 'Featured Article: Gender Bias in Pediatric Pain Assessment', *Journal of Pediatric Psychology* 44, 4 (2019): 403-414; Lindsey L. Cohen, Jean Cobb and Sarah R. Martin, 'Gender Biases in Adult Ratings of

Pediatric Pain', *Children's Health Care* 43, 2 (2014): 87-95.

64 Goyal et al., 'Racial Disparities'.

65 Kevin M. Summers, Gina A. Paganini and E. Paige Lloyd, 'Poor Toddlers Feel Less Pain? Application of Class-Based Pain Stereotypes in Judgments of Children', *Social Psychological and Personality Science*, 2022: DOI: 19485506221094090.

66 실제로 의사들은 이 법을 문자 그대로 받아들이지는 않는 경향이 있다. 하지만 이 법은 의사는 매우 신뢰할 수 있다고 여기는 반면 임신부는 (자신의 임신과 관련하여) 신뢰할 수 없다고 간주한다. 더 나아가 정신질환자와 부적합한 부모라는 좁은 기준에 부합함으로써 (관련된 모든 낙인과 함께) 임신부가 자신의 신뢰도를 더욱 깎아내려야 한다는 광범위한 담론을 알리고 반영한다. 의사가 도덕적, 사회적 전문가가 아닌 건강 전문가로서 환자의 상황을 순간적으로만 파악할 수 있다는 사실에도 불구하고 이런 일이 발생한다.

67 Miranda Fricker and Katharine Jenkins, 'Epistemic Injustice, Ignorance, and Trans Experiences', *The Routledge Companion to Feminist Philosophy* (Routledge, 2017), pp. 268-278.

68 Anouchka Grose, 'Why Do Women Lie More Than Men? Because We're "Nicer"', *Guardian*, 5 June 2015, http://www.theguardian.com/ commentisfree/2015/jun/05/women-lie-untruths-human [accessed 17 March 2021].

69 Emily J. Thomas, Monika Stelzl and Michelle N. Lafrance, 'Faking to Finish: Women's Accounts of Feigning Sexual Pleasure to End Unwanted Sex', *Sexualities* 20, 3 (2017): 281-301.

70 Lili Loofbourow, 'The Female Price of Male Pleasure', *The Week*, 25 January 2018, https://theweek.com/articles/749978/female-price-male-pleasure [accessed 8 April 2021].

71 Debby Herbenick et al., 'Pain Experienced During Vaginal and Anal Intercourse with Other-sex Partners: Findings from a Nationally Representative Probability Study in the United States', *Journal of Sexual Medicine* 12, 4 (2015): 1040-1051.

72 Daniella Graham, '"Too Tired" Tops List of Excuses Women Give for Not Having Sex with Partner', *Metro*, 4 April 2012, https://metro.co.uk/2012/04/04/ too-tired-tops-list-of-excuses-women-give-for-not-having-sex-with-

partner-376771 [accessed 17 March 2021].

73 Katherine Angel, *Tomorrow Sex Will Be Good Again: Women and Desire in the Age of Consent* (Verso, 2021).

74 Koritha Mitchell, 'Identifying White Mediocrity and Know-your-place Aggression: A Form of Self-care', *African American Review* 51, 4 (2018): 253-262.

75 Maria do Mar Pereira, 'Girls Feel They Must "Play Dumb" to Please Boys', News & Events, University of Warwick, 5 August 2014, https://warwick.ac.uk/ newsandevents/pressreleases/girls_feel_they/ [accessed 5 August 2021].

76 Rebecca Flood, 'Study Confirms Men Are Turned Off by a Clever Woman – Unless She Is Beautiful', *Independent*, 6 August 2016, https://www. independent.co.uk/life-style/study-confirms-men-are-turned-off-by-a-clever - woman-unless-she-is-beautiful-a7176051.html [accessed 5 August 2021].

77 Lily Kuo, 'In China, Highly Educated Women Are Mocked as a Sexless "Third Gender"', *Quartz*, 29 January 2014, https://qz.com/312464/in-china-highly-educated-women-are-mocked-as-a-sexless-third-gender [accessed 5 August 2021].

78 Yael Bame, '63% of Men Think Women Mainly Wear Makeup to Trick People into Thinking They're Attractive', YouGovAmerica, 1 May 2017, https://today. yougov.com/topics/lifestyle/articles-reports/2017/05/01/makeup [accessed 8 April 2021].

79 Suketu Mehta, 'The Asylum Seeker', *New Yorker*, 1 August 2011, http://www. newyorker.com/magazine/2011/08/01/the-asylum-seeker [accessed 24 August 2021].

80 Kristie Dotson, 'Tracking Epistemic Violence, Tracking Practices of Silencing', *Hypatia* 26, 2 (2011): 236-257.

81 Crenshaw, 'Mapping the Margins'.

82 Leanne ten Brinke, Jooa Julia Lee and Dana R. Carney, 'The Physiology of (Dis) honesty: Does It Impact Health?', *Current Opinion in Psychology* 6 (2015): 177-182.

83 Anita E. Kelly and Lijuan Wang, 'A Life Without Lies: Can Living More Honestly Improve Health?', presentation, American Psychological Association Annual Convention, 4 August 2012: 2-5.

84 Neil Garrett et al., 'The Brain Adapts to Dishonesty', *Nature Neuroscience* 19, 12 (2016): 1727–1732.

85 Daniel D. Langleben et al., 'Brain Activity During Simulated Deception: An Event-related Functional Magnetic Resonance Study', *Neuroimage* 15, 3 (2002): 727–732.

86 Danielle Polage, 'The Effect of Telling Lies on Belief in the Truth', *Europe's Journal of Psychology* 13, 4 (2017): 633–644.

87 Areeq Chowdhury, 'Sarah Champion, I Think You're Racist. There. I Said It', The Blog, *HuffPost UK*, 14 August 2017, https://www.huffingtonpost.co.uk/areeq-chowdhury/sarah-champion_b_17750700.html [accessed 10 September 2021].

88 Jamie Grierson, 'Most Child Sexual Abuse Gangs Made Up of White Men, Home Office Report Says', *Guardian*, 15 December 2020, http://www.theguardian.com/politics/2020/dec/15/child-sexual-abuse-gangs-white-men-home-office-report [accessed 10 September 2021].

89 Angela Y. Davis, *Women, Race & Class* (Vintage, 2011).

90 에밋 틸은 언어 장애가 있어서 말이 잘 안 나올 때마다 휘파람을 불곤 했다고 한다. Adeel Hassan, 'Emmett Till's Enduring Legacy', *New York Times*, 6 December 2021, https://www.nytimes.com/article/who-was-emmett-till.html [accessed 31 October 2022].

91 Rory Carroll, 'Woman at Center [sic] of Emmett Till Case Tells Author She Fabricated Testimony', *Guardian*, 27 January 2017, http://www.theguardian.com/us-news/2017/jan/27/emmett-till-book-carolyn-bryant-confession [accessed 10 September 2021].

92 Susan Faludi, '"Believe All Women" Is a Right-Wing Trap', *New York Times*, 18 May 2020, https://www.nytimes.com/2020/05/18/opinion/tara-reade-believe-all-women.html [accessed 11 September 2021].

93 화재 예방의 핵심은 건기 초입에 드문드문 작은 불을 놓아 만약의 경우 한꺼번에 불이 붙을 수 있는 풀의 양을 최소화하는 것이다.

94 Jon Altman and Rohan Fisher, 'The World's Best Fire Management System Is in Northern Australia, and It's Led by Indigenous Land Managers', The Conversation, 10 March 2020, http://theconversation.com/the-worlds-best-fire-management-system-is-in-northern-australia-and-its-led-by-indigenous-land-

managers-133071 [accessed 5 August 2021].

95 Niki JP Alsford, '500 Whales Stranded in Tasmania — Indigenous Elders Are Best Guides to Understanding This Tragedy', The Conversation, 2 October 2020, http://theconversation.com/500-whales-stranded-in-tasmania-indigenous-elders-are-best-guides-to-understanding-this-tragedy-146962 [accessed 5 August 2021].

96 Laura Jones, 'Research Shows Four in Five Experts Cited in Online News Are Men', The Conversation, 19 July 2018, http://theconversation.com/research-shows-four-in-five-experts-cited-in-online-news-are-men-100207 [accessed 8 April 2021].

97 Ann Mari May, Mary G. McGarvey and David Kucera, 'Gender and European Economic Policy: A Survey of the Views of European Economists on Contemporary Economic Policy', Kyklos 71, 1 (2018): 162–183.

6장 누가 설명하는가

1 Aldous Huxley, Those Barren Leaves (Chatto & Windus, 1925).

2 R. Solnit, 'Men Explain Things to Me: Facts Didn't Get in Their Way', TomDispatch, 2008.

3 Kay and Shipman, 'Confidence Gap'.

4 Sarah Young, 'Man Tells Women to "Stop Whining" About Tampon Prices — Is Suitably Ridiculed', Independent, 7 March 2019, https://www.independent.co.uk/life-style/women/man-tampons-mansplaining-twitter-women-cost-reaction-a8812456.html [accessed 22 December 2020].

5 Jenn Selby, 'Ben Bradley Defends "Crack Den" Tweets as Another Tory MP Hits Out at Free School Meal Offers', inews.co.uk, 24 October 2020, https://inews.co.uk/news/politics/ben-bradley-selaine-saxby-free-school-meals-marcus-rashford-736757 [accessed 10 February 2022].

6 Annunziata Rees-Mogg, @zatzi, Twitter, 27 July 2020, https://twitter.com/zatzi/status/1287701202763943943 [accessed 10 February 2022].

7 Jack Monroe, '"Annunziata Rees-Mogg Assumes Poor People Don't Cook More Because They're Lazy or Stupid — Here's Why She's Wrong"', Grazia, 9 August 2020, https://graziadaily.co.uk/life/real-life/jack-monroe-annunziata-rees-mogg-food-poverty [accessed 10 February 2022].

8 Jon Stone, 'Dominic Raab Says He Would Only Take the Knee for Queen or His Wife', *Independent*, 18 June 2020, https://www.independent.co.uk/news/uk/politics/dominic-raab-take-knee-queen-wife-black-lives-matter-a9572401.html [accessed 28 December 2020]를 참조하라.

9 Casey Rebecca Johnson, 'Mansplaining and Illocutionary Force', *Feminist Philosophy Quarterly* 6, 4 (2020).

10 Stephanie Glen, 'Monty Hall Problem: Solution Explained Simply', Statistics How To, https://www.statisticshowto.com/probability-and-statistics/monty-hall-problem/ [accessed 28 December 2020].

11 Solnit, 'Men Explain Things', p. 4.

12 Robin Lakoff, 'Language and Woman's Place', *Language in Society* 2, 1 (1973): 45–79.

13 Shereen Marisol Meraji and Gene Demby, 'Care to Explain Yourself?' NPR, 11 August 2021, https://www.npr.org/2021/08/10/1026507758/care-to-explain-yourself [accessed 10 February 2022].

14 이것은 '해석학적 불의(hermeneutical injustice)'다. 철학자 미란다 프리커는 해석학적 불의를 "사회적 경험의 중요한 영역이 해석의 주변화로 인해 집단적 이해에 도달하지 못하는 불의"라고 설명한다(Fricker, *Epistemic Injustice*, p. 158).

15 Martin Belam, 'Alan Sugar Under Fire Over "Racist" Senegal World Cup Team Tweet', *Guardian*, 20 June 2018, https://www.theguardian.com/uk-news/2018/jun/20/lord-sugar-under-fire-over-racist-senegal-world-cup-team-tweet [accessed 5 November 2022]; Sabrina Barr, 'Alan Sugar Sparks Outrage Over "Sexist" World Cup Tweet', *Independent*, 27 June 2018, https://www.independent.co.uk/life-style/alan-sugar-sexist-tweet-world-cup-outrage-backlash-social-media-a8417526.html [accessed 5 November 2022]; Rianne Houghton, 'Lord Sugar Is Under Fire Yet Again, This Time for a "Sexist" Tweet', *Digital Spy*, 31 July 2018, http://www.digitalspy.com/showbiz/a862872/the-apprentice-lord-alan-sugar-twitter-sexist-tweet [accessed 5 November 2022].

16 Scott Bryan, 'Karren Brady Shut Down a Sexist Comment on "The Apprentice" and It's Great', BuzzFeed, 5 October 2017, https://www.buzzfeed.com/scottybryan/none-of-you-strike-me-as-shy [accessed 3 April 2019].

17 이러한 고찰은 게일 폴하우스에게서 영감을 얻은 것이다. 다음을 참조하라. Gaile Pohlhaus, 'Wrongful Requests and Strategic Refusals to Understand', *Feminist*

Epistemology and Philosophy of Science (Springer, 2011), pp. 223 – 240.

18 Patricia J. Williams, The Alchemy of Race and Rights (Harvard University Press, 1991), p. 129.

19 Julie Millican, Christine Schwen and Justin Berrier, 'What Does Brian Kilmeade Have to Say to Get Fired?', Media Matters for America, 15 October 2010, https://www.mediamatters.org/fox-friends/what-does-brian-kilmeade-have-say-get-fired [accessed 5 October 2017].

20 Gay, Bad Feminist, p. 293.

21 Arianne Shahvisi, 'Resisting Wrongful Explanations', Journal of Ethics and Social Philosophy 19, 2 (2021), 168 – 191.

22 여기에는 모종의 아이러니가 있다. '이해해주지 않기'는 지식이 적어 보이는 사람이 지식이 많아 보이는 사람으로 하여금 본인의 무지를 직시하도록 하기 위해 아무것도 모르는 척하는 것이다.

23 나아가 널리 퍼져 있는 인식적 편견으로 인해 그들은 실제로 못 알아들은 것으로 간주되고, 자칭 전문성이 뛰어나다는 이들에게 부가적인 교육을 받아야 한다고 여겨질 가능성이 높다.

7장 '지나친' 정치적 올바름

1 Kayla Epstein, 'Trump Responds to Megyn Kelly's Questions on Misogyny – With More Misogyny', Guardian, 6 August 2015, http://www.theguardian.com/us-news/2015/aug/06/donald-trump-misogyny-republican-debate-megyn-kelly [accessed 31 August 2021].

2 Ibid.

3 Simon Kuper, 'Political Correctness: The UK v the US', Financial Times, 6 February 2020, https://www.ft.com/content/31ed22f8-47a6-11ea-aee2-9ddbdc86190d [accessed 21 January 2021].

4 Tom Clark, 'Free Speech? New Polling Suggests Britain Is "Less PC" Than Trump's America', Prospect Magazine, 16 February 2018, https://www.prospectmagazine.co.uk/magazine/free-speech-new-polling-suggests-britain-is-less-pc-than-trumps-america [accessed 12 February 2021].

5 Peter Walker, 'Use Gareth Southgate's Tactics for Culture War, Pollster Tells MPs', Guardian, 6 July 2021, http://www.theguardian.com/society/2021/jul/06/use-gareth-southgates-tactics-for-culture-war-pollster-tells-mps

[accessed 6 July 2021].

6 Edwin L. Battistella, 'The Not-so Ironic Evolution of the Term "Politically Correct"', OUPblog, 7 July 2019, https://blog.oup.com/2019/07/politically-correct-evolution [accessed 31 August 2021].

7 Debra L. Schultz, 'To Reclaim a Legacy of Diversity: Analyzing the "Political Correctness" Debates in Higher Education' (National Council for Research on Women, 1993).

8 Martha Nussbaum, 'Undemocratic Vistas', Prometheus 6, 2 (1988): 382–400.

9 Noam Chomsky, Understanding Power: The Indispensable Chomsky (New Press, 2002).

10 Richard Bernstein, 'The Rising Hegemony of the Politically Correct', New York Times, 28 October 1990, https://www.nytimes.com/1990/10/28/weekinreview/ideas-trends-the-rising-hegemony-of-the-politi\-cally-correct.html [accessed 6 July 2021].

11 Ibid.

12 Robert Booth, 'Grenfell Inquiry: Ex-ministers and Serving Secretary of State to Be Cross-examined', Guardian, 4 January 2022, https://www.theguardian.com/uk-news/2022/jan/04/grenfell-inquiry-ex-ministers-and-serving-secretary-of-state-to-be-cross-examined [accessed 19 January 2022].

13 Paul Karp, 'Senate Blocks Government Attempt to Restore Compulsory Plebiscite for Marriage Equality', Guardian, 9 August 2017, http://www.theguardian.com/australia-news/2017/aug/09/abbott-says-vote-no-to-marriage-equality-and-stop-political-correctness-in-its-tracks [accessed 8 February 2021].

14 Afua Hirsch, 'The Government Does Have a Strategy on Racism After All. It's called "War on Woke"', Guardian, 17 June 2020, http://www.theguardian.com/commentisfree/2020/jun/17/boris-johnson-racism-woke-tories [accessed 6 September 2021].

15 'Freedom of Speech – Joint Committee on Human Rights – House of Commons', 2018, https://publications.parliament.uk/pa/jt201719/jtse-lect/jtrights/589/58909.htm#_idTextAnchor058 [accessed 31 August 2021].

16 Kwame Asamoah Kwarteng et al., Taking the Debate Forward: A New Code to Secure and Champion Freedom of Speech and Political Diversity on

Campus, Wonkhe, February 2021, https://wonkhe.com/wp-content/wonkhe-uploads/2021/01/Taking-the-debate-forward-Feb-2021.pdf.

17 Sarah Schwartz, 'Map: Where Critical Race Theory Is Under Attack', *Education Week*, 11 June 2021, https://www.edweek.org/policy-politics/map-where-critical-race-theory-is-under-attack/2021/06 [accessed 6 September 2021].

18 Christopher F. Rufo, @realchrisrufo and @ConceptualJames, Twitter,15 March 2021, https://twitter.com/realchrisrufo/status/1371541044592996352 [accessed 12 September 2021].

19 다음의 내용을 풀어 쓴 것이다. Stanley Cohen, *Folk Devils and Moral Panics* (Routledge, 2011), p. 1.

20 Kevin Arscott, 'Winterval: The Unpalatable Making of a Modern Myth', *Guardian*, 8 November 2011, http://www.theguardian.com/commentisfree/2011/nov/08/winterval-modern-myth-christmas [accessed 12 February 2021].

21 Jessica Elgot, '"We Really Don't Want to Ban Christmas," Muslims Insist', *HuffPost UK*, 17 December 2013, https://www.huffingtonpost.co.uk/2013/12/17/ban-christmas-muslims_n_4460151.html [accessed 12 February 2021].

22 David Emery, 'FALSE: Sweden Bans Christmas Lights to Avoid Angering Muslim Refugees', Snopes.com, 26 October 2016, https://www.snopes.com/fact-check/sweden-bans-christmas-lights [accessed 12 February 2021].

23 Dominic Ponsford, 'Express Corrects Story Suggesting Muslims Wanted to Ban New Fivers, But IPSO Rules No Breach of Code', *Press Gazette*, 7 April 2017, https://www.pressgazette.co.uk/express-corrects-story-suggesting-muslims-wanted-to-ban-new-fivers-but-ipso-rules-no-breach-of-code [accessed 6 July 2021].

24 Naomi I. Eisenberger, Matthew D. Lieberman and Kipling D. Williams, 'Does Rejection Hurt? An fMRI Study of Social Exclusion', *Science* 302, 5643 (2003): 290-292.

25 Catharine A. MacKinnon, *Only Words* (Harvard University Press, 1993).

26 John Langshaw Austin, *How to Do Things with Words* (Oxford University Press, 1975).

27 다음에서 인용했다. Rae Langton, 'Speech Acts and Unspeakable Acts',

Philosophy & Public Affairs 22, 4 (1993): 293-330.

28 Srinivasan, *Right to Sex*, p. 46.

29 Amy Guttman, 'Set to Take Over Tech: 70% of Iran's Science and Engineering Students Are Women', *Forbes*, 9 December 2015, https://www.forbes.com/sites/amyguttman/2015/12/09/set-to-take-over-tech-70-of-irans-science-and-engineering-students-are-women [accessed 14 December 2021].

30 Pascal Huguet, Sophie Brunot and Jean Marc Monteil, 'Geometry Versus Drawing: Changing the Meaning of the Task as a Means to Change Performance', *Social Psychology of Education* 4, 3 (2001): 219-234.

31 Lionel Shriver, 'Great Writers Are Found with an Open Mind', *The Spectator*, 27 December 2018, https://www.spectator.co.uk/article/great-writers-are-found-with-an-open-mind/ [accessed 2 February 2023].

32 Shelly Romero and Adriana M. Martínez Figueroa, '"The Unbearable Whiteness of Publishing" Revisited', PublishersWeekly.com, 29 January 2021, https://www.publishersweekly.com/pw/by-topic/industry-news/publisher-news/article/85450-the-unbearable-whiteness-of-publishing-revisited.html [accessed 22 December 2021].

33 Richard Jean So and Gus Wezerek, 'Just How White Is the Book Industry?', *New York Times*, 11 December 2020, https://www.nytimes.com/interactive/2020/12/11/opinion/culture/diversity-publishing-industry.html [accessed 22 December 2021].

34 Helena Vieira, 'Gender Quotas and the Crisis of the Mediocre Man', *LSE Business Review*, 13 March 2017, https://blogs.lse.ac.uk/businessreview/2017/03/13/gender-quotas-and-the-crisis-of-the-mediocre-man [accessed 8 September 2021].

35 McKinsey & Co., 'Why Diversity Matters', https://www.mckinsey.com/business-functions/organization/our-insights/why-diversity-matters [accessed 8 September 2021]; Cristina Díaz-García, Angela González-Moreno and Francisco Jose Sáez-Martínez, 'Gender Diversity Within R&D Teams: Its Impact on Radicalness of Innovation', *Innovation* 15, 2 (2013): 149-160; Max Nathan and Neil Lee, 'Cultural Diversity, Innovation, and Entrepreneurship: Firm-level Evidence from London', *Economic Geography* 89, 4 (2013): 367-394.

36 Samuel R. Sommers, 'On Racial Diversity and Group Decision Making:

Identifying Multiple Effects of Racial Composition on Jury Deliberations', *Journal of Personality and Social Psychology* 90, 4 (2006): 597.

37 Reni Eddo-Lodge, *Why I'm No Longer Talking to White People About Race* (Bloomsbury, 2017).

38 Douglas Murray, 'The Consequence of This New Sexual Counter-revolution? No Sex at All', *The Spectator*, 25 December 2017, https://www.spectator.co.uk/article/the-consequence-of-this-new-sexual-counter-revolution-no-sex-at-all [accessed 31 August 2021].

39 Sarah Young, 'Argos Defends Advert Featuring All-black Family Amid Online Criticism', *Independent*, 30 August 2020, https://www.independent.co.uk/lifestyle/argos-advert-defend-tweet-black-family-complaints-gay-couple-racist-reaction-a9695996.html [accessed 23 December 2020].

40 'Trump: NFL Kneelers "Maybe Shouldn't Be in Country"', BBC News, 24 May 2018, https://www.bbc.com/news/world-us-canada-44232979 [accessed 22 December 2021].

41 Susan Christian, 'Seal Beach School Principal Draws Fire for Facebook Post Over Controversial Nike Ad', *Orange County Register*, 5/6 September 2018, https://www.ocregister.com/seal-beach-school-principal-draws-fire-for-facebook-post-over-controversial-nike-ad [accessed 22 December 2021].

42 Lucy Pasha-Robinson, 'Teenager "Thrown Out of US School" for Sitting During Pledge of Allegiance', *Independent*, 8 October 2017, https://www.independent.co.uk/news/world/americas/teenager-17-year-old-india-landry-suspended-windfern-high-school-houston-texas-sitting-pledge-of-allegiance-us-a7988856.html [accessed 22 December 2021].

43 Angelique Chrisafis, 'Pork or Nothing: How School Dinners Are Dividing France', *Guardian*, 13 October 2015, http://www.theguardian.com/world/2015/oct/13/pork-school-dinners-france-secularism-children-religious-intolerance [accessed 30 August 2021].

44 'Newsreader Jon Snow Rails Against "Poppy Fascism"', *Evening Standard*, 13 April 2012, https://www.standard.co.uk/hp/front/newsreader-jon-snow-rails-against-poppy-fascism-7263001.html [accessed 31 August 2021].

45 John K. Wilson, *The Myth of Political Correctness* (Duke University Press, 1995).

46 Alex Nowrasteh, 'The Right Has Its Own Version of Political Correctness. It's Just as Stifling', *Washington Post*, 7 December 2016, https://www.washingtonpost.com/posteverything/wp/2016/12/07/the-right-has-its-own-version-of-political-correctness-its-just-as-stifling [accessed 22 December 2021].

47 이러한 예절의 상당수는 그 자체로 따로 떼어서 보면 괜찮다. 타인을 돕겠다고 제안하고 타인에게 지나친 도움은 받지 않겠다는 건 누구에게나 합당한 목표다. 그렇지만 원칙적으로 남자들끼리는 가방을 들어주겠다고 제안하거나 친구가 무서워한다고 그 집의 거미를 잡아주지는 않는다. 일반적으로 남자들끼리는 상대가 추워한다고 자기 옷을 벗어주지도 않으며 집까지 바래다주지도 않는다. 남자들은 거리에서 모르는 여자에게 인사 비슷하게 미소를 지어 보이지만 남자들끼리는 그런 미소를 짓지 않는다. 남자는 다른 남자의 미소를 종종 도발로 받아들인다. 여자들은 다른 여자에게 잘 웃어 보이지만 모르는 남자에게는 좀체 먼저 미소를 짓지는 않는데 그 이유는 남자가 여자의 친절을 성적 접근을 허락한다는 신호로 받아들일 때가 많기 때문이다.

48 Frye, *Politics of Reality*, pp. 5-6.

49 비록 이 조사는 고급 식료품 체인점에서 실시한 것이지만 핵심 고객층이 고령의 백인 중산층이기 때문에 옛날식 예절의 쇠락을 가장 아쉬워하는 인구 집단과 겹친다고 볼 수 있다.

50 'Schools "Should Help Pupils Mind Their Manners"', BBC News, 15 October 2012, https://www.bbc.com/news/education-19946480 [accessed 8 August 2021].

51 Natalie Morris, 'Young Adults Say Traditional Manners Like Saying Please Are "Outdated"', *Metro*, 12 May 2019, https://metro.co.uk/2019/12/05/young-adults-think-traditional-manners-like-saying-please-thank-outdated-11277824 [accessed 8 August 2021].

52 André Spicer, 'Toughen Up, Senior Snowflakes, Swearing at Work Is Good for Us', *Guardian*, 15 January 2018, http://www.theguardian.com/commentisfree/2018/jan/15/toughen-up-senior-snowflakes-swearing-at-work-is-good-for-us [accessed 26 August 2021]; Ellie Abraham, 'People More Likely to Use Strong Swearing in Everyday Life Compared to Five Years Ago, Research Finds', *Independent*, 10 June 2021, https://www.independent.co.uk/life-style/swear-words-everyday-life-swearing-b1863451.html [accessed 26 August 2021].

53 Mark Brown, 'Swearing on Rise but Parents Still Don't Want Kids Hearing It, Report Finds', *Guardian*, 10 June 2021, http://www.theguardian.com/

science/2021/jun/10/swearing-on-rise-but-parents-still-dont-want-kids-hearing-it-report-finds [accessed 26 August 2021].

54 Roxane Gay, *Not That Bad: Dispatches from Rape Culture* (Atlantic Books, 2018).

55 Rae Langton, 'Beyond Belief: Pragmatics in Hate Speech and Pornography', in I. Maitra and M. K. McGowan (eds), *Speech and Harm: Controversies Over Free Speech* (Oxford University Press, 2012): 72–93.

56 관심 있는 독자들은 다음 자료도 읽기를 권한다. Robin Jeshion, 'Slurs and Stereotypes', *Analytic Philosophy* 54, 3 (2013): 314–329; Elisabeth Camp, 'A Dual Act Analysis of Slurs', in David Sosa (ed.), *Bad Words: Philosophical Perspectives on Slurs* (Oxford University Press, 2018): 29–59; Chang Liu, 'Slurs as Illocutionary Force Indicators', *Philosophia* (2020): 1–15.

57 Judith Butler, *Excitable Speech* (Routledge, 1997), p. 80. 강조는 원저자가 한 것 이다.

58 Alexander Pollatsek, 'The Role of Sound in Silent Reading', in *The Oxford Handbook of Reading* (Oxford University Press, 2015): 185–201.

59 German Lopez, 'Ta-Nehisi Coates Has an Incredibly Clear Explanation for Why White People Shouldn't Use the N-word', *Vox*, 9 November 2017, https://www.vox.com/identities/2017/11/9/16627900/ta-nehisi-coates-n-word [accessed 4 July 2021].

60 Roxane Gay, *Bad Feminist: Essays* (Corsair, 2014), p. 221.

61 Renée Jorgensen Bolinger, 'The Pragmatics of Slurs', *Noûs* 51, 3 (2017): 439–462, at p. 452.

62 Cassie Herbert, 'Talking About Slurs', unpublished paper (2018), p. 21.

63 '*Daily Mail* Opts to Use "Niggling" on the Cover of Meghan Markle, Prince Harry Engagement Photos', TheGrio, 22 December 2017, https://thegrio.com/2017/12/22/daily-mail-niggling-meghan-markle [accessed 26 August 2021].

64 Liam Bright, @lastpositivist, Twitter, 13 March 2021, https://twitter.com/lastpositivist/status/1370738955612786693 [accessed 13 March 2021].

65 이 주제를 계속 파고들게끔 이끌어준 밥 브레처에게 고마운 마음을 전한다.

66 Hannah Arendt, *Essays in Understanding, 1930 1954: Formation, Exile, and Totalitarianism* (Schocken, 2011).

67 James Baldwin, 'On Being White... and Other Lies', *Essence* 14, 12 (1984): 90 - 92.

8장 캔슬 컬처는 표현의 자유를 억압하는가

1 여기서 나이 차가 많이 나는 관계의 윤리와 정치까지 다룰 여력은 없지만, 유명인인 오십 대 남성이 여자친구의 십 대 청소년 딸과 동침하는 것은 도덕적으로 어려운 문제가 아니다.

2 일례로 다음을 보라. Koshka Duff, 'Break the Long Lens of the Law! From Police Propaganda to Movement Media', in J. Saunders and C. Fox (eds), *Routledge Handbook of Philosophy and Media Ethics* (Routledge, forth-coming).

3 Eve Ng, 'No Grand Pronouncements Here... Reflections on Cancel Culture and Digital Media Participation', *Television & New Media* 21, 6 (2020): 621 - 627.

4 Moya Bailey and Trudy, 'On Misogynoir: Citation, Erasure, and Plagiarism', *Feminist Media Studies* 18, 4 (2018): 762 - 768.

5 Meredith D. Clark, 'DRAG THEM: A Brief Etymology of So-called "Cancel Culture"', *Communication and the Public* 5, 3 - 4 (2020): 88 - 92.

6 Ryan Lizza, 'Americans Tune In to "Cancel Culture" - and Don't Like What They See', Politico, 22 July 2021, https://www.politico.com/news/2020/07/22/americans-cancel-culture-377412 [accessed 3 August 2021].

7 'National Tracking Poll 200766', Politico, 17 - 19 July 2020, p. 12, https://www.politico.com/f/?id=00000173-7326-d36e-abff-7ffe72dc0000 [accessed 22 July 2021].

8 Kate Clanchy, @KateClanchy1, 'Replying to @SharonEckman@goodreads "Flag the reviews? None of these terms are in my book" - it's all made up."', Twitter, 30 July 2021, https://twitter.com/KateClanchy1/status/1421146790808670208 [accessed 7 February 2022].

9 Nesrine Malik, *We Need New Stories: Challenging the Toxic Myths Behind Our Age of Discontent* (Weidenfeld & Nicolson, 2019), p. 83.

10 'Thom Yorke Breaks Silence on Israel Controversy', *Rolling Stone*, 2 June 2017, https://www.rollingstone.com/music/music-news/thom-yorke-breaks-silence-on-israel-controversy-126675 [accessed 8 January 2022].

11 Piers Morgan, 'A little note to all my followers... Hi everyone. To all my supporters, I just wanted to drop you a note of thanks. (To all my haters...',

Instagram, 12 March 2021, https://www.instagram.com/p/CMUfgGSncQI/ [accessed 12 February 2022].

12 Tom Breihan, 'Kanye: "I'm Canceled Because I Didn't Cancel Trump"', *Stereogum*, 25 June 2018, https://www.stereogum.com/2003271/kanye-im-canceled-because-i-didnt-cancel-trump/news/ [accessed 23 August 2021].

13 Steve Salaita, 'No Flags, No Slogans', 10 August 2021 [25 August 2013], https://stevesalaita.com [accessed 6 June 2021].

14 Arianne Shahvisi, 'Epistemic Injustice in the Academy: An Analysis of the Saida Grundy Witch-hunt', Academe Blog, 20 May 2015, https://academeblog.org/2015/05/20/epistemic-injustice-in-the-academy-an-analysis-of-the-saida-grundy-witch-hunt [accessed 12 November 2018].

15 Saida Grundy, 'A History of White Violence Tells Us Attacks on Black Academics Are Not Ending (I Know Because It Happened to Me)', *Ethnic and Racial Studies* 40, 11 (2017): 1864–1871.

16 Christina M. Xiao, 'The Case Against Mandatory Preferred Gender Pronouns', Harvard Crimson, 16 October 2020, https://www.thecrimson.com/article/2020/10/16/xiao-against-mandatory-preferred-gender-pronouns [accessed 6 May 2022]; Arwa Mahdawi, 'He, She, They... Should We Now Clarify Our Preferred Pronouns When We Say Hello?' *Guardian*, 13 September 2019, https://www.theguardian.com/lifeandstyle/2019/sep/13/pronouns-gender-he-she-they-natalie-wynn-contrapoints [accessed 6 May 2022]; Brian D. Earp, 'On Sharing Pronouns', *Philosopher* 109, 1 (2021): 107–115.

17 Natalie Wynn, 'Transcript of "Canceling"', ContraPoints, 2 January 2020, https://www.contrapoints.com/transcripts/canceling [accessed 6 May 2022].

18 Mauro Caselli and Paolo Falco, 'When the Mob Goes Silent: Uncovering the Effects of Racial Harassment Through a Natural Experiment', DEM Working Papers, 1 (2021), Department of Economics and Management, University of Trento, https://ideas.repec.org/p/trn/utwprg/2021-01.html [accessed 14 September 2021].

19 Lanre Bakare, 'Roseanne Barr Blames Racist Tweet on Sleeping Pills', *Guardian*, 30 May 2018, http://www.theguardian.com/culture/2018/may/30/roseanne-barr-blames-racist-tweet-on-sleeping-pills [accessed 4 August 2021].

20 Sarah Maslin Nir, 'The Bird Watcher, That Incident and His Feelings on

the Woman's Fate', *New York Times*, 27 May 2020, https://www.nytimes.com/2020/05/27/nyregion/amy-cooper-christian-central-park-video.html [accessed 4 August 2021].

21 (((David Shor))), @davidshor, 'Post-MLK-assassination race riots reduced Democratic vote share in surrounding counties by 2%, which was enough to tip the 1968 election to Nixon. Non-violent protests *increase* Dem vote, mainly by encouraging warm elite discourse and media coverage', Twitter, 28 May 2020, https://t.co/S8VZSuaz3G https://t.co/VRUwnRFuVW, Twitter, https://twitter.com/davidshor/status/1265998625836019712 [accessed 23 August 2021].

22 Asher Perlman, @asherperlman, Twitter, 28 January 2022, https://twitter.com/asherperlman/status/1486865575158636548 [accessed 28 January 2022].

23 Josh Jackman, 'Stormzy Has Posted Homophobic Tweets Calling People "Faggots"', PinkNews, 21 November 2017, https://www.pinknews.co.uk/2017/11/21/stormzy-has-posted-homophobic-tweets-calling-people-faggots-and-proper-gay [accessed 29 May 2021].

24 Ben Beaumont-Thomas, 'Stormzy Apologises for Unearthed Homophobic Tweets', *Guardian*, 22 November 2017, http://www.theguardian.com/music/2017/nov/22/stormzy-apologises-for-unearthed-homophobic-tweets [accessed 29 May 2021].

25 Ikran Dahir, 'There Is an App That Scans All Your Tweets to See How Problematic They Are and I Tried It Out', BuzzFeed, 21 December 2018, https://www.buzzfeed.com/ikrd/vanilla-app-problematic-tweets [accessed 5 September 2021].

26 Alona Ferber, 'Judith Butler on the Culture Wars, JK Rowling and Living in "Anti-intellectual Times"', *New Statesman*, 22 September 2020, https://www.newstatesman.com/uncategorized/2020/09/judith-butler-culture-wars-jk-rowling-and-living-anti-intellectual-times [accessed 28 January 2022].

27 Roy J. Lewicki, Beth Polin and Robert B. Lount, 'An Exploration of the Structure of Effective Apologies', *Negotiation and Conflict Management Research* 9, 2 (2016): 177–196.

28 Olúfémi O. Táíwò, 'Being-in-the Room Privilege: Elite Capture and Epistemic Deference', *Philosopher*, Autumn 2020, https://www.thephilosopher1923.org/

essay-taiwo [accessed 1 September 2021].

29 Sandra Harding, *Whose Science? Whose Knowledge? Thinking from Women's Lives* (Cornell University Press, 1991), p. 127.

30 Claudia Card, *The Unnatural Lottery: Character and Moral Luck* (Temple University Press, 2010), p. 53.

31 C. Thi Nguyen, 'Echo Chambers and Epistemic Bubbles', *Episteme* 17, 2 (2020): 141–161.

32 Audre Lorde, 'The Uses of Anger', *Women's Studies Quarterly* 25, 1/2 (1997): 278–285.

33 Meredith D. Clark, 'DRAG THEM'.

34 Card, *Unnatural Lottery*, p. 41.

35 Sarah Lamble, 'Practicing Everyday Abolition', Abolitionist Futures, 19 August 2020 [also in K. Duff (ed.), *Abolishing the Police* (Dog Section Press, 2021)], https://abolitionistfutures.com/latest-news/practising-everyday-abolition [accessed 28 January 2022].

36 감금의 논리에 반대하는 사람들은 감옥 폐지 운동과 '감금의 페미니즘' 반대 운동을 지지하는데 여기서는 다루지 않겠다. 더 알고 싶은 독자는 다음을 참조하라. Ruth Wilson Gilmore, *Golden Gulag* (University of California Press, 2007); Elizabeth Bernstein, 'The Sexual Politics of the "New Abolitionism"', *differences* 18, 3 (2007): 128–151; Srinivasan, *Right to Sex*.

37 Melanie Brazzell, 'Theorizing Transformative Justice', in K. Duff (ed.), *Abolishing the Police*.

38 Manne, *Down Girl*, p. 66.

39 Waleed Aly and Robert Mark Simpson, 'Political Correctness Gone Viral', in C. Fox and J. Saunders (eds), *Media Ethics, Free Speech, and the Requirements of Democracy* (Routledge, 2018).

40 Jia Tolentino, *Trick Mirror: Reflections on Self-Delusion* (Fourth Estate, 2020).

41 Tyler Hersko, 'The Average American Is Streaming 8 Hours of Content Daily', IndieWire, 14 April 2020, https://www.indiewire.com/2020/04/average-american-streaming-eight-hours-daily-1202225085 [accessed 10 June 2021].

42 Michael Flood, 'Pornography Has Deeply Troubling Effects on Young People, But There Are Ways We Can Minimise the Harm', The Conversation, 5 January 2020, http://theconversation.com/pornography-has-deeply-troubling-effects-

on-young-people-but-there-are-ways-we-can-minimise-the-harm-127319 [accessed 10 June 2021].

43 Hannah Ellis-Petersen, 'Gender Bias in the Film Industry: 75% of Blockbuster Crews Are Male', *Guardian*, 22 July 2014, http://www.theguardian.com/film/2014/jul/22/gender-bias-film-industry-75-percent-male [accessed 23 August 2021].

44 '2019 Statistics', Women and Hollywood, https://womenandhollywood.com/resources/statistics/2019-statistics [accessed 23 August 2021].

45 Sonia Elks, 'Women Are Four Times More Likely To Be Shown Undressed in Films Than Men', World Economic Forum, 11 October 2019, https://www.weforum.org/agenda/2019/10/harmful-female-gender-stereotypes-film-industry [accessed 23 August 2021].

46 Huimin Xu, Zhang Zhang, Lingfei Wu and Cheng-Jun Wang, 'The Cinderella Complex: Word Embeddings Reveal Gender Stereotypes in Movies and Books', *PLOS ONE* 14, 11 (2019): e0225385.

47 이게 항상 문제가 없다는 얘기는 아니다. 다음을 참조하라. Srinivasan, *Right to Sex*, Chapter 3.

48 Celeste Ng, @pronounced_ing, 'If someone's an asshole to you, it's your right to decide not to work w/them. Right? If someone's an asshole to your friend/mom/kid/neighbor, etc., it's still your right to decide not to work w/them. Right? So...', Twitter, 12 February 2021, https://twitter.com/pronounced_ing/status/1360300089009459200 [accessed 26 August 2021].

9장 불평등 구조에서 우리가 할 수 있는 일들

1 Peter Muiruri, 'Drought Puts 2.1 Million Kenyans at Risk of Starvation', *Guardian*, 15 September 2021, https://www.theguardian.com/global-development/2021/sep/15/drought-puts-21-million-kenyans-at-risk-of-starvation [accessed 18 February 2022].

2 Robert H. Beach et al., 'Combining the Effects of Increased Atmospheric Carbon Dioxide on Protein, Iron, and Zinc Availability and Projected Climate Change on Global Diets: A Modelling Study', *Lancet Planetary Health* 3, 7 (2019): e307-317.

3 Louise Tickle, 'Why Does So Much of the NHS's Surgical Equipment Start

Life in the Sweatshops of Pakistan?', *Independent*, 19 January 2015, http://www.independent.co.uk/life-style/health-and-families/features/why-does-so-much-of-the-nhss-surgical-equipment-start-life-in-the-sweatshops-of-pakistan-9988885.html (accessed 30 January 2020).

4 James Randerson, 'Surgeon Warns NHS Over Sweatshop Instruments', *Guardian*, 28 July 2006, http://www.theguardian.com/society/2006/jul/28/health.uknews (accessed 30 July 2021).

5 나와 마무드, 인류학자 메이 트루바는 이러한 조건에서 의료 장비를 생산함으로써 제기되는 구체적인 윤리적 문제를 함께 연구했다. Mei L. Trueba, Mahmood F. Bhutta and Arianne Shahvisi, 'Instruments of Health and Harm: How the Procurement of Healthcare Goods Contributes to Global Health Inequality', *Journal of Medical Ethics* 47 (2021): 423-429.

6 Tansy Hoskins, 'Cotton Production Linked to Images of the Dried Up Aral Sea Basin', *Guardian*, 1 October 2014, http://www.theguardian.com/sustainable-business/sustainable-fashion-blog/2014/oct/01/cotton-production-linked-to-images-of-the-dried-up-aral-sea-basin (accessed 30 July 2021).

7 David Wallace-Wells, 'Time to Panic', *New York Times*, 16 February 2019, https://www.nytimes.com/2019/02/16/opinion/sunday/fear-panic-climate-change-warming.html (accessed 24 January 2022).

8 Mark Kaufman, 'The Devious Fossil Fuel Propaganda We All Use', Mashable, 2021, https://mashable.com/feature/carbon-footprint-pr-campaign-sham (accessed 15 April 2021).

9 Michelle Roberts, 'Asthma Carbon Footprint "as Big as Eating Meat"', BBC News, 30 October 2019, https://www.bbc.com/news/health-50215011 (accessed 15 April 2021).

10 더구나 여기에 우리가 깊이 연루되어 있음을 잊어서는 안 된다. 우리는 '아마존'에서 제품이나 서비스를 구매할 때마다 세금으로 조성된 기반 시설(제품 배송에 이용되는 도로)을 이용하면서도 세금을 회피하고, 노동자들이 부적절한 임금과 장시간 노동을 불평하는 기업의 부를 늘려주는 셈이다. 우리의 돈은 결국 제프 베이조스('아마존' 창업자)의 주머니로 들어가는데, 베이조스로 말하자면 코로나 팬데믹이 한창이던 2020년 6월의 단 하루 만에 백 억 달러—차드, 르완다, 콩고, 아이티의 국민총생산보다 더 큰 돈—를 벌어들인 인물이다. 이것은 민주적 책임 시스템 밖에 쌓이는 돈이다. 우리가 무엇을 할 수 있을까? '아마존'을 불매할 수도 있겠지만 예산이 빡빡한 사람들은

이러한 선택을 하기 어렵다. 게다가 '아마존' 쇼핑몰은 '아마존'의 방대한 인터넷 기반 시설—애플, 페이스북, 넷플릭스도 의존하고 있는 서비스를 포함해—에 비하면 새 발의 피다. '아마존' 불매는 인터넷을 멀리한다는 뜻이나 다름없다. 그러한 행동은 개인으로서 엄청난 희생일 테지만 '아마존'의 지배력이나 도덕적으로 문제가 되는 이 기업의 관행에는 아무 변화를 불러오지 못할 것이다.

11 Sandra Laville, 'Dumped Fishing Gear Is Biggest Plastic Polluter in Ocean, Finds Report', *Guardian*, 6 November 2019, https://www.theguardian.com/environment/2019/nov/06/dumped-fishing-gear-is-biggest-plastic-polluter-in-ocean-finds-report [accessed 27 January 2022].

12 Arwa Mahdawi, 'Don't Blame Men for the Climate Crisis – We Should Point the Finger at Corporations', *Guardian*, 27 July 2021, http://www.theguardian.com/commentisfree/2021/jul/27/dont-blame-men-for-the-climate-crisis-we-should-point-the-finger-at-corporations [accessed 30 July 2021].

13 Richard Rorty, 'Religion as Conversation-stopper', *Common Knowledge* 3, 1 (1994).

14 비좁고 불결한 사육 환경, 성장호르몬 주입, 혈족과의 분리, 공격적인 착유 방식, 동물이 스트레스나 고통을 고려하지 않은 도축에 처하지 않을 권리와 관련한 다양하고 흥미로운 주장들을 살펴보기에는 지면이 부족하다.

또 다른 중요한 문제는 메탄 배출이다. 소들은 섬유질이 풍부한 풀을 섭취하는데 이풀은 소화 기관에서 발효를 돕는 박테리아의 도움으로 분해된다. 이 과정에서 생기는 메탄이 헛배를 부르게 하거나 트림으로 방출된다. 메탄은 공기보다 밀도가 낮기 때문에 일단 배출되면 대기로 떠오르고 화학 구조가 독특해서 이산화탄소보다 더 많은 열을 잡아 두므로 온실효과에 치명적이다. 메탄은 단기적으로는 이산화탄소의 80배, 장기적으로는 28배나 더 피해를 주는 것으로 알려져 있다.

15 Hannah Ritchie, 'How Much of the World's Land Would We Need in Order to Feed the Global Population with the Average Diet of a Given Country?', Our World in Data, 3 October 2017, https://ourworldindata.org/agricultural-land-by-global-diets [accessed 13 April 2021].

16 World Wide Fund for Nature, 'Soy', February 2020, https://wwf.panda.org/discover/our_focus/food_practice/sustainable_production/soy/ [accessed 13 April 2021].

17 이마누엘 칸트는 인간 집단 사이에 위계가 있다고 생각했고 식민주의와 노예제를 지지했으므로 선(善)에 대한 그의 시도에는 상상적 한계가 있다. Pauline Kleingeld,

'On Dealing With Kant's Sexism and Racism', *SGIR Review* 2, 2 (2019).

18 이 세 부류의 분포를 한눈에 파악할 수 있는 지도가 있다. 'Share of Global Habitable Land Needed for Agriculture if Everyone Had the Diet of...', Our World in Data, https://ourworldindata.org/grapher/share-of-global-habitable-land-needed-for-agriculture-if-everyone-had-the-diet-of [accessed 24 January 2022].

19 Karen McVeigh, 'Over 30 Million People "One Step Away From Starvation", UN Warns', *Guardian*, 24 March 2021, http://www.theguardian.com/global-development/2021/mar/24/over-30-million-people-one-step-away-from-starvation-un-warns [accessed 1 August 2021].

20 'World Consumption of Meat', TheWorldCounts, https://www.theworldcounts.com/challenges/consumption/foods-and-beverages/world-consumption-of-meat/story [accessed 15 September 2021].

21 'The EAT-Lancet Commission on Food, Planet, Health', EAT, https://eatforum.org/eat-lancet-commission/ [accessed 1 August 2021].

22 Ruth Maclean, 'Chocolate Industry Drives Rainforest Disaster in Ivory Coast', *Guardian*, 13 September 2017, http://www.theguardian.com/environment/2017/sep/13/chocolate-industry-drives-rainforest-disaster-in-ivory-coast [accessed 15 April 2021].

23 Jason Hickel, 'Quantifying National Responsibility for Climate Breakdown: An Equality-Based Attribution Approach for Carbon Dioxide Emissions in Excess of the Planetary Boundary', *Lancet Planetary Health* 4, 9 (2020): e399–404.

24 Fiona Harvey, 'Enormous Emissions Gap Between Top 1% and Poorest, Study Highlights', *Guardian*, 1 November 2022, https://www.theguardian.com/environment/2022/nov/01/polluting-elite-enormous-carbon-dioxide-emissions-gap-between-poorest-autonomy-study [accessed 8 November 2022].

25 Derek Parfit, *Reasons and Persons* (Oxford University Press, 1984), p. 79.

26 이것은 '더미의 역설(sorites paradox)'의 도덕적 버전이다. 모래 더미에서 모래알 한 알을 덜어내더라도 모래 더미는 사라지지 않는다. 심지어 뭐가 달라졌는지 알아차리지도 못할 것이다. 하지만 계속해서 모래알을 덜어낸다면 결국 더미라고 부를 수 없는 상태가 될 것이다. 그러므로 한 알이라도 확실히 덜어내는 행동은 결국 차이를 만든다!

27 Parfit, *Reasons and Persons*, pp. 80–81.

28 Elizabeth Cripps, *Climate Change and the Moral Agent: Individual Duties in an Interdependent World* (Oxford University Press, 2013).

29 'Housing First in Finland', Y-Säätiö, https://ysaatio.fi/en/housing-first-finland [accessed 11 August 2021].

30 Robin Zheng, 'What Is My Role in Changing the System? A New Model of Responsibility for Structural Injustice', Ethical Theory and Moral Practice 21, 4 (2018): 869–885; Robin Zheng, 'Attributability, Accountability, and Implicit Bias', in J. Saul and M. Brownstein (eds), *Implicit Bias and Philosophy, Volume 2: Moral Responsibility, Structural Injustice, and Ethics* (Oxford University Press, 2016), https://oxford.universitypressscholarship.com/10.1093/acprof:oso/9780198766179.001.0001/acprof-9780198766179-chapter-4 [accessed 1 August 2021].

31 James Randerson, 'Surgeon Warns NHS'.

32 'Timeline: Smoking and Disease', BBC News, 30 June 2007, http://news.bbc.co.uk/1/hi/health/4377928.stm [accessed 15 April 2021].

33 Office for National Statistics, 'Adult Smoking Habits in the UK: 2019, 2020', https://www.ons.gov.uk/peoplepopulationandcommunity/healthandsocialcare/healthandlifeexpectancies/bulletins/adultsmokinghabitsingreatbritain/2019 [accessed 15 April 2021].

34 David Hammond, 'Health Warning Messages on Tobacco Products: A Review', *Tobacco Control* 20, 5 (2011): 327–337.

35 Edward L. Bernays, *Propaganda* (Horace Liveright, 1928).

36 Richard Gunderman, 'The Manipulation of the American Mind: Edward Bernays and the Birth of Public Relations', The Conversation, 9 July 2015, http://theconversation.com/the-manipulation-of-the-american-mind-edward-bernays-and-the-birth-of-public-relations-44393 [accessed 25 February 2022].

37 A. M. O'Keefe and R. W. Pollay, 'Deadly Targeting of Women in Promoting Cigarettes', *Journal of the American Medical Women's Association (1972)* 51, 1–2 (1996): 67–69.

38 칸트의 경우가 그렇듯 밀의 도덕 사상에도 인종에 대한 시각은 오점으로 남아 있다. 밀은 1859년에 "전제 정치는 야만인들의 개선을 목적으로 삼는 한 그들에게 적법한 정부 형태다"라고 썼다. John Stuart Mill, *J. S. Mill: 'On Liberty' and Other Writings* (Cambridge University Press, 1989), p. 13.

39 John Stuart Mill, 'Utilitarianism (1863)', *Utilitarianism, Liberty, Representative Government*, 1859: 7-9.

40 Andrew Jameton, *Nursing Practice: The Ethical Issues* (Prentice-Hall, 1984).

41 Jonathan Shay, *Odysseus in America: Combat Trauma and the Trials of Homecoming* (Simon & Schuster, 2003).

42 다음을 참조하라. Robinson, *Black Marxism*, p. 3.

43 Gilmore, *Golden Gulag*, p. 28.

44 Theodor Adorno, *Minima Moralia: Reflections from Damaged Life* (Verso, 2005).

이세진

서강대학교 철학과를 졸업하고 같은 학교 대학원에서 불어불문학 석사 학위를 받았다. 현재 전문 번역가로 활동 중이다. 옮긴 책으로 《아직 오지 않은 날들을 위하여》 《보부아르, 여성의 탄생》 《외로움의 철학》 《고대 철학이란 무엇인가》 《나르시시즘의 심리학》 《내 안의 어린아이》 등이 있다.

우리에겐 논쟁이 필요하다

2024년 5월 24일 초판 1쇄 발행
2024년 10월 11일 초판 2쇄 발행

- 지은이 ──────── 아리안 샤비시
- 옮긴이 ──────── 이세진
- 펴낸이 ──────── 한예원
- 편집 ────────── 이승희, 윤슬기, 양경아, 김지희
- 본문 조판 ────── 성인기획
- 펴낸곳 교양인
    우 04015 서울 마포구 망원로6길 57 3층
    전화 : 02)2266-2776 팩스 : 02)2266-2771
    e-mail : gyoyangin@naver.com

ⓒ 교양인, 2024
ISBN 979-11-93154-27-4 03300

* 잘못 만들어진 책은 바꾸어드립니다.
* 값은 뒤표지에 있습니다.